〈本書相關評論〉

讀史密士書，他真能出之於同情理解的態度，出入世界各大宗教，頓生親切之感。

而近數十年來哲學界流行繁瑣細緻分析的風氣，對於宏觀式的世界觀人生觀每棄如敝屣，帶有情感性的觀察更不屑一顧，這樣造成了哲學與宗教——史密士稱為智慧傳統——之分離，實在是一大諷刺。

但晚近主理情割裂之邏輯實徵論一蹶不振，鐘擺又擺往另一端。科學認知已不是唯一普世承認的客觀標準，多文化主義流行，有墮入相對主義的危險。史密士卻能夠不落兩邊，可謂難能可貴。

——香港中文大學哲學系教授　**劉述先**

史密士教授的寫作策略很清楚，就是要展現宗教的最佳面貌。

以宗教角度來理解儒家與道家，在西方是習以為常，在我們自己也不妨重新溫習一遍，或許能有新的領悟。

現在這本名著譯為中文，則是我國讀者的福氣，值得珍惜。

本書內容實為知識分子所必備者。

——台大哲學系教授　**傅佩榮**

……宗教生活的整體乃是人類最重要的功能。

——宗教哲學家　**威廉・詹姆士**（William James）

教育的本質即它是宗教性的。

——哲學家　**懷德海**（Alfred North Whitehead）

我們需要向『人類的智慧傳統』請益的勇氣與意向，而由之得到好處。

——**修馬克**（E.F. Schumacher, *Small is Beautiful*作者）

在一九七〇年，我寫過一個『後傳統的世界』，今日我卻相信，只有活著的傳統才有可能有一個世界。

——**貝拉**（Robert N. Bellah）

睿智、清晰的筆觸……充分展現每一種信仰的精神內涵！

——**紐約時報**

在宗教領域裡本書是這類書中最有用的一本。

——**《圖書學報》**（*Library Journal*）

對肯思想的一般人士的最佳讀物。

——**《書目》**（*Booklist*）

這是世界宗教第一部可用的教科書，正因為它把宗教當作人的東西。

——**威非立・坎和・史密士**（Wilfred Cantwell Smith）

哈佛大學世界宗教研究中心前主任

人的宗教

人類偉大的智慧傳統

原文初版書名：THE RELIGIONS OF MAN
原文再版書名：THE WORLD'S RELIGIONS
副標題：Our Great Wisdom Traditions

休斯頓・史密士(Huston Smith)⊙著
劉述先⊙校訂
劉安雲⊙譯

本書原文初版書名為《人的宗教》(*The Religions of Man*)但於1991年再版時改成了《世界的宗教》(*The World's Religions*)。主要是女權意識興起後，一般人逐漸對語言中的性別偏見有了較多的敏感性。在英文裡「Man」亦指男人，似乎把女人排除在外了。但在中文「人」即無性別之分，因此中文版書名仍維持初版時的書名《人的宗教》，較符合本書的精神內涵。

To

Alice Longden Smith

and

Wesley Moreland Smith

Missionaries to China for forty-one years

蓼莪父母
生我劬劳
欲报深恩
昊天罔极

When I behold the sacred liao wo* *my thoughts return*
To those who begot me, raised me, and now are tired.
I would repay the bounty they have given me,
But it is as the sky: it can never be approached.

**A species of grass symbolizing parenthood.*

人的宗教

【目次】

〈校訂序〉

人的宗教

香港中文大學哲學系教授
劉述先

緣起

內人安雲女士和我合作譯這一部名著是有它的特別機緣的，簡單一句話，是因為亡友傅偉勳的推動。偉勳生時不單自己做學問，還組織學者出叢書系列，中英文都有。上個學年度（一九九六—九七）我由香港中文大學休假，到中央研究院文哲所做研究。主要的工作除了主持當代儒學研究的主題計劃以外，就是根據以往發表過的多篇英文論文寫一部《儒家哲學》的英文書稿。這項計劃是通過偉勳在幾年以前與Greenwood Pub. Group簽約的，卻一直找不到時間做，這次下決心完成這一件工作。由於南港沒有適當的地方住，安雲也不喜歡那邊潮濕的天氣，決定留在香港。她一向愛好做翻譯工作，為了打發時間，乃找偉勳商量。他立刻連絡立緒的鍾惠民女士，選了這本書寄給安雲過目，她覺得可以翻，於是簽了約，這便是翻譯此書的緣起。也可以說，上個學年我們兩夫妻都在努力做偉勳為我們安排的工作。不想一年過去，兩部書稿完成，偉勳卻意外作古，心裡十分難以接受。謹以此書獻給亡友作為紀念。

優點的介紹

我在五月返港，本來是為了看研究生的論文，哪知他們都申請延期，於是不期而然，整個暑假我全神投注這部譯稿的校改工作。《人的宗教》一書有印度教、佛教、儒家、道家、伊斯蘭教、猶太教、基督宗教、原初宗教的專章，範圍廣濶，內容複雜。安雲和我在一起三四十年，耳濡目染，她的穎悟力又高，基本觀念和體證是沒有問題的。但是她究竟沒有這方面專業的訓練，裡面有那麼多專門名詞，還有好些奇奇怪怪的東西，有一小部分連我也不知就裡，真不知她是怎樣在八個月的時間把全稿翻譯完成的。當我回到家裡，她把重甸甸的八九百頁稿紙交到我手裡，真令我驚詫著連話都說不出來。為了在開學之前把校改工作完成，保持譯筆信達的品質，還要查對原典，我真是一點也不敢輕忽。返港之後幾乎沒有休息，詳加校改，一整天最多也不過只能做二十多頁。這樣馬不停蹄，整整做了三個多月，終於把全稿完成，這樣才得鬆了一口氣。我校改後，安雲還要再看，互相斟酌討論之後方始定稿。雖不敢說譯筆有多好，至少是達到了我們自己所要求的標準。

為什麼我們兩人有這麼大的熱情來做這一件事情呢？按順序先說安雲的角度，然後才說我自己的角度。安雲一拿到這部書，就覺得與之有所感通。這部書不像一般哲學書只講一些抽象的觀念，同時配合著豐富的比喻、感受與實際的作為。最特別是人物的描寫：釋迦、孔子、穆罕默德、耶穌，不只是栩栩如生，而且對生命的感受非常深刻，極盡曲折之能事，不會令人感到過分簡單化，或者落入庸俗的感傷或陳腔濫調之內。對於境界的描寫亦然，由此岸渡到彼岸的比喻，寫得就是美。看了這部書，就算不被它說服，也會感到心弦觸動。此所以她只要有時間就伏案翻譯，近一年來一個人獨處也不會感到寂寞。安雲一向富於批判精神，對於這部書她卻由衷地發出了高度的讚譽。

而我是完全為了不同的理由欣賞這部書。讀這書宛如回到年輕時讀大學的味道。那時方東美先生教我們每讀一家哲學必須先入乎其內，而後出乎其外。對於東西的大傳統更要出之於同情理解的態度，取高瞻遠矚的觀點(High-minded View)，抉發其精華，這樣自然能夠拓寬自己的眼界。不要一上來就心存敵意，吹毛求疵，結果花了許多功夫，還是未能入門，依然故我，於自家分上何有！讀史密士書，他真能出之於同情理解的態度，出入世界各大宗教，頓生親切之感。而近數十年來哲學界流行繁瑣細緻分析的風氣，對於宏觀式的世界觀人生觀每棄如敝屣，帶有情感性的觀察更不屑一顧，這樣造成了哲學與宗教——史密士稱為智慧傳統——之分離，實在是一大諷刺。但晚近主理情割裂之邏輯實徵論一蹶不振，鐘擺又擺往另一端。科學認知已不是唯一普世承認的客觀標準，多文化主義流行，有墮入相對主義的危險。史密士卻能夠不落兩邊，可謂難能可貴。

史密士搜羅的材料豐富，把各精神傳統當作活的傳統來看。他也真能做到深入淺出的地步。他深深了解世界宗教決不可能歸一，各有各的教義，各信各的神(God)，即基督教內部的眾多宗派的差別就不可能解消。但他並未否定會通的可能性，就超越名相的神性(Godhead)而言，各教的體證有若合符節之處。這樣的想法與我在近時重新闡釋「理一分殊」之旨，頗有契合之處。在精神上，我感覺得到，他與我是同時代人(Contemporaries)，雖則他的年齡比我大一些。我們都熟悉湯恩比、諾斯陸普一類的宏觀，深深地浸潤在傳統之中。但史密士的書卻不只是回到數十年前的潮流，其實他非常迎合當前的時代潮流，由細處觀察，就可以看到與時推移的痕跡。我注意到，他的用字遣詞是非常符合「政治正確性」(political correctness)的。譬如此書原名：*The Religions of Man*（《人的宗教》），出版於一九五八年，一九九一年才改為*The World's Religions*（《世界宗教》）。這是因為近年來女性主義高張，英文"Man"字用的是「男人」做「人類」的縮寫，那就在政治上不正確。他在行文時到處用he or she（他或她），有時不免嫌累贅，特別是到了超越的層面，何分他或她？而中文的「人」字，本就無分性別，故偶而加以簡省以免辭費，但他那種心意是可以感覺得到的。在世界宗教之中，他先講東方，後來才回到西方，似乎也有避免「西方中心」的想法在背後。講完東西方的大宗教傳統——他所謂歷史的宗教，最後講所謂「原初」(primal)宗教，也斷不願意給人「原始」(primitive)的聯想，並指明如今在北美講印第安傳統的精神性——不再是野蠻性，恰正是時潮所趨，都可以看到他用心深切的所在。他最後一章結論所言，又適可以為聯合國文教組織(UNESCO)在最近推動的「世界倫理計劃」(Universal Ethics Project)張目，我也是由衷地讚賞這部書而樂為之介。

正由於本書的性質不是寫一部學術的專著，而是要把世界宗教的精神性傳達給大眾，作者對於原典的徵引並不是那麼嚴格，有時甚至並未註明出處。他在序裡聲明此書的緣起是為公共電視製作的電視片集，有時帶著為大眾宣講的味道。這恰好適合安雲的翻譯風格，她非常注意文字的流暢與語脈。我做校訂工作，主要負責內容的準確性，以及部分疑難雜症的解答。佛道兩章有一些專門術語我曾請同事王煜、霍韜晦兩位教授幫忙，謹此致謝。友人候惠愛女士贈《聖經》中文譯本，也代查了一些相關資料，一併在此致謝。小兒杰夫、豁夫湊巧回香港參加家庭聚會，對於英文的解讀頗有幫助，也可一誌。惠民女士後來親身參與她的同事們的校訂工作，敦促我們在文字表達上務求進一步明白曉暢，敬業的態度令人感佩。但他們的重點放在修辭，有時改變原文句法，與我們注重直譯的風格不盡相合，但我們也明白他們考慮的角度，在可能範圍內，儘量接受了他們的提議與修改。

也正由於本書的性質，我們採取了一些特殊的譯例，必須在此說明。安雲在譯初稿時，連史密士徵引的原典都譯成了語體文，這從她的觀點看來是有必要的。她譴責我們寫文章常常未能把論點充分鋪陳出來，最後往往引幾句古書來敷衍塞責，令她甚為不滿。現在好不容易有一個洋人，把古書寫成今語，在思想、感受、體證上直接對我們說話，不能代換元以我們已與之有隔閡的原典。我同意她這樣的看法，但為了學術的原因，也不可以不附原典。只要原文註明出處，或者我們能力所及，都儘量找到原典附入。但為了牽就譯文原來的架局，風格難免有不統一之處。有時譯文在先，以譯註的方式把原文引在後面，有時先引原文，後面附以譯文。其實即便是同一語文，古典要用白話譯，也並不是什麼出奇的事。我在美國留學時，有人想把杜威的著作譯為英文，這不是開玩笑，因為一般人真讀不懂杜威本人那樣艱澀的英文。除了中文原典產生的特殊問題以外，我們並沒有費神去查其他傳統典籍的中譯本，原因是史密士本人常常用意譯，而中譯本並沒有共同接受的標準體，故此我們只負責譯文忠實於史密士的引文。另外，用中文本的《聖經》也有一些小問題。我們儘量用通行本的譯文，但有時兩邊太不符合，便只有另譯。而這在今日也不是不容許之事，女性主義者就把《聖經》另譯，中譯本有些文字並不那麼好，我們也就部分改譯了。至於有些專門名詞不能翻譯 (translate)，只能音譯 (transliterate)。我們有時根本不譯，有時只音譯一次，仍附原文，這是非常不合慣例的做法，但我們卻有充分的理由這樣做。因為這樣的音譯根本沒有意義，而現在能看這樣書的人至少認識英文字母，最重要的是可以方便查考原文。我們這種做法與大陸一些譯本的做法恰好相反。它們有時連原書的作者、書名、出版者都不附原文，以至完全沒法查考。我們在每章後面的進一步閱讀書單以及附註也留了很多原文未譯，正是為了同樣的理由。乃是在這種奇特的方式下，我們努力嘗試保持了學術的謹嚴性。

偉勳生前曾對我們說，如今翻譯人才難求，因為從事學術工作的人，譯作不算著作，而一般翻譯待遇太低，根本找不到適當的人來翻譯一些重要的名著。偉勳一向欣賞安雲的譯筆，又期待我來把關。我們總算不負所託，完成了這一任務，當可以告慰亡友在天之靈了。

缺點的評論

史密士這部書據普及本的封面說，銷量已超過一百五十萬冊，當然決不是偶然的。但一部好書也不是不可以批評，特別是這樣性質的一部書。史密士本人就明白，他討論到那麼廣大的範圍、那麼複雜的論題，不可能不涉及一些爭議，並有一些疏失之處，需要加以指正。而我們如果真正重視這部書，想由這部書得到啟發，做進一步探究的出發點，就不能不認真從學問、思想、體證各方面加以批評，才能收到真正的效果。以下我就由組織、內容、效果三個角度來提出我的評論。

首先由全書的組織說起。東方宗教由印度教講到佛教，然後再講儒家、道家，這沒有問題。但西方宗教，所謂亞伯拉罕教，先講伊斯蘭教，其次猶太教，最後基督宗教，雖然由於史密士高超的敘述技巧令人並沒有感覺到不自然，其實仔細思考，卻不免透顯著古怪。事實上伊斯蘭教預設猶太教和基督宗教，基督宗教又預設猶太教，最後在我們譯的新版又增加了有關原初宗教的一章，在時間上，愈後出的愈先講，然後一路往後退，這是一種非常不正常的安排。唯一可以代史密士說的是，他要把自己所屬的傳統放在世界諸偉大歷史宗教最後的位置。但這樣的設計仍然不足取法，並不是最好的安排。

其次從內容來看，分論東方宗教的幾章都有一些問題需要提出來商榷。先由印度教的一章說起。他並沒有在印度教(Hinduism)與婆羅門教(Brahmanism)作出區分。其實後者才是印度文化的源頭，吠陀、梵書、奧義書，外加史詩《摩訶婆羅多》(包括《薄伽梵歌》)是印度的正統(astika)，倡常、樂、我、淨的價值。佛家是非正統(nastika)，倡無常、無我、涅槃寂靜之旨。印度教六派哲學是經過佛教衝擊之後回歸正統的努力，而以吠檀多(Vedanta)為正宗。在吠檀多之內，又有商羯羅、羅摩奴闍、瑪德華(Madhva)三派，而以商羯羅之不二(advaita)教派為大宗。本書完全依商羯羅的觀點立論，主二元的瑪德華連名字都未得一見，由此可見一般。而討論婆羅門教的真我修練過程，著名的四位(醒位、夢位、熟眠位、死位)五藏(食味所成我、生氣所成我、識所成我、意所成我、妙樂所成我)兩說乃是例牌，史密士根本沒有提到，或者他是想別出心裁，仍不能不說是重大的遺漏。事實上印度教乃乘佛教之疲而起，恢復了規模宏大的馬祭，幾令佛教在印度絕跡。而史密士取商羯羅觀點的好處是，他儘量把佛教睿智融入印度教，使其以潛隱的方式持存於印度。這樣的說法是可以言之成理的。史密士意存和合，用心自無可厚非，但歷史上這樣錯綜複雜的線索沒有作出清楚明白的交代，不能不說仍是一種疏漏。

佛教的一章問題更大。它是個跨越整個東亞的國際運動，所取的視線不同，所把握的理解也就不同。簡單來說，史密士由原始佛教，講到大乘佛教，歸結於西藏佛教，是頗符合西方當前政治正確的態度的，但這與一般中國學者熟悉的視域是頗有差距的。他主要取資的是日本禪宗與西藏密宗，提出的見解有一定的道理，卻也有一定的偏向，不能不在此加以點破。中土佛學習於判教之說，每以原始佛教為小乘，大乘佛教要到華嚴、天台之圓教，禪宗之頓教，始臻究竟。這樣的說法頗不合時代潮流的胃口。西方早期對於佛學的研究集中在原始佛教的研究之上，由這一視域所看到的使完全不同。錫蘭的南傳佛教從來不承認自己是小乘(Hinayana)，而斷定他們所傳為長者之教(Theravada)，由親炙釋迦的弟子所傳，故最為可靠，而斥後來的一些大乘(Mahayana)的說法為空華外道。我們現在可以暫時脫離自己的成見，承認那是一種不同的看法，各適其適可也。但小大乘——小大筏子——的比喻太有力量了，連史密士也沒有完全不用。而兩種途徑主要的差別，史密士標舉出原始佛教的理想是自渡的羅漢，而大乘的理想是他渡的菩薩，這是兩方面自己承認的說法，自沒有問題。另一個重大的差別，史密士只點到為止；原始佛教輕形上學，而大乘佛教重形上學。但這樣是非常不足夠的，一般以原始佛學教派有多元論、實在論的傾向，而大乘佛學教派有走向一元論、唯心論的傾向。至少要有這樣的理解才會明白何以大乘佛學能夠與商羯羅的不二之吠檀多接軌而不再是一個謎。如所周知，西方流行日本的禪宗(Zen)，晚近更流行西藏的密宗。史密士把小大乘的比喻再往前推一步而講金剛乘，但他自己也承認，這個比喻不是沒有問題，因為金剛作筏不是很合適的材料。比較更嚴重的問題是，密宗能夠擔當得起佛教終極教理的重任嗎？密宗與禪宗之間的關係是怎樣呢？由一方面看，密宗的體證與禪宗頓悟的神祕境界是有互相契合之處。但在另一方面，密宗那樣講究儀式，還有一整套神權政治社會制度的結構，禪宗明心見性，專事摧廓外在的障礙，二者剛好站在光譜的兩極端，只怕難以調和一致。最後史密士對禪宗的了解是通過日本，看來他在這方面所得甚淺，只引日本資料，自也是完全可以理解的。只不過日本的禪源自中國的禪

(Chan)，兩方面有切不斷的關連，他不加注明，就不免有誤導之嫌。譬如僧燦的信心銘就是中文的資料。我覺得最荒唐的是，引了《六祖壇經》惠能悟道的偈，卻不提他的名字，試想離開了六祖，中國哪裡還有禪宗，又何來日本的禪宗呢？神秀也沒提其名，卻被描寫成為自命為了解佛理的一個人物，這是完全沒有根據的誣陷，不是富于同情的理解或者負責任的演繹，這種失誤是不容我們輕易加以放過的。

在儒家方面，他試圖回答一個問題，為什麼孔子這麼一個完全缺乏戲劇性的人物，卻成為中國文化精神的源頭？他對儒家的一套，通過當代新儒家杜維明的眼光，大致有相當同情的了解。但因篇幅所限，對於宋明儒在受到道佛二氏衝擊以後，所發展的新儒學的深奧與精微處，連邊都沒碰到，當然是美中不足。史密士雖然生於中國傳教士的家庭，對於中國文化的了解卻不深，這由兩個小地方暴露了出來。一是二十四孝王祥臥冰求鯉的故事，他說成一個女人把胸脯貼在冰上去求魚。而莊子與惠子有關魚樂的辯論，他竟把惠子說成了儒家，任何人讀了馮友蘭英文的中國哲學史簡編就不會犯這樣的錯誤。惠子合同異，公孫龍離堅白，二人是戰國時代最著名的名家，怎麼會忽然變成了儒家而為莊子所調笑呢？

史密士講道家，主要是講老子與孔子的對比，這可以構成一條思路。但他完全仰賴Arthur Waley的老子英譯，把「德」譯為「力量」(power)而大發議論。這雖可以言之成理，但這樣的說法並不是當前最流行的說法，也不必人皆可以接受。在短短的篇幅中，史密士也講到了道教的修練，與瑜伽放在一起來考慮，以抉發其意蘊。但他有一處卻犯了一個有趣的小錯誤，他說道者打坐幾乎沒有鼻息，放在邊上的鵝一動也不動。我到處查訪道家的修練與鵝有什麼關係，最後終於找到了答案，原來是置放在鼻孔邊上的是鴻（鵝）毛，一動也不動，這才解決了我心中的疑惑。

由以上指出的這些疏失處，再加上我們翻譯上的疏失，想必還有一些小錯誤，亟盼讀者不吝指正。而史密士徵引的意譯有時不很精確，根本沒法子還原，只有聽任其意思到了就算了。對於西方宗教，即有關亞伯拉罕教的分論，由於我們資具不足，沒法由內容的角度加以評論，想必專研那方面的專家學者會表示意見。以下我們將改由效果的角度來略加評論。

由效果上看，史密士的意旨是達到了的。他栩栩如生地描繪了穆罕默德、猶太民族與耶穌的經驗，讓我們了解如何穆罕默德通過啟示變成了神的使者，猶太民族如何變成了選民而達成了他們復國的願望，耶穌如何由一般的奇蹟施行者脫穎而出，終於在釘十字架之後被信仰為神子代人贖罪，其門徒如何在萬難之中形成了基督之身的教會。通過史密士，我們了解到，伊斯蘭教尊重知識，其一神教更徹底，並不比我們更好戰或不寬容，也不特別歧視婦女；猶太人民並不是自大；基督宗教是因何轉出三一之旨。順著他的疏導，的確可以增進彼此的同情的理解。史密士並明言，今日人與過去不同，沒有人敢說哪一種宗教更能把握最後真理，他自己根本就拒絕比較，不做判教的工作。這頗符合當前多文化主義的時潮，追求彼此間的溝通，也的確有其積極方面的貢獻。

然而，深一層探察，史密士畢竟是迴避了一些無法迴避的問題。就算是不加判斷，只是做闡釋的工作。但採取了一種闡釋，就會排斥另一種闡釋。譬如說採取了商羯羅的不二之吠檀多，印度教與佛教就比較可以和合，而採取了寬容、溝通的態度，就不能不排拒一些原教旨主義者所取的排斥、敵對的態度。這些是不可能兩全的，在生命的過程中，我們每一秒鐘都被逼得作價值的選擇，尤其是有關終極託付的選擇。

很坦白說，站在一個東方人的立場，我不可能接受亞伯拉罕教的一些基設。譬如說，我不能接受失樂園與原罪的神話，我也不能接受上帝要亞伯拉罕奉獻他的兒子做犧牲的試探。讓我講一個故事用一種戲劇化的方式來闡明我們在當前所面臨的處境。有一年在一個世界宗教會上一位印度學者和一位日本禪家暢論基督宗教邁斯透・艾克哈德(Meister Eckhardt)與東方神祕體驗的契合，但著名的來自佛羅里達州的一位「上帝死亡」神學家魯賓斯坦(Richard L. Rubenstein)卻說，基督宗教的本質不是神祕主義，而是契約(covenant)宗教，這是無懈可擊的說法。但他繼續演繹下去卻出現了完全意想不到的轉折。他說猶太人既不遵守與上帝的契約，那上帝就可以用任何方法來處罰他們，包括大屠殺(holocaust)在內，這使滿座為之震驚。下來之後，他和我談，他說你們東方人天生信你們那一套並不足為奇，我們猶太人要由自己的傳統翻出來才真不容易。這個故事為我留下了不可磨滅的印象。

我雖肯定智慧傳統的睿識，但我認為這樣的睿識要尋求現代的表達方式，也就是說，某種宗教現代化的企圖與追求是不可避免的。我認為除非通過某種像蒲爾脫曼(R. Bultmann)的「解消神話」(Demythologization)的步驟，拋下許多過時的沉澱，要在今日維持傳統的睿識，講智慧傳統之間的會通是不可能的。而會通並不要歸一。今日每個人可以選擇自己的宗教，或終極關懷，雖不必能掌握到最後真理，但我必須有自由有勇氣來陳述我所以作這樣選擇的理由。這就不需要放棄對於真理的嚮往與執著，而必須突破當前的政治上正確的態度。宗教之間不只是要互相理解，還要互相切磋，互相競爭，互相合作，互相扶持，互相勉勵向前探索，只要彼此不互相殺戮，壓迫，殘害，就沒有妨礙。這才是我所嚮往的「理一分殊」的理想。這自不是史密士書所能企及的意旨，卻是通過這一塊敲門磚再往前作進一步探索的方向。

結語

正如在緣起我由與亡友偉勳的私誼說起，在結語我也要略說我與本書作者夫婦的淵源。史密士的妻子是我的博士論文導師魏曼教授(Henry Nelson Wieman)的女兒。魏曼教授首倡經驗神學(empirical theology)，歸宗於創造的交流(creative interchange)，我常慨嘆他的睿識更近於儒家生生之旨，不必囿於基督宗教的傳統。八九年在夏威夷東西哲學家會議，我和史密士夫婦談到魏曼思想，他們頗不以為然。校訂完這部書的譯稿，我現在完全明白他們為何對魏曼不滿，他們即不願囿於基督宗教的傳統，而儘量把他們同情的理解轉向其他世界宗教或智慧傳統。這個步驟的確是有其必要的。但**人雖嚮往無窮，卻是有限的存在。每個人都必須植根於某一傳統之內，通過自己時空的限制去表達無窮。從這個觀點看，每一**

個世代，每一個個人都要盡自己的努力去探索，去追求。魏曼盡到了他的努力，史密士也盡到了他的努力，只要自強不息，與時推移，每一種努力都是我們所歡迎的。

一九九七、八、九於香港中文大學

〈導讀〉

宗教的最佳面貌

台大哲學系教授
傅佩榮

「宗教」作為客觀存在的事實，無論就時間的綿延與空間的廣袤看來，都是人類現象的首要特徵。我們可以毫不誇張地說：人群聚居之處，必有宗教痕迹。然而，宗教豈只是外顯的迹象，它其實是人類生活的核心本質。要了解一個民族，不能不認識她的信仰；正如要明白一個人的真相，不能不知道他相信什麼。既然如此，藉著探討世界各大宗教，不是可以全面而深入地發掘人性的奧秘嗎？

基於此一理念，史密士教授在《人的宗教》一書中，依序談到了印度教、佛教、儒家、道家、伊斯蘭教、猶太教、基督宗教與原初宗教。這八派宗教可以用「源遠流長」來形容，因為其中最年輕的也歷時將近十四個世紀了。在漫長的年代中，宗教所啟發的善行固然使人景仰，但是假宗教之名而犯下的錯誤、不義與罪惡，其數量之多與情節之嚴重，也同樣讓人不敢恭維。**史密士教授的寫作策略很清楚，就是要展現宗教的最佳面貌。**因此，本書內容的重點既不是宗教史，也不是對宗教作全盤或平衡的論述，更不是比較宗教之優劣，而是環繞著宗教所引發的「價值」。這種價值，簡而言之，就是促使人性趨於完美的力量。

人性若要趨於完美，就須解除其限制、釐清其定位，並且安頓其過程。說得淺顯些，人性原本是不完美的，因為人生苦多於樂，最後又難免於死亡；那麼，人性的潛在能力究竟是神還是魔？要如何使個人定位得恰到好處？然後，落實在具體人生中，應該怎麼活出意義？本書所強調的「價值」，正是為了答覆這一類重大問題所提供的智慧索引。我們可以從三方面進行解讀。

首先，宗教提醒人類：生命取向要高。取向是指目標而言，宗教無不涉及超越的力量或境界，其目標在於使人與此超越者建立關係。步驟有二：一是在程度上超越凡俗，譬如捨棄世間的享樂與成就，不受人群恩怨利害所牽絆；二是在種類上超越凡俗，亦即在小我中發現真我，從變化生滅中走向永恆本體。這種高遠的目標所產生的效果是立即而明顯的，足以使宗教信徒與凡俗價值分道揚鑣。典型的例子當然是由宗教的創始者所示範的。佛教看來溫和，而釋迦牟尼對於當時的印度教而言，無異於「眾人皆醉我獨醒」，並且醒得十分徹底：不要權威與儀式，排除理論與傳統，不談超自然，解脫則以自力為主。耶穌與凡俗的決裂，更是毫無妥協餘地，以致親自成為犧牲祭品，印證了「道成肉身」的奧跡，開創了規模宏大的基督宗教。

即使是力圖入世淑世的孔子，也與「不義而富且貴」釐清界線，絕不允許有同流合污的嫌疑。**本書多次引述一句話：「世界是一座橋，走過去，不要在上面蓋房子。」以生動的比喻來描述信仰的超越態度**。但是，「橋」應該是連接兩岸的，我們身在此岸的人如何確知彼岸存在，並且肯定彼岸是今生一切缺憾的滿全？由這個問題必然引致各大宗教如何創立的過程，亦即如何取信於人。

其次，宗教不離修行，因此生命體驗要深。印度教的「瑜伽」包括身心的操練與實際的作為，在此提供了完整的參考架構，就是「知的、愛的、業的、修的」這四種瑜伽。顧名思義，這四條路徑是指智慧、情感、工作與苦修。只要運用合宜，都可以助人覓得真我，不再迷失於大梵之外。

進而言之，不論採行何種修行法門，「回歸自我」都是不可或缺的關鍵。這正是「退出與復返」的標準歷程。以佛陀為例，他在森林中獨自苦修六年，悟道後投入世間弘法四十五年；這段期間仍然按時「退出」，就是每年有三月雨季的休息與冥想；在積極傳教時，每日亦有三次退到靜處沉思。唯其能夠退出，在復返時才有源源不絕的活力與動力。宗教人物的充電是接上超越界或絕對界的，其經驗之深刻只能以「神秘經驗」（或譯「密契經驗」）來描摹。這種經驗的特徵之一是忘我或契合。

依此而論，道家的宗教性格並不含糊。當莊子說「天地與我並生，萬物與我為一」時，他心中想的是自己體「道」之後的心得，亦即在心齋與坐忘之後的境界。問題在於這種經驗不可言傳也無法教導，一般信徒只能遵循「退出與復返」的原則，在日常生活中保留一個神聖的領域。推而言之，猶太教徒謹守安息日不工作的訓示，基督徒望彌撒或作禮拜的規定，以及回教徒每日五次朝麥加禱告的儀式等等，無不提醒人收斂心思，回歸自我，再上溯生命源頭。

第三點，宗教鼓勵我們活在世間時，生命能量要強。生命能量是指積極而樂觀地行善愛人。宗教徒的愛最大的特色，就是無私而普遍。其中道理很簡單。依回教徒的說法，人應該只向神順服，一旦做到這一點，就可以擺脫世間一切拘限，帝王將相與販夫走卒並無差異；這樣的人是真正自由的，可以博愛眾人。

耶穌主張「要愛你的近人」，那麼「近人」是誰？不是專指我們熟識的親戚或朋友，也未必是指我們的同鄉或同胞，而是指所有「碰巧出現在我身邊，並且需要我幫助的人」。為什麼應該愛這樣的近人？原因有二：一是人人皆是神之子女；二是信徒本身充滿愛心。我們談到宗教的社會效應時，最常聽見的說法是「勸人為善」。這是宗教的必然結果，但並非宗教的本質。宗教的目標在於上契超越者（神、力量或境界），以求得個體生命之解脫。行善愛人不論成績如何，只能訴諸機緣。這是基督宗教中的新教所堅持的「因信稱義」原則，足以說明信仰的單純性。唯其有單純的源頭，才能因應繁複的事象，所謂「萬變不離其宗」即是此意。

傾聽了宗教所引發的價值，知道人生在世應該朝著「**生命取向要高，生命體驗要深，生命能量要強**」這三個目標前進，然後在閱讀本書時，將能獲得充分的資訊與資源。史密士教授不談宗教史，但是對相關的歷史事件卻敘述得十分生動；他承認自己的論述未達全盤與平衡，但是卻稱得上豐富與精采；他無意於比較各大宗教，但是行文中隨處引用不同教派的事例與格言來互相印證，使讀者自然體會到宗教的「價值」是相通的，宗教的「最佳面貌」則是神似的。

我國讀者看到儒家與道家的部分，也許會覺得意猶未盡，這是因為「宗教」的嚴整形式並非孔子與老子所在意，更不是他們立說的目的。**史密士教授談到儒家時，為「宗教」一詞提出最寬泛的定義：「環繞著一群人的終極關懷所編織成的一種生活方式」**。這種生活方式不能脫離傳統的祖先崇拜與人際之間的禮儀。重要的不是信什麼，而是如何信，以及如何以行動去實踐信仰，由此轉化自己的生命，成為博愛眾人的君子。孔子對祭禮的重視，並不止於「祭如在，祭神如神在」，更及於「雖疏食菜羹，必祭，必齊如也。」這種「每飯必祭」的作法，就是較之於其他宗教的規矩，也不遑多讓。我的意思是，**以宗教角度來理解儒家與道家，在西方是習以為常，在我們自己也不妨重新溫習一遍，或許能有新的領悟**。

我初次接觸史密士教授的作品是十八年前，當時的《人的宗教》正是眼前本書的原版；令我印象深刻的是，這位作者竟是麻省理工學院人文學科的教授。理工科的第一流學生能聽這樣一位教授的課並且讀他的書，實在使人有「相得益彰」之感。**現在這本名著譯為中文，則是我國讀者的福氣，值得珍惜**。立緒文化出版公司依照慣例，除了謹慎聘請譯者與校訂者之外，還希望我仔細閱讀原書與譯稿，以便為讀者提供導讀的服務。一再推辭不得，並且因為自己曾由本書獲得教益極多，頗生愛惜之念，乃不揣淺陋，盡力而為。**本書內容**

實為知識分子所必備者，但願這篇短文能促使更多的人一探究竟，共品智慧傳統所廣施的喜悅。

〈原文再版序〉

宗教是生活的模式

休斯頓・史密士（Huston Smith）

自本書出版之後多少年過去了，人們逐漸對語言中的性別偏見有了較多的敏感性；因此我把本書原先的書名《人的宗教》（*The Religions of Man*）改成了《世界宗教》（*The World's Religions*）。沒有一本書可以包羅世界的一切宗教。在本書中，主要的宗教是根據其時間之悠久，歷史的影響力，以及當前信眾的數目而定的，我將分別對之加以個別地處理，而人數較少的部族宗教則將之另作為一個類別。

除了改換成包括兩性的語言之外，我還在錫克教加上了一個簡短的按語，並對西藏的佛教和伊斯蘭教神祕層面的蘇菲教各增加了一節。論「孔子的方案」一節是加上的，道家的材料是經過相當大的修改了的，有關猶太教的一章現在包含了論彌賽亞（救世主）主義的一節，並且更詳盡地討論了歷史的耶穌。

我也對口說傳統加上了簡短的結論性的一章。這等於部分承認了本書涉及的歷史宗教乃是較後來的事，就人類大部分的歷史而言，宗教是生存在部族和幾乎完全是超時間的模式中。不僅如此，我加寫這一章，還有一個很強的支持理由，就是它容許我們肯定人類的過去。**晚近幾十年人類見證了恢復對於女性和土地的關切，這一類的關切由部族宗教保留了下來**，歷史宗教（道教除外）卻有傾向將之失去。

本書有一點非正式的——雖然並非不嚴肅的——語氣，那是由於它是從現在的公共廣播系統的一個電視連續節目演變成的。提到這一點，我就要因為本書在溝通上的成功，而再度感謝製作人梅約・西蒙（Mayo Simon）了。本書的目的與當初拍攝該連續節目時是相同的，**要把一般的聰明大眾帶入世間各種偉大而持久信仰的核心，使他們藉此得以看到，甚至於感覺到，這些信仰之何以，以及如何能夠指導和推動那些按照它們生活的人。**

一九九一・柏克來・加州

〈作者致謝辭〉(Acknowledgments)

這部書如果在實質和範圍方面有所成就的話，大部分是靠好朋友的幫忙。

麻省理工學院、敘拉古大學、漢姆林大學、聖地牙哥大學，與加州大學柏克來分校的學生，伴同聖路易的華盛頓大學的學生（他們對本書的原版有助益），提供了具刺激性的脈絡，使得書中的概念得以成形。

印度教的一章與原版差別不大，它保留了Swami Satprakashananda的權威印記，當時他是聖路易吠檀多會社的精神導師。第二版略有改動的原稿由K.R. Sundararajan與Frank Podgorski兩位教授看過。有關錫金教的附錄則由Gurudharm Singh Khalsa博士核對過。

其他各章則根據以下人士的提議而加以改進了：

佛教：Masao Abe（阿部正雄）教授與Edwin Bernbaum博士。

儒家：Tu Wei-ming（杜維明）教授。

道家：Ray Jordan, Whalen Lai,與Steven Tainer教授。

伊斯蘭教：Seyyed Hossein Nasr, Daniel Peterson, Alan Godlas，與Barbara Von Schlegell

教授。

猶太教：Irving Gefter與Rabbi Aryeh Wineman教授。

基督宗教：Marcus Borg與Robert Scharlemann教授，Owen Carroll與Leonidas Contas神父，與David Steindl-Rast修士。

原初宗教：Oren Lyons of the Onondaga Nation酋長，Robert Bellah, Joseph Brown, Sam Gill, Charles Long，與Jill Raitt教授。

Stephen Mitchell以詩人之眼綜覽全書，在風格方面改進良多。Scott Whittaker在核對參考資料方面的工作是無價的。John Loudon則是一位模範的編輯。

我對他們無限感激，但無須為我用了他們的提議而負上任何責任。

在一個完全不同的範疇之下，我對本書原版的主要支持所說的，更適用於第二版。當作家向妻子鳴謝，一般的景況通常是，其耐心的配偶，帶著尊敬之情，輕手輕腳地做家事，或者散發著一種傾慕與支持的不可言宣的光輝。在此，這些德性固然不缺，但還得在形象上加上另外的東西；一位帶著愉悅的心情關注著書中每一句話的伴侶，以熱情來修剪，有技巧和想像力的改正，並（在第二版）在原始佛教的一節作出了實質的貢獻。正因為這些德性，「她的丈夫在門內知名，而他與境內的長者們坐在一起。」

1 THE WORLD'S RELIGIONS

出發點
Point of Departure

雖然我提到名字的那些人對我來說已經變成了回憶，在本書的再版中我還是以首版發行時的頭四段話來開始。

我寫這幾段開場白的那一天，正是基督宗教界中廣泛慶祝的世界性的聖餐主日。這天早晨我所參加的主日崇拜，講道主題是：作為一個世界現象的基督宗教。從非洲的泥舍到加拿大的苔原，基督徒們今天全都跪下來領取聖餐。這是一幅令人印象深刻的景觀。

不過我的腦子只是一半在聽講，另一半卻漫遊到尋找神的廣大人群(God-seekers)中去了。我想到六個星期之前在耶路撒冷的教堂中看到的也門（葉門）猶太教徒們，黑皮膚的男子赤足盤坐在地板上，身子包裹著祖先們在沙漠裡穿的祈禱用的披風。今天他們也在那兒，至少有法定的十個人一組，早上和晚上，朗誦著他們猶太經文(Torah)，身體前後搖擺著像駱駝騎士一樣，他們下意識地在模仿著祖先當時因不許騎馬的緣故，所發展出的補償式的伴裝姿態。為我在伊斯坦堡(Istanbul)的藍色回教寺擔任導遊的回教建築師亞新(Yalcin)，雖然已經完成了我們在一起時就已開始了的為期一個月的齋戒期(Ramadan fast)，不過今天他也在禱告，五次朝麥加方向撲身朝拜。拉馬克里希納(Swami Ramakrishna)今天在他那喜馬拉雅山腳下恆河邊的小屋子裡會不發一言。一年中三天除外，他會持續那五年來為信仰所保持的虔誠的靜默。到了這個時候，宇努(譯註：緬甸首相U Nu，或譯烏努)大概正在面對代表團、危機以及內閣會議，這乃是一個首相的命運。但是今天早晨從四點到六點，在世界朝他展開之前，宇努也在仰光他住宅隔壁的佛教寺廟內獨自與永恆同在。京都的禪宗和尚Dai Jo和Lai San早在他一個鐘點之前就已開始了。他們今天早上三點鐘就已起身，一直到晚上十一點，這大半天裡都會以蓮花坐姿一動不動地，專注於沉思那位於他們存在核心的佛性。

這是多麼奇特的情誼啊！在各地區的神的追尋者，以自己獨到的方式向一切生命之神大聲地呼喚。從上天那裡聽起來會像什麼呢？像是瘋人院，或者是不同旋律融合在奇異而不可思議的和諧中？是由一種信仰在主唱，抑或出各分部來重唱和輪唱，再一起匯成和聲？我們無從知道。我們所能做的就是全神貫注，細心輪流聆聽每一種向神說話的聲音。

這種聆聽說明了本書的目的。人們可能懷疑這個目的太廣泛了。我們打算思考的宗教環繞著全世界。它們的歷史回溯到幾千年之前，它們在今日更是激發著前所未有的眾多人們。有沒有可能在一本書之內認真嚴肅地去聆聽它們呢？

回答是肯定的，因為我們將去聆聽明確界定的主題。這些主題必須先列出，否則從這本書頁中顯露出來的景象就會變形。

一、**這不是一本宗教史的教科書**。這就是何以本書少列名字、日期以及社會影響等。這一類的材料有另類書籍專責討論。①本書也可以滿載著這一類書籍中的事實和數字，不過它卻只想善盡本身的職責而無意這樣做。本書引述的歷史事實不多，只求符合本書所集中談論的概念所需的最低限度。我會盡一切努力摒除專門的學術論述——在基礎上要堅固，鷹架但不是用在施工架上以致令我們要探查的結構隱而不張。

二、就是在意義的領域中，**本書也不打算對所思考的宗教提供一完整無缺的統觀**，因為每一種宗教內部都有太多的差異，在一章以內是難以窮盡的。吾人只需以基督徒的世界為例。東正教徒在裝飾華麗的教堂內崇拜，而貴格派(Quaker)信徒甚至認為教堂的尖頂都是褻瀆的。基督徒中有神祕主義者和反對神祕主義的人，有耶和華見證教派，也有統一教派。單一章又怎麼可能把基督宗教對所有的基督徒的意義說得清楚呢？

答案當然是不可能，於是選擇就無可避免了。作者面對的問題並非是否在觀點之間作出選擇；問題是在陳述多少種，以及哪幾種。在本書中第一個問題得到扼要的答覆，我嘗試對幾種觀點作出合宜的陳述，而並不企圖把他們全數羅列編目。以伊斯蘭教為例，不顧遜尼教／什葉教之分，以及傳統的／現代的分歧，而留意到對蘇菲教派的不同態度。對佛教，我分別出小乘、大乘與金剛乘(Vajrayana)各傳統，但是大乘內部的主要派別就繞過不論了。分支永遠不超過三個，否則就有見樹不見林之慮。我們姑且這樣說吧：如果你要想對一個聰明而有興趣但又忙碌的泰國人描述基督宗教，你要包括多少派別？不去辨別羅馬天主教、希臘東正教和新教之間的不同是很困難的，不過討論到浸信會信徒和長老會信徒的不同就大可不必了。

在我們考慮要介紹某一種看法的時候，其中的指導原則是要與我們心目中的讀者之興趣相干才行。有三種考慮決定了這種相干性。第一，簡而言之乃是數量的考慮。有的信仰每一個公民都應該知曉，只單純的因為千千萬萬的人都仰賴它生存下去。第二點考慮乃是要對現代人的心智有相干性。因為像這樣的書最終對世道人心有所裨益，乃在於幫助匡正讀者諸君個人的生活，我特別優先著重（不免小心謹慎但是卻也頗有信心）陳述我們所認為的各宗教的當代的說法。第三點考慮是普遍性。每一種宗教都把普遍原則與本土的特殊性混合在一起。把前者提出來加以澄清，乃是對我們內在的一般人性發言。而後者擁有豐富組合的儀式和傳說，就不容易被外人了解。理性主義的一個幻覺就是認為宗教的普遍原則遠比那滋養它們的典範和儀式來得重要；作出這樣的確認，就好像是一口咬定一棵樹的枝葉要遠比他們由之生長出來的樹根重要一樣。但是就本書而言，之所以肯定原則比脈絡(context)重要，唯一的原因只不過是因為作者畢生之力就是研究它們的緣故。

我曾經拜讀過把宗教的脈絡成功而又生動地展現出來的書：如吳慈(Heather Woods)有關印度的《三等車票》(*Third Class Ticket*)，林語堂有關中國的《吾土吾民》，以及羅賓維茨(Shalom Rabinowitz)有關東歐猶太人的《古國》(*The Old Country*)。或許有一天有人會寫一本有關各大宗教如何溯源於各自的社會脈絡的書。不過這種書是我要讀的，而不是我要寫的。我知道自己的局限，所以只想探討那可以抽離出來的各個觀念範圍。

三、**這本書對於它所討論的題材並非平衡的論述**。這項警告是很重要的。我不太敢想像讀者將如何震驚，如果他們讀完印度教那一章，馬上就讀到尼赫魯(Nehru)說印度教是「奴役你的宗教」，諸如：加爾各達的加里(Kali)廟，可詛咒的種姓制度，兩百萬頭牛被崇敬到了惱人的地步，托缽僧把他們的身體奉獻給床蝨任其吸血。又或者當讀者被帶到巴里(Bali)，看到那裡的戲院叫「毘濕奴—好萊塢」(Vishnu-Hollywood)(毘濕奴為印度教神祇)，書店裡銷售所謂古典(Klasik)漫畫書而生意興隆，漫畫書中印度教的男女諸神用宇宙射線鎗把各色不堪的魔鬼射殺，反應又將如何呢？我明白這種對比。我寫的道家和我兒時在中國時圍繞在我四周的道家，在這二者之間我鮮明地覺察到了這一點：後者幾乎完全淹沒在占卜、巫術和迷信中了。那就好像在靜默基督和大審判者之間，或是在伯利恆的靜寂和百貨公司裡大聲播放「平安夜」來促銷聖誕產品之間的對比一樣。宗教的全幅故事並不全是玫瑰色的；反而常是低級粗糙的。智慧和慈愛是間歇的出現，得到的結果則是極度地模稜兩可。一個對宗教的平衡觀點會包括生人祭和替罪羔羊，宗教狂熱和宗教迫害，基督宗教的十字軍東征以及回教的聖戰。也會包括在美國痲州的獵巫，田納西州的進化審判，以及在密蘇里州的拜蛇。這樣的清單會是沒完沒了的。

那麼何以這些事情將不會包括在以後的書頁中呢？我的回答簡單得聽起來可能有點天真。這本書是在談價值。在人類歷史的進程中，壞的音樂創作出來的可能性和好的是一樣的多，但是我們卻不能期望音樂欣賞課程上給予它們同等的注意。時間乃是最重要的因素，我們假定只有最好的才得到眷顧。我在宗教上也採取了相同的策略。最近有一本論法律的書，記載作者招認他把法律寫得太可愛了。如果像法律這樣與個人無關的東西都能夠令一個作者傾心，那麼宗教以其最佳面目令另一位作者傾心，也就毫不令人驚奇了。別的人也許會有興趣想斷定宗教整個來說究竟是禍是福，但那就不是我們所關切的了。

說完了我的關切之所在——世界宗教的最佳面目——我要指出我認為宗教最好的是什麼，不過我要先從不好的說起。林肯·史提芬斯(Lincoln Steffens)有一個寓言，說一個人爬上一座山頂，踮起腳尖、抓住了真理。撒旦懷疑這個傲慢無禮的人會搞什麼花樣，就叫一個小鬼去跟蹤他；小鬼大吃一驚地回來報告那個人的成功——他抓住了真理，但是撒旦毫不慌張。「不必擔心，」他打著哈欠說：「我會引誘他把真理制度化。」

這個故事有助於把宗教裡最好的部分從模糊的東西裡面分離出來。這本書打算提出的論點是：世界各宗教在神學和形上學中所揭示的真理，乃是受到啟發的。至於機構組織——特別是指宗教機構——卻是另外一回事了。由於機構是由本身內在有缺陷的人組成的，也因之就是由善與惡所組成。當惡行——譬如對自己小圈子的忠誠與對圈外的忠誠之間的對抗——眾多時，結果將使人感到可怖，以致（像有意嘲諷者一樣）說：宗教所犯的最大的錯誤就是跟人攪在一起了。事實上這是不對的，因為避開了人，其結果就是在歷史上不能留下任何印記。如果讓它選擇——一邊是保持距離、不著形迹的睿見，另一邊是把這些睿見制度化好在歷史中建立牽引力——那麼，宗教選擇了較明智的道路。

本書尊重這個選擇但卻不去追溯它的故事——我已經說過這不是一部宗教史的書。它所採取的可以說是比較容易的路線，直接把歷史上層的精華取出：亦即宗教組織所保存的真理，正是這些真理使宗教組織得到權勢。**當宗教是為了篩取真理而設的時候，一個不同的、比較乾淨的面向就出現了。它們就成了世界智慧傳統。（在資訊中失去了的知識到哪兒去了？在知識中失去的智慧到哪兒去了——T．S．艾略特。）**他們開始看起來像是儲藏著人類精挑出來的智慧的資料銀行。由於本書集中在那些智慧儲存上，它也可以稱之為「世界偉大的智慧傳統」。

四、最後，**本書不是要由評價觀點來作比較宗教的討論**。比較總是會變得可厭的，而比較宗教是最令人討厭的一種。因此這裡沒有一種宗教優於或劣於他種宗教的假定。湯恩比就曾作過這樣的觀察：「當今沒有一個活著的人有足夠的知識，使他可以有信心說一種宗教比其他所有的宗教優越。」我已經竭盡所能追隨最令人印象深刻的信徒本身之所見，來使每一種信仰中最好的部分透顯出來。讀者諸君如有意想要作比較也可悉聽尊便。

在說到本書不是什麼的時候，我已經開始在談本書是什麼了，讓我再說得明白一點。

一、**這本書追求擁抱全世界**。當然，在某一意義下，這個希望一定會落空。就算伸展到最大的極限，一對胳膊也還是太短，我的雙腳總必須站在什麼地方。就先從最明顯的說起吧！本書以英文寫成，從某種程度來說從一開始就有了立足點了。其次就是交叉引證，所引的條目是為了便於進入陌生的地盤。書中引了中國的格言，印度的傳說，日本的詭論，但多數的說明都是西方的：莎士比亞的一句詩，聖經上的詩篇，心理分析的提示——艾略特和湯恩比已經在前面引用過了。不過，除了引用成語之外，本書目標確是針對當代西方心靈的，因之無可救藥的也是西方式的。因為作者自己的心靈，在這方面是沒有選擇餘地的；不過我們必須承認這本書假如由一位禪宗和尚或者回教的蘇菲派教徒，或是波蘭的猶太人來寫，就會不一樣了。

那麼，這本書是有它的家——這個家的門是可以自由進出的。這個家是出發和回歸的基地，只不過不是在作真正的旅行，而是在作研究和想像之旅。**倘若吾人可能對世界產生懷鄉之情，對我們從來沒有去過的地方以及猜想永遠也不可能去的地方懷鄉，這本書就是從這種懷鄉之情產生出來的。**

我們生活在奇妙的世紀中。我暫且不談那些置我們於毀滅和成就剃刀邊緣的了不起的科學發現，而來談人與人之間的新處境。**全球各地都變成了我們的鄰居，中國就在街對面，中東在我們的後門。年輕人背著背包到處都是，**那些留在家中的人則可以接觸到無數的書籍、紀實影片以及海外來客。我們聽說東方和西方在相會，不過那卻是一個保守的說法。它們被擲向對方，以原子的力量、噴射機的速度，永不休止的心靈等不及想要了解他人的方式。**當歷史家們回頭來看我們的世紀，他們最記得的，可能不是什麼太空旅行或原子能的釋放，而是在這個時期，世界上的各種人首先把對方認真當回事了。**

我們突然間從城鎮和國家，彈射到一個世界舞台上，這種新情勢要求我們大家作的改變是驚人的。二千五百年前只有一個像戴奧堅尼斯(Diogenes)那樣特異的人才能喊得出，**「我不是雅典人或希臘人，而是一個世界公民。」今天我們大家都必須自己掙扎著去說出這些話來。今天我們已經來到歷史的轉捩點上，任何人如果只是日本人或美國人，只是東方人或西洋人，就只能算是半個人。那另一半跳著整個人類脈搏的還有待誕生呢！**

從尼采那裡借一個比喻來說，我們是被召喚來做宇宙舞者，不會沉重地停在一個定點上，而是輕盈地從一個位置轉身跳躍到另一個位置。**作為一個世界公民，宇宙舞者將是自己文化真正的孩子，而又與整體密切關連。**舞者在家庭和社群裡的根是深厚的，但是在其深處將會探觸到人性共通的水源。譬如，難道舞者不也是人嗎？設若她能看到是什麼令別人感興趣的，難道她就沒有可能自己也對之感興趣嗎？這是一個令人興奮的前景。分化程度降低之後，會出現互相借用的情況，這樣有時會產生變種，但多數時候則是充實了品種而保持住了它們的活力。

促使我們走向世界性理解的動機是多方面的。有一次我乘坐轟炸機到空軍基地去向軍官們講其他人種的信仰問題。為什麼呢？顯然是因為那些軍官可能有一天會把他們當作盟友或敵人來跟他們打交道。這是要了解他們的一個理由，可能這是一個必要的理由，但我們希望還有別的理由。甚至連用外交來避免軍事行動的目的也是工具性，因而也是臨時性的。**彼此了解對方的最終理由乃是內在的——是為了享受世界性理解的見識所提供的寬大角度。**

我當然是用隱喻的方式來談見識和看法的，不過以視域來類比卻完全適合。沒有我們的雙眼——雙目視覺——就覺察不到三度空間。除非視域能夠照顧到多過一個角度，世界看起來將會像一張明信片。**擁有兩隻眼睛的回報是實際的；它使我們不會撞到椅子，得以判斷迎面而來的車子的速度。但是最終的回報是對世界本身深化的觀點——在我們面前展開的全景，從我們腳下伸展開來的風光。正如柏拉圖稱之為「靈魂的眼睛」是一樣的。「只知道英國的人，他們對英國又能知道什麼呢？」**

我已說明能通過別人的眼睛來看世界，所得到的實際收穫是很大的。這樣可以幫助企業機構跟中國做生意，令外交官少出紕漏。但是最大的收穫是難以估量的。瞥眼看一下對日本人來說歸屬感的意義是什麼；跟一個緬甸的祖母體會一下什麼是生命中的過眼雲煙，什麼是歷久常新；去了解一下印度教徒如何把自己的個性當作是壓蓋住他們那內在無限性的面具；去設法參透向你保證萬事萬物都是神聖的，不過要小心不去做某些行為的禪宗和尚的悖論——把這類事物轉移到視線之內，就是**為精神的視野增加了向度**。**這乃是打開了另一個可以生活的世界**。無條件的唯一的善，不是（康德所主張的）善意(good will)，因為在狹窄居所中的意志也可以是善的。**唯一無條件的善，乃是延伸出去的洞見，擴大吾人對萬物終極性的了解**。

這些對世界了解的想法直接關連到世界各宗教，因為**帶領我們達到一個族群的心的最確切方法，就是通過它的信仰**，如果那個信仰還沒有僵死的話。至於要區分活的和死的宗教，則接上了本書的第二個建設性意圖。

二、**這是一本嚴肅對待宗教的書**。它不是一本導遊指南。我不會去迎合那些獵奇的人，我不會從人們信仰裡去翻查出有震盪性價值的東西來曝光；也不談禁欲主義者所躺的鐵釘床，墨西哥懺悔教徒(Penitentes)以釘十字架來考驗的苦行，不談把死者曝露給禿鷹去吃的印度祆教的空寂塔(Parsi Towers of Silence)，也沒有提供色情的雕刻或進入到秘戲(Tantric sex)的漫遊。偉大的宗教裡包容有這一類的材料，但是集中講這些卻是最低級的庸俗化表現。

還有一些貶低宗教的巧妙方式。其中之一就是承認宗教的重要性，但卻主張宗教是為如下的人而說的——古人，不同文化的人，以及那些自我力量需要鼓舞的人。這也不是我們的方式。我們將會用第三人稱的口吻來講述。我們討論印度教、佛教、儒家、回教的信徒——會一路都用「他們」來稱呼。但是在這些面向的背後，乃是對我們自己最深的關切。我發覺自己之所以回溯世界偉大的智慧傳統，主要的理由是為了對我自己還無法迴避的問題有所幫助。既然人性在根本上是相似的——我們總是彰顯人性甚於其他——我推想本書的讀者也會對這些問題有興趣。

連贊助宗教最精微的方式也要避免，就是為了宗教所產生的效果，而不是為了宗教本身——它對藝術，或者對心靈的平靜，或者對團結群體有所幫助。這是一本有關宗教的書，以威廉·詹姆士(William James)的對比來說，不是以宗教作為一項呆板的習慣，而是以它作為一種敏銳的狂熱。**這是有關活的宗教的書。而當宗教獲得生命時，它就展現出驚人的品質。它會接管一切**。其他的一切，即便是沒有沉寂下來，也被迫屈居於輔助的角色。

活的宗教以生命所能提供的最重大的選擇，來加於個人身上。**它感召靈魂去參與最高的探險，去跨越人類精神的叢林、山巔和沙漠。這項感召是要面對真實，主宰自己。**那些敢於聆聽和追隨那祕密感召的人，很快就會明白這孤獨旅程中的危險和困難了。

磨得銳利的剃刀邊緣，難以越過，
這是一條艱難的道路——詩人們宣稱！②

霍姆斯（Holmes）法官喜歡說，**科學是對次要的需要作出主要的貢獻**，又進一步說，**宗教的成就不論多小，卻至少是針對最重要的事物。於是，在宗教領域中，當一個孤單的精神成功地突破，有了重要的成果，它就變得遠不只是成王成后了。它竟成為世界的救世主。**它的力量延伸數千年之久，賜福予多少世紀以來糾纏的歷史進程。**「誰是……這一代人類最偉大的恩人？」**湯恩比問道，**「我會說：孔子和老子，佛陀，以色列和猶太的先知們，瑣羅亞斯德**（Zoroaster），**耶穌，穆罕默德和蘇格拉底。」**③

他的回答不該使人驚訝，因為真正的宗教是最暢通的管道，讓宇宙生生不已的能量通過它得以進入人的生命。那麼還有什麼東西能比它更能激發生命中最深的創造核心呢？通過宗教的神話和儀式，它提供了多種象徵把歷史往前推進，直到最後力量用盡而生命重新等候新的救贖。這種周而復始的模式使得像**蕭伯納這樣的幽默者也下結論說，宗教是世界上唯一真正的動力**（懷德海另外加上科學，而成了兩個動力）。④在接下來的諸章中作為有推動力的宗教將是我們的對象。

三、最後一點，**本書作出了真正的努力來溝通**。我把它當作是一項翻譯工作，不僅是要深入印度教徒、佛教徒和回教徒的世界，而且還要從那些世界搭起橋來通到讀者的世界中。宗教研究可以是很技術性很學術性的，不過我始終努力不要忘記這些材料對於今日人類問題的相關性。**「假如你始終都對人說不清楚你在幹什麼，」**一個偉大科學家，也是頂了不起的溝通者寫道，**「你的作為就毫無價值。」**⑤

這種對溝通的興趣，就把我們帶回到本書早先所提到的對待歷史學問的態度問題。就我所知，本書內容是沒有違反歷史事實的，不過在避免明顯錯誤之外的範圍，問題就比較不簡單了。我作了大量的省略，簡化了把描述的節奏拖慢以及把要點弄得晦暗不明的歷史細節。有時候我還提供一些似乎是隱含在內的推論，我也引進一些符合主題卻並不包括在材料本身中的例子。這些自作主張或許會令有些人覺得這本書「不太切合事實」，但是歷史的正確性不是基本的問題。**宗教講的主要不是事實，乃是意義**。在這裡拿生物化學來類比說明會有幫助的。「儘管清楚明白了蛋白質分子的結構，甚至它們各原子的三向度正確位置，我們還是一點都不明白那些原子如何折疊成其自然形式的規則。」[6]宗教類比於生化學家的原子，乃是歷史社會學、人類學，以及文本研究所臚列的事實。它們所把握到的，可以像生化學家所把握到的對蛋白質分子的原子結構之知識一樣；但它們本身也是無生命的。在本書的章節中，我雖沒有詳細明說，卻含蓄地應用那些「規則」把宗教事實「折疊」成「它們自然的形式」。**我嘗試使它們在宗教世界活轉過來**。

我們即將開始一個通貫時空與永恆的旅程。去的地方往往是遙遠的，時間是遠古的，內容乃是超越時空的。我們會用一些外國的詞語——梵文、中文以及阿拉伯文。我們會努力描述那語言只能暗示的意識狀態。我們會用邏輯來範圍那些嘲笑我們作這種努力的嘗試。而最終我們將會失敗；**我們自己生來就有不一樣的心靈，怎麼樣也不能了解那不屬於我們自己的宗教。但是如果我們認真地對待它們，我們也就不至於失敗得太慘**。要認真對待它們，我們只需做兩件事。第一，我們需要明白那些信奉各宗教的男男女女所面對的問題跟我們的相似。第二，我們必須從我們的心智中，去除掉所有可能讓我們感覺遲鈍或警覺不到新洞識的先入主見。如果我們把有關這些宗教的全部先入主見都放置一旁，而把每一種宗教看成是人們在尋求生命的幫助與意義時，所鑄造的成果；再嘗試不帶偏見地用他們的眼光來看——如果我們能做到這些，那麼分隔我們的面罩就會變成薄紗了。

一位大解剖學家在他結束醫學院新生第一堂課時說的話，也同樣可以應用到我們自己的工作上。「在這門課程中，」他會說，「我們處理肌肉、骨骼、細胞和肌腱，很多時候它看起來冷血得令人害怕。但是永遠不要忘記。它是活的！」

註釋

①標準的 1 部書是 John B. Noss, *Man's Religions*(New York: Macmillan, 1984)。

②*Katha Upanishad* I.iii. 14。

③Arnold Toynbee, *Civilization on Trial* (New York: Oxford University Press, 1948), 156。

④A. N. Whitehead, *Science and the Modern World* (New York: Free Press, 1967), 181。

⑤Erwin Schrodinger, *Science and Humanism*(Cambridge: Cambridge Universty Press, 1952), 9。

⑥R. C. Lewontin, in *The New York Review of Books* (April 27, 1989), 18。

16 人的宗教

2 THE WORLD'S RELIGIONS

印度教
Hinduism

如果有人問我在什麼樣的天空下，人的心靈……對生命中最重大的問題做過最深刻的思考，而且已經對其中的一些問題找到了解答，是值得被那些甚至研究過柏拉圖和康德的人注目的——我就會指向印度。假如我再問自己，對我們這些幾乎完全受希臘人、羅馬人以及閃族之一的猶太人的思想所教養的人來說，什麼文獻最有匡正的效果，而最需要它使我們內心生命更完美、更全面、更普遍，事實上是更人性化的一種生命……我會再度指向印度。

——麥克斯・繆勒(Max Müller)

一九四五年七月十六日，在新墨西哥州一個沙漠的隱蔽所在，可能可以證明是二十世紀最重要的單一事件發生了。開始於芝加哥大學和集中在洛斯•阿拉莫斯(Los Alamos)的「Y試場」，一連串科學發現的反應到達了頂點。正如我們所說的，第一顆原子彈成功了。

在這一項成就上，沒有人比洛斯・阿拉莫斯研究計劃的主任歐本海默(Robert Oppenheimer)扮演更關鍵的角色了。那天早上，一直密切觀察著他的人，給了我們這樣的報導：「當最後一秒鐘到來時，他是愈來愈緊張了。他幾乎停止了呼吸。他扶住一根柱子讓自己站穩……當發射員叫道：『發射！』跟著就爆發出可怕的光亮，接著是爆炸的深沉吼聲，他的臉放鬆了下來，一臉十分放心的表情。」這一切還是從外表看起來的反應。**那一刻在歐本海默的內心又有些什麼想法呢？他事後回想，在他腦海中出現的是《薄伽梵歌》**(*Bhagavad Gita*)中兩句由神說出來的話：

我成了死亡，世界的粉碎者；
等待世界毀滅的時刻來到。

這一偶發事件為這一章的開場白提供了深刻的象徵。聖雄甘地的一生可以加進來為我們即將探討的信仰問題準備好舞台。在一個暴力與和平以前所未有的命定方式面對彼此的時代，甘地的名字在本世紀中期成了史達林和希特勒的對比。這世界認為這個人的功勞（不到一百磅的體重，死的時候他在世界上的財產還不值兩塊錢）是使得英國從印度和平撤退，但是不太為人所知的是，在他的人民中間，他降低了那比美國種族問題還更強固的障礙。他把印度的賤民重新命名叫「神的子民」（harijan），把他們提升到人的地位上來。這種做法為美國的馬丁・路德・金（Martin Luther King）類似的人權運動者，提供了非暴力的策略和靈感。

甘地本人的靈感和策略把我們直接帶進這一章的主題，因為他在自傳中寫道：「我在政治領域中工作所擁有的那種權力，乃是從我在精神領域中的試驗發展得來。」在那個精神領域中，他繼續說道，「真理是至高的原則，而《薄伽梵歌》乃是指向對真理的知識的最精妙的書。」

人們要什麼?

如果我們把印度教作為一個整體來看——它浩瀚的文獻、複雜的祭禮、散漫的民俗、豐富的藝術——把它壓縮成單一的斷定，我們會發覺它說：你要什麼就有什麼。

這聽起來很有指望，但是卻把問題又拋回我們手中。因為我們要什麼呢？給一個簡單的回答容易，給一個好的回答卻不容易。印度跟這個問題生活了不知道有多久卻還是在等答案。她說，人們要四樣東西。

他們開始時要享樂。這很自然。我們生來就備有苦—樂的反應器。如果我們疏忽了它們，把手放到火爐上或是從二樓的窗外走出去，我們就會死。那麼，還有什麼比跟隨享樂的刺激而把生命交付給它更自然的呢？

總是聽說——因為通常都是這樣以為的——印度是苦行的、他世的、否定生命的，我們會以為她對享樂主義者採取責備的態度，但並非如此。的確，印度不以享樂作為她最高的善，但這與譴責享樂可是不同的。對那些要享樂的人，印度實際上是說：去追求吧——這樣做並沒有什麼錯；它乃是生命四項合法的目標之一。世界充溢著美和滿載著感官的享樂。而且在這個世界之上，還有每增高一層就增加百萬倍樂感力量的世界，這些世界我們到時候也會經歷到的。就像其他一切事物一樣，享樂主義需要好的見識。**「不是說每一個衝動都去追逐也不會受到懲罰。當下的小目標一定要為長遠的利益而犧牲，傷害到別人的衝**

動必須控制住以免受到敵視和後悔」。只有愚蠢的人才會為了當前的利益或耽於惡習不能自拔，以至於去說謊、偷或騙。但是只要遵守了基本的道德規範，你可以自由地儘量追求享樂。印度教典不僅不譴責享樂，還藏有如何擴大其力量的提示。對於那些幾乎專門追逐享樂、心思單純的人來說，印度教所表現的只不過是能保證健康和繁榮的一種養生術罷了；而對於光譜另一端那些心思複雜的人來說，它詳盡闡述一種感官的美學，其直言無隱的程度是駭人的。如果享樂是你所要的，不必壓制你的欲望，以明智的方式去追逐它。

印度是這樣說的，並且等待著。**等待時間的到來——每一個人，即使不一定在今生——都會明白享樂並非所要的一切。每一個人到最後會有這項發現的原因，並非因為享樂是邪惡的，而是因為它太瑣碎淺薄而不能滿足人的整全人性**。享樂主義是個人的，而自我是太小的一個對象，無法對之有持續不斷的熱情。**齊克果**(Søren Kierkegaard)曾經嘗試過一陣子感性的生活，把享樂當作生命的主導原則，卻只經驗到極端的失敗，這一點他在《**致死之疾**》(*Sickness Unto Death*)一書中作了描寫。「**在享樂的無底海洋中，**」他在《日記》中寫道：「**我無法探測到可以停泊的地方**。我感到那種一個享樂追逐一個享樂的幾乎不可抗拒的力量，感到它所能產生的那種虛假的熱情、無聊和隨後而來的折磨。」就連很少被認為有深度的花花公子，也公開下結論，正如最近就有一位，說：「昨日的光輝在我今天看來，如華麗而不值錢的裝飾。」無論它有多麼美妙，最終每一個人想要的都不只是萬花筒般的暫時快樂經驗。

到了此刻，個人興趣通常轉到人生第二個主要目標：那就是俗世的成功①：有財富、名譽和權力這三大方向。這也是值得追求的目標，不應該被斥罵或譴責。而且，它的滿足會持久些，因為不像快樂，成功是一種社會成就，並且它本身關涉到別人。因為這個緣故，它所支配的範圍和重要性就不是快樂所能誇示的了。

對現代西方人來說，這一類的目標是無須爭辯的了。盎格魯—美國人的性格並不是淫逸的。國外來的客人發現英語系的人並沒有十分享受生命，他們太忙了。他們沒有沉浸在感官主義中，而是在成功之中。在西方需要爭辯的不是成功的報酬超過感官，而是成功也有它的限制——「他的價值是什麼？」並不就只是「他擁有多少？」

印度承認追求權力、地位和財富的動力是根深蒂固的，就它們本身而言不應該受到輕視。塵世上小小的成功對於供養家庭以及承擔市民責任是不可或缺的。除此之外，俗世成就也帶給人一定的價值感與自尊心。不過最終，這些報酬也有它的極限。因為它們都含有我們可以細列的限制：

一、**財富、名譽和權力是排他性的，因之是競爭性的，也是不穩定的**。不同於智力上的和精神上的價值，當與人分享的時候它們不會倍增；它們不能在不減少自己的部分下平分與人。如果我有一塊錢，那塊錢就不是你的；我坐在一張椅子上，你就不能坐。名譽和權力也是一樣。說一個國家之內人人都出名，這個觀念是本身矛盾的；如果權力平分的話，沒有人是我們習慣上說的「有權勢」了。從這些東西的競爭性到它們的不穩定性就只是一小步之隔。因為別人也要它們，**誰知道什麼時候成功會轉手呢？**

二、追求成功的欲望，永遠也滿足不了的。此處需要一些澄清，因為人們的確是得到了足夠的金錢、名譽和權力，只是在他們把這些東西當作是主要的野心時，他們的貪念就不能滿足了。因為這些東西並不真正是他們要的，而人們對並非自己真正想要的東西，是永遠覺得不夠的。用印度的格言來說，「想要用錢來熄滅追求財富的欲火，就像是往火上倒牛油一般。」

西方也明白這一點。「**貧窮不僅是個人財物的減少，乃是個人貪念的增加。**」柏拉圖寫道：神學家納滋禪(Gregory Nazianzen)也同意，「假使你可以把世界上的全部財富拿到手，你還是拿不完，而如果世上的財富沒有了，那你也窮了。」「成功是一個沒有飽和點的目標。」一位心理學家最近這樣寫道。而研究一個美國中西部城鎮的社會學者們發現，「為了過好日子，生意人和上班族拚命賺錢來追趕那增長得更快的主觀需要。」西方是從印度盜用了那個趕騾子的人的寓言，他在桿子上吊著紅蘿蔔綁在騾子挽具上，叫騾子一直不停向前走。

三、俗世成功的第三個問題跟享樂主義相同。它也集中在自我的意義上，而自我畢竟太渺小了，不可能對之保持永久的熱情，不論是財富或地位都會讓人覺得還缺少許多別的東西。到頭來人人在這一生中除了得到別墅、跑車和奢華的旅行之外，還想去得到更多的東西。

四、為什麼塵世上的成功不能完全滿足我們，最後一個原因是成就轉瞬即逝。財富、名譽和權力，是及身而止的，「死了又帶不走」，我們總是這樣說。正因為我們帶不走它們，所以也不能完全滿足我們，又因為**我們是能夠展望永恆的動物，所以必定會本能地悲嘆，那相形之下賺來的世上的成功，其所支配的時間是多麼短暫！**

在繼續談印度教認為人們所要的另外兩樣東西之前，最好先把所講過的作個總結。印度教在「欲望之路」上，安置了享樂與成功。他們用這樣的片語，乃是因為個體的私人欲望到目前為止乃是規畫一生旅程最主要的因素。前面還有其他目標，但這並不是說我們就應該貶斥初步的目標。**整個抑制欲望或假裝我們沒有欲望是收不到效果的。只要享樂和成功是我們認為需要的，我們就應該追求它們，不過要記得節制和公平的附帶條件。**

其指導原則不是不理會欲望，而是等待欲望離你自去，因為印度教把欲望道路上的東西視如玩具一般。如果我們問自己，玩具有什麼不好的時候，我們的回答必然是：正相反，想到小孩子沒有玩具，難免令人覺得悲哀。但是如果大人不能發展出比對洋娃娃和火車更有意義的興趣的話豈不是更悲哀。同樣的道理，個人如果突破這種限制，欣然地享受著成功等感官的快樂，到了步入人生另一階段，它們就不再有什麼吸引力了。

但是人生還有什麼更吸引人的東西呢？印度教說有兩種。與欲望之路相對比，這兩種組成了「棄絕之路」。

棄絕(Renunciation)這個字有一種負面的意味，印度是以否定生命的掃興者為世人所知，原因之一即是由於慣常使用這個字。不過，棄絕有雙重面貌。它可能源自想像幻滅與徹底失望，因而感覺不值得再延伸自己的生命；但是它同樣可以表示一種懷疑，就是覺得生命可能並不限於眼前所經驗的這一切。在此處我們發現那些回到本性的人們，他們棄絕富足而從社會領域與物質的浩海中解脫出來——但是這只不過是開頭呢。如果棄絕只是犧牲小小的現在以得到更有前景的未來，那麼宗教的棄絕就成了如同運動員抗拒放縱自己，以免偏失了那需要全副精力來對付的目標一樣。跟幻滅剛好完全相反，棄絕在這第二種樣式中，正是證明了生命的力量在強有力地運作。

我們必須永遠記住印度教的「棄絕之路」是跟在「欲望之路」後面而來的。如果人們能夠順從他們的衝動而得到滿足，棄絕之念根本永遠不會起來。它也不會只發生於那些在第一條路上失敗的人身上——失望的情人遁入空門作為補償。我們會同意那些不屑的人所說，棄絕對於這班人是一項救援的行為——企圖對個人的失敗作最好的安排。迫使我們注意聆聽印度教的假設的，是那些順利通過欲望之路而仍然發現自己在要求更多的人的見證。這些人——不是指棄絕者，**而是指看不到任何值得為之棄絕東西的人——才是世界上真正的悲觀主義者**。因為要活下去，人必須相信他們為之活下去的東西。只要他們在享樂和成功裡沒有感到索然無味，他們就能相信值得這樣活下去。但倘若如托爾斯泰在他的《懺悔錄》中所指出的，他們不再能相信那有限的了，而要相信那無限的，否則毋寧死。

讓我們講清楚。印度教並不是說，每一個男人或女人在今生都會發覺欲望之路是匱乏的。對照著廣大的時間量度，西方也熟悉印度教在編年的和心理的年代之間的區分。兩個四十六歲的人在編年上來說是同庚的，但是在心理上來說，一個可能還是孩子而另一個則是成人。印度教徒把這個區分延伸出去應用到好幾世，這一點等到我們講到輪迴觀念的時候會再加以闡明。如果我們看到男男女女像九歲大的官兵和強盜一樣地玩欲望遊戲，雖然他們什麼也不懂，死的時候覺得不負此生，而裁決說生命是美好的。但是同樣地，別的人玩這個遊戲也一樣有本事，卻發現勝利完全不足道。何以會有這樣的差別呢？印度教徒說，熱衷的人被困在一時的新奇感中，而其他人呢，則是一而再地玩過遊戲後，想要另找世界去征服。

我們可以描寫一下第二類的標準經驗。世界上肉眼看得見的報酬仍然強烈地吸引著他們。把自己投身在享受中，增加擁有，提高地位。但是追逐和成就都沒有帶來真正的快樂。有些東西他們沒有得到，因而痛苦莫名。有些東西得到了也擁有了一陣子，卻只在剎那間即被奪去，也還是痛苦。有些得到了也保住了，卻發現（像許多少男少女的聖誕節）它們不能帶來期望的歡樂。許多第一次的經驗很刺激，卻在一百次的時候令人生厭。每一項收穫似乎都搧動了新欲望的火燄。沒有什麼能完全令人滿足；顯然地，全都隨著時間而毀滅掉了。最終他們會懷疑自己被困在踏車上，要愈踏愈快去獲得那愈來愈沒意思的報酬。

當懷疑開始的時候，他們發現自己在叫喊著，「空虛、空虛，全都是空虛！」他們可能會想到問題出在自己一直在忙著侍候的那個小我。那麼如果他們關注的焦點改變了呢？會不會可能變成一個更大更有意義的整體的一部分，而解除了生命的瑣碎無聊呢？

這個問題宣佈了宗教的誕生。因為就算在沖淡的意義下，可能有自我崇拜的宗教，但真正的宗教是開始於超越自我中心去追求意義和價值。宗教否定了自我可能擁有終極性。

但是這項否定是為了什麼？這個問題把我們帶到棄絕之路上的兩座路標前。第一個上面寫著「社羣」，是大過我們自己的明顯候選人。在供養我們自己以及別人的生活上，社羣的重要性是沒有一個單一的生命得以支配的。那麼，且讓我們轉過來向它效忠，把它放在我們自己的前面來優先考慮。

這一轉換標誌出了宗教上的第一大步。它產生了責任宗教，這是在享樂和成功之後，印度教認為的人生第三個大目的。它對成熟的人，其力量是巨大的。**無數的人從一心去取變成一心去予，一心要贏變成一心要服務。不是要求勝利而是要盡己之力，負責地去做手上任何工作，變成了他們首要的目標。**

印度教對那些有意服務社會的人多的是各種指導。按照不同的年齡、性向和社會地位詳列出不同的職責。我們將在隨後的段落中加以省察。在這裡我們只需重複它與享樂、成功有關的說法：責任也產生顯著的報酬，只不過人的精神還是沒有得到滿足。它的報酬需要成熟的人才能欣賞，不過只要人成熟了，這樣的報酬還是相當大的。忠實地完成職責從同輩那裡帶來尊重和感激，更重要的是，做了自己份內的事令人有了自尊。不過連這些報酬最終也是不足夠的。因為縱然當時間把社羣轉變成了歷史，孤立的歷史仍然是有限的，因之最終還是悲劇性的。其所以如此，不僅僅因為它必須終結——歷史最終也會死——也因為歷史拒絕被完美化。希望和歷史之間永遠是有好多光年的距離。人最終的善必然是在別的地方。

人們真正要什麼

「到了某個時候，」阿道斯・赫胥黎（Aldous Huxley）寫道，「人們甚至於會問莎士比亞，會問貝多芬，難道就是如此而已嗎？」

很難想到一個句子能夠比這更正確地說明印度教對世界的態度了。世界所提供的其實並不差。大致來說是好的。有些還好得足以支配我們的熱情好多世呢！但是，最終每一個人都會跟西蒙・威爾（Simone Weil）一樣明白到「這底下並沒有真正的善，這個世界中每一樁表面上看起來是善的都不過是有限的東西，有限制、會耗盡，一旦被耗盡了，必然性就赤裸地暴露無遺了。」②到了這個地步，吾人會發現，自己在問世界所能提供最好的東西，「就是如此而已嗎？」

這一刻正是印度教所等待的。**只要人們滿足於享樂、成功或服務所帶來的一切，印度教聖者除了提供一些如何能更有效地去執行的意見以外，是多半不會去打擾他們的。**當這一切喪失原有的魅力，而一個人發現自己還在盼望生命提供更多東西時，人生的轉捩點出現了。生命究竟是否擁有更多的東西，大概是比任何別的問題更尖銳地區分了人們。

印度教對這個問題的答案是毫不含混的。生命還有其他的可能性。要明白這些可能性我們必須回到人們要什麼的這個問題上。到目前為止，印度教會說，我們對這個問題回答得太膚淺了。享樂、成功和責任從來就不是人類的最終目的。它們頂多不過是假定能帶領我們朝我們想要走的方向前進的工具罷了。我們真正要的東西是埋在更深的層次中。

首先，我們要「存在」(being)。任何人都想要存在，而不想要不存在。正常情形下，沒有人要死亡。一位第二次世界大戰的通訊員，描述一間屋子中有三十五名飛行員，被派去執行一項只有四分之一的人能生還的轟炸任務時的那種氣氛。那位通訊員所感到的是，那些人並不是那麼害怕，而是「他們很不願意放棄未來」。印度教說我們都是有這種情懷的。沒有人會快樂地接受我們在未來會沒有份的想法。

其次，我們要「知道」。無論是科學家研究自然的祕密，一個普通的家庭看晚間新聞，或是鄰居們探聽當地的閒話，我們是無饜足地好奇。實驗證明連猴子都會為了想知道活門那邊是什麼東西，比為了食物或性事而願意工作更長的時間。

第三件人們要追求的是「喜樂」，那種相對於挫折、徒勞無功和厭倦的感覺。

這些是人們真正所要的。如果我們要完成印度教的答案，還應該加上說他們無止境地要這些東西。**人性一個很顯著的特徵就是有能力想像那沒有限制的東西：「無限」**。這種能力影響著人類全幅生命，正如翟瑞柯(de Chirico)的繪畫「**對無限的鄉愁**」所深刻暗示的那樣。只要提出任何好的東西，我們就能想到更多的，結果我們就要得更多。醫學已經倍增人的壽命，但是能活一倍長的時間是否使人們比較樂意死呢？那麼，**要說明整個的真相，我們必須說，人真正要的是無限的存在、無限的知識和無限的妙樂**。他們可能會接受少一點，但是真正要的就是這麼多。如果用一個字來總結的話，**人真正要的就是「解脫」(moksha)**

——要擺脫那拘束我們的有限性，達到我們的心靈真正可以欲求的無限的存在、意識和妙樂。

享樂、成功、負責執行責任和解放——我們完成了人以為他所要的，以及他實際所要的整個圈子。這就把我們帶回到開始省察印度教時那令人驚訝的結論。人們所最想要的，他們可以得到。無限存在、無限覺知以及無限妙樂都在他們能力所及的範圍。這樣還不算，最驚人的宣佈還在後面。印度教說，**這些好東西不僅僅是人們能力所及，事實上人們已經擁有了它們。**

究竟人是什麼？身體嗎？當然啦，不過還有別的嗎？還有人格，它包括心智、記憶和從獨特的生命經驗軌道衍生出來的習性？這個也是，但是還有別的嗎？有人會說沒有了。印度教則不同意。隱藏在人的自我與活力之下是一個存在儲藏庫，它永遠不死、永不枯竭，並且在意識與妙樂上皆無限制。**每一生命中這一無限的中心，這隱藏的自我或「大我」(Atman)，其實無異於「梵天」(Brahman)或上帝(Godhead)。身體、人格、和梵我(Atman-Brahman)——一個人的自我是要注意到這三樣才算是全部說清楚了。**

但是如果這樣沒錯，我們的存在真的無限嗎？為什麼看起來並不那麼明顯呢？為什麼我們行為並不照著做呢？「我今天並不特別覺得無限，」人們可能會立即說「還有我的鄰居——我沒有覺察到他的行為有什麼像神一樣。」印度教所假定的，怎麼經得起每天報紙新聞的驗證呢？

印度教說，答案是埋藏在我內心深處的永恆，可是這種永恆被幾乎無法穿透的表面自我所遮蔽，那一大團眼花撩亂的事物、虛偽的臆測與自我關注的本能。一盞燈可以覆滿灰塵泥土，幾乎完全把光芒蓋住了。生命向人之自我所提出的問題，是要清理它存在的浮渣，使它那無限的中心可以完全透顯出來。

內在的超越(The Beyond Within)

「生命的目標，」霍姆斯法官曾說，「乃是要從非完美性中儘量能獲取多少就獲取多少。」**印度教則說，它的目的是要完全超越非完美性。**

假如我們為限制我們生命的特殊缺陷列一張清單的話，恐怕是會沒完沒了。我們缺乏力量和想像來實現我們的夢想；我們會厭倦、生病，也難免愚蠢。我們會失敗而氣餒，我們會年老而死亡。這樣的清單可以無止境地列下去，不過沒有這個必要，因為所有這些特別限制都可以簡化成三種基本變數。我們在歡樂、知識和存在上是有限的，這三樣東西是人們真正要的。

有沒有可能越過把我們和這些東西分隔的種種束縛呢？有沒有辦法提高生命的素質，使它由於較不受限制而成為真正的生命呢？

先看看加在我們歡樂上的束縛，這些可以分為三類：肉體上的痛苦，欲望不能得逞因之而來的挫折感，對生命一般的厭倦。

肉體上的痛苦是三者之中最不痲煩的了。由於痛苦的強度，部分是來自伴隨它的恐懼，征服恐懼則痛苦也就隨之得以減輕了。痛苦若有目的的話也是可以接受的，比如病人會歡迎他被凍著的手臂恢復生命的感覺，即使那是痛苦的感覺。還有，痛苦可以被緊急的目標蓋下去，例如在足球賽中。極端例子中，無用的痛苦可以通過藥物或官覺的控制而加以麻醉。印度教十九世紀最偉大的聖者拉馬克里希納(Ramakrishna)死於喉癌。一個醫生在他患病後期給他作檢查，刺探他那退化的組織時，拉馬克里希納感到痛不可擋。他說：「等一下」。接著再說：「檢查吧！」這之後醫生怎麼刺探都沒有遭到抗拒了。病人把他的注意力集中到一個程度，使得神經刺激簡直不能通過。總而言之，要提升到肉體痛苦不再成為一個主要問題的程度是有可能的。

比較嚴重的是，由於特別的欲望不能得逞所帶來的心理上的痛苦。我們想要贏比賽，但是卻失敗了。我們要賺錢，可是生意卻沒有做成。我們的競爭者升了級。我們希望被邀請，卻被冷落了。生命中充滿了失望，我們多半會假定人生本來如此。但是如果加以省察，證明所有的失望都有一個共同的特色，就是：每一次都瓦解了個體自我的一項期望。如果自我沒有期望，就沒有所謂失望了。

如果這聽起來好像是殺掉病人以結束一場病情的話，我們可以正面地來說同樣的意思。如果從接近神的眼光的角度來看待人類，那麼自我的真正利益是什麼？從永恆觀點來看待一切，一個人就會對自己比較客觀，把成功與失敗看成人類龐大劇場所上演的是是非非、反反覆覆、來來去去。如果人們能經驗成功者的喜悅就如同自己的一樣，又怎麼會失望於自己的失敗呢？如果對競爭者的成功能夠產生共鳴地歡樂，怎麼會因為自己升等不成而受到傷害呢？吾人與其大叫要做到這樣是「不可能」，或者更應該因為注意到這種生活與尋常生活大異其趣而自滿；因為有關心靈世界中傑出人物的報導，也無不顯示他們確實可以提升到類似這樣的高度。「這些事你們既作在我這弟兄中最小的一個身上，就是作在我身上了。」──難道我們以為耶穌在說這些話的時候是裝模作樣嗎？據說拉馬克里希納曾經一度「在看見兩名舟子生氣地爭吵的時候痛苦地哀號，他讓自己不論世界是多麼地污穢和殘忍都要與全世界的悲哀認同，直到他的心滿是受傷的疤痕。但是他知道，不論是怎樣的對抗和敵意，他都一定要在各種人和不同境遇中去愛神，並且在控制他們存在並驅使他們彼此不和的種種思想形式中去愛神。」[13]

與有限的自我分離，或者依附於事物的整體──我們可以把這種現象由正面或反面來說。當它發生時，生命被提升到超越了挫折的可能，也同樣超越了厭倦──歡樂的第三種威脅──因為面對著這樣生動的認同，宇宙的戲是太壯觀了，哪裡還會有厭倦呢！

人的生命第二個最大限制是在無知。印度教認為這也是可以除去的。《奧義書》上說到一種「**本體之知，對它的知識帶來對一切事物的知識。**」這裡所謂的「**一切事物**」**不可能是指字面上的全知。更可能是指穿透一切事物的洞見。**既然已經把握到總體的洞見，還要問細節的話就如同追問一幅偉大的畫中包含多少原子一樣地不相干了。一旦要點已經抓住了，誰還在乎細節呢？

但是，究竟超越的知識甚至在這種比較限定的意義下有沒有可能呢？很明顯地，神祕主義者是以為有的。學術上的心理學並未全程支持他們，不過卻相信心靈是比表面所見的有更多值得研究的。**心理學家把心靈比作冰山，大部分冰山是看不到的。心靈那廣大浸在水面下的底艙到底包含了些什麼呢？有人認為它包含了它所經歷的每一樁記憶和經驗，那永不休止的深藏的心靈什麼也沒有忘記。**另外的人如**榮格**(Carl Jung)**就認為那包括了總結全人類經驗的種族的記憶**。心理分析對於這種精神黑暗區只能對準幾個光點。誰又能說黑暗能夠在什麼程度下被驅散呢？

至於生命的第三種限制，就是它那受到拘限的存在，為了有效地思考這一點，我們首先必須問：自我的界域要如何規定。這當然不是指我們身體所佔據物理空間的大小，在浴缸中所排除的水量的多寡。以我們精神的大小，亦即它認同真實的幅度來計量，應該是比較可取的。一個人與他的家庭認同，在家庭中找到他的歡樂，所擁有的也就是那麼大的真實；一個女人若能夠認同整個人類所擁的則是更大的了。**根據這個判斷準則，能夠認同於存在全整體的人，是沒有限制的**。可是這似乎不太對，因為他們還是會死。他們關心的對象會繼續下去，可是他們自己卻會不在了。

因此，我們對這個「存在」的問題不僅是要由所謂空間的角度來處理，還要由時間的角度來處理。我們每天的經驗提供了我們這樣做的切入點。**嚴格地說，我們生命的每一時刻都是死亡；那一時刻的我死了，永遠也不會再生**。雖然在這個意義下，我的生命事實上只由葬禮組成，**我卻並不認為自己每一刻都在死亡，因為我並不把自己等同於我自己個別**

的時刻。我經歷了它們而且還活下來了——經驗它們，而不與其任何單獨一個認同。印度教把這個觀念更推進一步。它所設定的自我是有延伸性的，可以活過一世又一世的生命，正如我們在現世的生命可以活過一日又一日。

小孩子會因我們認為的小事而傷心。他完全認同於每一件偶發事件，不能以一生有不同片段的整體眼光來看它。在小孩子能夠不再認同於個別時刻並因而長成大人之前，需要經過長期的生活。與小孩相比我們是成熟的，但與聖人相比我們就是孩子。跟三歲的孩子把冰淇淋球掉落地上一樣地不能夠以整體的眼光來看我們自己，我們的注意力也只盯在現世生命上。假如我們能夠完全成熟的話，我們就會由一個比較大的框架來看這一世的生命，其實人如能這樣，就永不會終結。

這乃是印度對人的情況估量的基本觀點。我們已經看到心理學使我們熟悉的一項事實，就是**我們自身遠比我們猜測的更豐富**。正如十八世紀歐洲對於地球的看法一樣，**我們的心靈有自己的黑暗非洲、蠻荒的婆羅洲、亞馬遜盆地。它們那巨大的幅員繼續等待著被探測**。印度教看心靈所隱藏的陸洲是伸展到無限的。它們在存在上是無限的、在意識上是無限的，在它們之外沒有任何東西還是未知的。在歡樂上也是無限的，因為再沒有跟他們相反的東西來損壞其福祉了。

印度教文獻中到處都是比喻和寓言，想要藉此喚醒我們注意那潛藏於生命深處的珍貴領域。**我們像是失憶的國王，衣著破爛地在自己國家中流浪而不知道自己是什麼人**。或者像一隻與母親失散了的小獅子，被羊養大了習慣吃草和作羊叫而假定自己也是一隻羊。**我**

們像是一個戀人一樣，在夢中絕望地尋找著他的愛人，卻不知道她一直就在他的身邊。我們完整的「存在」被覺識之後是什麼樣子，要描述它就像對生來就瞎眼的人描述日落一般不可能；這種覺識必須靠自己親身去體驗。不過，那些已經經驗了的人的傳記提供了我們線索。這些人比較聰明；他們有更多的力量和快樂。他們似乎是比較自由，這並不是說他們到處打破自然的規律（雖然他們時常被說成具有這種能力），而是說他們似乎不為自然秩序所拘限，是安詳的，甚至是容光煥發的，是天生的和平製造者，他們的愛向外流注，對任何人都不例外。跟他們接觸會令人堅強、淨化。

走向目標的四條道路

我們大家都處於生命創造力的無限海洋邊緣。它就在我們裡面：最大的力量、充實的智慧、無盡的歡樂。永遠不會受挫不會被毀。但因為它是深深埋藏著的，而使得生命變成了問題。無限是在我們存在的最黑暗、最深奧的地窖裡，在遺忘了的倉庫和深水的貯池中。如果我們能使之見光，並從它那裡不斷攝取靈源，情況將會如何呢？

這變成印度揮之不去縈繞於心的問題。**印度人民追求宗教真理，不是單單要增加一般知識的儲量，而是要用來作為一幅航海圖，來指導他們到達更高的存在境地。**虔誠信教的人乃是那些尋求轉化自己本性的人，重塑自己成為超人類的模型，通過它才能顯發無限，而少有障礙。在印度經文中有一個暗喻，以很多種方式表現出來，而令人感覺到這種渴求的急迫性。好像一個人頭上頂了一捆著了火的柴要衝到池塘去滅火，追求真理者更有過之，被生命之火燒烤著——生、死、自欺的徒勞——急於奔向一個懂得處理生命中最要緊之事的導師。

印度教有關實現人的潛能的特別指導，列明在瑜伽這個標題之下。瑜伽這個詞一度曾令人想到披麻衣、滿頭亂髮的人，身體扭成麻花般，一面卻炫耀著超自然的神祕力量。現在西方已經挪用了這個詞，不過我們想到的多半是為了保持苗條體態而去做體操的婦女。這兩者並非與真正的條目全然無關，但其相關性卻只在形體這方面。瑜伽這個字(*yoga*)是跟英文字牛軛(yoke)一樣來自同一字根，而yoke有雙重的意思：結合在一起，接受訓練。兩種意思在梵文中都有。於是，*yoga*的一般定義是一種訓練方法，用來引導人走向整合，或是結合成為一體。但究竟要整合什麼呢？

有人主要是關心他們的身體。不用說了，印度也一樣有這種人——把身體當成他們關心和努力的首要目標。經過多少世紀的實驗，印度為了這種人，設計出一套世界上前所未見的最奇妙的身體文化。④這並非說印度比西方對身體更有興趣；只不過她的興趣走了一個不同的方向而已。西方追求的是力量和美，印度則是精確和控制；理想在於完全控制身體的每一種功能。在這一領域內她有令人難以置信的成就，不過其中有多少可以得到科學上的支持，還有待證明。⑤這裡我們只須注意到，她在這方面廣泛的指示包括了一項真正的瑜伽，即所謂的*hatha yoga*，就足夠了。原先這項瑜伽是練了來作為精神瑜伽的前奏，但是既然它已大部分喪失這一方面的關連，我們在此就不須再理會了。印度聖人們對於這方面的評斷也可以是我們的評斷。如果你願意把你的一生拿來做這類的修練，你就可以使身體做到一些不可思議的事情，不過這些與悟道並無太大關係。假如這修練是出自一種炫耀的欲望的話，那就會妨礙精神上的成長。

跟我們相關的，乃是那些用來結合人類精神和隱藏在其最幽深處的神的瑜伽。「由於所有印度精神的（與身體的不同）修練都是認真致力於這一實用的目的——不只是空幻的默想或者是空談高遠的理念——它們可以說是代表人心所曾建立的前所未有的最真實、最實際、最現實的思想系統之一。**如何達致梵天（梵文中的神）並繼續與梵天保持接觸，如何變成與梵天合而為一，依之而生活；如何仍然留在塵世上卻變成神聖——生活在地球上，氣質卻變化了，而斷然獲得了重生；這便是在印度世世代代啟發並神化人類精神的追求。」**⑥

印度人朝這項目標邁進的精神途徑有四。起初可能有點令人驚訝。如果是一個目標，不應該是只有一條道路的嗎？倘若我們都是從同一點出發的話，不過就算是這樣，交通方式也有不同——走路、駕車、坐飛機——可能選取不同的途徑。事實上大家從不同的方向朝目的趨近，就算目標相同，也必須走多條不一樣的途徑。

至於人從哪裡開始，則要看他是哪一類的人了。這一點，西方精神導師也有類似的看法。比如其中最有名的例子，蘇仁(Surin)神父就批評道：「導師拿他先有的一套計劃用在所有來找他們的人身上，就像要所有的人都穿同樣的衣服，並把他們都教成一個樣子。」基督宗教的聖十字約翰（St. John of the Cross）在他寫的《活的火焰》中提醒人們留心這同樣的危險，他說，**精神導師的目標應該「不是用適合自己的方式來指導人們，而要確定是上帝向他們指出的途徑。」**印度教的特別之處，是付出大量的關注，設法界定基本精神人格的類型，以及對各不同類型最可能用之有效的修練。其結果是瀰漫在整個宗教中的認識，認為走向神有多種途徑，每一途徑要求採用特別的旅行方式。

按照印度教的說法，基本精神人格類型有四類（榮格的類型學乃是按照印度模式建造的，在某些方面上有所修行）。有些人基本上是反省性的，另外一些人是情緒性的，另外還有一些人是行動性的，最後的一些則是傾向於實驗性的。印度教對以上每一人格類型，開出不同的瑜伽，設計來應用在各個類型的特定力量上。類型並非密封在水洩不通的間格內，因為每一個人都在某一程度上擁有全部四種才能，正如大多數人分到的牌有全部四種花色。不過攻牌先出最強的花色會比較合理罷了。

全部四種途徑都由道德準備開始。由於瑜伽的目的乃是要令表層的自我對其內在的神性透明，因此必須先要清除它粗俗的不潔。**宗教永遠不光是道德，但是如果它缺乏道德基礎就不能站立**。自私的行為不是把有限的自我融解而是將之凝結；惡意則擾亂了意識流。因此，每一種瑜伽的第一步，皆牽涉到培養諸如不殺生、誠實無欺、不偷盜、自我控制、潔淨、滿足、自我修練這一類的習慣，以及到達目標的迫切欲望。

把這些共通的初階牢記在心，我們就可以來了解各種瑜伽特殊的指導了。

通過知走向神的途徑

「知的瑜伽」(*Jnana yoga*)是特別提供給有強烈反省傾向的精神追求者而設的，它是通過知識而與真神(Godhead)合一的途徑。這類的知識——希臘人的*gnosis*與*sophia*——是與事實資訊毫無關係的；它並不是百科全書上的那種知識。**它毋寧是一種直覺式的辨別力，具有轉化力量，最終把能知者轉變成了她之所知者**（此處用女性的她是恰當的，因為在主要西方語言源頭上——希伯來文、拉丁文和希臘文——用在這類型知識的字通常在性別上都是女性的)。思考對這類人是重要的。他們多半是用腦袋在生活，因為觀念對於他們來說幾乎是一種明顯的活力；他們為之舞蹈歌唱。如果把這類思想者比做四處走動而腦袋藏在雲中的哲學家，是因為他們能感覺到那照亮在雲端上的柏拉圖的太陽。思想對於這類人會產生實際效用；他們的心智激發著他們的生命。並非有很多人被蘇格拉底的「知善就能為善」的主張所說服，不過以他本人的例子來說，他的確是報告了一個直接了當的事實。

因之對於專心追求知識的人，印度教提出了一連串的說明用來說服思想者，指她所擁有的多於她有限的自我。理由很明顯，一旦知的瑜伽行者掌握到這一點，她的自我意識就會轉向更深的層次。

這套修行之鑰是在於辨識，辨識那擠在吾人注意力前的表面自我，以及那肉眼見不到的大我。培養這種力量要通過三個階段，首先就是要學。順著聖多瑪斯(Thomas Aquinas)的

《神學大全》(*Summa Theologica*)中的秩序，通過聽取聖人、經文及論說的意涵，求道者被帶領去體認「她根本的存有即是存有本身(Being itself)」。

第二個步驟是思想。通過長期的、深切的反省，第一個步驟引進作為假設的必須賦與生命的大我(*Atman*,內在的神)必須從概念轉變成實在。這一步驟中提出了幾條反省方針。比方說，信徒可能受指導要省察我們的日常用語，思考它的含意。「我的」這個字總是意謂著擁有者和被擁有者之間的差異：當我說到我的書或是我的外衣，我並不以為我就是那些東西，**但是我也說到我的身體、我的心智，或是我的人格，因此證明，在某種意義上我同樣認為自己有別於它們。那麼這個擁有我的身體和心智卻又不是我的「我」究竟是什麼呢？**

再說，科學告訴我七年之前我的身體之內曾經有的成分現在都不在了，我的心智和人格也有了類似的改變。然則經過多方面的修改，某一方面我仍然還是同一個人，一個一時相信這個，一時相信那個的人，一個一度年輕現在老了的人。**那麼這組成我的某種東西，比身體和心智更恆久持續不變的是什麼呢？認真沉思，這個問題就得以把吾人的大我與吾人的小我理清出來。**

我們用的「人格」一字出自於拉丁文*persona*，它原先是指演員出場，演出他的角色時所戴的面具，通過(*per*)面具說出(*sonare*)他角色的台詞。面具記錄著的是角色，而在它後面的那演員則是隱匿的，超然於他所表演的情緒之外。印度教徒說得對極了：因為角色正是我們的人格，是我們此刻在這最偉大的悲喜劇中，這幕我們同時是作者也是演員的生命劇中所一直扮演著的角色。正如一個好演員把她最好的賦予她的角色，我們也應該盡力扮演我們的角色。**我們的錯誤在於誤以為我們現在扮演的角色就是真正的我**。我們被當下的台詞迷惑住了，記不起我們先前扮演的角色，對未來的前景也視若無睹。瑜伽行者的工作就是要改正這種虛假的身分。把覺識朝內轉，穿透數不清的人格層次，直到層層刺穿它們之後，她來到站立在下面那匿名的、歡欣地無動於衷的女演員面前。

小我(self)大我(Self)之間的區別可以用另一種形象來幫忙。一個人在下象棋。棋盤代表他的世界。棋子要移動，車馬要贏或輸掉，一個目標要完成。棋局可輸可贏，而不關乎下棋人自己。如果他苦下功夫，就可以令棋藝進步增益才能；這既能在失敗中同時也在勝利中發生。參賽者與他整個人相關涉，任何特殊生命時期的有限自我，也一樣與其潛在的大我(*Atman*)相關涉。

隱喻多的是。其中最美麗的一個在《奧義書》中，也（完全是有趣的巧合）在柏拉圖中。一個坐馬車的人在他的車中，因為已經把行旅的責任交託給了御者，他就可以自由安坐車中全神關注著車外的景色。在這個景象中含著一個生命的隱喻。身體是車子。車子經過的路是感官對象。拉車的馬乃是感官自身。經過修練之後控制感官的心智由韁繩來代表。心智的決策機能是御者，那車子的主人，有全幅的權威卻無須動一根指頭，乃是那無所不知的真我。

一個瑜伽行者如果能幹又勤奮，**這樣的反思最終就會引發出隱藏在吾人虛幻的有限我之下那無限我的活潑感受。兩者會在吾人的心靈中變得愈來愈有別，使先前像水乳一般的混合會變得像水和油一般地分隔開來**。那麼吾人就有資格走上知識之路的第三步了！這在於將她的認同轉成為那持久不變的部分。要做到這樣，直接方法就是把自己想成精神(Spirit)，不僅只是專為這個目的而設的冥想時段中如此，在日常生活中亦復如此。不過後者要做到就不容易了。她需要在包裹於表皮中的自我和大我(*Atman*)之間隔開一道縫，能這樣做的一個方法就是把前者想成第三者。不再想著「我在街上走」，而是想著「施碧爾在第五街上走」，並從一段距離之外來這樣想像她自己，以加強這樣的斷定。

既非主動者，也非被動者，她面對所發生的事的方式是，「我乃是見證人。」望著她那非實質性的歷史就如同她任由頭髮在風中飄蕩一樣地無動於衷。正如一盞燈照亮一間屋子而並不關心屋中在進行些什麼一樣，經文告訴我們，瑜伽行者注視著他那原質屋(house of protoplasm)中所發生的一切時，情況亦是如此。「就算是太陽，以它那全幅的溫暖，也被美妙地超越了」，這一句話寫在某個地方的牢室牆壁上。生命中的事件只不過是任其自由進行。坐在牙醫的椅子上，施碧爾提醒自己，「可憐的施碧爾。很快就會過去的。」不過當幸運眷顧她而她萬分歡喜地陶醉在讚美中時，她也必須公平地採取相同的姿態才行。

從第三者的眼光來思考自身的處境時，等於在同時進行兩件事：一是把自我認同與表面自我區隔開來；二是把這點自我認同推到更深的層次，然後藉由一種與存有等同的知識，使人完全轉化為內心深處的那個樣貌。「你即彼(That thou art)，除你之外，並沒有另外的見者、聽者、思考者或行動者。」⑦

通過愛走向神的途徑

知的瑜伽據說是通向神性實現最短的途徑，也是最陡峭的路。它需要理性和精神作罕見的結合，因此只適合極少數人。

一般來說，生命的推動多出自情感而少發自理性；而充塞在人心中的許多情緒，其最強烈者是愛。甚至連恨也可以解釋為從這一衝動的阻撓所反彈出來的。更有甚者，人們常常會變得肖似他們的所愛者，在眉眼中透露所愛者的名號。「愛的瑜伽」(*bhakti yoga*)的目的是引導那潛藏在每個人心中的愛朝向神。「正如恆河的水不停地流向海洋，」在*Bhagavata Purana*中的神說，「『愛者』的心靈也不斷地朝『我』而來，每個人心中都存在著這無上的真人，他們立刻會聽到有關『我』的特質。」

與知識之路相比，愛的瑜伽有無數信奉者，是四者之中最流行的。不過它卻源於古代，其最著名的宣教者是十六世紀名叫杜爾胥達斯(Tulsidas)的神祕詩人。在早期的婚姻生活中，他非常摯愛太太，到了一天見不到她也不行的地步。有一天她去探望父母，才半天時間，杜爾胥達斯又跟隨在她身邊，他太太叫道，「你那麼熱情地依戀著我呀！假如你能把這依戀轉移向神的話，你就會立刻到了祂那裡。」「就這樣做吧！」杜爾胥達斯想。他試了，也真的成功了。

愛的瑜伽所有的基本原理在基督宗教中都有豐富的例證。的確，從印度教的觀點來看，基督宗教乃是照亮通向神的偉大的*bhakti*公路，其他的道路雖也沒有忽略，不過沒那麼清晰地劃出來罷了。在這條路上，對神的理解與知的瑜伽是不同的。在知的瑜伽中，其指導形象是，存有的無限海洋隱於我們有限自我的波浪之下。這個海洋象徵著那無所不在的真我，既內在又外在於我們，而我們就是要追求與之認同。如此想像之後，神是非人格性的，或者毋寧說是超人格性的，因為人格由於是某種確定性的東西，似乎是有限性的，而知的神性卻是無限的。**對於「愛者」來說感覺要比思想來得真實**，神在這兩種考慮之下表現互有不同。

首先，由於健康的愛是外向的，「愛者」會拒絕所有的倡議說人愛的神只不過是自己，甚至是那最深層的真我，而要堅持神的他在性。正如一部印度教祈禱經文闡釋著這一點，「我要嚐糖的味；我不要成為糖。」

水能把自己喝乾嗎？
樹能嘗到它們自己生長的果實嗎？
崇拜神的人必須跟祂分得一清二楚，
只有這樣他才能知道神歡樂的愛；
因為如果他說神跟他是一，
那歡樂、那愛，就將即刻消失掉。
不要再祈求與神為一了，

倘若珠寶和鑲嵌是一的話，那麼美麗何在？
熱和蔭是二，
若非如此，哪來蔭的舒適，
母親和孩子是二，
若非如此，哪來的愛？
當分割開來之後，他們相遇，
他們感到多麼地歡樂呀，母親和孩子！
倘若兩者是一，何來的歡樂？
那麼，不要祈求完全與神合一了。⑧

其次，既相信神的他在性，愛者的目標也與知者不同。愛者不會努力去與神認同，但卻以他或她存在的每一個成分來崇拜神。貝德・佛洛斯特(Bede Frost)說的話，雖然是來自另一個傳統，卻直接可以應用到印度教這一方面的意思上來：「合一並非是泛神論那種把人吸收到一裏面，而是在特質上主要是位格的。更有甚者，由於這顯然是一種愛的結合，所需要的知識乃是對最高意義之下的友情的知識。」⑨最後，在這樣關連下的神的位格，不但不是限制，反而是不可或缺的。哲學家們也許可以愛純粹的存有，那超越一切屬性的無限，但他們是例外。人所愛的正常對象是擁有屬性的人。

在這種瑜伽中我們只須十分地愛神——不只是聲稱這愛，而是真的愛神，只愛神（愛了別的東西是因為它與神有關係）；愛神而沒有什麼特別的理由（甚至於不是為了解放欲望，或者是為了愛的回報）而只是為了愛。如果能成功地做到這一點，我們就會了解快樂，因為沒有任何經驗能跟這種全心全意真正確實的愛相比。而且，我們每一步對神親近的強化，都將削弱我們對世界的緊抓不放。聖徒們可能真的會比不敬神的人更愛世界一些；不過他們是以一種非常不同的方式去愛，在裡面看到了他們所崇拜的神之榮耀的反映。

如何才能產生這種愛呢？顯然地，並不容易。這個世界上的東西無休無止地叫嚷著要我們的愛顧，以致使人驚訝那既見不到又聽不到的存有如何可能成為它們的對手。

進場的是印度教的神話，她那美妙的象徵，她那幾百個神的形象！她的儀式日夜不停地轉動，像是永不休止的祈禱之輪。如果這些以其本身為價值，當然有可能篡奪了神的位置，不過這卻不是它們的意圖。**它們乃是媒人，其職責是帶領人心到那不是它們本身而是它們所代表的東西那裡**。把印度教的形象與偶像崇拜混為一談，以及將其多樣性當成是多神論，是愚蠢不過的。它們乃是跑道，要讓那困於感官的人類精神能從那裡躍昇，進行「孤獨者朝孤獨本身之飛翔」。連鄉村僧人都經常會用這一段摯愛的祈禱，來開始他們寺廟的儀式：

啊，神啦，請原諒我因為人性的限制而來的三種罪：
祢無所不在，而我卻在此處崇拜祢；
祢無形象，而我卻以這些形象崇拜祢；

祢無須讚美，而我卻對祢獻上這些祈禱的禮敬。
神啊，請原諒因為我人性的限制而來的三種罪。

例如那多臂形象的象徵，生動地描寫出神驚人的多面性和超人的威力，其實能夠集中體現一整套的神學。神話能夠探察的深度，智力只能間接地見到。寓言和傳說能用它們的方法來表達理想，使聽的人熱切想去體現它們——鮮活地支持了愛德曼（Irwin Edman）的主張：「**是神話而不是指令，是寓言而不是邏輯使人感動**。」這些東西的價值乃在於能夠把我們的心從世界的迷擾中召回到對神的思想和對神的愛。在對神的讚美聲中，在全心全意熱誠對神的祈禱中，在沉思神的莊嚴和榮耀中，在閱讀有關神的經典中，在把整個宇宙當成神的作為中，我們把我們的愛意穩定地朝向神。「那些沉思我、崇拜我而對其他一切都毫無牽掛的人，」《薄伽梵歌》中的克里希納（Lord Krishna）說，「我很快會把他們從死的海洋中提升出來。」

「愛者」的方式有三個特點值得一提：一、亞帕姆（*japam*）；二、反覆述說愛的變化；以及三、崇拜個人選擇的理想。

亞帕姆是重複著神的名字的修練。在代表俄國精神傳統的經典之一《一個朝聖者之路》（*The Way of a Pilgrim*）中，我們發現基督宗教中有相似的東西。這是一個不知名農夫的故事，他首要的關切就是要完成聖經指令的「不停地禱告」。他想找一個能解釋如何可以做到這件事的人，就帶著一個背包、以乾麵包為糧，及依靠當地人的善心來宿夜；他走遍了俄羅斯和西伯利亞，請教了無數的權威，卻一直失望沒有結果，直到遇見一位老人教他「在做任何事、任何時間、任何地點，甚至於在睡覺的時候，都用嘴唇，在精神上、在心中，穩定而無間斷地呼喚耶穌的聖名。」朝聖者的老師訓練他，直到他能在一天之內毫不費力地重複耶穌之名一萬兩千次。這種察覺不到的嘴唇修行變成了內心真實的呼求。祈禱變成了他內在經常的、溫暖的呈現，為他帶來了沸騰的歡樂。「保持神的名在你全部的活動中運轉。」一個人不論是在漱洗或在紡織，在播種或在購物，口中念念有詞而心存盼望，長期下來，他的禱告就會在不知不覺中浸潤到潛意識裡，使它滿載著神性。

不斷述說著愛的變化以為宗教之用，是因為愛是按照所牽涉的關係而表現出細緻的不同。父母對孩子的愛帶有保護的色彩，孩子的愛則含有依賴的成分。朋友之間的愛有別於男女之間的性愛。一個忠誠的僕人對他主人的愛又是不同。印度教認為所有這些模式在加強對神的愛上都有它們的地位而鼓勵「愛者」全都加以利用。在修練上基督宗教也有相似的做法。最常見的是把神看成一個仁慈的保護者，象徵是主或父，不過其他的模式也找得到。「在耶穌那裡我們有著何等樣的朋友呀！」乃是一首熟悉的基督徒讚美詩，「我的主人與我的朋友」在另一首人們喜愛的基督徒詩篇顯著地述說出來。在雅歌（Song of Songs）中神被說成是配偶，在基督宗教的神祕文獻中，靈魂嫁給基督的婚姻是經常性的暗喻。把神當作是吾人的孩子的態度，在西方人聽起來是有點不入耳，然則大部分聖誕節的魔力，是來自這一年之中，神唯獨一次作為一個孩子進入人的心中，因而引發出人的父母本能的柔情。

我們最後要談到，以個人選擇的理想形象來崇拜神。印度教徒以數不清的形相來代表神。他們說這是適當的。每一種形相只不過是指向某種彼處的東西；由於沒有東西得以窮盡神的真正本性，因此需要整個的陣容來完成神的面相和表現。不過雖然各種表現都同樣指向神，每一位信徒最好還是對其中一種產生一世的依戀關係。唯有如此它的意義才能深化，它整個的力量才能發生作用。所選擇的表現就成為個人的 ishta，也即是他所借用的神性形相。「愛者」無須避開其他的形相，但這一種將永不可取代地在其信徒心中享有特殊的地位。對大多數人來說最理想的形相乃是神的化身之一，由於我們的心已經調整為能去愛人，神以人形出現最容易被愛。許多印度人承認基督是神人，而相信還有其他的如羅摩(Rama)、克里希納以及佛陀。無論什麼時候，當世界的安定遭到嚴重的威脅時，神就下來恢復平衡。

當善變弱，
當惡增強，
我把自己變成肉身。
我在每一個時代回來
傳遞神聖，
摧毀眾人的罪，

通過工作走向神的途徑

第三條走向神的路徑乃是為具活動趣向的人而設，是「業的瑜伽」（*karma yoga*），通過工作走到神那裡。

研究人體解剖和生理，會展現出一項有趣的事實。所有消化和呼吸的器官都是為了提供滋養血的物質。循環器官把滋養血液運送到全身各處，維持著骨骼、關節和肌肉。骨骼提供了支架，肌肉沒有了它就無法運作，而關節提供了運動所需的靈活性。頭腦預見將要作出的動作，脊椎神經系統執行它們。植物般的神經系統通過內分泌系統的幫助，維持了運動肌肉所依賴的內臟平衡。總之，整個身體除了生殖器官之外都聚合於行動上。「人這部機器，」一位醫生寫道，「似乎的確是為行動而造的。」⑩

工作乃是人類生命的主要標記。重點不單是少數人之外，所有的人都必須工作才得以生存。**終究說來，工作的驅策是源於心理的而非經濟的因素**。被迫無所事事，多數人都會變得煩躁不安；強迫退休，他們會衰弱。這裡所包括的是勞碌的管家以及偉大的科學家，諸如居禮夫人。對於這種人，印度教說，你不必退居到修道院才能意識到神。你可以像在任何別的地方一樣地，**在每日事務的世界中發現神**。⑪全力把自己投入工作；不過要聰明地做，要做那能得到最多回報的事情，而不只是瑣碎的事情。學習了解工作的秘訣甚至就在其他事情完成之際，讓每一動作都能把你帶向神，就如同手錶在履行其他責任時會自動捲上發條一樣。

要如何做到這一點，則要看工作者的性格之其他部分而定。在選擇工作的道路時，從事「業的瑜伽」的人已經表現出一種朝向活動的趨向，不過在具體作為上，還要看這個人是側重於情感的還是反省的。其答案決定了該名瑜伽行者是以智力或是以愛的精神來對待工作。在四種瑜伽的說法上，業的瑜伽得以使用兩種模式：知的（知識），或者愛的（獻身的服務）。

正如我們已經看到，**生命的重點是超越有限我的渺小**。為了達成這個目標，可以把自己認同於那位居個人存在核心的超個人絕對者，也可以把個人的興趣和熱愛轉向那在經驗中與個人迥異的人格神。前者是知的路，後者是愛的路。工作可以是通過任何一者來達到自我超越的一種工具，因為按照印度教教義，每一次對外在世界之所為都會反應到所為者身上。假如我把擋住我視線的樹砍了，斧頭每砍一下都在把樹砍倒；但它也同樣在我身上留下印記，把我在這個世界上要我行我素的決心，更深地驅策進我的存在中。**我為了個人的福祉而做的每一樁事情，都在我之自我上增加了一層，隨著厚度增加我也從神那裡隔絕得更遠**。反過來，每一樁作為都不去考慮自己，就會減少我的自我中心，直到最後，就不會有任何障礙把我同神隔離。

具情感傾向的人若要忘我地工作，最好的方法是把他熾熱和情愛的本性發揮出來為神而不是為自己工作。「沒有執著地去行動並且把行動交託給神的人，就像蓮葉不被水沾污般不受行動效果的影響。」⑫這樣的人仍然像先前一樣地活躍，可是卻為了不同的理由，就是出自奉獻去工作。其作為已經不是為了個人的報酬。完成這些作為，是為了服侍神；不僅如此，這些作為是由神的意志和能量激勵信奉者去完成的。「你才是作者，我只是工具。」在這種精神下完成的行為，是在減輕而不是拖累自我。每一件工作都變成神聖的儀式，以愛心去完成它以作為榮耀神的活祭祀。「無論你所做的，無論你所吃的，無論你在祭祀上所供奉的，無論你所施予的，無論你所修練的苦行，啊孔迪(Kunti)之子，做這些是為了對我的供奉。如此你將從產生好或壞的結果之束縛中解放出來，」《薄伽梵歌》說。「他們沒有欲求他們行為的果實，」*Bhagavata Purana*回應說。「這些人甚至連與我結合的情況都不接受；他們總是寧可要我的幫助。」

一個新近結婚而且在愛戀中的年輕婦人，不單是為她自己而工作。當她工作時，對她之所愛的思念乃是在她心思的背後，給予她勞役的意義和目的。對於一個獻身的僕人亦復如此。他不為自己要求什麼，不顧個人的代價，而是為了主人的滿足來執行他的職責。同樣，神的意志就是信者的歡樂與滿足。**向萬物之主交出一切，生命的榮枯再也影響不到他。這樣的人不會被挫折擊敗，因為贏並不是激發他們的動機；他們只是要站在對的那一邊。**他們知道如果歷史改變的話，不會是人類而是它的作者在改變它——當人心準備好了的時候。在歷史人物變得對他們的行為結果焦慮時，就會喪失了他們的中心。「沒有執著地做妳必須要做的。把全部的行為交託給我，把你自己從盼望和自私中解放出來，去戰鬥——不

要被憂傷所打攪。」(《薄伽梵歌》)

一旦對工作的一切要求都揚棄了，包括其意圖的成功與否，「業的瑜伽」行者的行為不再膨脹自我。他們心靈上不再留下指導其隨後結果的印記。在這樣的方式下，信奉者把先前行事所累積的印記加以總結而無須獲取新的業。不管我們如何看待「業」的這種處理事務的方式，都可以清楚發現其中蘊含了心理學上的真理。一個完全供人差遣的人是幾乎不存在的。西班牙人譏諷地說：「你想變成隱形人嗎？只要兩年不去想到自己，就沒有人會留意到你了。」

對於性情上比較是反省的而不是情感的人，把工作當成是走向神的道路，轉了一個不同的彎。對於這些人，關鍵也是不自私地去完成工作，只不過他們用的方式不同。哲學家往往發現更有意義的觀念，是那位居個人自我核心的無限存有，而不是那含著愛意注視世界的神性創造者。因此，隨之而來的，他們對工作的態度就應該適應他們看事情的方法。

導向解悟之路的工作，是與經驗的自我隔離開來去進行的。**它特別在行動的有限我與注視行動永恆的真我之間劃分出一條界限**。說得精確些，它是指畫下界線，一邊是行動中的有限自我，另一邊是觀察此一行動的永恆自我。人們通常是為了經驗的自我，從工作的效果來看它所能帶來的報酬或喝采。這種作法將使自我膨脹，使它益趨隔絕與孤立。

另一個選擇是無動於衷地去做工作，幾乎與經驗的我脫離開來。工作者一面認同於永恆者，一面工作；不過因為事情是經驗的我在做，真我與它們是毫無關係的。「認識真理的人，由於處於真我的中心就應該這樣想，『我什麼都沒有做。』在他看著、呼吸著、說著話、放下、抓住、開眼和閉眼之際，他觀察到的只是，感官在感覺對象之間移動。」⑬

當瑜伽行者的認同從有限我轉換到無限我，她就會愈來愈對她有限行為流出的結果無動於衷。她會愈來愈認識梵歌格言的真理：「你有權利工作，但並非為了由之而來的果實。」為責任而責任成了她的口號。

做工作的
被責任所支配，
一點也不關心
工作的果實，
他就是瑜伽行者。（《薄伽梵歌》VI：1）

有一個瑜伽信徒的故事，他坐在恆河岸邊沉思時，看到一隻蠍子掉入水中。他用手把牠舀起來，卻被咬了一口。蠍子又掉入河中。瑜伽信徒又把它救起來，又再度被咬。這樣的過程又重複了兩次，這時一個旁觀者問那瑜伽信徒說：「為什麼你一直救那隻蠍子，而它的報恩只是咬你？」瑜伽信徒回答道：「蠍子的本性就是要咬。瑜伽信徒的本性是他們盡其所能來幫助其他的生物。」

「業的瑜伽」的信徒會去做每一件來到他們面前的事，有如它是唯一要事。完成後，又以同樣的精神去盡另一樁責任。每一件責任出現時，他們都以安定的態度全神貫注地對待之，他們會抗拒煩躁、興奮，也會避免同時去做或去想好幾件事情的無謂企圖。對於落到他們手中的各項工作他們盡全力去做，若不如此，就是屈服於懶惰了，那又是另一種形式的自私。而若一旦完成，他們會把自己與其作為分隔開來，不去理會後果究竟如何。

「一」對我來說是失或得，
「一」對我來說是譽或恥，
「一」對我來說是樂或苦。（《薄伽梵歌》XII）

成熟的人不在乎要改正，因為他更能認同那從改正中得益的長遠的我，而不是那被指出需要改正的一時的我。同樣地，瑜伽行者以泰然的態度接受損失、痛苦和恥辱，知道它們也都是導師。在某種程度上瑜伽行者是處身於永恆之中，他們在緊張的活動之中經驗著安詳。像那急速運轉的輪軸核心，他們似乎是靜止的——情緒上是靜止的——就算在他們極端忙碌的時候，就像是絕對運動的靜止。

雖然哲學本性和情感本性的這兩種人，其修練業的瑜伽的概念框架不同，卻不難理解他們共同的追求。兩者都致力於大量減少食量，目的是要使有限我在飢餓狀態而限制其增長，對於世人認為是健康的自愛的那種天生的自我主義，也完全不假辭色。「愛者」是追求「自我否定」的，把心和意志交託給永恆的伴侶而發現反而豐富了千百倍。「知者」也同樣地企圖在縮小自我，**他們相信修練成功到某個程度，就會出現一個與它外表面具截然不同**

的自我核心，「一位高貴住客和旁觀者，超越過以前的意識及非意識系統的圈子，對於先前支持個人生平的各種傾向超然地無動於衷。這一無名的『鑽石存有』完全不是我們一直以來所愛護的性格，以及所培養的才能、性向、品德和理想；因為它超越了未經澄清的意識的每一水平線。它乃是隱藏在身體和人格的包裝之內；而那黑暗、渾濁、粗厚的「表面自我的表層」無法展露它的形象。只有「一個一切私人要求都已被驅散的自我」的半透明的本質，才許可它變得能被看到——如同通過一面鏡子，或是反映在一泓平靜的池水中。然後，一旦它被辨認出來，它的顯現就給予我們當下的知識，而知道這就是我們真實的本來面目。生命—單子(life-monad)雖然與我們的身心現象組合體截然不同，終於被回想起來了，並受到歡迎，我們曾經由於習以為常的無知及無鑑別力的意識，而魯莽地誤將那種組合體當成是我們存有的真實和永恆的本質呢。」⑭

通過心身訓練走向神的途徑

「修的瑜伽」(*raja yoga*)在印度被認為是「通向重新整合的皇家(*raj*)之路」。因為它帶領人到令人目眩的高度。這是為那些具科學傾向的人而設的，乃是一條通過心身試驗走向神的路。

西方在實驗室內尊重經驗主義，卻在精神事物上不信任它，其理由是：它將個人經驗神聖化，做為真理最後的檢證標準。印度沒有這種疑惑。她爭辯說精神的事物能夠如外在自然一樣用實驗來處理，她鼓勵那些有這樣的傾向而且又有意志力去這樣追求的人，用實驗室的方式去追求神。這種方式引起一種強烈的猜測，我們的真我遠超過我們現在所意識到的，並且要求一種激情去挖掘真我全幅的限度。「修的瑜伽」為那些擁有這些條件的人們列出一連串的步驟，要求像物理實驗般地嚴格遵行。如果這樣做不能產生預期的結果，那麼至少對於這一位實驗者而言，假設就被否定了。不過，這裡提出的主張是：如此開展的經驗將會證實此一假設。

與大多自然科學的實驗不一樣的是，「修的瑜伽」是用在自己身上而不是外在的自然。就算科學真的轉過來作自我實驗——例如在醫學上，倫理學規定了危險的實驗只可在自己身上做——印度所強調的卻不同。瑜伽行者並非對他的身體進行實驗（雖然我們會發現身體無疑是牽涉在其中的），而是對他的心靈進行實驗。實驗是採取依規定的心理訓練並觀察其主觀效應的方式來進行的。

並不需要先接受什麼教條，不過實驗總需要設計假設來加以證實或否定。「修的瑜伽」背後的假設就是印度教有關自我的教旨；雖然我們已經多次描述到它，在這裡仍然需要重新加以說明，來作為「修的瑜伽」進行的步驟的背景。

印度教義假設人的自我乃是一個多層次的存有。我們無須去分析這些層次的細節；那些闡述是非常專門性的，將來科學或者可以闡明它們是比較有隱喻性的而沒有直敘上的準確性。為了我們的目的，只消把主要的層次化約成為四層來概括其假設就夠了。首先，最明顯的是我們有身體。其次是我們心靈的意識層。這兩層之下是第三領域，個人下意識的領域。乃是通過個人的歷史所建造出來的。我們過去的經驗大多都從我們意識的記憶中消失了，但是那些經驗卻繼續以當代心理分析企圖去理解的方式，在塑造著我們的生命。關於自我的這三層，西方是完全同意的。印度教假設不同之處，是它所假設的第四個成分。在其他的三層之下，甚至比隱蔽的下意識（雖然完全與之有相關性）更少被有意識的心靈所覺察到的，乃是存有本身，它是無限、不受阻撓而永恆的。「**我比最小的原子更小，同時比最偉大的更偉大。我就是那整體，是多樣的、彩色的、可愛的、奇異的宇宙。我是那古老的一——我是人，是主。我是純金的存有。我正是神聖至福的本然狀態。**」⑮

印度教同意精神分析，認為只要我們能夠挖掘出我們個人的下意識——我們存在的第三層——就會經驗到個人力量驚人的擴張，亦即一種活潑、清新的生命。但是如果我們能揭露那不單是被我們自己，並且也被整體人類所遺忘的某種東西，不單是能提供我們個人性格和奇癖的線索，並且也能提供一切生命和一切存在的線索，那將會如何呢？不是萬分重大嗎？

很明白地，印度的召喚，是要人從世間瑣瑣碎碎的萬象中退出，回到靈魂深處有因果秩序的領域中，因為在那兒才看得到真正的問題與解答。不過，除了這一點之外，「修的瑜伽」的回應並不能說成是對印度教明白發出召喚的答案。它毋寧是一種堅定不移的拒絕，不許吾人為了日常生活的紛擾，而對我們內在某種等在那裡、迫切未知的要求分心：這是一種對常規、平凡存在的全面性攻擊。成功的瑜伽行者得以肩挑起生命的問題到這一新層面上，並在那裡解決它。這種人的洞察力不太針對短暫的個人和社會境況，而是針對有關那使一切人類和社會更生之永不熄滅的源泉，因為他們的啟發是直接來自與這原初源泉的接觸。在身體上他們會繼續是個人，但在精神上每個人都將變成是非特殊的、普遍的、完美的。

「修的瑜伽」的目的，是帶領探究者去體證個人對「內在的超越者」的直接經驗，來說明人類對自我四層評估的有效性。方法是有意識地進行內省，這是任何一行中具創造性的天才所採取的典型步驟之一，不過在「修的瑜伽」修行中將它推到了邏輯的極限。其意圖是驅策自我靈魂的能量到最深的部分，以激活真我的已失去了的陸洲。冒險當然有；如果賭注失敗了，最好的情況將只是失掉時間，而最壞的情況則是走火入魔。不過，方法正確的話，在一個導師的引導下，瑜伽行者得以結合隨之而來的洞察力和經驗，高度的自我知識以及更大的自我控制就會脫穎而出。

有了「修的瑜伽」提供在我們面前來作實驗的假設，我們就可以簡單陳述實驗本身的八個步驟了。

一和二：頭兩個項目關涉到全部四種瑜伽的道德準備。任何人坐下來嘗試這件自我發現的工作時，就會發現分心等在那裡。最明顯的兩個就是，身體的要求和精神上的不平靜。正當專注積極開始時，瑜伽行者會經驗到想抽支煙或喝杯水的欲望。或者怨恨、嫉妒以及良心的苦責會闖出來。「修的瑜伽」的頭兩個步驟就是要清理這種干擾，而把進一步的干擾之門關上。第一步包括練習五種戒絕：不傷生、不說謊、不偷、不淫以及不貪。第二步包括練習五種教規：整潔、滿足、自制、勤勉以及對神聖的冥想。合起來它們構成了人類精神的五指操練活動，可以準備進行下一步更複雜的探究。中國和日本官員慣常在佛教寺廟內修練類似的「修的瑜伽」而完全沒有宗教的興趣——只是為了增加他們精神的清明和活力——然後發現就算是這樣，相當程度的道德舉止仍然是成功的必要條件。

三、「修的瑜伽」甚至在全然關涉於心靈時，也要作身體訓練。更精確地說，它是經由身體對心靈起作用的。一般的健康之外，它在此處的主要目標是，當心靈在專注時不讓身體來干擾。這可不是一個微不足道的目標，因為未經訓練過的身體過不了多久就會發癢或煩躁的。每一種感覺都會吸引一點注意力，就干擾了正在進行的計劃。這第三步的目標就是要除去這類的干擾，把這「驢兄」（Brcther Ass）——正如聖方濟（Saint Francis）這樣稱呼他的身體，好好地拴住拉走。**這裡要設法做到的，是使身體處於一種中間狀態，介於坐立不安、蠢蠢欲動以及完全放鬆、昏昏欲睡之間。有關到達這種平衡的發現，印度稱之為asanas，這個字通常翻譯成「姿勢」**（postures），**不過卻有平衡和不費力氣的內涵**。其對身體的和心理的益處，目前至少在一些這類姿勢中已經廣泛被承認了，印度教經文描述的八十四種姿勢，在這一方面陳述了大量的實驗，不過只有五種是被認為對冥想重要的。

這五種之中，被證實為最重要的，乃是世界知名的瑜伽信徒所坐的蓮花式——最理想的是坐在老虎皮上，它象徵力量，下面一層是鹿皮，象徵安詳——雙腿交叉而坐的方式要使每一隻腳腳底朝天放在另一大腿上。脊椎順應其自然的彎曲度伸直。雙手手心向上，大拇指輕觸重疊地放在懷中。雙眼可以闔上也可不聚焦地注視地上或地板上。人在身體長成後採用這種姿勢會覺得痛苦，因為它令肌腱拉緊，需要許多個月的調節才能適應過來。不過一旦把這個坐姿掌握成功了，卻是出乎意外地舒服，能令心靈處在一種有助於冥想的狀態中。既已知道站立引致疲勞，椅子令人昏沉，而躺下引人入睡，那麼或許並沒有其他的姿勢可以如此維持長久，而能令人保持靜止又警覺。

四、瑜伽的姿勢能夠保護冥想者，不被在靜態中的身體狀況所干擾，不過身體的活動如呼吸仍然在進行。瑜伽行者必須呼吸，不過未經訓練過的呼吸會破壞心靈的平靜。瑜伽新手進行冥想時，吃驚地發現未經控制的呼吸影響冥想的程度。氣管的刺激和堵塞引發咳嗽和清喉的動作，每次呼吸下沉得太低，深深的嘆氣就會冒出來打破瑜伽的魔力。而這類明顯不合常規的情況發生並非是唯一的冒犯者；通過專注的靜默，「正常的」呼吸能夠有如橫切般地割裂，令靜止戰抖、飛散。「修的瑜伽」的第四步就是要通過控制呼吸來阻止這類干擾。為了到達這個目的所開列出來的練習種類繁多而不同。有一些，像學習用一個鼻孔吸氣另一鼻孔呼氣，聽起來怪異得很，但是有研究指出它們或許可以幫助平衡大腦的兩個半球。整體說來，這類練習都是想要減緩呼吸，平衡呼吸，減低所需要的空氣量。一項標準的練習是輕微呼吸通過鼻孔前的鴻毛，讓旁觀者看不出究竟氣在入或出。閉氣特別重要，因為沒有呼吸的時刻，身體是最靜止的。比方，練習周而復始地吸氣數十六次，閉氣數六十四次，呼氣數三十二次，這中間有一段時間活動減低到某一點，心靈好似脫離了身體一般。這些乃是做這種功夫時所珍惜的時刻。「**燈光，**」《薄伽梵歌》說：「**是不會在無風的地方閃動的。**」

五、從容沉著、身體輕鬆自在、呼吸均勻，瑜伽行者坐著浸潤在冥想中。突然間，一道門開了一條縫，一道銀色的月光閃爍在前方的土地上，一隻蚊子發出嗚聲，他回到了世界之中。

心靈是不安的，
在感官的掌握中
那麼強烈地受到震動。
我真的認為
風都沒有那麼狂野。（《薄伽梵歌》Ⅵ：34）

感官指向外面。作為通往物質世界的橋樑，它們是無價的，不過瑜伽行者追求的是別的東西。走在搜捕更有趣的獵物之路上——那內在的宇宙裡面（根據報導所說）可以找到生命奧祕中的最後祕密——瑜伽信徒不要感官的轟擊。外在世界自有其魅力，對於目前的工作卻並無任何貢獻。因為瑜伽行者要追尋的是生命外觀的底層結構。在它那肉身的表面之下，我們經驗到生死戲劇，瑜伽行者要尋找一種不知死亡的更深刻的生命。在我們對事物與對象的表面考量底下，是否有一覺識的層面，不僅是在程度上而是在種類上不同的呢？**瑜伽行者在嘗試一項假設：最深刻的真理只對那些專注於內在的人開放**。在這項實驗中，身體的感官只不過是惹事生非的臭皮囊罷了。「感覺是向外的，」《奧義書》說。「人們因此朝外面的東西看而看不到內在的存有。只有少數聰明人對外面的東西閉上眼睛，而看到了內在大我(Atman)的光輝。」五百年之後的《薄伽梵歌》重複說著那樣的限制：

只有那瑜伽行者
他的喜樂是內在的，
他的和平是內在的，
他的視象是內在的
才得以體證大梵，
了悟涅槃。

正是以這項綿延三千年的預設為背景，聖雄甘地才對我們這外向性的世紀提出：「把注意力轉移到內在去。」

達成這一從外在轉向內在世界過程的最後一步轉捩點，乃是關上知覺之門，因為只有如此，那世界氣鍋工廠的卡嗒聲才會被有效地封閉在外面。能夠做到這一點且不至於傷身，乃是一項尋常的經驗。丈夫提醒太太，他們要去參加約會。五分鐘之後她堅持沒有聽見；他堅持說她一定聽到了，因為他就在隔壁房間裡很清楚地說的。誰是對的呢？這乃是定義問題。如果聽見的意思是指頻率足夠的聲波撞擊在健康的耳鼓上，她是聽見的；如果它是指聲波被留意到了，她就沒有聽見。這並沒有什麼深奧難懂的；它們的解釋只不過是專心與否——那位婦人當時正對著電腦深深貫注著。同樣地，在這「修的瑜伽」的第五個步驟中也並沒有什麼花樣。它是要把瑜伽行者帶到超過該婦人所到達的境地，首先，把專注從偶發的事情轉移成一股操縱自如的力量；其次，把那項本領提高到連在同一間屋子的鼓聲都能夠沒留意到的程度。其實，技巧是一樣的。專心於一件事而把其餘的事摒除。

六、最後瑜伽信徒獨自與他的心靈共處。到目前為止，上面所提出的五種步驟都指向這一結果，欲求的侵襲、良心的不安、身體、呼吸以及感覺都已一件一件地被停止了。但戰爭仍然還沒有打贏呢；一場肉搏戰才正開始，因為心靈最兇惡的敵人乃是它自身。即使與自身獨處，心靈也絲毫沒有想要安頓或順服的樣子。由最不足取的、最令人想像不到的鏈環所結合的記憶、期望、白日夢、狂想的鐐銬從四面八方迫近，使得心靈有似一泓湖水在微風下起了波瀾，在充滿了不停的變化、自我粉碎的反省下活潑躍動。如果放任心靈獨處，它永遠不會靜止下來，不會變得平滑如鏡、像水晶般澄明，以致清清晰晰映照出一切生命的太陽。要讓這樣的情況得以成功，單是把流進來的小河堵住是不夠的；這一點，上面的五個步驟已經有效地做到了。留下來的還有湖底下的水源要設法停住，還有幻想要加以抑制。明顯地還有很多事要做。

或者換一個沒那麼嚴肅的暗喻吧。印度教徒說，一般人心靈運動的規律性，是有點像一隻發狂的猴子在籠子內騰跳一般。不，更有過之呢；乃是像一隻喝醉了的、發狂了的猴子的騰躍。就算是這樣我們還是未曾表達出它的不安性；心靈像是一隻得了舞蹈症（St. Vitus' Dance）喝醉了的發狂的猴子。不過要對我們的主題公平，還得更進一步來說明。心靈像剛被黃蜂咬過，得了舞蹈症喝醉了酒的發狂猴子。

那些認真嘗試去冥想的人中，很少人會覺得這個暗喻太過分。聽到「別管你的心靈」這句勸言時，麻煩就是心思紛亂的情況依舊。我叫我的手抬起來，它聽了。我叫我的心靈靜止，它卻嘲笑我的命令。一個平常的心靈思想一件事能多久呢——單只一件事，而沒有先滑越過去想有關「想」那件事，再從那裡出發，開始一個毫無意義的不相干的鎖鏈？大概是花了三秒半鐘罷，心理學家告訴我們。像一個乒乓球般，心靈在其主人指定的地方落下來，不過卻即刻完全不受控制地緊張而不連貫地彈跳著。

如果心靈能從乒乓球轉變成一個麵團，把它擲到牆上，除非有意把它拿下來，否則會一直沾在上面，那又將如何呢？如果能這樣把它聚結在那裡，它的力量難道不會增加嗎？其力量會不會像電燈泡被反光鏡圍住的力度那樣地倍增呢？一個正常的心靈可以用世間的對象，持續地吸引其注意力到某種程度。一個患精神病的心靈就不能；它會即刻陷入不能控制的幻想中。設若心靈的第三種情況可以發展出來，就是使正常心靈遠超過它自己的程度，正如精神病人的心靈遠低於正常心靈，在這種情況中，心靈可以被引導，使其能延長對一個對象的專注。以便能深刻地領會它，那又會如何呢？這就是專注的目的，「修的瑜伽」的第六步。一頭象走起來的時候，長鼻子左右搖擺著朝兩邊攝取物件，一旦給它一個鐵球握住後就定下來了。專注的目的是類似的：要教導不安的心靈，使它不再搖擺不定而能專注於指引的對象上。「當所有的感覺都靜止了，當心靈安定下來了，當理智不再動搖——智者說，那就是最高的境界。」⑯

到達這種境界的方法並沒有什麼奇特，不過卻是艱難的。開始時藉著放鬆心靈，讓那些需要從下意識中驅走的思想釋放出來。接著選擇一樣東西來集中心思去專注——一支點燃著的香火，個人的鼻尖，想像中一個無限光亮的海洋，目標是什麼無關緊要——要練習把心靈保持專注在目標上直到成效不斷增加。

七、最後兩步乃是這專注的過程持續不斷深化的階段。在前一步驟中，心靈被引到能穩定地朝其對象流去的地步，不過它並沒有喪失其自身是與其所專注對象不同之物的意識。在這第七步中，專注深化成為冥想，兩者緊密結合而分離已經消失：「主客體完全合而為一，使得個人主體的自我意識完全消失了。」⑰到了此刻能知與所知的二元性消融變成了完美的統一。用謝林(Schelling)的話來說，「能知我與所知我合而為一。在這一時刻中我們消解了時間和時間的持續性；我們不再置身時間之中，而是時間，或者毋寧說是永恆，內在於我們了。」

八、剩下來的，是應該用梵文字*samadhi*（三昧）來描述的最後、最高的境界。按字源來說，*sam*的用法與希臘文字頭*syn*在synthesis（綜合）synopsis（綱要），與syndrome（集合）的用法乃是平行的。意思是「與之一起」。*Adhi*在梵文中通常是翻譯成「主(Lord)」，與舊約中希伯來文用來稱主的*Adon*或*Adonai*也是平行的。因此，三昧是指人的心靈完全貫注在神那裡的境界。在第七步中——冥想——專注深化到自我完全消失不見的地步，所有的注意力都集中在所知的對象上。而三昧的不同特徵在所有的對象形相都消失了。因為形相是限定的界域；有了一種形相就必然排除其他形相，而「修的瑜伽」其為人所知的就是最後階段是無限制的。心靈繼續思想——如果那是正確的字眼的話——不過是思無物。這並不是說它什麼都不想，只是全然地空白。它完滿實現了一個弔詭，就是看見了那不可見者。這時充滿它的，是那「自一切性質分離了，既不是這又不是那，沒有形式，沒有名字的存有。」⑱

喀爾文勛爵(Lord Kelvin)說，他無法想像出任何他不能為之建造成一個機械模型的東西，我們離開他這一斷言已經有好長一段路。藉由那種知者與所知合而為一的模式，知者領悟到全幅存有的知識——著了魔，徹底消融在其中。⑲那被設計來試驗的實驗已經得到結果了。瑜伽行者已經達到了那洞識：「彼，真實地，汝即彼(That thou art)。」

我們已經展示了四種瑜伽作為選擇，但是卻要以一開始就說過的一點來做結論，就是：印度教不把它們看成是彼此不相容的。沒有人是單單內省的、情緒的、活躍的或是實驗性的，而且不同的生命情況要求不同的資源來作用。一般來說，大多數人會覺得走一條路比走其他的路更為滿意而就緊守著它；可是印度教鼓勵人去試驗四者，而盡量將之結合起來以適應自己的需要。主要的區分是在「知的」與「愛的」，內省的和情緒的類型。我們已經看到「業的」功夫能夠適用於任何這些種模式，而做點冥想在任何情況之下都是有價值的。因此，正常的模式是以哲學的或者崇拜的模式來鑄造其宗教，把他們的功夫應用在所選擇的那一類上，去冥想到可以實行的程度。我們在《薄伽梵歌》中談到，有的人「通過冥想實現了大我(*Atman*)。有的人以哲學的方式實現了大我。又有人遵從瑜伽的正確行為而體現到它。還有人如他們的導師教導他們那樣地崇拜神。如果這些人忠誠地修練了所學，他們就會超越死亡的威力。」

生命的階段

人是不同的。少有比這更為陳腐的觀察，不過嚴肅關注這一事實卻是印度教的特色之一。在前面諸節中探究了其強調人性格的不同，因而要求不同的途徑來走向生命的實現。我們現在必須注意來自另一方面的同樣強調。不僅人與人彼此不同；每個人經歷不同的階段，每一個階段要求它有自己適當的行為。正如每一天從早上到中午再由下午而進入黃昏，每一個生命同樣通過四個階段，每一個階段都擁有特別的傾向，規定著特別模式的反應。因此，如果我們問，我們應該怎樣活呢？印度教回答，那不僅要看你是哪一類人，還要看你是在生命中的哪一階段。

印度將第一階段劃分為學徒期。傳統上，這個階段在入會儀式(initiation)之後開始，八歲到十二歲之間。一共持續十二年，這期間學徒通常是住在導師家中，並服學徒之勞。生命在這一階段的首要責任就是學習，以一個接納的心靈來學習老師所傳授的一切，而老師所代表的則向來是傳統的偉大結晶。自此以後各種責任很快就會接踵而來；因此處在這段愉快的空檔期間，學生的唯一職責就是儲存知識以應付將來大量需求出現的時候。所要學的包括事實的資料，還有更多其他的東西；因為印度——夢想的、不切實際的印度——對於為知識本身而求知識，是很少有興趣的。成功的學徒不是要成為一個會走路的百科全書，一部能發聲的參考圖書館。習慣要去養成，性格要去塑造。整個的訓練更像是在學徒期限中把資訊實現在技巧中。受人文教育的學徒得到適當的訓練，可以去過美好有效的一生，如同陶瓷學徒能製作上好的器物一樣。

第二階段開始於個人婚姻之後，乃是家居期。這是生命的全盛期，身體力量到達了頂點，興趣和精力自然是轉向外面的。他們可以從三方面的發揮來得到滿足：家庭、職業、和個人所屬的社區。一般來說，注意力會分配在三者之間。這就是滿足人的三項最初需要的時期：主要是通過婚姻和家庭而來的歡樂；通過職業而來的成功；以及通過公民參與而來的責任。

印度教對於這些需要的快樂實現報以微笑，但在它們開始衰退時也不會事先給予指示。對這三者的依戀最終會減退是自然不過的，因為生命在其行動和欲望最鼎盛時叫它停止是不自然的。生命不是註定如此。如果我們順應著既來的各個生命季節，我們就會留意到性和感官的愉悅（快樂），以及生命遊戲中的成就（成功）不再新鮮和驚喜的那一刻了；甚至在執行一項人的職責時（責任）也開始令人生厭，變得重複而乏味。當這一季節到來的時候，就該是個人朝生命順序中之第三階段走去的時候了。

有的人永遠也不會走向生命的第三階段。他們的情況可不太妙了，因為人生的追求各有合宜的時機，如果勉強延長就會顯得怪誕不雅。一個二十五歲的花花公子可能很有吸引力，五十歲的花花公子就讓人不敢領教了。他們要多麼努力地裝腔作勢，回報卻少得可憐。同樣的情形，更具活力和新觀念的年輕一代，應該接替那些不肯讓位出來的人。

然而，這樣的人還不能對之加以譴責，因為看不到生命的另一領域，他們一無選擇地只有抓緊他們所知道的那一套，所提出的問題也是很尖銳的，「老年到底有沒有價值？」醫學顯著地延長人的生命，愈來愈多的人就要面對這個問題。詩人們總是讚許著秋天的落葉和日落西山的年月，不過他們的詩句聽起來並不踏實。如果我們扣緊詩句來談的話，「**跟我一齊終老吧，最好的還在後面呢**」就沒有「**能採玫瑰花蕾就採吧……明天我們就會死亡**」一半的信心。

生命在中年之後是否有未來，最終不是靠詩來決定，而是要靠事實，靠生命真正的價值是什麼來決定。如果它們只是肉體和感官，我們最好承認青年之後生命必然走下坡的事實了。如果塵世的成就和權力的運用是最好的，那麼中年的家居期乃是生命的頂峰。但是如果洞察力和了解自己，能帶來與這些相等或更多的回報，老年就自有它的機會了，而我們就可以在生命之河緩慢流動時進入快樂之境了。

吾人日後的年月是否能有這種回報，完全要看掀起無知帷幕之後所展現的情景而定。如果真實是一片單調而令人沮喪的荒原，自我也只是比較精巧的自動化機括，那麼洞察力和自我知識的回報，怎麼樣也不可能與感官的激情和社會成就競爭的。不過，我們已經看到，在印度教中它們被認為是遠不止這些。「拋棄一切跟隨祂！享受祂那無法形容的財富。」《奧義書》說。沒有什麼喜樂可以比擬那極樂的景象，而那等著被發掘的自我，簡直遠比一切報導所說的還要偉大。在學徒期和家居期完成之後，隨著而來的，印度教就信心十足地標誌出生命應走的第三個階段。

這乃是退休的階段。只要有了第一個孫子之後，個人就利用老年牌照，從他向來決意承擔的社會責任中退隱下來。二、三十年來社會已經徵收了預期的費用，現在接下來是輕鬆的時候了，**否則生命就會在未被了解之前即結束了**。到目前為止社會需要個人去分工合作；幾乎沒有時間去閱讀、思考、無間斷地尋思生命的意義。這並不令人厭惡；遊戲本身即帶來它自身的滿足。不過難道人的精神就永遠這樣簽約賣給社會嗎？開始一己真正成人教育的時間已經到了。去發掘我是誰，以及生命的意義是什麼。——那個「我」與之多年來親密相處卻仍然充滿不可解釋的怪癖、無可理喻的奇想以及非理性衝動的陌生人——其祕密是什麼？為什麼我們生來要工作和掙扎，雖然各有其部分的快樂和哀傷，卻是活得太短促了，一代又一代像浪花般短暫地上漲，然後打在岸上碎了，消退成為無名的死亡的伙伴。**去發現存在奧祕的意義乃是生命最後的迷人挑戰**。

在傳統上，那些最為這種精神探險所引誘的人被稱為「林棲者」，如果妻子願意也可以夫婦同行，妻子不願，丈夫就一人獨行——他們辭別家庭、家的溫暖和束縛，投入森林的孤寂中，開始自我發現的課程。他們的責任終於只是針對自己了。「**事業、家庭、世俗生活，就像青年的美貌和希望以及成熟期的成功等等，現在都被拋到腦後了；只留下了永恆。也因此心靈轉向永恆——不再是此生的苦差和憂心，它們已像夢般來了又去地不見了**。」[20]退隱朝星星之外看出去，不是朝村子的街道看去。是編織出一套哲學，然後將之轉為生活方式的時候了；**是超越感官去發掘隱藏在自然界下面的真實並與之共處的時候了**。

退隱之外，真正到達目的的最後一個階段是雲遊者(*sannyasin*)的境界，《薄伽梵歌》把他界定為「一個既不恨也不愛任何一切的人」。

現在朝聖者自由返回到世界中來了，森林鍛練的意旨已經完成了，時間和地點已經喪失了它們的約束力。若非四海為家的話，在這整個世界上，吾人能夠完全自由地到哪裡去呢？印度教徒把雲遊者比作是一隻野雁或天鵝，「沒有固定的家而浪遊著，與喜馬拉雅山以北的雨雲一同遷移，又回到南方來，以每一面湖或一彎水為家，如處於那無限的、無邊界的天空覆蓋之下。」如今市場也變得似森林般宜人了。不過雖然雲遊者回來了，卻變成了不一樣的人。發現了完全從一切限制中釋放其實就是與絕對無名不二，雲遊者學到了把有限我持續地消解，不讓它遮蔽了那無限。

決非要「成為某種人物」，雲遊者的意願剛好相反：為了讓自己從根源上融入全體，在表面上他要維持做一個全然不起眼的人。我們怎麼容忍自己再度以個人身分出現，戴上面具去遮蔽內在自我的純淨與光輝，恢復一個有限自我的姿態與裝扮呢？適合這種完全自由的外在生命是做一個無家可歸的托缽僧。別的老年人會設法做個經濟上獨立的人；雲遊者則想完全與經濟切斷關係。在這個地球上居無定所、無職責、無目標、無所有，沒有身體願望。裝腔作勢的行為也不再出現和干擾他了。社會上的各種炫耀做作，在這裡也找不到滋生與介入的機會。一個手持托缽站在他從前僕人後門口的人，是再也沒有驕傲可言，而且也不作他想。

耆那教(Jainism)是由印度教分出的一個支派，它的雲遊聖人（譯註：耆那教與佛教是反正統的教派）「以空間為衣」，完全赤身裸體。佛教，另一個支派，其聖人著黃褐色的粗布衫，那是被社會所摒棄，被判處死刑的囚犯所著的顏色。所有的身分都一掃而空，因為所有的社會身分都會阻擋人與不滅的存在整體認同。「不去思想未來，並無動於衷地凝注著現在，」印度教典這樣寫著，雲遊者「與永恆的我認同而生活，對其他一切視而不見。」「他不再關心他的身體是倒下還是留存著，有如牛不關心某人掛在牠頸上的花環會變成如何一般；因為現在他心靈的官能全部安頓在神聖的力量、福祐的本質之中。」㉑

不智的生命乃是與那闖入者「死亡」作長期奮鬥的一種生命——乃是年紀通過巧計和否定時間之腐蝕，而被執意拖遲了的不平衡的競賽。欲望的熱度減退時，不智者就用更多的烈性催情藥來給它加油。等到被迫放棄時，卻又怨恨不平而充滿自憐，因為他們看不到那不可避免的正是最自然的，並且還是好的事。他們不能理解泰戈爾的洞見，即**當人們喪失了把真理當朋友來接受的藝術時，真理才會以征服者的身分出現。**

生命的位置

人是不同的——我們又第三次回到印度教主要的信條上來了。前面已經描述了不同的人走向神所應採取途徑的含意，以及在人一生不同階段中，其所相應的生命不同模式。現在就要講到它對於個人在社會秩序中所佔位置(station)的含意了。

這就把我們帶到印度教的種姓(caste)觀念上來了，在印度教中，再也沒有任何一個論點更被外面所知而全面地被譴責的了。種姓包含觀點和曲解。有關這個題目的任何討論都要靠我們對於兩者之間的分辨能力。

種姓如何產生出來乃是一個混亂的歷史題目。問題的中心當然是在紀元前二千年到一千年期間，有大量不同語言、文化和相貌（高大、膚白、藍眼、直髮）的亞利安人遷入印度的事實。隨後這種差異性的碰撞，使種姓制度急速發展出來，就算並沒有令它實際上產生種姓制度。種族的差異，膚色，商行窩藏的職業祕密，具有不同免疫系統族群之間的保健限制，以及有關污染和淨化的巫術宗教禁忌等，其影響到日後冒起的模型程度究竟如何，可能永遠也難以完全揭開的。無論如何，其後果是社會分成了四個群體：見者(seer)、行政人員、製造業者以及跟從者。

讓我們即刻地錄下那不知如何源起而產生的墮落。首先，第五類——賤民或被遺棄的族類——出現了。就算談到這一類人也有一些溫和論點得被記住。在處理她最低層的社群上，印度並沒有像多數其他文明那樣墮入奴隸制度，有些無種姓者進入他們生命的第四個階段，為了神而揚棄世界，他們被認為不屬任何社會階層，卻是被最高種姓的婆羅門㉒從釋迦、大耶難陀(Dayananda)到甘地所尊敬，許多宗教改革家尋求把賤民自種姓制度中除去；當代印度憲法把它定為非法。但是至少賤民的命運在整個印度的歷史中都是悲慘的，追根究底，這是種姓制度根本墮落了的惡果。第二項變質乃是在種姓制度下再分成次級的種姓，到現在已有三千種之多。第三，反對通婚及一起進食的禁令，更急遽地使社會交往複雜化。第四，權力也介入種姓制度中，高種姓的人剝奪低種姓的人而得益。最後，種姓變成了世襲，個人一生被留在其所出生的種姓之中。

面對如此嚴重的指責，你會吃驚地發現，有些透徹熟悉西方那一套的現代印度人卻為種姓制度辯護——當然不是整個的制度，而是它的基本形式，特別是它已經墮落到現今的地步。㉓像這樣的制度可能擁有什麼永久的價值呢？

此處所要求的是，承認在對社會作出最佳貢獻以及發展自己的潛能上，人就是有四個種類。⑴印度人稱呼第一類為婆羅門（*brahmins*）或是見者。他們內省、有強烈欲望要去了解以及憑一種敏銳的直覺要去掌握人生中最重要的價值，這些人乃是文明在知識上和精神上的領袖。在我們比較專業化的社會中，其功能就分配在哲學家、藝術家、宗教領袖以及教師的這一領域；心靈和精神的事務乃是其素材。⑵第二類剎帝利（*kshatriyas*），乃是天生的行政人才㉔，有組織群眾和計劃的才能，並能盡力讓人發揮其才能。⑶另一類的職責是製造者；他們是工匠和農人，善於製作生命之所賴的物質成品。這些人就是吠舍（*vaishyas*）。⑷最後首陀羅（*shudras*），其特徵是跟隨者或僕人，又稱為非技術性的勞工。這些人如果要為他們自己開闢前程，長期訓練自己，或獨立從事營生，就會一敗塗地。他們的注意力是相對的短暫，不願為了未來的報酬而在眼前犧牲得太大。但是在監督之下，他們卻能刻苦地工作及忠誠地服務。這種人為別人工作遠比獨立自主來得更好更快樂些。我們帶著民主與平等的情懷，是不喜歡承認有這種人的，但是正統的印度教徒會回答：你喜不喜歡並不是重點。問題是人們實際上究竟是什麼。

只有少數當代印度教徒為印度始終保持種姓分化的程度而辯護。她管制通婚、一起進食以及其他社會接觸的規定，使得她成為——用其總理諷嘲的評估——「**這個國家在社會形**

式上是最不包容的，但是在觀念領域上卻是最包容的。」然而就算在這樣可咒的衍生現象背後也還是有其某種理由。不許不同種姓的人飲用同一水源的特別嚴格規定，其所提示的部分原因可能在於彼此對疾病免疫力的差異。不過，主要的理由要比這一點更為廣延。**除非不平等的人以某種形式分隔開來，否則弱勢者必須全面與強勢者競爭，而他們無論如何都沒有取勝的機會。**在種姓之間是沒有平等的，但是在每一種姓之內，個體的權利是比他或她被迫獨自在廣大世界上照顧自己要來得安全多了。每一種姓皆自我管理，出了麻煩的時候，肯定由同階級的人來審判。在每一種姓之內是有平等、機會和社會保障的。

種姓之間的不平等，目標是在為各自提供的服務作出適當的補償。社會的福祉需要某些人在相當自我犧牲的代價下，去肩負遠超過一般平均的責任。大多數青年會早早結婚投入工作，有一些人卻必須延遲這種滿足十年之久，以備去做繁重的工作。賺工資的人五點鐘下班一天就沒事了；僱主卻必須把企業家永遠都有的不安全感帶回家中，常常還要做功課。部分問題在於不增加報酬之下僱主是否願意承擔責任，也在於要他們這樣做是否公平。**印度可從來沒有把民主與平等主義混同。對公平的定義是：權利與責任成比例的一種狀態。**因此，在工資和社會權力上，第二類種姓的行政人員是應該站在最高等級上的；在榮譽和心靈力量上，則是婆羅門居上。這不過只是因為（按照理想說法）他們的責任是比一般要大些。剛好與歐洲國王永遠不會錯的教旨相反，**正統印度教的觀念，幾乎主張最下等種姓的首陀羅永遠不會做錯，這類人被當成小孩而不該對他們期望太多。**古典的法律教條規定，同樣的犯規「**吠舍的刑罰應雙倍於首陀羅，剎帝利的更雙倍的重，而婆羅門的則再**

雙倍或甚至四倍於剎帝利的。」㉕在印度下等種姓是不受高等種姓的許多形式所約束的，如信守正直和克制。寡婦可以再婚，不吃肉和不飲酒的規定也沒有那麼嚴格。

用現代的慣用語來說，理想的種姓會是這樣的：社會級別最下面的是守成規的階級——從事家務、工廠工人和僱工——他們可以忍受一種一成不變的重複性工作，可是他們的自我控制有限，要做一天工就必須按鐘點來做，不會為了長遠的利益來延遲眼前的享受。在他們之上乃是技術人員階級。在前工業社會的工匠——工業社會時代則是了解機器、修理機器、操作機器的人。再就是管理階級。在政治方面是政黨官吏和民選代表，在軍事方面，則是軍官和參謀官；在企業方面，則是企業家、經理、董事以及執行人員。

不過，如果社會不僅是複雜的而且是善的，如果它是明智的、鼓舞的而又有效的，在行政人員之上必然會有第四個階級——其所重者在受人尊敬上而不是在薪酬上，因為這一**階級的界定的標記就在於它對財富和權力的無動於衷。在我們專業化的社會中它包括了宗教領袖、教師、作家和藝術家。在字面上的意思，這一類人正確的稱呼是見者，因為他們乃是社群的眼睛。**正如頭（行政人員）置放在身體（勞工和技工）上，眼睛置放在頭上。**這一階級的份子必須擁有足夠的意志力來對抗干擾知覺的自我主義和引誘。他們之能得到尊敬，是因為其他人承認自己缺乏這種自制以及見者所告知他們的真理。**這種情況好像是：見者可以清楚看到其他類型的人只能去猜測的東西。但是這種洞識是脆弱的；只有在小心維護下才會產生健全的辨別力。**由於需要閒暇來做從容的內省，見者必須受到保護，以免過度捲入各種干擾與遮蔽心靈的日常急務中。正如領航人不能去做划船和鍋爐的工作，是**

為了尋找星星不使船隻迷失方向。更重要的是，這最後的種姓必須隔絕世俗的權力。印度認為柏拉圖的哲王夢想是不切實際的，不錯，當婆羅門掌握社會權力時，他們就變得腐化了。因為世俗權力置其使用者於壓力和引誘之下，在某一程度下折射了判斷而扭曲了它。見者的角色不是制裁而是給予勸告，不是駕馭而是指路。像羅盤的指針，保護著使其可以指北，婆羅門是要去確認，然後指示出生命的意義和目的所在的真正的北方，籌劃出文明前進的道路。

當種姓腐化時，就會像腐爛的屍體般可怖了。無論它在開始時的特點是什麼，它卻忽略了柏拉圖的洞見：「金子般的雙親會生出銀子般的兒子，或是銀子般的雙親會生出金子般的兒子，跟著必然會發生等級的變化，有錢人的兒子必然降級，技工的兒子社會等級上升；正如一項預言所說『假如一個國家出銅或鐵質的人來統治的話必定會衰亡。』」最近宣揚種姓基本觀念最深思的一位人士寫道，「我們可以期望未來發展將有些不同，主要是在某種情況下，許可相互通婚、選擇或改變職業，而仍然明白大家樂意看到的是同一種姓內的婚姻以及子女繼承父母的職業。」㉖至於說種姓變成意味著僵固不化、排他以及不當的特權而言，當今的印度正在努力從體制中清除這種腐敗。不過仍然有許多人相信，並沒有任何國家成功地解決了如何規畫社會以確保最大的公平和創造這個問題。種姓的基本主題會繼續受到注目。

到目前為止我們主要是以其現實的影響來談印度教的。一開始是對人的需要加以分析，我們描述其可能達到的方法，以及對人生不同階段和位置的相應的反應。下面將把焦點從實行轉移到學理上，指出其主要的哲學觀念。

在汝之前一切話語都消退了

日本花道的首要原則就是學習有些花不要放進去。這也是印度教徒堅持的，在談到神時的首要學習原則。人們總是想用字眼來掌握真實，最後卻發現奧祕非難著他們的講詞，他們的音節也被沉默所吞食。問題不在我們的心智(minds)不夠聰明。其根源實更為深刻。心智，就其一般外表意義來說，做這份工作可以說是用錯了工具。其效果好像用網來舀海水，或者用套索去捕風一樣。商羯羅(Shankara)，這位印度教中的聖多瑪斯(Thomas Aquinas)，在他那激發敬畏的祈禱中，是以這樣的祈求開始的，「啊汝(Thou)，在汝之前一切話語都消退了。」

人的心智演化以利於在自然世界中求生存。它適應了去處理有限的事物。而神，相反地，是無限的，屬於與我們心智所能理解的完全不同的存在秩序。期望我們的心智來抓住無限，就好像要一隻狗用鼻子來了解愛因斯坦的公式一樣。如果把這個類比往不同的方向推，就會產生誤解，說我們永遠也無法知道深不可測的神。我們已經看到，瑜伽正是通往這一覺悟的道路。但是他們所指向的知識，超越了有理性的心智的知識；它上升到神祕意識那深奧而令人目眩的黑暗之中。㉗唯一能夠讓普通心智用文字來正確地描述出那不可追尋者的話，就是neti……neti，不是這……不是這。**假如你縱橫宇宙，對每一件你所見所思之**

物說：「不是這……不是這，」剩下的就會是神了。㉘

然而文字和概念卻是無法避免的。出於是提供我們心智使用的唯一工具，任何朝神有意識的趨近，都必須借助它們。雖然概念永遠不能把心智帶領到目的地，卻能指出正確的方向。

我們可以開始簡單地用一個名字來撐住我們的思想。印度教徒管最高的真實叫Brahman(梵)，它有雙重字源，從br——呼吸，從brih——偉大這兩個字源變化出來的。和這個名字相連的主要屬性有sat, chit, ananda，即神是存在、覺識和妙樂。全然的真實，全然的意識，全然地超出一切可能的挫折——這就是印度對神的基本看法。不過就連這些詞語也不能說真正描寫出了神，因為它們所帶給我們的意義是截然不同於它們應用到神身上的意義。純粹存有會是什麼樣子，由於是無限而絕對沒有排除任何事物，我們可是一點也不明白了。對於覺識和妙樂也是一樣。在斯賓諾莎(Spinoza)的表述下，神的本質之類似我們的詞語，就像說狗星座類似狗一樣。最多只可以說這些詞語的功能是指向；我們的心智朝它們的方向走比朝反方向走要好。神正如我們所理解的是處於存在的最極端，並不是無；超出我們所知的心靈之外，卻並非無心識的泥土；超出忘神喜悅之外，卻又不是苦惱。

這就是有些心靈在對神的洞察所須達到的限度了；無限的存有、無限的覺識、無限的妙樂——其餘的一切描述最好的不過是註釋罷了，最壞的可能就是撤回前言了。有些聖人可以生活在這種嚴峻的、概念上單薄的精神氣氛中而覺得振奮，他們可以與商羯羅一樣了解「即使無物可被照耀，太陽依然光輝燦爛」。不過大多數人是不能以如此高程度的抽象來掌握的。魯易士(C. S. Lewis)就是其中之一，此即證明他們的心靈並非低劣，只是不同罷了。魯易斯教授告訴我們，當他孩提時代，父母就不斷教誡他不要以任何形式來思想上帝，因為這樣做只限制了祂的無限性。他盡最大的努力去做，可是對於無形象的上帝這個觀念，他最接近的想法也只是一個無限的灰色珍珠粉的海洋。

這一個小故事，印度教徒會說，**正全然地指出世間男女的狀況，假如要找到延續生命的意義，他們的心靈就必須咬住某種具體和有表象性的東西。大多數人對於任何遠離直接經驗的東西是無法去想像的，更不用說被其激發了**。印度教勸告這一類人不要設法去把神想成如存有或意識那種高抽象的情況，而把神想成他們在自然世界中所遇到最高貴的真實原型。這個意思就是把神想成是一位至高的人（*Ishvara*或*Bhagavan*），因為人類是自然界最高貴的冠冕了。我們通過對「愛的瑜伽」亦即經由愛和忠誠走向神之道路的討論，已經向我們介紹了以這樣的方法來想像神。在巴斯卡(Pascal)的西方諺語中，這乃是亞伯拉罕(Abraham)，以撒(Isaac)，和雅各(Jacob)的神，而不是哲學家的神。**上帝是父母、是親愛仁慈、是無所不知、是全能，是永遠與我同在的，是能了解我的伴侶**。

如此想像的神叫做 *Saguna Brahman* 或有屬性的神，不同於哲學家較為抽象的 *Nirguna Brahmcn*，或沒有屬性的神。*Nirguna Brahman*是沒有水波的海洋；*Saguna Brahman*是同樣的海洋卻活躍著巨浪和波濤。以神學的語言來說，其差別乃是在對神人格性和超人格性的理解。印度教包括了對兩種觀點的最高擁護者，其中超人格性的是商羯羅，人格性的是羅摩奴閣(Ramanuja)，但是整體來說最能對之作公平結論，並有其明確的擁護者，如拉馬克里希納者，認為兩者都同樣地正確。一眼看去這好像是強烈地違背了排中律。我們多半會堅持，神可以是人格性的或不是，卻絕不會兩者都是。不過，真是這樣的嗎？印度爭辯道，這項選言命題（disjunction）所忘記的，首先乃是我們理性的心靈與神之間的距離。內在地來說，神也許不能是兩個互相矛盾的東西——也許是因為邏輯本身，在神聖的白熱中可能會融化掉了。然而神的概念一開始就包括那麼多的成分，互相矛盾的兩者可能都是真的，各來自不同的角度，就好像光波與粒子，可能在描述光的性質上，都同樣是正確的推斷法門。㉙一般來說印度滿足於鼓勵信徒把「梵」想成是人格性或超人格性的，這完全要看對信者的心靈來說，哪一種帶來最增強的意義。

神對世界的關係，同樣地是按照其所擁抱的符號象徵而不同。用人格性的詞語來想，神在對世界的關係上就像藝術家之於他或她的作品一樣。神將是創造者（大梵天，Brahma），維持者（毘濕奴，Vishnu），和毀滅者（濕婆，Shiva），最終將會把一切有限的形象，解體回到他們所自來的原初性質。而另一方面，從超人格性來想，神處於掙扎之上，在每一方面都與有限分離。「由於太陽是不會戰抖的，因此主也不會感覺到痛苦，雖然當你搖擺盛滿水的杯子，裡面所折射的太陽的影像會戰抖；雖然痛苦會被他那叫做『個人靈魂』的部分所感受到。」㉚世界將仍然是依賴神的。它會從神聖的充滿中，以某種不可測的方式湧現出來，並以它的力量來支持。祂照亮著，太陽、月亮和星辰跟著祂照亮；因著祂的光一切都照亮了。祂是耳朵的耳朵，心靈的心靈，語言的語言，生命的生命，眼睛的眼睛。」㉛但是神不會有意地去渴望這個世界，也不會被世界固有的曖昧、不完美和限定所影響。

如果神是遠離我們的處境，完全察覺不到我們這樣的存在，那麼這種神的觀念在位格論者(personalist，或譯人格論者)看來，是不大能用到宗教上的。把人心的最後寶藏，神愛的鑽石剝奪了，這難道不是宗教的死亡嗎?答案是神對於超位格論者(transpersonalist)提供了完全不同的功能，同樣是宗教性的，卻還是不同。如果一個人在逆水中掙扎，身邊有一位游泳好手是會叫人安慰的。同樣重要的是，在掙扎之外有一片牢固、寧靜的涯岸作為吾人一切拼命划水的終點。超位格論者變得過分被目標迷惑而忘記了其他，甚至於連支持同伴的鼓勵也忘記了。

在宇宙中成長了

明白了神在印度教系統中佔有中樞的地位之後，我們可以回到人身上來，共同有系統地刻劃出印度教對人的本性和命運的觀念。

個別的靈魂，或*jivas*，神祕地進入到世界中，我們可以確定是靠神的力量，但是如何進入和為了什麼原因，我們仍無法充分加以解釋。像在燒滾的茶壺底部形成的水泡，他們通過水（宇宙）一路上來，直到照明（解放）的無限大氣中。他們始於最簡單的生命形式，但是並不跟著他們原先的身體之死亡而消失。在印度教看來，精神對於它所寄存的身體依賴的程度，頂多也不過像身體對於它所穿的衣服或所住的房子的依賴一樣。當我們發現衣服小了不合穿，房子太擠了，我們就換一間可以任我們身體自由活動的房子。靈魂也一樣。

穿破了的衣服
身體就把它丟了：
用壞了的身體
被寓居者拋棄。（《薄伽梵歌》II：22）

個別的靈魂通過一連串身體的過程，就是所謂的再投胎（reincarnation）或是輪迴——即梵文*samsara*所指，無盡的通過生、死、重生之循環行程。在人的層面之下，行程是通過一連串愈來愈見複雜的身體，到最後才得以成就人身。到此為止靈魂的成長可以說完全是自動的。靈魂像植物般穩定而正常地生長著，每次賦形都得到一個更複雜的身體，能給它的新能力提供所需的賞賜。

靈魂晉升到步入人身之中，這種自動電梯式的上升就終止了。它之步入高處寄居，就是靈魂到達自覺的證明，由之而來的是自由、責任和努力。

把這些新的所得結合在一起的機制就是「業」（*karma*）的律法了。業的字面意思（正是我們在業的瑜伽中已接觸到的）是工作，但是作為一個教條，它的意思大體上是道德的因果律。科學已提醒西方，因果關係在物質世界中的重要性。我們傾向於相信每一物質事件都有它的原因，而每一原因都將有其決定性的效果。印度把這一因果概念擴大到也包括道德和精神生命。從某一程度上來說西方也是如此。「一個人種下什麼，他就會收到什麼。」

也或者，「**種下思想之因，收到行動之果；種下行動之因，收到習慣之果，種下習慣之因，收到性格之果，種下性格之因，收到命運之果**」——這些就是西方所表達的觀點。不同的是印度把它收緊了，將道德律的概念延伸出去而把它看成是絕對的，不容忍任何例外。每一內在生命的現況——多快樂，多混亂或寧靜，能看到多少——正是它過去所欲所為的確切產物。同樣地，它當前的思維和決定就決定著它未來的經驗。每一指向世界的行動，都會對行動者的自我產生等值與對反的作用。每一思想與作為都能發出一記看不見的鑿刻，雕塑著一個人的命運。

這個業的觀念以及它所包含的全幅道德宇宙，帶有兩項重要的心理必然結果。第一，它讓了解這個道理的印度教徒去完成個體的責任，**每個人都全然要為他或她的目前狀況負責，也將有一個完全如其當前正在創造的未來。大多數的人是不願意承認這一點的。正如心理學家所說，他們寧可去投射——將其困難的源頭歸於自身之外。他們需要找藉口，責怪別人好給自己開脫**，印度教徒認為這是不成熟的。每個人都完全得到他所該當得到的——我們鋪了自己的床就應該睡在上面。反過來說，道德宇宙的觀念把機會或是偶然性的門關上了。大多數人不知道他們多麼祕密地依靠著運氣——壞運氣解釋了過去的失敗，好運氣帶來了未來的成功。有多少人就這樣在人生中飄浮，只是等待著轉機，等待著幸運獎券的號碼帶來財富和瞬間榮譽的那一刻。如果你採取這樣的方式來面對生命，以印度教的說法，你是悲慘地把你的位置判斷錯誤了。轉機是完全與持久層次的快樂毫無關係的，它們也完全不是偶然的機會造成的。**我們生活在其中的世界是沒有機會或偶然性的。那些字**

眼只不過是無知的掩飾罷了。

因為「業」所隱含的是一個有律則的世界，它常常被解釋成為是命定主義。無論印度教徒多麼可能常常屈從於這一解釋之下，對教旨本身這樣說卻是不正確的。「業」判定每一決斷必然有其決定性的後果，但是決斷本身，在最後的分析中，卻是自由地達成的。從另一方面來看這個問題，**個人過去決定的後果，制約了吾人現在的命運，正像玩牌的人發現自己發了一副特別的牌，卻同時可以用許多不同的方式來自由地玩那手牌**。這意思是說一個靈魂的事業在它通過無數身軀時，是被它的選擇所引領的，**在它旅程的每一階段中都是由靈魂的需要和意志所控制著的**。

它所需要的是什麼，以及這些需要所出現的秩序，可以很快地在這裡做個概述，因為在先前的段落中已經詳細地討論過了。當它進入人體時，*Jiva*（靈魂）所要的只不過是一個新的身體設備，才有可能廣泛地去品嚐那感覺的快樂。不過，由於不斷地重複，就算在這種感覺中，那最激情的也會變成習慣而愈變愈單調，這時靈魂就轉而從事社會征服以逃避無聊。這些征服——不同模式的財富、名譽和權力——可以吸引住個人的興趣好一陣子。風險很高，但當意願得遂時，報酬卻非常豐富。可是，這整個個人野心的計劃最終應當視為只不過是一場遊戲——一場精采的、令人興奮的、創造歷史的遊戲，但終究還是一場遊戲。

只要它能吸引住我們的興趣，它就能滿足。但是當新鮮感消失了，當勝利者接受先前已經多次得到的表揚時，鞠著同樣的躬、說著同樣的感謝詞時，就開始渴望一些新東西和能給予他們更深滿足的東西。把吾人的生命整個奉獻給吾人的社群責任，能填滿它一段時期的需要，但是歷史的弔詭和反常把這個目標也變成了轉動活門。靠著它，它就會轉動，但是卻立即會發現它是在不停地兜圈子。在社會奉獻之後那唯一能予人滿足的善，就是無限和永恆。它的覺悟能把一切經驗，甚至對時間以及對明顯的失敗的經驗轉變成光輝，正如同在山谷中飄浮的暴風雨，從沐浴在陽光下的山巔上看起來會完全不同。氣泡在接近水面時，也在要求最後的釋放了。

靈魂通過這些人類需要的上升層面，其進路並非是走尖銳直線上升角度的形式，而是朝它真正的需要，一路瞎摸曲折而行的。不過，歸根究底，依循的趨勢是向上的——每個人最後都會體認到那一點。在此，「向上」的意思是逐漸放鬆對物質對象和刺激的執著，連帶而來的是逐漸從自利中解放出來。我們幾乎能夠想像出「業」的活動，產生出靈魂所追求的那些效果。就好像以自我滿足為目標的每一個欲望，都是加一把混凝土在一道圍牆上，就是這座牆圍起了個體自我，使它無法接觸環繞在四周的存有之海。反過來，每一件慈悲的或無關利害的行為都從那圍堵的堤壩上拆去一粒沙石。不過，超脫不能外在地加以估計，它沒有公開的指標。某人退隱寺廟的事實並非就是克服自我和欲求的證明，因為它們可能在內心想像中繼續地大量存在著。反過來，一位行政主管可能是沉重地牽連在世俗責任中；不過若他或她能超然地從事——如泥鰍生活在泥塘中，而不讓泥土黏上身一般——世界就變成了上升的階梯。

人類精神在其上升的旅程中也永遠不是完全飄浮無定和孤獨的。從開始到終點其核心是*Atman*，內在的神，像玩偶匣般施壓即「彈跳起來」。隱藏在短暫的感覺、情緒和幻想的漩渦之下的是那自明的、寂然長存的超位格的神。雖然它埋藏在靈魂深處，因而平常留意不到，它卻是人生存和覺識的唯一基礎。正如太陽在雲層遮蓋下仍然照亮世界，「那不變者，從來就不被看到，但卻是見證者；永遠不被聽見，但卻是聽者；永遠不被思想到，但卻是思想者；永遠不被知，但卻是知者。除此而外，別無見證者，除此而外，別無知者。」㉜不過神不是靈魂每一行動後面的推動者。最終乃是神所放射的溫暖融化了靈魂久積的冰雪，把它轉變成一個純粹容納神的所在。

然後又如何呢？有些人說，個體靈魂將會消融，與神合而為一，完全失去它以前獨立時的一切痕迹。另有些人希望嚐到糖的滋味而不成為糖，希望仍然保留著靈魂與神之間小小的分化——海面上一道淡淡的波紋，猶如讓個人的自我身分留下一點點痕迹，因為在他們看來，這對於享受至福景觀是不可或缺的。

伊修悟(Christopher Isherwood)根據一篇扼要敘述靈魂在宇宙中生長的印度寓言，寫了一則故事。一個老人坐在草地上，給一群圍在他身邊的孩子們講述關於那滿足一切願望的魔法(Kalpataru)樹。「如果你跟它說話，告訴它一個願望；或是你躺在它下面去思想或者甚至去夢想一個願望，那麼那個願望就得以實現。」老人又告訴他們，有一次他得到這樣一棵樹，就把它種在自己的園子裡。他告訴他們：「那邊就是一棵魔法樹。」

孩子們朝樹衝過去，開始說出一大堆要求。這些要求大多都不是很聰明的，結果不是弄得消化不良就是哭了起來。但是魔法樹都不分彼此地一概予以實現。它沒有興趣給他們勸告。

一年一年過去了，魔法樹被人忘記了。孩子們成人了，並想要滿足他們找到的新願望。最初他們要願望立刻實現，不過後來他們找的卻是那些愈來愈難實現的願望了。

這個故事的含意是，宇宙乃是一棵巨大的魔法樹，枝椏伸到每一顆心中。宇宙的過程注定了此時或彼時，此生或彼生，這些願望的每一個都會得到實現——當然，是連同後果在一起的。不過，故事結束是這樣的，原先這一群孩子中，有一個並沒有把他的歲月花在從一個欲望跳進另一欲望，從一項滿足到另一項滿足之中。因為從一開始他就明白了樹的真正本質。「對他來說，那魔法樹並非是他叔父故事中美麗的魔法樹——它的存在並不是為了滿足孩子們愚蠢的願望——它乃是說不出的可怕而宏大，它乃是父母。它的根把世界繫在一起，它的枝椏伸展到星辰以外。太初之前就是如此——也將永遠如此。」㉝

世界——歡迎和再見

印度教所構想的世界平面圖看起來會是這樣的：**宇宙中有無數與我們類似的星系，每一星系的中心有一個地球，從那裡，人各自走他們自己的路到神那裡**。圍繞著每一地球的上面會有無數更精緻的世界，而下面則是無數較粗糙的世界，靈魂就在不同的化身之間，按照其所應得的來進行修補。

「正如蜘蛛從自身吐絲出來又收回去，宇宙更是從那不滅者生長出來。」㉞絲線周期性地被收回；宇宙倒塌成梵之黑夜，而現象界的一切存在都回到一種純粹潛能的狀態。因此，像一具巨大的手風琴，世界漲大出去又吸收回來，這種擺動是建構在事物的組織之中的；宇宙無始也無終。印度宇宙論的時間結構超乎人的想像，這可能跟舉世聞名的東方人從容不迫的心態有關。據說喜馬拉雅山是由堅實的花岡石形成的，每一千年就會有一隻鳥銜著一條絲巾飛越它，用絲巾掃拂其山巔。由於這樣的過程，喜馬拉雅山被磨損，而宇宙周期的一天就會消逝。

當我們從此世在時空中的位置轉向它的道德品格時，第一個論點已經在前面的段落中確定了。它乃是一個正義的世界，每一個人都在其中得到他該得的，也創造了他或她的未來。

第二點要說的是，它乃是一個中間世界。之所以如此，意思不僅僅是說它懸在其上的天空和其下的地獄之間。它另一意思是，在那個世界中好與壞，甘與苦，智與愚，互相間以大致相等的比例交織在一起。而事物將保持在這樣的方式之下。所有述及社會進步、淨化世界、在地球上創造天堂的國度——總之，所有烏托邦的夢——不只是命定了要失望；它們根本就誤判了世界的目的，因為世界並不是要與天堂競爭，而是要為人類精神提供一個訓練場地。世界是靈魂的體育館，是它的學校和訓練場地。我們的所作所為是重要的；但是終究說來，它提供我們個人性格的培養，才是重要的。如果我們期望把世界完全改變，那根本是自欺欺人。我們在世界上的工作有如在一條上坡的巷子裡玩保齡球；玩球可以強健肌肉，但是卻不應該以為我們會把滾球永遠置放在巷子的另一端。它們最終都會回來，就算我們過世了，它們也會面對我們的子孫。世界能夠發展吾人的性格，並為我們作好準備去越過它來看——為了這些目的它就很值得了。但是它卻不能被完美化。「**願耶穌的名受祝福，他說，這世界是一座橋：走過去，但是不要在上面造房子**。」對於印度思想來說，這一被歸於詩人卡必爾(Kabir)的經句確實應該是源出於她的土壤的。

假如我們問有關世界形而上的情況的話，我們就必須繼續前面作過的分辨，這種分辨到此為止，已經在每一個主要課題上，區分了印度教；總言之，是那在二元與非二元看法之間的差別，在生命的行為上，這項區別把知的瑜伽和愛的瑜伽分別開來；在對神的說法上，它把位格性的與超位格性的看法區分開來；在救贖問題上，它把預期與神合而為一的人，與那些在至福的洞察中渴望與神為伴的人區分開來。在宇宙論上，也同樣伸展出一條線來分開那些認為世界從最高的層面來看是不真實的人，與相信它在每一意義上都是真實的人。

所有印度宗教思想都否認自然世界是自存的。它的基礎在神，如果這一神聖基礎被移走，它就會立刻倒塌，淪為虛無。對於二元論者，自然世界正如神一樣地真實，不過當然無法企及神那種無限高貴的程度罷了。神、個體靈魂以及自然乃是不同類別的存在，沒有一個可以簡約成為其他的。另一方面，非二元論者區分出世界得以出現的三種意識模式。第一種是幻覺，例如當我們看到粉色大象時，或是看到一根直棍子在水下面好似是彎曲的。這類現象會由進一步的觀察而被糾正，包括別人的觀察在內。第二種是對於人的感覺正常顯露出來的世界。最後是對於已晉升到超意識形態的瑜伽修練者所顯現的世界。嚴格地說，這根本不是世界，因為在這裡每一個一般認為是界定世界的特徵——它的多樣性與物質性——都消失了。在這裡只有一個真實，像滿盈的海洋，如天空般地無邊界、不可分別、絕對。像一望無際的水，無涯岸而平靜。

非二元論者認為這第三種看法乃是三者之中最重要的。比較起來，一般正常向我們顯現的世界是*maya*。這個字常常翻譯成「幻覺」，但這是誤解。因為它暗示無須把世界當真。這一點印度教徒是否認的，他們指出只要它看似真實，就要求我們必須如此地去接受它。何況*maya*的確有它在條件上、暫時上的真實性。

如果有人問我們夢是否真實，我們的回答會是有條件性的。在我們有作夢的意義下，它們是真實的，但是就其所刻畫的未必是客觀的存在上，則是不真實的。嚴格地說，一個夢是一種心理上的建造、一種精神的虛構。當印度教徒講到*maya*時，心中是有類似這樣的想法。心靈在正常狀態下所知覺到的，就是世界的樣貌；但是如果我們以為這時所看到的就是實在界本身的真正面目，那就未必正確了。一個小孩第一次看電影會誤把動畫當作真實的物體，不會覺察銀幕上吼叫的獅子，乃是從戲院後面放映室中投射出來的。我們的問題也一樣；**我們看見的世界是有條件性的**，在那個意義下也是由我們的感官操作所投射出來的。換一種暗喻來說，我們的感覺接受器只記錄狹窄的電磁頻率帶。借助於顯微鏡以及其他放大器，我們可以覺察出一些更多的波長。但是超意識必須認真加以培養，才能了悟真實自身。在那種情況下，我們的接收器會停止像稜鏡一樣，將那純粹的存在之光折射成多樣性的光譜。真實會如實地被知為是：獨一、無限、非合成的。

*maya*與魔術（magic）一字是來自同一字根。說世界是*maya*，非二元的印度教的意思是事情有點複雜。問題關鍵在於：世界的物質性與多樣性竟然偽裝得好像是獨立的真實物——其真實性可以不受我們的知覺所影響——而事實上唯一真實的是那遍在一切的無分別的梵；世界就像藏在灰塵下的繩子，即使被人誤認為蛇，但仍是一根繩子。*maya*展現世界時也同樣讓人眩惑著迷，把我們困在其中，不想再繼續上路。

但是我們必須再問，如果世界只是有條件性地真實，吾人會嚴肅地對待它嗎？責任會不會衰退？印度教認為不會。在與柏拉圖的《理想國》類似的，對理想社會的一個素描，*Tripura Rahasya*描寫一位王子成就了這種對世界的看法，而因之從「心結」以及「把肉體與自我認同」中解放出來。其所描述的後果，並不是反社會的。如此解放出來之後，那王子有效而不動感情地履行著他的責任，「如舞台上的演員一般」。追隨他的教導和榜樣，他的子民也得到類似的自由而不再被激情所推動，雖然他們仍擁有激情。世間事務繼續著，不過公民們沒有了原先的憤恨而較少受到恐怖和欲望的折磨。「在他們日常的生活中，照樣有笑聲、喜樂、疲乏或激怒，只是他們對自己所做的事，既沉醉其中又無動於衷。」一聖人造訪那裡時就稱它為「智慧之城」。

如果我們問何以真實，在事實上是唯一和完美的，卻被我們看成是多而有瑕疵；何以靈魂，它從來就是真正地與神合一，卻有時把自己看成是分離的，何以繩子看似蛇——如果我們問這些問題，我們就是在問一些不會有答案的問題，就如何以上帝創造世界之不會有答案的基督宗教的問題一樣。頂多我們只能說世界是*lila*，神的遊戲。小孩玩捉迷藏扮演各種角色，在遊戲之外就無效了。他們把自己置於危殆之中而又必須從中逃離。為什麼在他們只須步出遊戲便能夠在一霎眼之間解放他們自己時卻還要這樣做呢？**唯一的回答是，遊戲就是其自身的目的和報酬。它本身好玩，是一股創造的、想像的能量自發的流溢。世界在某種神祕方式下也必定是如此。**就像孩子獨自玩遊戲一樣，神是宇宙的舞者，其常規活動乃是所有的生物和世界。從神的能量永不疲乏的動力中，在一而再的永不停息的雅緻演出中，宇宙流動不息。

那些看過女神卡利(Kali)一手握劍、一手持人頭在一個降伏了的身體上舞蹈的形象的人；那些聽過獻給濕婆(Shiva)（他常去的地方是火葬場，乃是毀滅之神）的印度教寺廟比獻給為創造者和護持者的神所蓋的寺廟來得多的人——那些知道這些事實的人是不會很快地認定印度教的世界觀是溫柔的。**他們所忽略的是卡利和濕婆所毀滅的乃是那有限之物，其目的是為了給無限讓出路來。**

因為你愛火燒場，
我就造了一個我心中的火燒場——
因之你，黑暗者，火燒場的獵人，
就可以跳你那永恆之舞。(Bengali hymn)

正確地來看，世界終究是仁慈的。它並沒有永久的地獄和永恆的毀壞之威脅。它可以無須懼怕地被愛；它的風，它那變化無窮的天空，它的平原和林地，甚至於那淫蕩的蘭花之有毒的光輝——只要不過分陷溺其中都可以去愛它們。因為這一切都是*maya*、*lila*，是宇宙魔術師那具魔力吸引的舞蹈，在這一切之外就是那無邊的善，亦即最後一切都會抵達的善。印度不能產生的唯一藝術形式是悲劇，因而就完全不是偶然的了。

總結以上所說的：對於「我們所擁有的是一個什麼樣的世界？」這個問題，印度教的回答是這樣的：

1一個多樣的世界，它包括從橫的來說是數不清的星系，縱的來說是數不清的層級，時間上來說是數不清的循環。

2一個業報法則永不休止運作的道德世界。

3一個永遠也不會取代天堂來作為精神目的地的中間世界。

4一個*maya*世界，把它事實上是暫時的多樣性、物質性以及二元性，虛假狡猾地當作是終極的來販賣出去。

5人們可以在其中發展他們最高潛能的訓練場地。

6一個*lila*的世界，是神以其宇宙之舞來表演的戲——永不疲憊、永不休止，沒有阻礙，而最終是有益的，具有一種生於無盡活力的優雅。

走向同一頂峰的許多途徑

印度教多少世紀以來就與耆那教徒、佛教徒、祆教徒、回教徒、錫克教徒以及基督徒共同分享土地的事實，或者可以幫助解釋，那通過印度教而不是其他偉大宗教，所發揮出來的一個最後理念：那就是，**她堅信各個不同的主要宗教乃是通向同一目的的不同途徑**。把得救當作是任何一種宗教的專利，就好像主張神只能在這一房間找到而在隔壁就找不到，神是這樣的打扮而不是那樣的打扮一樣。一般情況下，人們會追隨其自己文明土地上源起的道路；那些繞著山轉，想帶領其他人到他們道路上去的人並非是在爬山。雖然在實踐上印度各教派常常極端地缺少包容性，但在原則上，大多數態度是開放的。**在早期，吠陀就宣說印度教的經典主張，認為不同的宗教乃是神向人心說教的不同語言。「真理只有一個；聖人以不同的名字來稱呼它而已。」**

生命之山，可以由任何一邊去攀爬，可是到達山頂時各條途徑就會合為一了。**在基礎上，在神學、儀式及組織結構這些山丘底部，宗教是不同的。文化、歷史、地理以及集體的癖性上的不同，都會造成其起點上的分岐。這完全不必嘆惋，反倒是好的；它增加了人類整體冒險的豐富性。**人生難道不是因為儒家、道家、佛家、回教徒、猶太教徒以及基督徒的貢獻而來得更有趣嗎？「多麼藝術化呀，」一位當代印度教徒寫道，「有空間來容納那麼多的不同——多麼豐富的結構呀，比起來，如果上天只規定一種防腐性地安全、排外、正統的方式，這可要有趣多了。雖然神是單一的，祂卻好像是在多樣性中找到了娛樂。」㉟但是超越這些分歧之外，同樣的目標在召喚著我們。

要證明這一點，十九世紀的一位印度教聖人，依序透過好幾個世界偉大宗教的實踐來追尋神。他輪流通過耶穌基督、無形象而由神主導的古蘭經教訓以及印度教之神的各種具體化形象，來找尋神。在每一例子中的結果都是相同的，同樣的神（他報告說）其所顯現出來的，有時化身在耶穌身上，有時通過先知穆罕默德在說話，有時以護持者毘濕奴或者以完成者濕婆的面貌出現。通過這些經驗就產生出一套對於偉大宗教在本質上統一的教導，並構成印度教在這一論題上的最高尚的聲音。由於語氣在此地也如觀念一樣重要，如果我們把這一節餘下的篇幅用拉馬克里希納自己的話來說而不去試圖重述㊱，我們將更能接近印度人的立場。

神創造了不同的宗教以適應不同的需求、時代與國家。所有的教旨皆只是那麼多條路而已，任何一條路並非就是神自己。的確，吾人如果全心全意地跟隨任何一條道路都可以到達神那裡。吾人可以從正面或者從側面來吃一個有糖霜的蛋糕。怎麼吃都會一樣甜。

水，作為單一的和同樣的物質，不同的人用不同的名字來稱呼它，一種叫它是水(*water*)，另一種叫它作*eau*，第三種是*aqua*，更有一種是*pani*，那唯一的永在——智慧——妙樂者同樣是被有些人呼為神，有些人稱為阿拉，有些人稱為耶和華，另有些人則稱作梵天。

正如人可以經由梯子或竹桿或樓梯或繩子到屋頂，接近神的工具和方法也是分歧不同的，世界上每一種宗教都是表現這些方式的一種。

在別人屈膝的地方，你要躬身禮拜，因為在這麼多人經年累月禱告的地方，仁慈的神必會現身，他是慈悲無比的。

救世主是神的使者。他有如一個強大君王的副手。當某個遙遠的省份發生動亂時，國王就會差遣副手去平亂一樣，當世界任何角落宗教衰亡的時候，神就差遣救世主到那裡去。他乃是獨一及同一的救世主，投身進生命的海洋，在某一處升起來，名之曰克里希納，又潛入水中在另一處升起來名之曰基督。

每一個人都應該追隨他自己的宗教。基督徒追隨基督宗教，回教徒追隨伊斯蘭教，依此類推。對於印度教徒來說，那古老的道路，亞利安聖人的道路乃是最好的。

人們用疆界來分隔他們的土地，但是沒有人能夠分隔開那頭上覆蓋一切的天空。那不可分割的天空包圍了一切，也包含了一切。無知的人會說，「我的宗教是唯一的，我的宗教是最好的。」但是當一顆心被真知照明，它知道越過這些派別和教徒的戰事之上，乃是那不可分割的、永恆的、全知的妙樂。

一位母親，在照顧她病了的孩子們時，給一個孩子米飯和咖哩，給另外一個孩子西米、竹芋，給第三個孩子的則是麵包和牛油，主也同樣為不同的人鋪設了不同的道路來適應他們的天性。

有一個人崇拜濕婆，可是恨所有其他的神祇。一天濕婆向他現身說：「只要你恨其他的神，我將永遠不會喜歡你。」但是那人仍然毫不動搖。幾天之後濕婆又再度向他現身說，「只要你還在恨，我永遠也不會喜歡你。」這一次他的身體一半是濕婆，另一半則是毘濕奴。那人一半高興一半不高興。他把供奉放在代表濕婆的那一邊，而在代表毘濕奴那一邊則什麼也沒有供奉。於是濕婆說道，「你的固執是無可救藥的了。我，以這兩種面貌出現，是想說服你，所有的男女神祇都只不過是唯一絕對的梵天之不同面向罷了。」

對於錫克教的補充

印度教徒趨向於把錫克教徒（Sikhs，字面意思是信徒）當作是他們自己大家庭中有點不聽話的孩子，不過錫克教徒卻不承認這種說法。他們把他們的信仰看成是，出自一項原初的神之啟示而開創了另一新宗教。

啟示傳授於宗教導師南納克（Guru Nanak），*guru*這個字一般流行的解釋是對無知或黑暗（*gu*）的驅除者，以及啟蒙（*ru*）的攜帶者。南納克於一四六九年出生以來即是虔敬而內省的，他約在一五〇〇年在河中沐浴時神祕地失蹤了。三天之後再出現時，他說：「因為這裡既沒有印度教徒又沒有回教徒，我要追隨誰的路走好呢？我將追隨神的路，神既不是印度教徒也不是回教徒，我追隨的路乃是神的路。」他繼續解釋，他這些論斷之所以有權威，乃是出自他失蹤的三天裡被帶到神的殿堂的事實，在那裡神給了他一杯瓊漿（nectar，*amrit*，錫克教的聖城Amritsar之名即由此而來），並告訴他說：

> 這是敬神之名的杯。喝下它。我與你同在。我祝福你並把你舉起。記得你之人都能享受我的寵愛。去罷，歡欣於我的名，去教別人也同樣如此。把這個當作是你的天職。

南納克一開始就把他的道路從印度教和回教的道路區別開來：這一點標明了一個事實，就是：錫克教出現於回教統治之下的印度文化。南納克本人則出生自剎帝利階級。錫克教的家鄉是旁遮普（Punjab），所謂「五河之地」，位處印度西北部，回教侵入者很牢固地控制著那部分地區。南納克重視他的印度教傳統，也承認伊斯蘭的高貴性。擺在面前的是兩種宗教，各自在其本身都受到神的啟示，但是兩者衝突卻都會引發仇恨與屠殺。

如果雙方同意協調彼此的差異，大概也不可能在錫克教之外找到更合理的神學折衷方案了。在保留印度教的*sanatana dharma*（永恆的真理）上，傳授給南納克的啟示，肯定那超越人所想像的至高無上而無形無相的神的終極性。不過，在保留伊斯蘭的啟示上，它揚棄*avatars*（神的化身）、種姓差別、把形象作為崇拜的輔助化以及神聖化吠陀的觀念。雖然在這幾方面與印度教分離了開來，錫克教的啟示卻回過頭來支持輪迴的教條，而不同於伊斯蘭。

這種在印度教與回教教旨之間作出相對的均衡區分，使得教外的人，懷疑南納克在他深刻而直覺的心靈中，即使不是有意識的，也已經設計了一套信仰，希望能夠解決在他的地區由宗教所產生的紛爭。至於說錫克教徒們自己，他們承認其信仰的調和性格，不過卻將源頭歸之於神。只有在第二義上，導師南納克是導師。「真正的導師」是神。其餘的，是按照神通過他們來說話的比例之多少，來決定其作為導師的資格。

正式的錫克導師共有十位，從導師南納克開始，通過他們的宗教服務，錫克社區得以形成。到了這一系的第十位，導師高賓・新(Guru Gobind Singh)宣佈他乃是這一系最後的導師；他死了之後已經成形了的聖經(Sacred Text)就取代了人間的導師，作為錫克社區的首腦。名之為*Guru Granth Sahib*，或《聖智集》(*Collection of Sacred Wisdom*)，這套經文從此就成為錫克教徒所膜拜的活導師，在神的意志和話語都活在裡面的意義下它是活著的。經文的內容大部分是詩篇與讚歌，是六位導師在內心深沉平靜時冥想著神，不由自主地歌唱出對神的頌詞。

錫克教在其大部分的歷史中都受到沉重的打擊。在其信仰一度特別受到強烈迫害的時候，第十位導師呼籲那些毫無保留、全心把他們的生命奉獻給錫克教信仰的人公然站出來。對那接受召喚的「摯愛的五名」(beloved five)，他給予特別的入會儀式，因此而創立了*Khalsa*，或純淨教團(Pure Order)，一直延續到今天。它接受任何願意遵守其教規的男女，要那些參與的人戒絕酒、肉和煙，並配帶「五個K」，之所以這樣稱呼是因為在旁遮普文之中，五者都以「K」開始。五者是不剪的髮，一把梳子，一把劍或匕首，一個鋼手鐲，褲裙。最初，這五種東西都有保護以及象徵的一面。梳了與不剪的頭髮（標準的樣式就是用頭巾包在一起），用來保護頭顱；這裏又結合了瑜伽的信仰，相信不剪的頭髮可以保存生命力並且使它向上發展。梳子本身則象徵潔淨和秩序。鋼手鐲提供一面小盾牌，而同時把帶鐲子的人與神「鐐銬」在一起，提醒信眾手是永遠用來為「神」服務的。褲裙，代替了印度的圍腰布（*dhoti*），意思是吾人永遠要穿好以備行動。匕首，現在大半是象徵性的，原先是需要用來自衛的。

在他創立了*Khalsa*的同時，導師高賓．新把他的名字：Singh（字意是獅子，延伸出去是壯健、勇敢的意思）給予所有的錫克教男人，女的就賜名為Kaur或公主。直到今天錫克教人仍然沿用這兩個名字。

這類事情跟宗教的形式有關。以其中心思想而言，錫克教徒藉由愛，來體現到那藏在自己存在深處的神之位格（The Person of God），通過與神結合而尋求得救。與神結合乃是最終的目標。脫離神，生命就沒有意義；正是因為與神的分離才造成人的苦難。用南納克的話來說，「與神的分離是多麼可怕的分離，而與神結合是多麼幸福的結合啊！」

揚棄塵世在這一信仰中並未表現出來。錫克教信徒沒有棄世、苦行、獨身或行乞的傳統。他們是家庭的成員，用他們的收入養家活口，而把收入的十分之一捐助慈善事業。

今天世界上約有一千三百萬錫克教徒，大多數在印度。總部設在Amritsar的有名的金寺廟內。

進一步的閱讀建議

在轉向書本之前，我要指出我製作了半小時的視像錄映帶（與哈提萊〔Elda Hartley〕合作），題目叫「印度與無限：一個民族的靈魂」，曾把這一章的觀念置放在其視聽的脈絡中。可以在Hartley Film Foundation, Cat Rock Road, Cos Cob, CT 06807買到或租到。

David Kinsley's *Hinduism: A Cultural Perspective* (Englewood Cliffs, NJ: Prentice-Hall, 1982)對印度教提供了一個清楚的統觀。根據它存在的地理環境，列出它歷史發展的大綱，提醒留意這一宗教所包含的巨大差異性。

Heinrich Zimmer's *The Philosophies of India* (Princeton, NJ: Princeton University Press, 1969)及Swami Prabhavananda's *The Spirirual Heritage of India*(Hollywood, CA: Vedanta Press, 1980)以大量的篇幅發展了我在本章中集中討論到的印度教的哲學和宗教的面向。

Diana Eck's *Darshan: Seeing the Divine Image in India* (Chambersburg, PA: Anima Books, 1985)提供了圖片解說的印度教崇拜。

印度教經文數量龐大，可是有兩部分卻具有普遍的意義，《薄伽梵歌》(Bhagavad-Gita)屬於全世界，而芭芭拉・米勒(Barbara Stoler Miller)的翻譯(New York: Bantam Books, 1986)是極其有用的。《奧義書》需要較多解釋，Nikhilananda選譯的四卷本，有隨章的詮釋(New York: Ramakrishna-Vivekananda Center, 1975-79)，值得推薦。一冊裝的*Upanishads*，雖然沒有詳註卻附有頗有用的引言，請看瑪斯卡羅(Juan Mascaro(New York: Penguin Books, 1965)的譯本。

有關錫克教則推薦：*The Sikhs: Their Religious Beliefs and Practices* by W. Owen Cole and Piara Sambhi (New York: Routledge, Chapman & Hall, 1986)，與John Koller's *The Indian Way* (New York: Macmillan, 1982)中論「錫克教徒的信仰」那一章。

註釋

①此處的梵文是*artha*，字意是「東西、物件、物質」，因此通常翻譯成「財富」或「擁有的物」。我翻成「塵世上的成功」，因為印度教經文事實上是處理這個較大的題目而不只是財富。從身分和權力與物質上的擁有物的正常關連而言，這個字眼是恰當的。

②Simone Weil, *Waiting for God*, 1951. Reprint. (New York: Harper & Row, 1973), 210。

③D. G. Mukerji, *The Face of Silence*, 有Romain Rolland, *The Life of Ramakrishna* (Mayavati, Almora, Himalayas: Advaita Ashrama, 1954)的意譯本，頁八〇。

④B. K. S. Iyengar's *Light on Yoga* (1965, Reprint. [New York: Schocken Books, 1979]) 對於瑜伽這一

面表達了最好的統觀。

⑤由於這一類需要篩選的聲言的例證，在一九五四年九月十四日的*The Reporter*中，珍・李昂(Jean Lyon)談到，親見一名瑜伽信徒被埋了八天之後掘出仍然活著，西方醫生計算他的空氣供應只夠兩天用。又在一九八二年一月二十一號的*Nature*上，哈佛醫學院的Herbert Benson與他的五位同仁報告對三名西藏瑜伽修練者作實驗，通過心靈的控制可以增加他們手指和腳趾的溫度到14.9°F之多。

⑥Heinrich Zimmer, *The Philosophies of India,* 1951, Reprint.(Princeton, NJ: Princeton University Press: 1969), 80-81。

⑦經過輕微的改動，在整本《奧義書》中不斷出現的迭句。

⑧Tukaram寫的詩歌，引自由John S. Hoyland譯的*An Indian Peasant Mystic,* 1932. Reprint. (Dublin, IN: Prinit Press, 1978)。

⑨Bede Frost, *The Art of Mental Prayer,* 1950 Reprint. (London: Curzon Press, 1988), 29-30。

⑩Hubert Benoit, *The Supreme Doctrine,* 1955. Reprint. (New York: Pantheon Books, 1969), 22。

⑪此處與路德神聖化日常生活以舒緩神職人員和俗世人之間的分別的決心有相似之處。吾人回想起他對官吏、農人、工匠以及僕人大聲疾呼說，如果他們以正確的精神處理他們位置上的工作，世上再也沒有比之更高的了。的確，其中任何一種都可能是「比主教更高的身分」。

⑫*Bhagavad-Gita,*V: 10。

⑬Swami Swarupananda, trans, *Srimad-Bhagavad-Gita* (Mayavati, Himalayas: Advaita Ashrama, 1933), 125。

⑭Zimmer, *Philosophies of India,* 303-4。

⑮引自Zimmer, *Philosophies of India*。

⑯*Katha Upanishad* II, iii. 10。

⑰ Paul Deussen, *The Philosophy of the Upanishads,* 1908. Reprint. (New York: Dover Publications, 1966)。

⑱經輕微改動，一再在《奧義書》中不斷出現的描寫。

⑲有關一個人花了六個月的時間在這種情況下的描述，見Romain Rolland, *Life of Ramakrishna,* 1952, Reprint. (Calcutta, India: Advaita Ashrama, 1965) 77-78。

⑳Zimmer, *Philosophies of India,* 44。

㉑Zimmer, *Philosophies of India,* 157-58，這整個有關四個階段的描述大量採用自Zimmer的解釋。

㉒在最近對種姓的討論中很少承認到這個事實，以至於要通過三項引證來證明。一位古代頗有權威的立法者寫道：「**甚至要向出生低的人學習至高無上的知識和職務，甚至於要向賤民(Chandala)學習；學習通過服務他到達拯救之路。**」引自 *The Complete Works of Swami Vivekananda* (Mayabati, India: Advaita Ashrama, 1932), vol. 3, 381. Swami Tyagisananda's translation of the seventy-second aphorism of Narada's *Bhakti-Sutras* (Madras, India: Sri. Ramakrishna Math, 1943)是這樣寫的，「在〔愛神者〕來說是沒有種姓或文化的區分的。」最有力的聲明乃是在《摩訶婆羅多》(*Mahabharata*)中Sri Karishna說：「主的皈依者就不再是首陀羅〔最低的種姓〕；無論他屬於什麼種姓，對主沒有信仰的就是首陀羅。一個聰明人如果皈依了主就連一個首陀羅也不應輕蔑；誰要是瞧不起他就要下地獄。」

㉓有關這類最有思想的辯護請看「印度對人類福祉貢獻了什麼?」Ananda Coomaraswamy, *The Dance of Shiva*, 1957. Reprint. (New York: Dover Publications, 1985)。或者有關最好的統觀，以及種姓制度的審慎的評估，請看 Louis Dumont, *Homo Hierarchicus* (Chicago: University of Chicago Press, 1980)。

㉔梵文字*kshatriya*原初有武士以及統治者的意涵，因為後者是被期望要保護弱者並征服惡徒。

㉕Coomaraswamy, *Dance of Shiva*, 12。

㉖Coomaraswamy, *Dance of Shive*, 125。

㉗請比較Thomas à Kempis：「**在人通過自然理性想像出來的東西，與那受啟發了的人通過沈思所見的東西之間，是有無以比較的距離的。**」

㉘西方與這種*via negativa*，通過極端的否定而到神之方法有相似的說法，可以在大多數的偉大神祕主義者和神學家作品中找到。諸如St. Bernard的*nescio, nescio*,以及Angela of Foligno的〈不是這個！不是這個！我褻瀆了！〉當她掙扎著把她那不可擋的神的經驗用語言表達出來的時候。「那麼我們對神知的真理，」St. Gregory說，「只有當我們變得合理，明白我們不能知道任何關於他（神）的任何事物始得體認。」Meister Eckhart堅持神被愛時必須被當成非神、非精神、非人、非形象，而只是如祂這般地被愛，亦即如同一個全然純粹絕對的一，不為任何二所分割，在祂那裡我們必須永遠從無沉入無。」

㉙與印度關於這一點的西方類似說法是在Simone Weil's *Waiting for God* (1951, Reprint. 〔New York: Harper & Row, 1973〕, 32)：「這是一個互相矛盾的案例，**兩者都是真的。有神。沒有神。問題出在哪裡？我十分肯定在我確定我的愛並非幻覺的意義下是有神的。**我也十分肯定當我說神這個

字的時候，決沒有任何東西像我所能想像的那樣，在這個意義下是沒有神的。」

㉚簡縮自Shankara's Commentary on *The Brahma Sutra,* II. iii. 45。

㉛集自*Katha Upanishad,* II. ii. 15 *Mundaka Upanishad,* II. ii. 10、*Svetasvatara,* V. vi. 14。

㉜*Brihadaranyaka Upanishad,* III. vii. 23。

㉝Christopher Isherwood, "The Wishing Tree". in *Vedanta for the Western World* (Hollywood: Vedanta Press, 1945), 448-51。

㉞*Mundaka Upanishad,* I. i. 7。

㉟Prema Chaitanya, "What Vedanda Means to Me", in *Vedanta and the West,* 1948, Reprint.(London: Allen & Unwin, 1961), 33。

㊱本段所述不外Sri Ramakrishna的教導，由Swami Abhedananda集結在*The Sayings of Sri Ramakrishna* (New York: The Vedanta Society, 1903)，只有很少的編輯上的改動。

3 THE WORLD'S RELIGIONS

佛教
Buddhism

醒悟了的人

佛教的建立，始於一個人。到了這個人的晚年，他的信息在印度如火如荼地傳開了，王侯們拜倒在他面前，人們到他那裡，就好像到耶穌面前一樣，詢問他是什麼。①多少人直接提出這樣的問題——不是「你是誰？」像名字、出身和家世，而是「你是什麼？你屬於什麼樣的存有層次？你代表了哪一種人？」當然不是凱撒。不是拿破崙，或者甚至不是蘇格拉底。這種人只有兩位：耶穌和佛。當人們懷著疑惑來到佛面前，他給的回答為他整個的信息提供了一個身分。

「你是神嗎？」他們問他。「不是。」「一個天使？」「不是。」「一個聖人？」「不是。」「那麼你是什麼呢？」

佛回答說：「我醒轉來了。」

他的回答變成了他的頭銜，因為這就是佛的意思。梵文字根 *budh* 含有醒來和知道雙重意思。那麼，佛，意思就是「啟悟了的人」，或是「醒悟了的人」。當世界上其他的人都被包裹在沉睡的子宮中，處於自以為是清醒的人生而其實仍在夢境的狀態時，他們之中的一個把自己叫醒了。佛教開始於一個擺脫了迷亂、瞌睡、日常知覺像夢般妄想的人。它開始於一個醒轉來了的人。

他的一生充滿了可愛的傳說。這些傳說包括：他出生的時候世界滿溢著光；瞎子渴望看到他的榮光，以至於他們恢愎了視覺；聾子和啞巴以忘神的喜悅談論著那即將來臨的事情。駝背的身子直起來了；跛子能走路了。囚犯們從鐐銬裡解放出來，而地獄的火也被熄滅了。當世界為和平所圍繞，甚至野獸也不再吼叫。只有那邪惡的魔王(Mara)不歡喜。

他一生的歷史事實大致是這樣的：他出生於紀元前五六三年左右，在今天印度邊境尼泊爾的地方。他的全名是Siddhartha Gautama of the Sakyas。悉達多(Siddhartha) 是他的名，喬達摩(Gautama)是他的姓，而釋迦(sakya)是他家庭所屬的族名。他父親是國王，不過由於當時在印度地區有許多國家，比較正確地說他應該是一位封建諸侯。以當時的標準來看，他是處身在榮華中的。「我穿的是絲綢，我的僕人為我撐著白色的傘遮。我塗抹的油都是來自Banaras。」他似乎特別英俊，因為有數不清的文獻都提到「他身體的完美」。他十六歲時娶了一位鄰國的公主耶輸陀羅(Yasochara)為妻，生了一個兒子取名叫羅睺羅(Rahula)。

總之，他看來是個擁有一切的人：家庭——尊貴的喬達摩的父母雙方都是出身純正的；儀表上，「俊美，受人信任，生來就具有美麗的相貌，膚色適中，風度雅緻，看上去莊嚴而華貴。」財富上，「他擁有象隊和打扮他象隊的銀飾。」他有一位模範的妻子，「如天后般的高貴，永恆的堅貞不移，日夜都是歡愉可人，充滿了莊重和超凡的風範」，並為他生了一個美麗的兒子。更加上，他是父親王位的繼承人，注定了要享受名譽和權力。

雖然擁有這一切，他卻在二十來歲的年紀就產生了不滿足之心，結果終於使他全然斷絕了塵世上的資產。

他不滿的來源，集中在「四個路見的景象」(The Four Passing Sights)傳說中，這是世界文獻中呼籲人探索生命意義最有名的篇章之一。故事是這樣的，當悉達多出生之後，父親召來幾位算命的人，想要算出他繼承人的未來。大家都同意這不是一個平凡的孩子。不過，他的事業卻遭遇到一項基本的模稜兩可的情況。假如他留在俗世中，他將會統一印度成為她最偉大的征服者，一位*Chakravartin*或轉輪王(Universal King)。而另一方面，假如他捨棄這個世界的話，他就會變成世界的救贖者而不是征服者了。面對著這樣的選擇，他的父親下定決心指導兒子朝第一條路上走。用盡了所有方法讓王子與世界保持緊密的關係。三座宮殿和四萬名舞女供他使用和差遣；嚴令不許讓醜惡闖進宮廷的歡樂中。更特別不讓王子接觸到病、老和死；甚至當他騎馬外出時，下人們先要清除路上這些景象。可是，有一天，一位老人被忽略了留在路邊，或（按照有些說法）一位老人奇蹟般地由神化身而成，以便提供所需要的教訓：一個老人，牙齒壞了，頭髮白了，身子彎了，倚身在一根棍杖上，一面戰抖著。那一天悉達多學到了老年的事實。當然國王更加嚴密守護他，第二次悉達多騎馬出去，遇到一個病重的人躺在路邊，第三次出門則是一具屍體。最後，第四次他看到一個剃髮的僧人，身穿粗麻布，手捧飯缽，就在那一天他學到了從世界脫身出來的生活。這個故事乃是一項傳說，但是正如所有的傳說一樣它包含了重要的真理。因為佛陀的教訓很清楚地表明人的肉身與病痛、老化以及死亡之間有無可逃避的牽連，由此使他覺得在身體層面上要找到滿足是無望的。「生命注定了要老要死。何處是沒有老死的生命領域呢？」

他一旦看到身體的病痛和死亡是無可避免的時候，肉體上的歡樂就失去了迷人之處。舞女的歌唱、琵琶和鐃鈸的韻律、奢華的餐宴和排場、節日的精心慶祝，都只是嘲諷著他那思考的心靈。花兒在陽光下點頭，白雪在喜馬拉雅山上融化，更大聲呼告著塵世上事物之不永。他決定離開已經變成令他分心的陷阱的宮廷，去跟隨那尋求真理的呼喚。在他二十九歲那年的一天晚上，他作出了與俗世的決裂，他的「大躍進」。午夜時分之後他走到妻子和兒子熟睡的地方，默默向他們道別，命令看門人備好他的白馬。主僕二人朝森林馳騁而去。天亮時他們來到了樹林邊，喬達摩換穿了僕人的衣服，僕人則帶著白馬回去報信，喬達摩剃髮之後「穿著破舊的衣服」，投入樹林中去尋求啟示了。

這樣過了六年，在這六年中他全副精力都集中在這個目標上。「過一個孤獨的林棲者的生活，在孤獨中歡欣是多麼艱難呀。的確，沉默無言的叢林是多麼沉重地壓著那心思尚未固定的僧人呀！」這些話為他尋求真理的艱難作了活生生的見證。他似乎經歷過三個階段，不過並沒有記錄指明每一階段有多長或者三者如何作清楚的劃分。他的第一步是尋找當時印度教最主要的兩位大師想經由他們的心靈去學習那龐大傳統中的智慧。他學到了很多——特別是有關「修的瑜伽」，同時也學到關於印度教的哲學，他所學到的太多了，以致在事實上印度教徒宣稱他是他們的一份子，並且認為他對當時宗教的批評是改革趨勢之一，而更具重要性的則是他贊同印度教的部分。但是，經過一段時間之後，他下結論說，他已經學完了這些瑜伽大師所能教給他的了。

他的第二步就是加入一群苦行者，誠意地嘗試用他們的方法。是不是他的肉身令他拖累不前呢？他要粉碎它的力量摧毀它的干擾。由於具有強大的意志力，這位未來的佛陀在苦行者提出的每一項苦行上都勝過他們。他吃得極少——在某次齋戒期間，他一天只吃六顆米——以致於「我以為摸到的是肚皮，其實是抓到了脊椎骨。」他會咬緊牙關，舌頭頂住上顎直到「汗由腋窩流出」。他又屏住呼吸，直到覺得「有如一條皮帶纏在我頭上」。②到最後他變得衰弱萬分昏倒在地上；如果當時附近沒有同伴餵他一點溫熱的米粥的話，很有可能就此死去。

這個經驗教他認清苦行主義的無效性。他毫無保留地全部投入這個實驗，結果卻並不成功——它並沒有帶來覺悟。不過負面的實驗也帶來它們自己的教訓，在這個例子中，苦行主義的失敗為喬達摩的方案提供了第一條建設性的綱領：在極端的苦行主義與放任縱情之間的中道原則。這乃是定量安排生活的觀念，要給予身體之所需使它能最有效地運作，卻不能逾分。

放棄了苦行之後，喬達摩在他尋求的最後一個階段，努力按照「修的瑜伽」的線索，結合嚴格的思考和神祕的專注。一天晚上在印度東北方，現今柏提納城(Patna)之南一個叫加亞(Gaya)的地方附近，他坐在一棵後來被人叫做寶(Bo)樹(bodhi或啟悟的簡稱)的菩提樹下。那地方後來被命名為不動點(Immovable spot)，因為傳統的說法是佛陀感覺到突破即將來臨，就在那個劃時代的晚上坐了下來，立誓得不到啟悟就不起身。

那一晚記錄的第一件事就是類似耶穌傳道前夕所遭受的引誘景象。魔鬼知道他對手的成功已經逼近了，就去擾亂他的專注。他先化身為Kama，欲望之神，排現出三個妖豔的女人和她們誘人的侍女。當這位未來佛陀不為所動的時候，魔鬼又把自己搖身變為Mara，死亡之神。他強大的軍隊向這位求道者降以颶風、暴雨、像雨點般的滾燙沙石，但是喬達摩已經把有限的自我變成空寂，那些武器沒有了目標可攻擊，在進入他專注的領域中時卻轉變成了花瓣。Mara在最後的絕望中，質問他有什麼權利這樣做，喬達摩用右手指觸碰地面，地面作出了反應，吼叫著，一百次、一千次、十萬次地吼叫，「我做你的見證。」Mara的軍隊落荒而逃，天神們歡欣地降臨，用花環和香水來服侍勝利者。

緊接著，當寶樹在那五月的滿月之夜不斷降下紅色的花朵時，喬達摩的冥想一刻比一刻深入，直到最後晨星在東方透明的天空中閃亮，他的心靈也穿透了宇宙的氣泡，把它粉碎虛無，不過，奇妙又奇妙的是，這時卻發現它神奇地復原為充滿光輝的真實存有。偉大的覺醒到來了。喬達摩的存在轉變了，他轉變成佛。這件事有其宇宙性的含意。所有的受造物以其歡欣充塞了清晨的大氣，大地震動，給予六道以驚奇。蓮花在每一株樹上盛開，一萬個星系都敬畏地戰抖了，整個宇宙變成「一叢花束在大氣中旋轉」。③這一龐大經驗的妙樂，使得佛陀在那一處地方一坐就坐了七日。到了第八日，他嘗試起身卻又有一股妙樂向他襲來。他迷失在歡樂之中整整有四十九日之久，之後他那「光輝的一瞥」才向世界彰顯開來。

死亡之神Mara以最後一次的誘惑在等著他。Mara這一次是訴之於喬達摩最有力的一面——他的理性。Mara不再去爭辯重新進入平庸執迷世界的重擔。他提出了一個更深刻的質疑：你能夠期望誰來了解如佛陀所掌握的那麼深奧的真理呢？無法用語言來言說的啟示怎麼能譯成文字，或者無法界定的洞見如何能夠用語言來捕捉呢？總而言之，如何去說明那只能被發現的東西，如何去教導那只能被學到的東西？為什麼要在一批根本不懂的聽眾面前去扮演白癡呢？為什麼不乾脆就此丟下這整個燙手的世界不管——也了卻這肉身而立刻進入涅槃之境呢？這個論點如此具有說服力，以致它幾乎贏了那一仗。但是，最後佛陀回答說，「總有一些人是會了解的。」Mara從此就從他的生命中消失了。

接下來的幾乎半個世紀裡，佛陀走遍印度灰塵覆蓋的小路，直到頭髮白了，步履也慢下來了，身體變成了一面破鼓似的，他傳播著他那粉碎自我以拯救生命的福音。他創立了一個僧侶教團，向死氣沉沉的婆羅門社會挑戰，相對的也承受他的立場所帶來的怨恨、疑問和迷惑。他的日課是驚人的。除了訓練和尚以及處理教團的事務之外，他還維持著從不間斷的公開講壇和個別諮詢的工作，勸導迷惑的人，鼓勵信徒們，安慰哀傷的人，「人們不遠千里從全國各地來到他面前提出問題，他都一律歡迎。」使他得以回應這些壓力，在壓力下站得住的，乃是作為創造性基礎的「退出與復返」(withdrawal and return)模式。佛陀退隱了六年，而後回到世上四十五年。但是每一年都有所劃分，九個月留在世間，隨著就是雨季來臨時跟他的和尚們作三個月的退隱。他每日的週期也是按照這一模式安排的。他的公眾時間很長，但是一天要退隱三次，使注意力（通過沉思）回歸於神聖的源頭。

經過四十五年艱苦的教務之後，大約在紀元前四八三年八十歲的時候，佛陀在鐵匠肯達(Cunda)家中吃了豬肉乾泄肚而死。甚至在臨死時他的內心還在為人著想。在垂危的痛苦中，他想到肯達可能會覺得對他的死要負責任。因此，他最後的要求是，請人告訴肯達，在他漫長一生中吃過的飯食，只有兩次特別給予他最大的幸福。一次是在寶樹下吃的米粥的力量令他得以成道，另一次就是為他開啟了那到涅槃的最後一道門。這就是《西藏生死書》（*The Book of the Great Decease*）中所保留的死亡榻上的景象。合起來它們表達了一個人步入一種「觀念和意識停止存在」而沒有一點點抗拒的情況。他的告別詞中有兩句話流傳至今歷久不衰。「一切組合的事物都會腐化。勤勞地實踐你自己的救贖。」

沉默的聖人

要了解佛教，最重要的是要設法明白佛陀的生命對他周邊那些人的衝擊。讀到佛陀生命的事蹟，不可能不令人油然而生一種接觸到一位曠世偉人的印象。幾乎所有認識他的人，都不約而同地感覺到明顯的尊敬，而讀者也很快會像他的徒弟們一樣，發現自己面對的是某種幾近於智慧的化身。

或許他最突出的一點，就是兼具冷靜的頭腦和熾熱的心，由此使他一方面不致於感傷多情，另一方面又不會對人無動於衷。他毫無疑問地是曠世最偉大的理性主義者之一，在這一點上再也沒有人比他更像蘇格拉底了。面對每一個問題，他都能作冷靜而不偏不倚的分析。首先，問題被分割成其組成的部分，之後再按照邏輯的、結構的次序重新加以組合，使其意義和重要性清楚暴露出來。他是擅長對話和辯證法的大師，冷靜而充滿自信。「在與任何人辯論時陷入混亂和窘迫——這種情況是不可能的。」

不過，奇妙的是，他性格中這種客觀的、批判的部分，卻被一種方濟式的（Franciscan，

譯註：指由聖方濟〔Saint Francis of Assisi 1226〕所創立的天主教派〕溫柔所全面平衡了，使得他所傳遞的信息又名曰「無限慈悲的宗教」。他是否真的冒著生命危險去解救一隻被絆在山側絕壁上的山羊，可能就歷史而言並不確定，不過這種行為的確符合他的性格，因為他的一生對飢渴的群眾乃是一個持續不斷的禮物。的確，他的奉獻自我，令他的傳記作者們印象深刻，使得他們只能解釋說：是因為他在前生的動物輪迴階段中獲得了定向的動力。《本生經》(*Jataka Tales*)說：當他是一隻公鹿時，曾為鹿群犧牲自己；當他是一隻兔子時，又曾把自己投入火中，讓一位飢餓的婆羅門食用。即使我們必須把這些日後的描述當作傳說，也毫無疑問地可以說，他那作為佛陀的生命湧出了大量的慈愛源泉。他要為每一個他遇見的人拔出那哀傷的箭，給予每一個人他的同情、覺悟以及那奇異的靈魂的力量，就算他不發一言，也能抓住探訪者的心而改造了他們。

在社會層面上，佛陀皇家的出身和教養也佔了很大的便宜。他的「舉止優雅」，從容出入於王公統治者之間，因為他曾經是他們中間的一位。然而他的姿態和世故又絲毫不會使得他跟單純的村民有距離。外表的階級和種姓的區別對他來說沒有什麼意義，他甚至於好像根本不曾留意到這些。不論人們如何墮落或被社會摒棄，他們從佛陀那裡得到的尊敬乃是源自他們都是同胞的事實。因之許多賤民和被唾棄的人，第一次遭遇到這種被了解和被接受的經驗，發現有了自尊而且在社區中得到了身分。「至尊的喬達摩歡迎每一個人，他是情意相通的，和解的，不擺架子的，開放給所有人的。」④

這位連王公都對他拜倒的人，的確有一種驚人的單純性格。就連在他名氣如日中天的時候，人們也會看見他手持乞缽走在大街小巷之間，所表現的耐性只有在了解到時間是虛幻的才有可能。正如同藤與橄欖樹這兩種生長自最貧瘠土壤中的植物所象徵的一樣，他肉體上的需要是最少的。有一次在冬季下霜時期的阿拉危（Alavi）地方，他在牛群行走的路上堆了些許樹葉打坐沉思。「牛蹄踐踏的地面是崎嶇不平的；樹葉堆是稀鬆的；和尚的黃袍是單薄的；冬天的風寒冷刺骨，」他承認道。「然而我還是懷著莊嚴的一貫性快樂地生活著。」

說佛陀是一位謙虛的人，或許並不正確。約翰・海（John Hay）做過林肯總統的秘書，他說把林肯當作是謙虛的人簡直是荒謬，又說：「偉大的人沒有是謙虛的。」當然，佛陀覺得他已經上升到遠超過當時任何人所能企及的理解層面。在這方面他坦然接受了他的優越性，並且生活在由此所得的自信中。但是這跟虛榮和毫無風趣的狂妄大不相同。在一年一度僧伽（Sangha，教團）退隱期的最後一次聚會中，那無上至尊環顧四周默然無聲的與會人眾說：「好了，各位門徒，我召喚你們來說出你們是否發現我有什麼不對，無論是在語言或是行為上。」當一位愛徒呼喊道：「我信心無比，吾主，我認為以前沒有，將來不會有，現在也沒有任何人比至聖您來得更偉大更智慧了。」佛陀訓誡道：

「當然啦，舍利弗（Sariputta），你已經認識了過去所有的佛陀了。」

「沒有，我主。」

「那麼，你認識將來的哪些了？」

「沒有，我主。」

「那麼你至少認識我而且透徹地深入到我的心靈？」

「連這都沒有，我主。」

「那麼，舍利弗，為什麼你的話說得那麼堂皇大膽呢？」

儘管他對自己保持著客觀性，他在世時已有不斷的壓力要把他轉變成神。他一概斷然駁斥，堅稱他在每一方面都是人。毫不掩飾他的誘惑和弱點——要得到啟悟是如何地困難，他所贏得的是怎樣的險勝，他仍然多麼容易失足。他承認如果人生另有一種像性欲這樣強大的驅力，他會無法到達如今的境界。他承認他一人獨處在森林的最初幾個月裡，曾經面臨恐懼死亡的邊緣。「當我逗留在那裡的時候，一頭鹿走過去，一隻鳥兒令一節枯枝跌落下來，一陣風令所有的樹葉沙沙作響，我就想到：『現在來了，那懼怕和恐怖。』」正如保羅・達爾克（*Paul Dahlke*）在他的《佛學論文集》（*Buddhist Essays*）中說：「一個這樣說話的人，是不需要用天堂般快樂的希望來引誘人的。一個像這樣講自己的人，他的吸引力正是真理吸引所有人進入其領域時所用的吸引力。」

佛陀的領導能力不僅僅由他教團人數的遽增，也同時由於其訓練的完美而得到證明。一位國王探訪了他們的聚會，這次聚會一直延續到一個滿月的夜晚，最後禁不住說，「你是不是在向我耍花樣？怎麼可能這麼大的聚會，在一千二百五十位會友之間連一點聲音也沒有，不打噴嚏，也不咳嗽？」望著整個會眾，如一面清澈的湖水般無聲地坐在那裡，國王說，「但願我的兒子也能夠得到如此的寧靜。」

正如別的精神天才——吾人想到耶穌看到匝凱（Zacchaeus）在一棵樹上這個故事——佛陀具有看透人性的不可思議的洞見。他對於走近他的人，一眼就能作出判斷，似乎從不會被欺詐，也不為相貌所蒙騙，總是立即走向可靠的和真誠的人。這一類最美麗的例子，就是他遇見掃花人蘇尼塔(Sunita)。蘇尼塔是一個社會地位低下的人，他唯一能找的工作就是清除人家丟掉的花束，在裡面偶然找到幾支可以換點食物來充飢。有一天佛陀來到蘇尼塔清理棄花的場地，蘇尼塔的心充滿了崇敬和快樂。找不到地方躲起來——因為他是賤民——他筆直地站著好像被粘在牆上一般，雙手合十致敬著。佛陀「注意到在蘇尼塔的心中，擁有像藏在瓶中的燈光般閃亮著的阿羅漢聖者的條件，」走近他說：「蘇尼塔，這樣悲慘地活著對你有什麼意思？你能忍受離開世界嗎？」蘇尼塔「體驗到有如一個人嚐到最美妙的瓊漿一般的快樂，就說：『如果像我這樣一個人能夠成為你的一名和尚，就算至尊要給我任何苦我都受得了！』」他日後成為佛陀教團中著名的一員。⑤

佛陀的一生充滿了完成宇宙使命的信念。就在他得到啟悟之後，即刻用他心靈之眼看到「有些靈魂的眼睛很少被灰塵蒙蔽，也有些靈魂的眼睛被灰塵蒙蔽得很厲害」⑥——人的整個世界，被碾碎、迷失了，急需要幫助和輔導。他不能不同意信徒們說他「降世是為了多數人的好處，多數人的幸福，為了諸神與人的利益、好處和幸福，出於對世界的同情。」⑦他這種不考慮個人付出的代價而接受這一使命的態度，贏得了印度的心。「喬達摩和尚進入了宗教世界，放棄了他親人的偉大家族，放棄了許多金錢以及地下和地上的財寶。的確，當他還是個頭上沒有白髮的年輕人的時候，在他作為俊美的少年男子的時候，他就脫離了家庭生活而進入到無家的狀態。」⑧

對佛陀的讚詞充斥於經文中，這無疑有一個理由，就是沒有任何描述能夠完全滿足他的弟子們。文字已經用到了極限，他們師父的奧祕本質仍舊深不可測，因為那是思想無法領悟，語言也無法表述的。他們能夠了解的部分就對之崇敬熱愛，但是卻有太多東西是他們無法希望窮盡的。至終他都仍然是半明、半暗、不讓人完全理解。因此他們稱他為Sakyamuni，「釋迦族的沉默聖人（*muni*）」，象徵某種超出語言和思想的東西。他們稱呼他Tathagata，「如來」，「真理—贏得者」，「徹底啟悟的人」，因為「唯獨他面對面地透徹了解和看見了這個宇宙。」「如來是深刻的，不可測度，難以了解，甚至於像海洋一般。」⑨

反抗的聖人

從佛陀這個人轉到佛教這個宗教，後者是必須通過由之而成長的印度教背景來看。但與印度教不同的是佛教在短期間就完全成形地出現了，前者則是出自緩慢，大部分是覺察不到的精神累積。佛教大體而言是一種反對印度教的墮落而興起的宗教——一種印度的新教（Protestantism），不僅僅是因為新教這個字在強調見證（*testis pro*）了某種東西的原來意義上，也同樣在其日後的意涵上，強調對某種東西的抗議。佛教從印度教吸取了它生命的血液，但是在反對普遍的腐敗上，佛教有如鞭子一般，先收回而後揮出，加以痛擊。

那麼，要了解佛陀的教導，我們需要對部分促使佛教興起的當時印度教，有一個最低限度的寫照。要引入此一論題，我們姑且依次來談談有關宗教的幾項觀察。

宗教經常出現的六個面向，提示了它們的因子存在於人的構造中。其中之一是權威。

神聖權威我們姑且不談，而單就人方面來看，首先遇到的就是專業區分的問題。宗教的複雜性絕不稍遜於政府或醫學。因此某些人在精神事務上的才能和持續的努力，會令他們提升到一般人之上是合理的；人們會尋求他們的意見並且一般都會聽從。加上宗教在制度與組織方面，需要一些行政機構以及居於權威位置的個人，這些人的決定是舉足輕重的。

宗教的第二個正常特色是儀式，這實際上是宗教的搖籃，因為人類學者告訴我們，人們在想清楚宗教之前就用舞蹈來表現他們的宗教了。宗教興起於慶祝和其反面——喪亡，兩者都要求集體的表達。當我們受損失打擊或者極端地歡樂時，不僅想要與他人同在；所用的方式還要使得交流的結果遠超過個別行為的總和——這樣才能消滅我們的孤獨。這種行為並不僅僅限於人類。在泰國北部，當太陽升起最初照射樹梢之際，長臂猿族集體用降半音的音階哼唱著，手牽著手，在頂端的樹枝猝降而過。

宗教可能開始於儀式，可是很快地，人們就要求有個解釋，因之玄想就加入而成為宗教的第三個特色。我們從何處來，又要往何處去，我們為什麼在這裡呢？——人們對這些問題要求答案。

第四個宗教的常數是傳統。就人類來說，是傳統而不是本能保留住了前代所學，並傳留到現在，來作為行動的樣板。

宗教的第五個特色是恩寵，亦即信仰——往往在事實層面上難以成立——絕對真實終究會在我們這一邊。宇宙根本而言是友善的，我們在其中能感到安適。「宗教說，最好的東西是比較永恆的東西，也就是那在宇宙中擲最後一塊石頭、說最後一句話的東西。」⑩

最後，宗教在奧祕中出入。由於人是有限的，人心無法開始去探測對之有吸引力的「無限」的深度。

這六者——權威、儀式、玄想、傳統、恩寵以及奧祕——每一種對宗教都非常重要，但是同時每一種也都可能妨礙宗教的工作。佛陀在世時的印度教就是如此，這六種都有份。權威，在開始時有理，繼之成為世襲的而造成剝削，婆羅門掌管其宗教祕密，執行宗教事務時大事收費。儀式成為獲得奇蹟結果的機械化手段。玄想失去其經驗基礎，發展成為毫無生氣的吹毛求疵。傳統轉變成了毫無生氣的重擔，其中一個例子是堅持梵文——已經不為大眾所了解——仍然是宗教講論的語言。神的恩寵被誤釋的方式消減了人的責任，如果責任還有任何意義的話，而業報也同樣地被誤釋而與命定論混淆。最後，奧祕與販賣奧祕和奧祕舉動混攪——墮落地執迷於奇蹟、秘術和奇想之中。

面對此種宗教景象——腐敗、退化與不相干，充塞了迷信以及疲憊不堪的儀式重擔——佛教應運而生，決心清理場地，好讓真理可以找到新生命。結果是令人驚訝的。因為這裏所興起的宗教（在開始時）幾乎完全沒有上面所提到的成分，而我們原來以為沒有那些成分宗教是無法生根的。這個事實十分突出，有必要通過文獻證明加以討論。

一、**佛陀傳揚的是一種沒有權威的宗教**。他由兩個方向展開對權威的攻擊。一方面他要打破婆羅門對宗教教義的獨斷權，他改革的很大部分是要讓一般人都得以接觸一直以來由少數人擁有的。以他自己的開放性對比於婆羅門行會似的祕密性，他指出「佛陀是沒有所謂捏緊拳頭這回事的」。他認為這個差別非常的重要，以致在他將死的時候又回到這點，他對周圍的人保證說：「我沒有保留任何東西。」⑪不過如果他對權威的第一項攻擊是針對制度——婆羅門階級——他的第二項攻擊就直接針對個人了。在一個多數人都是被動地依賴著婆羅門告訴他們該怎麼做的時代，佛陀挑戰每一個人去從事自己的宗教追求。「不要接受別人的轉述，不要接受傳統，不要接受某一項說法，只因為它是在書上找到的，或因為它符合你的信仰，或因為是你師父說的。要做你自己的燈。不管是現在或是我死了之後，那些只靠自己而除了自己之外不去找任何其他人幫助的人，他們才會抵達巔峰的高度。」⑫

二、**佛陀教導的是一種沒有儀式的宗教**。他一再嘲笑婆羅門儀式的無聊，認為那是對不靈驗的神祇作迷信的祈求。它們只是裝飾品，跟艱苦沉重的「解消自我」這一工作是毫不相干的。的確，它們比不相干更糟糕，他辯稱，「相信儀式和典禮的有效性」是束縛人類精神的十大鐐銬之一。在這裡，以及明顯地在所有的地方，佛陀的態度是一致的。在否定印度教的形式時，他也堅拒為自己的宗教建立新形式的一切誘惑，這個事實使一些作家（不公平地）把他的教義界定為理性的道德主義而不是宗教。

三、**佛陀宣揚的是一種繞過玄想的宗教**。許多證據指出，如果他致力於形上學的話，他會成為世界上偉大的形上學家之一。反之，他卻繞過「理論化的灌木叢」。他在這一方面的沉默並非沒有人留意到。「世界到底是否永恆，它到底是有限或無限，靈魂到底是與身體一樣或者靈魂是一回事而身體又是另外一回事，佛陀是否死後仍然存在或者死後不再存在

——這些事情，」他的門徒之一觀察到，「主並不曾向我解釋過。而他不向我解釋並不令我喜歡，這樣做並不適合我。」⑬這對許多人都不適合。然而儘管不停有人刺探，佛陀仍保持他「高貴的沉默」。理由很簡單，對於這一類的問題，「**貪求知道各種觀點……反而不利於啟發。**」⑭他務實的課程是要求很多的，他不要讓信徒們從實踐的艱辛道路上分歧到無結果的玄想領域。

他那有名的「塗滿毒汁的箭」的寓言準確地說明了這一點。

> 就好像一個人被塗滿毒液的箭所傷，他的朋友與族人要請一個外科醫生來醫治，而他卻說，我一定要先知道是被誰所傷，是戰士階級呢，抑或是婆羅門，或者是務農或最低賤的階級，否則我是不會讓人把箭拔出來的。或者他說，我是不會讓人把這支毒箭拔出來的，除非我知道這個射箭者姓什名誰——他是高、是矮、或是中等身材；他是黑，是深色，或黃皮膚；他是來自如此這般的一個村子，或是市鎮、城市；或者要等我知道了令我受傷的弓是*chapa*抑或是*kodanda*，或者要等我知道那弓弦是燕子草，或是竹子纖維做的，或是用筋，或是用大麻纖維，或是出自奶漿樹，或者我一定要知道箭桿是出自野生植物或是栽種植物；或者箭毛是兀鷹的，或是蒼鷺的還是老鷹的，或者是孔雀的；或者它是用牛筋包裹的，或是用水牛的，又或是用鹿的，或是用猴子的；或者說我一定先要知道它是一支普通的箭呢，或是一支利箭，或一支鐵箭，或一支牛齒箭。在知道這一切之前，那個人

就會死了。

同樣地，宗教生命並不依賴世界是永恆的，是有限的，靈魂和肉體是不同的，或者以為佛陀在死後會存在下去等等觀點。不管是持這種或是持相反的看法，世界仍然有再生、有老年、有死亡、有悲傷、哀痛、苦難、憂愁和絕望……我沒有談論這些看法、因為它們並不能有助於絕滅激情，也不能導致寧靜和涅槃。

我解說了些什麼呢？我解說了受苦，受苦的原因，受苦的破除，我解說的是走向破除受苦的路。因為這是有用的。⑮

四、**佛陀鼓吹的是一種沒有傳統的宗教**。他站在過去的頂端，這巔峰使他的見識大大地伸展了出去，但是他卻看到與他同時代的人，大多數仍埋藏在那些巔峰之下。因此，他鼓勵信徒們從過去的重擔中解放出來。「不要順著前人交下來的路走，也不要順從傳統教義的權威。當你自己知道『這些教義是不好的，如果跟著這些教義做會引致損傷和苦難』——那麼就揚棄它們。」⑯他與擬古主義所作的最重要的個人決裂是，他決定不再用梵文而用人民的日常用語來溝通，這與馬丁・路德決定把聖經從拉丁文翻成德文可以相比。

五、**佛陀宣揚的是一種高度自力的宗教**。我們已經看到佛陀當時的印度所沉溺的沮喪和失敗的空氣。許多人都已接受了出生與再生那沒完沒了的週期，就好像聽任自己被判永世苦工的惡夢似的刑罰。那些仍然抓緊最後超生希望的人，已經讓自己屈從於婆羅門的觀點，認為需要經過幾千世，直到投生婆羅門階級，才有可能獲得解脫。

對於佛陀來說，再也沒有比這種普遍的命定主義更有害的了。他只否認一種主張，那就是「愚人」所說的沒有行動，沒有功績，沒有力量。「這裡有一條結束受苦的路。走吧！」而且，每個男女必通過自我覺醒和主動態度來走這條道路。「凡是只依賴自己的人，除了自己以外不去找任何人幫助，只有他們才會到達最高的巔峰。」⑰沒有神可以依靠，連靠佛陀本人都不行。當我走了之後，他如此告訴信徒們，不必麻煩向我禱告；因為我走了就是真的走了。「佛陀只不過指路出來。努力實踐你們自己的救贖。」⑱佛陀認為只有婆羅門能夠得道的說法是荒謬的。無論屬於哪一種姓，他告訴信徒們，你都可以在此生做到這一點。「讓聰明的人來到我這裡，誠實、公正而坦率；我會指導他們，若他們按照我的教導來做，他們終究會自己明白並體現到最高的宗教和目標。」

六、**佛陀講的是一種沒有超自然的宗教**。他譴責一切形式的占卜、預言、前知為卑陋的技倆，雖然他從自己的經驗下結論說，人心是能夠具有目前認為是屬於超自然的那種力量，但他不允許他的僧眾去玩弄那些力量。「根據這一點你可以知道那想營造奇蹟的人不是我的門徒。」因為他覺得凡是訴諸超自然並依賴它的，就等於是在抄捷徑，找容易的答案與簡單的解決，結果只是把注意力從艱難而實際的自我精進功夫轉移開來，「正因為我看到在實施神祕奇蹟裡面的危險性，我才強烈地反對它。」

究竟佛陀的宗教——沒有權威、儀式、神學、傳統、恩寵以及超自然——是不是一個沒有神的宗教，這一點我們將保留到後面來考慮。在佛陀圓寂後，他原先為了保護他的宗教而努力排除在外的種種設施，統統出現了。因此之故，原始佛教向我們展示的那種宗教是獨特的，也因而在歷史上是無價的，因為只要是看穿宗教諸多形式的每一項洞見，都會增加我們對宗教真正本質的了解。而原始佛教可以用下列幾點來描述：

一、它是**經驗的**。再也沒有一種宗教把它的主張如此明確地訴諸直接的體證。**對每一個問題都是以個人的經驗來作真理的最後檢驗。「不要訴諸推理、推論或者辯論。」⑲一個真正的門徒必須是「他自己知道」**。

二、**它是科學的**。它把活過的經驗特質作為它最後的檢驗，並引導注意力去找出影響那個經驗的因果關係。「有彼則有此，無彼則無此。」⑳所有的效果都是有它的原因的。

三、它是**實用的**——如果你願意，也可以稱之為一種先驗的實用主義(transcendental pragmatism)，使它跟專注於日常生活中的實際問題區別開來，但是在致力解決問題這一點上同樣是實用的。拒絕被玄想性的問題引上岔路，佛陀把他的注意力集中在要求解決的困境上。除非他的教義是有用的工具，否則就一點價值都沒有。他將它比作木筏；木筏幫助人過河，不過一旦到了彼岸，就不再有價值了。

四、它是**治療性的**。**巴斯德(Pasteur)說的話：「我不問你的意見或者你的宗教；而是要問什麼是你的痛苦?」也一樣可以是佛陀的話。「我只教一件事，」佛陀說：「受苦以及結束受苦。我只宣說病以及病的終止。」**㉑

五、它是**心理的**。此處用的這個字是對比於形上學的。不從宇宙入手，而轉從宇宙中人的處境開始，佛陀宣教的出發點向來是人的命運，這種命運的種種問題，以及回應這些問題的有效作法。

六、它是**平等的**。他看法的寬廣在當時是獨一無二，在任何時代也都是稀罕少見的，他堅持婦女同男子一樣能夠悟道。他反對種姓制度認為天資來自遺傳這種假定。他出生為刹帝利（武士、統治者）卻發現自己在性情上為婆羅門，他打破種姓制度，不論社會地位，他把教團的門向所有的人敞開。

七、它是**直接針對個人的**。佛陀並非對人性的社會面視而不見，他不僅建立了僧伽——他還堅持僧伽在增強個人決心上的重要性。然而最終他依然訴諸於個人，每一個人都要通過自己的個人問題和困境來朝悟道前進。

「因此，啊，阿難（Ananda），**做你自己心中的明燈吧。不要找外在的避難所。緊緊把真理抓牢當作避難所。努力實踐你自己的救贖**。」㉒

四聖諦

佛陀悟道之後，心中喜樂無比，乃停留在「不動點」四十九天之久，最後才作成新的決定，起身開始了他那超過一百哩之旅，朝印度聖城邦納雷斯(Banaras)步行而去。在該城的六哩之外，在沙納斯(Sarnath)的鹿苑內，他停下來開講他的第一次佈道。聚集的人很少——只有五位苦行僧，他們曾與他一起苦修，後來又因為他反對苦修法而憤怒地與他決裂，現在卻變成了他的第一批門徒。主題是四聖諦。這是他覺醒之後的第一次正式談話，其中宣佈了作為他追求六年的結晶的主要發現。

如果要求一般人以命題的形式列出四個關於人生最重要的信念，他們多數都可能會不知所措。四聖諦就構成了佛陀對這一問題的答案。合在一起就成了他系統的公理，他的其他教義都是邏輯地由之推演出來。

第一聖諦是*dukkha*，通常翻譯成「苦(suffering)」。雖然說並不能窮盡其全部意蘊，受苦乃是其意義重要的一部分，而應該在進行其他指涉之前先加以審視。

與早期西方翻譯者的觀點正相反，佛陀的哲學並非是悲觀主義的。關於人的現場報告可以任隨吾人把它描寫得多麼邪惡可怕；悲觀的問題要到告訴我們它是否可以改善才會出現。因為佛陀肯定認為可以，他的觀點就落入齊末爾(Heinrich Zimmer)的觀察，就是「印度思想中每一派都支持的基本觀點是，由根本上看來一切都很好。一種最高的樂觀主義到處流行。」不過佛陀清楚地看到典型的印度生活並不能滿足人的生命，並且充滿了不安全感。

他絲毫不懷疑可能有開心的時候，而開心的時候是很享受的，但是兩個問題出現了。第一，生命中有多少部分是這樣可享受的。第二，這種享受是在我們存在的什麼層次上進行的。佛陀認為那個層次是膚淺的，可能對動物來說是足夠了，但是卻令人的靈魂(psyche)空虛而困乏，有了這層理解，就連快感也會成為鍍了金的痛苦。**「世上最甜蜜的歡樂都只不過是化了妝的痛苦，」威廉·杜魯芒**(William Drummond)寫道，而**雪萊**也談到「**那人們誤稱之為歡愉的不安**。」在霓虹燈光閃耀的下面是黑暗；在核心處——不是有關真實，而是那不能重生的人類生命核心——乃是梭羅(Thoreau)在大多數人生命中看到的「默然的絕望」。那就是何以我們追求令我們分心的娛樂，因為它們能夠令我們不去留意那外表下面的東西。有的人可能可以長時期不去理會它們，但是黑暗卻無法消去。

看哪！正如一陣風般，凡人的生命亦復如是：
一聲呻吟，一聲嘆息，一聲抽泣，一陣風暴、一場爭鬥。㉓

這種對生命一般情況的評估主要是由寫實主義而不是病態心理所促成的，各派思想家對此都有共識。存在主義者描述生命是「無用的激情」，「荒謬」，「令人受不了(de trop)」。羅素，一位科學的人文主義者，覺得難以理解人們何以對宇宙正在日益耗損的新聞感到不快，因為「我看不出一項不愉快的歷程，如何可能在無數次重複之後，會使情況變得比較好一點。」詩永遠是敏感的氣壓計，也說到「生命可悲的昏亂」以及「時間對滿懷希望的心的緩慢收縮」。佛陀說的並沒有比瓦倫(Robert Penn Warren)更進一步：

啊，它是真的。它乃是唯一真的東西。
痛苦，因此讓我們給真理命名，如人那樣。
我們生來享受的那份享樂可能變成痛苦。
我們生來希望的那份希望可能變成痛苦。
我們生來去愛的那份愛可能變成痛苦。
我們生來去痛苦的那份痛苦可能變成更「痛苦」，而且從那永不會耗盡的極度的變

動(superflux)裡

我們基本的定義就是我們可能給予別人痛苦。㉔

連認為印度是悲觀主義的史懷哲(Albert Schweitzer),也極為準確地回應了佛陀的評估,他寫道:「只有在很少數的時刻,我曾覺得活著是真正高興的事。在我看到周邊的痛苦,不只是人的,也包括整個受造物的,我不能不感到一種充滿遺憾的同情。」

Dukkha,乃是指痛苦在某種程度上為所有有限的存在著上顏色。當我們發現這個字在巴利文是用來指輪子的軸脫離了中心,或是骨頭脫了臼,這個字的結構性指涉就顯露出來了。(現代的暗喻可能是,我們想要從錯的那一頭來推動一架購物車。)第一聖諦的確切意義是這樣的:生命(處於自己投入的情況中)脫離了它原來的位置。有什麼事情出了錯。它脫了臼。由於它的框軸不是真的,摩擦(人與人之間的紛爭)特別多,運動(創造性)受到阻礙,於是它就痛了。

佛陀有一個分析的頭腦,他不滿足於讓第一聖諦只停留在這種一般化的形式中。他繼續指出生命明顯呈現脫序的六個時刻。無論貧富、智慧,所有的人都經驗到:

一、**生之創傷**。當代的心理分析在這一點上做了很多。雖然弗洛依德否認生的創傷是日後一切焦慮的來源,但他後來認為它乃是焦慮的原型。出生的經驗「所牽涉到的正是那種一連串痛苦的感覺,來自排出和刺激,以及身體的官覺,因之而變成了生命受到威脅的

各種情況的原型，以後還不斷在我們生命之中，再製造出來而成為『焦慮』情況之恐懼。」㉕

二、**病患的病理學**。

三、**衰老的病狀**。在生命早期，單單身體上的精力加上生命的新奇感，使得生命幾乎自動變成好的。在生命後期的歲月中恐懼來臨了：怕經濟上的依賴；怕不被愛或被遺棄；怕久病不癒和痛苦；怕身體上變得令人受不了而且要依靠別人；怕看到自己的生命在某些重要方面是失敗的。

四、**死亡的病態恐懼**(phobia)。根據多年臨床的經驗，榮格(Carl Jung)報告說，他對過了四十歲的病人作分析後，發現死亡是每一位病人心中最深處的恐懼。存在主義者加入他的行列，喚起人們注意，恐懼死亡對健康生活損傷的程度。

五、**跟不喜歡的東西捆綁在一起**。有時候有可能掙脫它，但未必都能成功。一種不治的疾病，一個頑強的性格缺陷——為了好也罷，壞也罷，總有人一輩子被捆綁著去殉道受苦。

六、**跟吾人之所愛隔絕**。

沒有人能否認生命的鞋子是在這六處地方夾腳的。第一聖諦把它們連在一起，下結論說有五種集（*Skandas*，或譯「蘊」，成分）是痛苦的。這五種成分是色（身體）、受（感官）、想（思想）、行（感覺）以及識（意識）——總之，是我們一般認為生命是什麼的總合——其說法等於確定整個人的生命（當然，是日常那樣地生活著）就是苦。生命就是這樣和真實隔開了；而這種隔離除非得以克服，否則真正的快樂是不可能的。

要想修補裂縫我們需要知道它的原因，第二聖諦就做這一件工作。生命脫序的原因就稱為*tanha*。這個翻譯又不很精確——所有的翻譯都會有某種程度的不忠實——還是緊靠著原來的字比較聰明些。*tanha*通常翻譯成「欲(desire)」。這是有一點道理的——就像我們在《心碎的屋子》(Heartbreak House)一劇中見到蕭伯納令女主角愛麗(Ellie)喊道，「現在我覺得好像什麼都能做，正因為我什麼都不要，」這一聲明促使夏圖浮上尉(Captain Shotover)在劇中表現了唯一的一次熱誠：「那才是唯一真正的力量。那才是天才。那比甜酒(rum)要好呢。」但是如果我們想把欲望等同於*tanha*的話，我們就會遇上困難。首先，等同的結果使得這第二聖諦毫無幫助，因為封壓住欲望，所有的欲望，在我們目前的情況下就只有死，而死亡是不能解決生命問題的。除了沒有幫助之外，要將兩者等同也是全然錯誤，因為有一些欲望是佛陀明白提倡的——比方，解救的欲望，或者為了他人的快樂等。

*tanha*是一種特別的欲望，是為了個人滿足的欲望。當我們是無我的時候，我們是自由的，不過要維持住這種狀態，卻正是困難之所在。*tanha*乃是戳破這種狀態的力量，使我們對整體自由追求趦趄不前，求滿足於小我，像由祕密傷口中滲流出來的東西一樣。*tanha*包括所有「那些使欲望主體趨於繼續或增加隔離性的傾向；事實上，一切自私的形式，其本質是為一己的欲望而在必要時犧牲其他一切形式的生命。然而生命是一個整體，任何企圖把一個面向從另一面向隔離開來的作為，就必然會對不自覺地反抗著那法則(Law)的單元造

成痛苦。我們對我們同胞的責任，就是把他們當作我們自己的延伸和其他面向來理解——他們乃是同一『真實』的伴隨面。」㉖

這跟一般人了解他們鄰居的方式是有相當距離的。平常的人類前景，是走在易卜生所描寫瘋人院的半路上，在那瘋人院中「各人把自己關在自我的桶內，那個桶用自我的塞子塞住，就封存在自我的井內」。給你一張群照，你最先看到的面孔是誰的？這就是造成悲傷的毒瘤的一個小而有診斷性的徵兆。哪裡有關心世界上沒有人挨餓，就像關心要餵飽自己孩子的男人呢？哪裡有關心提高全世界人生活水準，就像關心提高自己薪金的女人呢？這就是麻煩之所在，佛陀說，這就是何以我們受苦。我們不去把我們的信仰、愛和命運與整體連繫在一起，卻一直把這些捆在我們各別自我微不足道的小毛驢上，而最終一定會跸倒，會筋疲力盡。抱緊我們個人的身分，我們把自己封鎖在「我們那包了一層皮的自我」（Alan Watts所云）之內，而想設法靠它們的增厚和膨脹來得到滿足。愚人才會以為這樣的囚禁能夠帶來解脫，難道我們看不到「這個自我才令我們受苦？」遠非開向豐盛生命的門，自我乃是絞扼的疝。它愈腫大，就愈把健康所賴的通暢自由的循環系統阻塞住了，而痛苦也就愈見增加。

第三聖諦邏輯地從第二項真理推演出來。假如生命的脫序是由自私的渴求造成，它的治療也就在於克服這樣的渴求。假如我們能夠從自利的狹窄限制中釋放，進入宇宙生命的廣大天地，我們就可以解除我們的折磨。第四聖諦就描述了如何可以完成治療。要克服*tanha*，走出我們被囚禁的路，則是通過八正道。

八正道

佛陀在第四聖諦中對生命的問題所採取的，主要是醫生的角度。他在開始時細心地檢查令人關切的癥象。如果一切平靜無事，順適得如平常我們不會去注意消化一樣，也不再留心自己了，那麼就沒有什麼好擔心的，我們也無須對我們生活的方式作進一步的處理了。但是事實卻並非如此。以我們覺得應該有的標準來看，人生之中總是創造性太少、衝突太多、痛苦也太多。佛陀在第一聖諦中總結了這些癥候，並宣稱生命是「苦」，或脫序。第二步就是診斷。把儀式和信仰拋開，他要追問，實際上，是什麼造成這些不正常的症狀呢？發炎的部位在哪裡？什麼是痛苦出現時總會出現，而痛苦消除時也一併消除的呢？答案是在第二聖諦中：生命脫序的原因是在*tanha*，或迫求個人的滿足。那麼診斷的情況如何呢？第三聖諦是有希望的：通過克服自我對隔離存在之追求，就可以治療疾病。接下來就是處方：這種克服要如何來完成呢？第四聖諦提供了答案。克服自我追求的路乃通過八正道。

因此，八正道就是一種治療的過程。不過它並不是一種外在的治療，由病人被動地接受從外面來的治療。它不是使用藥丸、儀式，或恩寵的醫療法，而是一種通過訓練的治療。人們慣常為運動和職業而接受訓練，不過除了少數像富蘭克林(Benjamin Franklin)這種顯著的例外，大多數人都傾向於認為一個人是無法為生命本身進行訓練的。佛陀卻不同意。他分辨出兩種生活的方式。其一——一種偶然隨意的、不反省的方式，主體被衝動和環境所驅策，有如一場暴風雨下陰溝中的一條斷枝——他稱之為「到處閒蕩」。其二，有意圖的生活方式，他稱之為「道」(Path)。他提出一系列的改變，設計要把個人從無知的、不知情的衝動以及*tanha*中解脫出來。它繪製出一張完整的進程；陡峭的坡度和危險的弧度都標明了，休息的地方也作了指示。經過長時間和有耐性的訓練，八正道要把人從他所在之處載起，然後把他變成一個不同的人放下來，治好了令他殘廢的缺陷。「追求的人可以贏得快樂，」佛陀說，「如果他勤於練習的話。」

佛陀所說的練習到底是指什麼呢？他把它區分為八個步驟。不過，這些步驟之前的準備步驟並沒有包括在內，但是在他處卻經常被提到，因此我們可以假定佛陀是先作了這一預設的。這準備步驟就是正確的聯繫。沒有人比佛陀更清楚地認識到我們是社會的動物，每一轉折都受到我們交往的「同伴榜樣」的影響，他們的態度和價值深深地影響著我們。被問到吾人如何到達啟悟，佛陀開口道：「一位信仰的喚醒者出現在世界上。吾人就與這樣的人相交往。」其他的指令會隨之而來，不過正確的聯繫是非常基本的，因此需要另外一個段落來加以說明。

要馴服及訓練一隻野象時，一開始最好的方法就是把牠跟已經訓練好的一隻象用軛連在一起。經過接觸後，野生的那一隻看到了牠將要過的生活的情況，就作為一頭象來說，並不是完全不相容的——也就是說，對牠的期待並沒有斷然違反牠的本性，而預告的那種情況，雖然有極大的不同，卻也是可以接受的。牠那被連在一起的同伴不斷的、即時的和有感染性的榜樣，能教牠的是別的方法所不能教的。精神生命的訓練也沒有什麼不同。未經訓練的人所面對之轉變，比之於野象接受訓練來說，絕不小於它，而要求也不會更少。要是沒有看得到的證據指明成功是有可能的，也沒有不斷灌輸的勇氣，氣餒是必然會侵入的。假如（正如科學研究現在已經指出的）焦慮可以由同伴那兒傳染，難道堅毅不會同樣地被帶進來嗎？英格索兒(Robert Ingersol)有一次說，如果他是上帝的話，他會讓健康而不是疾病成為傳染性的；對於這一點，當代一位印度人回應道：「我們什麼時候才會認識到健康是像疾病般的有傳染性，德性有如罪惡一樣地有傳染性，快樂有如愁悶一樣地有傳染性呢？」按照商羯羅的說法，我們每天應該表示感謝的三件事之一，就是有聖者作我們的同伴；正如蜜蜂除非是成群的，否則無法做出蜂蜜，人類除非有得道者產生的種種自信及關切之支持，也無法朝大路前進。佛陀同意這一點。我們應該與得道者聯繫，與他們交談，服侍他們，遵照他們的行徑，在他們慈愛與同情的精神中耳濡目染。

把準備步驟擺在適當位置之後，我們就可以講到八重步驟本身上來了。

一、**正見**(Right Views)。人的生活方式所牽涉的總是不僅止於信念，不過卻無法永遠完全迴避它們，因為正如前面提到的，人類除了是社會動物之外，也是理性的動物。當然不完全是——佛陀會很快地承認這一點。但是生命需要某種藍圖、某種心智可以相信的地圖來有目標地指導我們的精力。讓我們回到象的例子來說明，無論象發現自己是在多大的危險中，除非先要確定它要走的路能夠承受自己的重量，它是不會做出逃跑行動的。沒有這樣的信念，象就會繼續在那灼熱的大車中痛苦地呼叫著，也不會去冒摔倒的危險。叫得最大聲的理性詆蔑者也必須承認，理件在人的生命中至少扮演了這樣的一個角色。它雖不一定有誘人的力量，卻明顯有否決的力量。除非理性被滿足了，一個人是沒有辦法全心全意地朝任何方向前進的。

因此，如果一個人不是打算隨便亂走的話，某種知性的定向是需要的。四聖諦就提供了這種定向。人生充滿了苦難，都是由追求私人的滿足所引起，那股追求是可以加以調節的，調節的方法就是走上八正道。

二、**正信**(Right Intent)。第一步是號召我們下定決心了解生命問題基本上是什麼，第二步是指導我們弄清楚我們真正要什麼。是不是真的要啟悟，或者任我們的感情左右搖擺，就像風箏在每次氣流的波動中都會往下栽一樣；如果我們想要稍有寸進，堅毅不拔是必須的。能夠大有成就的人幾乎都是熱情地致力於某一樁事情。他們每天做一千件事情，但是在背後卻只有某一件是最高的。當人們以這樣的專心來追求解脫，他們就可能預期其步伐會從滑溜的沙岸上的掙扎爬行，變成在地面上腳踏實地穩步向前了。

三、**正言**(Right Speech)。在以下的三個步驟中我們將掌握控制我們生活的關鍵，首先注意的是語言。第一項工作就是要覺察到我們的言語以及它所表現出來的我們的性格。一上來我們不必下決心只講真理——因為它太高深了，往往開始是不會有效的——開始時我們要向後退一步，留意一天之中我們有多少次離開了真理，再順著追問何以我們會如此。也以同樣的態度來對待不寬恕的言語。開始時不必決意不說一句惡言，但是卻要通過留心自己的言語，去覺察引起自己口出惡言的動機。

這第一步得到合理的掌握之後，我們就可以嘗試一點變化了。先要做準備工作，因為我們一旦能覺察我們怎麼說話，改變的需要就變得清楚不過了。改變要朝什麼方向進行呢？首先，要朝真實性去改變。佛陀比較上是由本體的而非道德的方式去趨向真理。他認為欺騙遠比邪惡更愚蠢。愚蠢是因為它減少了吾人的存在。我們為什麼要欺騙？在理論解釋的背後，其動機幾乎總是怕向別人或者向我們自己暴露出我們的真面目。每次我們向這「保護關稅」屈服，我們自我之牆就加厚了來囚禁我們。期望我們一下子就能解除我們的保護層是不切實際的，但卻可能漸進地覺察它們，而且認清它們把我們圍進去的方式。

我們言語要走的第二個方向是慈愛。偽證、無聊的閒談、饒舌、誹謗與謾罵都要加以避免，不僅僅在其明顯的形式上，也要在其隱藏的形式上。隱藏的形式——比如微妙的貶損，「偶然的」不圓滑，傷人的妙語——往往更為惡毒，因為它們的意圖是掩藏起來的。

四、**正行**（Right Conduct）。此處，訓誡（正如佛陀在他晚期的講道中詳細說明的）也牽涉到召喚吾人在改進之前，先要更客觀地了解一己的行為。修練者在反省行為時，要注意引起行為的動機。其中涉及到多少寬宏大量，以及多少的自我追求？至於改變應該遵行的方向，則忠告是要朝無私和慈愛去努力。這些一般性的指導都詳細在五戒中說明，五戒可以是「十誡」中的第二部分或倫理部分的佛教版：

不可殺人，嚴格的佛教徒把這一告誡延伸到動物而成為素食主義者。

不可偷竊。

不可說謊。

不可淫蕩。對於和尚以及未結婚的人來說，這意思就是禁欲。對於結了婚的人來說，就是按照個人對正道的興趣以及程度來自制。

不可飲酒。據說一位早期的俄國沙皇，要在基督宗教、回教或佛教之間決定為他的人民選擇其一的時候，拒絕了後兩者，因為它們包括了這第五種告誡。

（譯註，「十誡」先談到有關對於神的信仰的誡條，然後才是有關人的行為的誡條。）

五、**正生**(Right Livelihood)。職業(occupation)這個字是設計得很好的一個字，因為我們的工作，真的佔據(Occupy)了我們大部分清醒的注意力。佛陀認為如果吾人大半的作為都是與精神進展反向的話，精神的進展就沒有可能：「染色師傅的手是被它用的染料所馴服的。」基督宗教同意這一點。馬丁・路德一方面遺憾因為有此需要而明確地把劊子手包括在社會的角色中，卻絕不允許高利貸者和投機者加入。

對於那些有意把他們整個生命致力於以解脫為目標的人，正當的生活是要求加入和尚的團體中，接受教規訓練。對於一般俗眾，則號召他們去從事增進生命而不是毀滅生命的職業。佛陀還是不滿意這樣一般性的說法。他舉出那些職業的名稱來——把當時他認為與精神嚴肅性不相容的職業列舉出來。有一些是很明顯的：如毒品販子、人口販子、妓女。另外還有一些職業，如果全世界接受的話會是革命性的：如屠夫、釀酒商、軍火製造者、收稅的人（這些職業在當時獲取暴利是司空見慣的）。其中有一種職業至今仍然令人不解。

何以佛陀要譴責商隊貿易這種職業呢？

佛陀有關工作的明白公開教導，目的在於幫助他當代的人，要在對精神進展有助的或有妨礙的職業之間作出選擇。有些教徒提出說，如果佛陀在今天教導人的話，他更關心的將不會是特殊的個別職業，而會是一種危險，就是：人們忘記了謀生只不過是生命的手段，而不是生命的目的。

六、**正力（Right Effort）**。佛陀特別強調意志。達到目標需要無比的努力：品德需要去培養，激情需要去克制，破壞性的心靈狀態需要去排除，如此，同情和超脫才得以有機會發展。**『他搶我，他打我，他虐待我』——在心中如此想的人，仇恨永遠也不會停止。**」不過，要想排除這種有摧殘力的情緒唯一的方法，要想擺脫任何這類枷鎖唯一的方式，其實就是威廉·詹姆士（William James）所謂的「意志要緩慢而沉悶地升起」。「那些順從道的人，」佛陀說：「會跟從那負重走過深陷泥沼的牛的例子。牠是累了，但是牠目光堅定，朝前注視著，不走出泥沼絕不放鬆，只有在走出來的時候牠才肯休息一下。啊，和尚們切記，激情和罪惡有甚於骯髒的泥沼，你只有熱切而堅定地思慕著道才能脫離痛苦。」㉗單純的意願——一種低層次的意欲，只是一種意願而不伴隨努力或行動去得到它——是沒有用的。

在討論正力方面，佛陀後來對時機的掌握又加上了一些事後反省的想法。沒有經驗的登山者，要去征服他們第一座主要的山峰，往往對於職業導遊出發時看似荒謬的閒蕩覺得不耐煩，但是一天還沒過去，他持久性的速度就得到了證明。佛陀對於穩定的努力比快速的猛進更有信心。弦拉得太緊是會斷的；飛機升得太猛是會墜毀的。在中國，《道德經》的

作者用不同的形象來說明這一點：「**步子跨得太大的人是走不遠的。**」（原文：「跨者不行。」見第二十四章）

由於西方發覺八正道的最後兩個步驟對於了解人的心靈和其作用有特別的重要性——在美國，因應精神健康業者的需要，成立了好幾個冥想中心，專供其使用。這些我們將會用較長的篇幅來討論。

七、**正心**（Right Mindfulness）。沒有一位老師比佛陀更強調心靈對生命的影響了。最為人愛的佛教經典*Dhammapada*（《法句經》）開宗明義就說，「我們就是我們思想的產物。」至於未來，它向我們保證：「一切都能通過吾人的專注來主導。」㉘

在西方哲學家之中，斯賓諾莎（Spinoza）對心靈潛能的觀點算是最接近佛陀了。他的格言——「了解某件事物就是由之解脫出來。」——算是最接近總結他的整個倫理學了。佛陀會同意這個看法。假如我們能真的了解生命，假如我們能真的了解自己，我們對這兩者都不會覺得有什麼問題。人文主義心理學在同樣的假定上進行。當「對經驗的覺察在充分運作的時候，」卡爾·羅傑士（Carl Rogers）寫道：「人的行為應該受到信任，因為在這些時刻中，人的機體將覺察其微妙以及對他人的溫柔。」**佛陀眼中的冒犯者，是無知而不是罪惡。**更確切地說，就罪惡是我們的過失而言，其實它是由更基本的無知而起——明白地說，就是對我們真正本性的無知。

要逐漸克服這種無知，佛陀不斷指示的自我省察的程度，幾乎會使我們對未來前景感到沮喪。不過，他認為必須這樣做，是因為他相信自由——從不自覺的、機械人似的存在解放出來——是通過自我覺識而達成的。要達到這個目的，他堅持我們要設法深刻地了解自己，細微地觀察每一事物，「如它真實的那樣。」如果我們保持對我們的思想和感覺持續地關注，就會看到它們在我們的覺識中游進游出，根本就不是我們恆久的部分。我們應該觀物而不作反應，特別是對待我們的心情和情緒，既不譴責某些也不抓住另一些不放。還有一些較複雜的訓練可加推薦，譬如：有志進修的人要保持用心靈來控制感官和衝動，而不是被它們驅策。要對可怕和可厭的景象沉思默想，直到吾人不再對它們經驗到厭惡為止。整個世界應該瀰漫著親愛慈悲的思想。

從構成一般人意識的半警覺性，這第七個步驟召喚求道者持續不斷察覺每一項做出的行為，以及吾人意識中冒出的每一點內容。熟練的修練者會覺察到進入睡眠的時刻，在那一刻中究竟是在吸氣還是呼氣。顯然地，這是需要練習的。除了不斷練習到某種程度之外，還要特別拿出時間來作完全不能分心的內省工大。為了這個目的所要作的周期性的完全隱退，也必須要安排在個人的時間表中。

這裡是一位西方觀察者對於泰國和尚練習第七步驟的描述：

> 他們之中有一位每天花上好幾個鐘點在佛寺場地上緩慢地走著，絕對集中注意在每一腳步的每一動作最細微的部分上。將這種做法帶進日常生活每個單一的身體動作中，直到在理論上，清醒的心靈能夠跟隨進入產生感覺、知覺或思想的每一步。有一位五十歲的和尚在他佛寺相連的小墳場中沉思，因為在那裡他不會受到

打攪。他坐著，雙腿交叉一動不動，眼睛張開著，一坐就是好多小時——無論在半夜的大雨中或正午的灼熱下。通常一次是兩到三小時。㉙

通過這樣的修練，一個人可以獲致好些洞見：⑴任何一種情緒、思想或形象都伴隨著一種身體感覺，反過來亦然。⑵吾人要分辨出在吾人心靈中出現的糾纏模式，以及這些模式如何構成吾人的苦(*dukkha*)。對有些人它乃是舊傷的照顧；另一些人發現自己滿懷著渴望和自憐，更有一些人則覺得在大海中。經過不斷地修練，這些模式對吾人緊迫的糾纏就會鬆弛了。⑶每一種精神和身體的狀態都是在流動之中；沒有一種是堅實和持久的。甚至於身體上的痛苦，都是一連串能夠突然間改變的不連貫感覺。⑷沉思者意識到，我們對於自己的心靈和身體的感覺是很少能控制的，對自己的反應一般來說也很少能夠覺察到。⑸最重要的是，他開始意識到，在精神、身體的事件「背後」並沒有任何人在指揮它們。當精微的專注能力更洗練了之後，就可以清楚看出意識本身並非連續不斷的。正好像從電燈泡發出的燈光，開關非常快的時候意識好像是持續的，而事實上卻並不是的。有了這些洞見之後，相信有一個分離自存的自我的想法就開始崩潰了。

八、**正定**(Right Concentration)。這裡主要所牽涉到的技術，我們已經在印度教的「修的瑜伽」接觸過了，而且實質上也指向同樣的目標。

佛陀在他晚年告訴門徒說，他第一次感受到解脫意味的出現是在他離家之前，那時他還是個孩子，一天坐在一棵蘋果樹蔭下深思著，他發現自己沉浸在日後認定是專心不亂的第一個層次。這乃是他第一次稍微嚐到解脫的滋味，他就告訴他自己：「這就是到啟悟的路。」乃是為了回到以及深化這個經驗的懷舊之情，也由於他對世間生活一般報酬的幻滅感，使得他決定把生命完全奉獻給精神上的探險。結果，正如我們看到的，不單單只是一個新生命哲學的產生。它也是一種再生：變成一種不同的生物，用一種新的方式來經驗世界。除非我們明白這一點，否則就不能探測到佛教在人類歷史上的力量。在那株寶樹下佛陀身上所發生的事，也同樣發生在每一位堅持修練八正道到最後一步的佛教徒身上。正如一架照相機，以前心靈的焦距對得不好，不過現在卻調整好了。「根絕執著（癡）、渴望（貪）和敵意（嗔）」三毒，我們看到事情並非我們以前以為的樣子。的確，設想的任何什麼都消失了，而由直接的知覺所代替。心靈安住在其真實的狀態之中。

佛教的基本概念

佛陀對生命的全盤觀點是難以確知的，這一點與歷史上任何一個人物一樣。部分的問題出在，正如多數的古代宗師一樣，他什麼也沒有寫。在他所說的話和第一批書寫記錄之間幾乎有一個半世紀的間隔，雖然在那種時代，記憶似乎是不可思議地忠實，無論如何，那麼長久的間隔是一定會產生一些問題的。第二個問題乃是出自經文本身材料的豐富上。佛陀說法四十五年，數量驚人的全集以一種或他種形式傳了下來。整體的結果無疑是一種福氣，單就材料的量來說就叫人吃驚；儘管他的說法多年來都很有一致性，不過要為那麼多的心靈和用那麼多不同的方式來說明一些意思，不產生闡釋性的問題簡直是不可能的。這些闡釋造成了第三個障礙。到了經文開始出現的時候，各個派別就開始出現了，有的想要儘量減少佛陀與婆羅門印度教之間的破裂，另外的人則要使之更尖銳化。這使得學者懷疑他們所讀到的到底有多少是佛陀真正的思想，以及有多少是派系竄改的結果。

毫無疑問地，要恢復佛陀圓融的哲學，最嚴重的障礙是在他對緊要點上的沉默。我們已經看到他最熱切關心的乃是實際的、醫療方面的，而不是玄想的、理論方面的。他寧可不去爭辯宇宙論的問題，而要向人們介紹一種不同的生活。如果說他對理論沒有興趣的話，那是錯了。他的對話錄顯示他曾精細地分析某些抽象問題，他的確是擁有一個優秀的形上學頭腦。只是在原則上他抗拒哲學，就如同一個有使命感的人，可能會避開業餘嗜好而認為那是浪費時間一樣。

他的決定是那麼合乎情理，以致我們現在加上的這一段——企圖直率地指認——亦即在某種程度上定義——佛陀觀點的某些關鍵性看法，就顯得像是一種背叛了。但是，最終，這項工作是不可避免的，原因很簡單，形上學是無可避免的。每個人對於終極的問題都懷抱著某種想法，而這些想法影響到一些附屬論題的闡釋。佛陀也不例外。他拒絕引發哲學討論，只偶而讓自己脫離了「高貴的沉默」去進行討論，不過他當然是有他的觀點的。沒有一個想了解他的人能夠不正視他這些觀點的真面目，雖然這是一個危險的任務。

我們可以從「涅槃」談起，佛陀用這個字來稱呼他所看到的生命目的。從字源學上看來，它的意思是「吹熄」或「熄滅」，不是及物性的，而是像火停止燃燒了。沒有了燃料，火就滅了，這就是涅槃。很多人從這樣的比喻來推測，說佛陀所指的滅絕是完全的、整個的消滅。假如真是如此的話，譴責佛教是否定生命和悲觀主義的說法就有根據了。而實情是，上半個世紀的學者們已經把這個看法推翻了。涅槃乃是人類精神的最高命運，它的字義是絕滅，但是我們必須確定要絕滅的是什麼。是有限自我的界限。這並不是說剩下來的就是無。

從消極面來看，「涅槃乃是私人欲望的一束柴被完全燒盡了的狀態，而一切對無限生命造成拘限的東西都死去了」。從積極面來看，它就是那無限生命自身。佛陀拒絕了每一個對那無限的作正面描述的要求，堅持說它是「不可理解，不可描述，不可想像，不可言說的」；因為在消除了我們所知的唯一意識的每一面向之後，我們還能對剩下來的說些什麼呢？[30]佛陀的一個傳人，那先(Nagasena)把這一點保存在下述對話中。被問到涅槃是怎麼樣的，那先用一個問題來反問：

「有沒有像風這樣的東西？」

「有，尊敬的先生。」

「先生，請用顏色、形狀、厚或薄、長或短來表現風給我看。」

「但是，尊敬的那先，要把風這樣表現給你看，是不可能的呀；因為風不能用手抓或碰到；可是風是存在著的。」

「那麼，先生，如果不可能把風拿來給我看，那就沒有風這個東西。」「我，尊敬的那先，知道是有風的；我是確信其有的，可是我沒有辦法拿風給你看。」

「先生，涅槃更是存在的了；但卻是不可能表明的。」㉛

我們最後的一個無知，是想像我們最後的命運是可以設想的。我們所能知道的是，那是一種狀態超越了心靈、思想、感覺與意志（更不必提身體了）所設下的種種限制。佛陀只作出一個肯定的描寫：「妙樂，是的，妙樂，我的朋友，就是涅槃。」

涅槃是神嗎？當答案是否定的時候，這個問題就引到反面的結論上了。有的人下結論說由於佛陀不講神，它就不可能是一種宗教；另有人說，因為佛教明顯地是宗教，宗教就無需神。這項爭辯需要我們對「神」這個字的意思快速省視一下。

它的意思決非單一的，更不是簡單的。要了解它在佛教內的位置，兩種意義必須分別開來。

神的一個意思是，一個人格性的存在，用有意的設計來創造宇宙。在這個意思的界定之下，涅槃就不是**神**。佛陀不把它當作是人格性的，因為人格需要定義，而涅槃是不能定義的。雖然他並沒有明白表示要否定創造的意思，他卻清楚地表明涅槃並沒有擔負創造宇宙的責任。如果沒有一個人格性的創造**神**，就是無神論的話，佛教就是無神論的。

不過，還有**神**的第二種意思，被稱之為（與第一種區分開來）神性(Godhead)。人格的觀念不是這個概念的一部分，它出現在全世界的神祕傳統中。當佛陀宣稱：「啊，諸位和尚，有一個未出世的(Unborn)，既不變化，也不被創造，也不被生成……如果沒有它，就不會從生成的、被創造的、被合成的情況中解脫出來。」㉜他似乎是在這種傳統下說話。愛德華・康茲(Edward Conze)看到在涅槃與神性之間的相似性，從佛教經典中輯錄了一連串可以應用到兩者的屬性。我們可以讀到：

> 涅槃是恆存的、穩定的、不滅的、不動的、無年歲的、不死的、不生的、不變的。它是力量、妙樂和幸福、安全的避難所、庇護所，以及攻不破的安全之地；它乃是真正的真理和至高的真實；它是善，是我們生命最高的鵠的以及獨一無二的圓滿，是永恆的、隱蔽的以及不可理解的和平。㉝

我們可以和康茲一起下結論說，涅槃不是定義為人格性的創造**神**，但是它卻十分接近**神**作為神性的概念，而有理由確認這個名稱有那一方面的意思。㉞

最令人驚異的是，佛陀說到人的自我是沒有靈魂的。這個 *anatta*（無我、無靈魂）的教旨又使得佛教在宗教上似乎很特別。不過這個字又需要加以研究。佛陀所要否定的 *atta*（巴利文，即梵文的 *Atman* 或靈魂）到底是什麼？在當時它是意指：⑴與印度教的二元論立場一致的某種精神實體(substance)，⑵永遠保留其分離的身分。

佛陀否定了這兩種特性。他對精神實體的否定——那作為侏儒(homunculus)的靈魂，幽靈般地包裹在身體內的鬼魂，推動身體活動而不跟隨身體一起死亡的——似乎成為主要論點，使得他的轉世概念不同於當時盛行的印度教對它的解釋。真正是印度土生土長的孩子，佛陀從來都不懷疑轉生在某種意義上是事實，但是他卻公開批評當時婆羅門解釋這個概念的方式。他批評的要點，可以從他對這一題材的看法所提出的極明白的描述中得知。他用了火焰從一支蠟燭傳到另一支蠟燭的比喻。由於很難想像最後一支蠟燭上的火焰是原來的火焰，因此其間的連繫看來是因果式的，其影響乃是經由連鎖反應傳遞，並沒有一種持久的實體。

火焰的比喻加上佛陀所接受的業報思想，我們就有了他所說的有關轉世的要旨了。如果對他的立場作一個總結，大概會是這樣的：⑴有一種因果鍊把每一個生命，與那些把它帶領到現在生命的生命，以及那些將要出生的生命連繫在一起。每一個現在的生命之所以如此，是由以前那些生命的生活方式所造成的。⑵在這整個因果串中，意志始終是自由的。事物依法則而運作，造成現有狀態是前世行為的產物，不過在現世之內，意志雖被影響卻並不被控制。人們仍然有自由去塑造他們的命運。⑶以上兩點肯定了生命中的因果連繫性，但是這並不是說有某種實體被留傳下來了。觀念、印象、感情、意識流、現在的時刻——我們發現的就只是這些，並沒有精神的實體。休姆和詹姆士是對的：如果有一個持續著的自我，亦即永遠是主體而不是客體的，那麼它從不展露自己。

一項類比將有助於說明佛陀對業報與轉世說的看法。⑴影響我心靈內容的欲望和厭惡——我所關注的和我不予理會的——並不是偶然出現的；它們是有確定的連繫的。除了從我的文化那裡形成了我的態度之外，我也形成了我心理上的習慣。這包括對各樣東西的渴望，以驕傲或妒嫉之情把自己拿來與別人比較的傾向，喜歡滿足感而厭惡其反面的偏向。⑵雖然習慣性的反應趨於變成固定化，我卻並不被個人的歷史所拘束；我可以有新觀念並改變心意。⑶這兩點所肯定的連續性與自由，都不需要把思想或感覺看成實體(entities)

——那從一個心靈傳遞到另一個，或是從此刻傳遞到彼刻的事物或心靈實體(mental substance)。我從父母那裡得到對正義的關心，其意思並不就是說，有一種實體，不論它多麼輕靈或像鬼魂似的，從父母的頭腦跳進了我的頭腦之內。

這種對精神實體的否定，只不過是佛陀廣泛否定每一種實體的一個面向罷了。實體帶有一般的和特殊的含意。一般而言，它指的是當前事物表面變化之下比較永恆的某種東西；特殊而言，這比較基本的某種東西乃被認為是物質(matter)。佛陀身上的心理學家是不贊成後一種想法的，因為對佛陀來說心靈是比物質更基本的。而佛陀身上的經驗論者，則挑戰一種普遍化實體觀念的含意。看了許多佛教文獻之後，不可能不得到其對一切事物有限性之無常(*anicca*)的體認，以及其對每一自然對象不斷的毀滅之肯認。也就是這一點，給予了佛教對自然世界描述的深刻性。「一個又一個浪花永恆地在追逐著。」或者，

生命是一個旅程。
死亡是復歸於泥土。
宇宙像旅店。
過去的歲月如塵埃。

佛陀把「無常」(*anicca*)列為存在的三項特徵之首——可以適用於在自然秩序中一切事物的特質——另外的兩項是「苦」以及沒有永恆的身分或靈魂之「無我」。自然界中沒有任

何東西是與前一刻的它相同的；在這一點上佛陀很接近現代科學，現代科學發現宏觀世界中相對穩定的物體，乃是源自幾近於無的存在的粒子。為了強調生命的短暫性，佛陀稱人的自我成分為集（*skandas*）——一束束如鬆散的紗線掛在一起——而身體是個「堆」，「它的成分不會比成堆的穀子更結實地聚集在一起。」不過為什麼佛陀要那麼辛苦地強調那似乎已很明顯的事實呢？因為，他相信，只有接受這持續的改變，並將這個無常觀念打進到我們的骨子裡，我們方得以從渴求永恆的痛苦中解脫出來。佛陀的追隨者熟知他的教誨：

把這幻影世界
當作黎明的一顆星星，小溪中一個水泡，
夏日一片雲上的一陣閃電，
一盞明滅不定的燈——一個幻影——一個夢。㉟

既然對一切有限事物有了極端無常的理解，我們可能會以為佛陀對「人能超越身體的死亡而續存嗎？」這樣一個問題的回答明白是否定的，然而他的回答在實際上卻是模稜兩可的。普通的人死時留下一連串的欲望，只有在另一次轉世中才得以實現；在此一意義下至少這些人會繼續活下去。㊱但是阿羅漢（*Arhat*），那把所有這一類的欲望都絕滅了的聖人又如何呢？這樣的人仍然繼續存在下去嗎？當一個流浪的苦行者提出這樣一個問題時，佛陀說：

「再生這個字不適用於他身上。」
「那麼他是不再生？」
「不再生這個字也不適用於他身上。」
「對於我的每一個問題，喬達摩(Gotama)，你的回答都是否定的。令我不知所措，不知如何才好了。」
「你應該是不知所措不知怎麼辦才對，婆蹉(Vaccha)。因為這個道理是深刻、奧妙、難以理解、珍貴、傑出、非辯證論理所能把握，其微妙只有智者才能明白。所以讓我來問你吧。如果面前有火在燒，你會知道嗎？」
「知道，喬達摩。」
「如果火熄了，你會知道它嗎？」
「知道。」
「如果現在問你，火是向哪個方向走的，是朝東、西、北或南，你能給一個答案嗎？」
「這個問題問得不妥，喬達摩。」
而佛陀就此結束了討論，並指出「正是在同樣的方式下」苦行者的問題也問得不妥。「感覺、知覺、力量、意識——這一切可能用來指阿羅漢的東西對阿羅漢來說都過去了。深刻、不可計量、深不可測，阿羅漢有如巨大的海洋，再生不適用於他，不再生也不適用於他，任何這類名詞合起來都不適用於他。」㊲

我們如果了解當時的印度人認為火焰熄滅並不是真的滅了，而是回到火焰以可見的狀態出現之前的純粹而不可見的狀況，將會有助於了解這一段對話。不過這段對話的真正力量是在別處。在問到火，承認它已經滅了卻要知道它到哪裡去了，佛陀是想提醒人們注意一項事實，就是：有些問題被我們的語言多麼笨拙地提出來，以致問題本身的形成就預先排除了解答。得悟的靈魂在死後是否存在的問題，就是這一類的例子。如果佛陀的回答是：「不錯，它繼續活下去，」聽眾們就會假定，我們現在的經驗模式會持續下去，這不是佛陀的意圖。另一方面如果他說：「悟了道的靈魂停止存在了，」聽眾就會假定他將之歸於整個的絕滅，這也不是他的意圖。在這種拒絕極端的基礎上，我們不能確定地說很多，不過我們可以嘗試來說點什麼。人類精神的終極命運乃是一種狀態，在其中，一切與有限自我的生平經驗認同的因素都將消失，而經驗本身不單保留了下來，而且還提升到無可辨認的狀態。又如不連貫的夢境在清醒之後就完全消失了，正如星星在朝陽之下消失一樣，個人的覺識會在整體覺識的白熱光亮中隱去。有人說，「露珠溜進了發光的海洋。」另有人寧可以為露珠是敞開自己接受海洋。

如果我們試圖對涅槃狀態作一個比較詳細的描述，我們將在沒有佛陀的幫助下進行，不單是因為佛陀幾乎絕望地明白，那種狀態是遠超出語言的力量，也因為他拒絕用美好的預言來哄騙聽眾。就算是這樣，還是可能對佛陀的道路所指向的合理目標，有一些概念的。我們已經看到佛陀認為世界是一有法則的秩序，事件在其中是被普遍的因果法則所支配。不過但是，阿羅漢的生命不斷從自然界的因果秩序中獨立出來，它並沒有破壞那個秩序。不過當世界對阿羅漢的掌握減退了的時候，阿羅漢的精神就愈自主了。在這一意義下阿羅漢不單是從世界的激情和憂慮，而且也是從世界的一切事件中不斷地解放出來。內在每增加一點，和平與自由就取代騷亂的束縛，使生命逐漸擺脫境遇的控制。只要精神繼續捆綁在身體上，它即無法從特殊、暫時和變化之中解脫。但是由阿羅漢的最終之死切斷了這一連繫，從有限解脫出來的自由就會完成。我們不能想像這將是什麼一種狀態，不過朝它射過去的彈道是可以辨別出來的。

精神的自由帶來生命的擴大。佛陀的門徒感覺到他體現了無可衡量的真實——像在那種意義下就是更為真實——比任何他們認識的人都多；他們從自己的經驗來見證，沿著他的正道前進，而擴大了他們的生命。他們的世界似乎也擴大了，每走一步都感覺到自己比以前更為活躍。只要為身體所局限，就會有那超出他們界限所不能去的地方；但若所有的結都鬆開了，難道他們不能完全自由嗎？再一次地，我們無法具體地想像這種狀態，不過其進程的合理性似乎是清楚的。如果增加了的自由帶來增加了的存在，完全的自由應該就是存在本身。

一千個問題還是在那裡，但是佛陀沉默了。
別的人仍然逗留在我們的問題中，你卻是自由的。
我們一問再問；你笑著並且靜止不動。㊳

大乘和小乘

到目前為止我們是從最早的記錄來看佛教。現在我們要轉到佛教歷史以及其所記載的不同流派，這些流派可以進入傳統，去尋求滿足廣大民眾以及許多人格類型的需要。

當我們以這樣的旨趣來處理佛教歷史的時候，立即衝擊我們的是它的分裂。宗教沒有例外，都會分裂。在西方，十二個希伯來族群分裂成以色列和猶太(Judah)。基督宗教王國分裂成東、西教會，西教會又分裂成羅馬天主教和新教，後者再分裂為各種教派。佛教也發生同樣的事情。佛陀死後，一個世紀還沒有過去，派系分裂的種子已經種下了。一種處理佛教何以分裂問題的方法是通過分析事件、個性，以及佛教在其開始的幾個世紀中就牽連到的環境。不過，我們可以不理這些資料而只是說，佛教對於永遠使人分化的那些問題是有了分化的。

那類問題有多少呢?有多少個問題會幾乎把每一次不論是在印度、紐約或馬德里聚集的人分化了呢?出現在腦中的有三個。

第一，人是獨立的抑或是互相依賴的問題。有的人最注意他們的個體存在;對於他們來說，自由和主動性比他們的人際關係更重要。明顯的系論(corollary)是，他們認為人們是在人生過程中走出自己的道路;每一樁成就多半是靠自己的作為。「我出生自貧民區，我父親是個酒鬼，我的親屬全都不成材——不要跟我講遺傳或環境因素。我之有今天是靠我自己！」這是一種態度。另外持相反的看法的人，則是那些認為生命的相互關連性勝過一切。對於他們來說，人與人的隔離似乎是空洞無力的；他們認為自己受社會領域的支持和指導就如同在物理領域中一樣強烈。人的身體當然是隔離的，但是在更深的層面，我們則像在同一大塊浮冰內的冰山。「**不要問鐘聲為誰而響，它是為了你。**」

第二個問題是有關人所處的關係，這次不是跟他們同胞的關係，而是跟宇宙的關係。宇宙是友善的嗎？——整體地講是對創造物有幫助的？或者就算沒有敵意的話，它乃是無動於衷的？各種意見都有。我們在書店的架子上看到書名如「人孤獨無依」這類的書，而緊挨著的卻是「人並非孤獨無依」還有「人不孤立」這類的書。有的人將歷史看成是徹底的人類事業，是人用自己的腳步把自己提升起來，否則進步不會發生。對於另外一些人，歷史則是被「一種趨使向善的更高力量」所推動。

第三個造成分化的問題是：人類自身最好的部分是什麼，是頭呢？還是心？最熱門的社交話題往往環繞著這樣的問題，「**假如你一定要選擇，你寧可被愛呢？還是被尊敬？**」重點根本一樣，只是拐了一個彎來說而已。古典主義者會視思想高於感覺；浪漫主義者則取相反的立場。前者追求智慧；後者，如果一定要他們選擇的話，則寧可選擇慈悲。這種不同也可能與威廉・詹姆士的硬心腸與軟心腸之間的對比相關。

只要是人，此處所列的三個問題就有可能分化他們，而且到今天還繼續分化著他們。它們分化了早期的佛教徒們。一個團體把佛陀的告別演說當作座右銘，「做你們自己的明燈；努力去實踐你們的救贖。」不論這個團體中的成員做出什麼進展，都將是智慧的果實——通過冥思去洞察受苦的原因。另一團體主張慈悲乃是悟道更為重要的成分，他們辯稱自己去尋求悟道以及為自己去尋求悟道，在詞語上是互相矛盾的。對他們來說，人類比較是社會性的而不是個人性的，而愛乃是世界上最偉大的東西。

其他的區別就環繞在這些基本的區別上。第一個團體堅持佛教是個全職的工作；那些以涅槃為他們核心目標的人，就必須放棄俗世而成為和尚。第二個團體，或許是因為它並不把希望全部放在自力上，就沒有那麼嚴格的要求。該團體主張其觀點對於俗世的人以及專業人士同樣的有效；並以其自己的方式可以同樣應用到俗世上和寺院內。這種不同就反應在兩種看法名稱上之不同，兩者都稱自己為*yanas*，筏或渡船，因為兩者都聲稱要載人渡過生命的海洋來到悟道的彼岸。不過，第二個團體指出它的宇宙性之助力（慈悲，grace）的教旨以及它對世人更廣大的關懷，而聲稱是「為人的佛教」，因之是兩種渡法中較大的一個。因此它就先發制人，取名為*Mahayana*（大乘），大筏，*maha*意思是「偉大的」，如同在*Mahatma*（偉大的靈魂的）Gandhi（甘地）的名字中一樣。由於這個名字受到歡迎，另外那個團體就只好棄權，被稱為*Hinayana*（小乘）或小筏。

小乘佛教徒們對這個討厭的名稱並不高興，寧可稱他們的佛教為*Theravada*，長者之路（the Way of the Elders）。這樣他們就爭到了主動，而聲稱是代表了原始佛教，也就是喬達摩本人所傳的佛教。如果我們把自己只限制在最早的佛經，巴利經典（*Pali Canon*）中記載的佛陀直接的說教，這種宣揚是沒有話說的，因為整體而言，那些經文的確是支持*Theravada*的立場的。但是這個事實並不能阻止大乘佛教徒提出相反的主張，說他們才是繼承佛陀的真傳人。他們爭辯，佛陀以他的生命和榜樣來說教，這比用巴利經典上的話來說教更有說服力，也更為深刻。有關他一生最具決定性的事實是，在悟道之後，他並沒有留在涅槃之內，而是把生命貢獻給世人。由於他未曾不厭其煩地說明這個事實，大乘佛徒爭辯說原始佛教徒(Theravadins)過分狹窄地專注在他原初說的話，就忽略了他「偉大的棄絕」的重要性，而把佛陀的使命解讀得太狹窄了。㊴

我們可以讓兩派教義自己去解決繼承的爭論；我們所關心的不是去評判，而是去了解他們立場的含意。到目前為止，所顯現出來的區別可以從下面的一些對比來作總括，不過我們要緊記，它們並非是絕對的，而只是以強調的方式來指出其差異。

一、對原始佛教來說，進步完全在於個人，是靠個人的理解以及堅決的應用意志。對大乘佛教徒來說，個人的命運是與一切生命的命運相連的，而它們最終是不分的。約翰・蕙提爾(John Whittier)的詩〈會見〉(The Meeting)中的兩句詩可以總結出後者的主張：

只尋求自己得救是尋不到的

單獨被拯救的，其靈魂是失落的。

二、原始佛教主張人類在宇宙之中得靠自己。沒有諸神存在來幫助我們度過難關，因此靠自己乃是我們唯一的救援。

罪惡是我們自己去做的，
痛苦只有我們自己來承受，
停止錯誤只有靠我們自己，
要變成純潔只有靠我們自己。
除了自己沒有人可以救我們，
沒有人能也沒有人會；
我們自己必須走上正道；
佛陀只不過指示了道路。

對於大乘佛教，相對地來說，慈悲乃是一個事實。我們能夠心平氣和，因為一股無限的力量吸引著——或者如果你寧可說，它驅使著——每一事物到它指定的目的。用一句有名的大乘佛教經文的話來說：「**每一粒沙子中都有一位佛陀。**」

三、原始佛教悟道的第一特性是智慧(*bodhi*)，意思是對真實本性的深刻洞見，了解焦慮和苦難的原因，以及沒有另外一個分離的自我核心。由這些體認自然流出了「四大德」：慈悲為懷、同情、安之若素、為他人的快樂和幸福而喜樂。從大乘佛教的觀點，*Karuna*（慈悲）不能夠當作是當然的果實。從一開始慈悲就必須優先於智慧。如果一個人不是以立意培養對他人的同情關心為艱鉅的修練動機，沉思冥想所產生的個人力量可以是破壞性的。「我要做那些沒有保護者的守衛，」大乘佛教的祈禱是這樣說的：「做旅者的嚮導、做尋求彼岸的人的一艘船、一口井、一股泉水、一座橋。」這個主題被詩人商諦德華(Shantideva)，一位被稱為佛教中的甘培士(Thomas ā Kempis)的聖者詩人，美麗詳細地闡明了出來：

讓我做病人的慰藉者、醫治者和服務者直到病痛永不再犯；
讓我用食物和飲料之雨來解除飢餓和乾渴的苦；
讓我做時代終結時飢荒中的飲料和肉食；
讓我變成一間窮人的永無匱乏的倉庫，為他們的需要配備多樣的物品來服務他們。
我自己個人的存在以及快樂，所有我過去、現在以及未來的正直，我都無動於衷地放棄了，
但願眾生都能最後贏得勝利。㊵

四、僧伽（*sangha*，佛教的寺院組織）乃是原始佛教的中心。寺院（包括尼姑庵，不過程度稍遜）乃是佛教盛行地區精神的發電機，提醒每一個人在看得到的現實背後有一更高的真理。和尚和尼姑其實並沒有完全和社會隔絕，因為他們還仰賴人們供應吃食，但是他們仍然受到極大的尊敬。同時對那些為了專心修練，而在一段時期中接受寺院清規的人，雖然他們不是和尚或尼姑，在該段時間中也受到尊敬。在緬甸「著袈裟」參加三個月的寺

院靈修，真正標誌了進入男子成人之路。相反地，大乘佛教主要是為俗世人的宗教。連和尚也通常是結婚的，他們主要的關心是要為俗世人服務。（譯註：這在日本的情形是如此。）

五、隨著這些區別，兩派所設想的理想類型也就隨之不同。對原始佛教徒來說，理想的人是阿羅漢，一個完美的信徒，就像一頭孤獨的犀牛般遊蕩著，獨自奮力追求涅槃，用驚人的專注毫不懷疑地朝目標走去。與此相反，大乘佛教的理想乃是菩薩（*bodhisattva*），其本質（*sattva*）是完滿的智慧」——一個達到了涅槃邊緣的存在，自動放棄了那項獎品而回到俗世中，使涅槃讓每個人都可以得到。菩薩有意地判決他自己或她自己接受長期勞役——所有菩薩中最受愛戴的乃是慈悲女神（印度叫 *Avalokatesvara*，中國叫觀音），讓他人根據他或她所累積的德業汲取資源，能夠先進入涅槃之境。

兩種類型之間的不同，可在四個人的故事中說明，他們在橫過大沙漠的旅途中，來到一個四面圍著高牆的村寨。四個人之中的一個決定要弄清楚裡面是什麼。他爬上圍牆，到了牆頭就發出一聲歡呼而跳了過去。第二位和第三位也做了相同的舉動。第四個來到牆頭，他看到下面迷人的花園中有閃亮的溪水，愉人的叢林以及甘美的水果。雖然他很想跳過去，卻拒絕了這項誘惑。想起了別的旅者正在熾熱的沙漠中跋涉著，他重新爬下牆來致力於帶領他們到綠洲來。前面的三個人是阿羅漢；最後一位就是菩薩，一位決心不遺棄世間「直到連草都悟了道的人物」。

六、這種在理想上的不同，自然回過頭來影響兩派對佛陀本人的評價了。對於一派來說他主要是一位聖人，對於另一派他則是一位救世主。原始佛教徒尊他為至尊的聖者，通過自力悟到了真理，而成為一位為他們開闢了一條道路讓他們追隨的獨一無二的導師。他是人中之人，他的人性(humanness)就是根本上，讓原始佛教徒信仰他們也有悟道潛能的基礎。但是佛陀本人的直接影響隨著他的入寂*Parnirvana*(死後進入涅槃)而終止了。他對這個生成變化的世界已不再有知覺，而在完全的平靜之中。大乘佛教徒感受的崇敬，則不能滿足於這種人性——當然是非常地特別，但仍然是人。對於他們而言，佛陀乃是一位救世主，「通過他那戴滿了寶石的雙手的光芒」不斷吸引一切生物到他那裡。一切存在層面、星河以及星河外的星河、世界上及世界以外的世界，那些捆綁著的、鎖銬著的以及受苦難的，都通過主光輝的「贈與的光芒」(gift rays)而被吸引著朝向解脫走去。

這些差異乃是最核心的，不過還可以提出另外幾點來完成整個圖像。原始佛教徒隨從他們的創始者，而認為玄想乃是一項毫無用處的分心，而大乘佛教則產生出有詳盡說明的宇宙論，帶有多層的諸天和地獄。原始佛教徒所鼓勵的唯一一種祈禱，就是冥想和懇求深化信念和慈愛之心，而大乘佛教徒則加上哀求、請願以及呼喚佛陀的名來求精神的力量。最後，原始佛教徒對於早期巴利經文幾乎是保持著原教旨主義般的保守態度，而大乘佛教則幾乎是在每一方面都持有自由的態度。它對比較後期的經文也同樣地接受其權威性，對解釋修練規則上也沒有那麼嚴格，對婦女和一般俗世人在精神上的可能性有比較高的看法。

因此，最終，輪子轉了完整的一個圈。一開始是反抗禮儀、玄想、恩寵以及超自然性的宗教，結果這些卻全都強有力地回來了，而且其創始者（就人格神是否存在而論，他是個無神論者）本人就轉變成這樣的一位神了。我們可以如下地排列出分化佛教兩大派別的差別，不過不要忘記這些差別並不是絕對的：

原始佛教

人可通過自力，無須超自然之助而得以解脫。

主要的品德：智慧。

成就需要持久的承諾，主要是為和尚和尼姑而設。

理想：死後留在涅槃中的阿羅漢。

佛陀是一位聖人，至高無上的導師，以及啟迪者。

儘量減少形上學。

儘量減少儀式。

修練集中在冥想。

大乘佛教

人的渴望是由神性力量以及它們賜予的恩惠的支持。

主要的品德：慈悲。㊶

宗教修練對世間的生命有相干性，也因此適用於俗人。

理想：菩薩。

佛陀是一位救世主。
詳盡闡明形上學。
強調儀式。
包括訴求的祈禱。

哪一派贏了呢？內在地說，根本無法衡量（或者說得更好一點，根本沒有贏不贏這回事），但是外在地說（用數目字來表示），答案是大乘佛教贏了。部分的理由可能是一位出名的偉大國王改信了大乘佛教之事實。在古代王室歷史中阿育王（Asoka，約紀元前二七二—二三二）有如喜馬拉雅山峰般，在陽光照耀的天空下清晰而輝煌地突出著。如果今天我們並非全都是大乘佛教徒——那並不是阿育王的錯。他不以自己上大筏為滿足，還推介給他的子民，並努力把它推廣到三大洲之上，到今天印度的國旗上還舞動著佛教法輪。他找到的佛教是一個印度的宗派，但他留下的卻是一個世界性的宗教。

不過，如果以為一位歷史上的人物就能使佛教變成世界性就有點過分了。亞洲以不同的方式去聆聽以及領會佛教，提供了辨別原始佛教與大乘佛教的一塊最後的試金石。到目前為止我們注意的差別都是教旨上的，但是它們之間還有一項重要的社會及政治上的差別。㊷

到現在我們還沒有提到原始佛教尋求體現佛陀教誨的一項特點就是：他對整個你可以稱之為文明社會的見解，有如三腳架般建造在君主制、僧伽以及俗眾之上，每一單項對其他兩者都有責任，而從他們那裡得到服務的回報。南亞國家，包括至今仍然是原始佛教的斯里蘭卡、緬甸、泰國和寮國，都很嚴格地採納了佛陀在這方面的政治信息，他的模式的殘餘直到今天仍然可以在這些地方辨識得出來。中國對佛教的興趣（她又把它傳到南韓、日本以及西藏地區，形成了大乘佛教）迴避了它包括教育和政治在內的社會諸層面。在東亞地區佛教以某種接枝方式出現。佛教的傳教士說服中國人，說他們擁有中國聖人未曾宣說的心理的和形而上的深意，不過孔子曾經對社會秩序思考過很多，中國人是不會在這個題目上讓異族人士來教訓的。因此中國摒除佛陀的政治提倡，而從他的全集中取其具有宇宙意味的心理——精神的成分。世界仍然等待著一部解說原始佛教與大乘佛教（地理和歷史的原因）分化故事的佛教史，在這樣的分化中，前者仍然忠實於其創始人有關佛教文明的見解，而大乘就修剪成了只剩下其宗教核心的佛教：一種可以移植到社會基礎穩定的文明中去的模型。

許多世紀過去之後，原始和大乘佛教之間教旨的差別似乎是軟化了。二次世界大戰以後，兩個年輕的德國人對歐洲失望了，就去斯里蘭卡把他們的生命奉獻給佛陀的和平之路。兩個人都成了原始佛教的和尚。其中一位改名 Nyanaponika Thera，繼續留在原路上；但另一位，在一次北印度的旅途中，遇到幾位西藏人而改信了他們的傳統，成為西方所知道的喇嘛哥文達(Lama Govinda)。在 Nyanaponika 生命接近最後階段的時期，一位造訪者問他有關兩位朋友接納不同佛教這回事。年老的原始佛教徒以極大的肅穆和甜美回答說：「我的朋友引了菩薩誓願作他改信大乘的原因，但是我看不出他論證的力量。因為如果一個人完全超越了個人中心，如阿羅漢所追求的，那麼除了慈悲之外還有什麼呢？」

花的祕密㊸

佛教分化之後，原始佛教繼續保持相當統一的傳統，而大乘則分化成好些宗派或學派。其中最流行的是淨土宗，類似基督宗教使徒保羅仰賴信仰的那條線索——在這一派中信仰佛的「他力」——把信仰者帶領到西方極樂世界的淨土。在其流行的解讀中，這個極樂世界有許多與基督宗教的天堂相似，不過兩者都承認有精微的釋意，認為天堂是一種經驗狀態而不是一個地理的地方。另一個重要的大乘教派（中文是天台宗；日文 *Tendai*）把儒家對學問和社會和諧的愛好引進到佛教之內。在其最高論著法華經（*Lotus Sutra*）中，它尋求給每一個佛教宗派找到一個位置。我們將不深入探討這些以及大乘佛教中較小的宗派；我們將首先保留篇幅給受到道教影響很深的佛教，名之為禪（日文是 *Zen*），其次，是興起在西藏的佛教。這樣的選擇，部分決定在於，這乃是在西方最受注意的佛教分派，不過還有額外的好處是，它們將把我們帶到佛教興盛的兩個十分不同的地區。

由於共產黨佔領中國而中止了宗教生活，我們將追蹤在日本裝扮之下的禪宗教派。正如其他大乘宗派一樣，這一派也主張把它的觀點一直追溯到喬達摩本人。它主張那些記錄在巴利經典內的佛陀說教，乃是群眾抓到的那一部分。佛陀另一些更有感知力的信徒，在他的信息中聽到一種更高、更精微的教誨。這一經典的例子，就記錄在佛陀的花之教（Flower

Sermon)中。站立在一座山上，信徒圍在他四周，佛陀此時不發一言。他只是手持一朵金蓮花。除了摩訶迦葉(Mahakasyapa)之外沒有人能明白這一意味深長的手勢，摩訶迦葉的微笑，說明了他已抓到了要點，佛陀因此指定他做繼承人。引發那個微笑的洞見，通過二十八代祖師在印度傳播著，而在西元五二〇年由菩提達摩(Bodhidharma)傳到中國。在十二世紀又從那裡傳到日本，它就包括了禪宗的祕密。

進入禪的世界是有點像通過愛麗絲的鏡子一樣。吾人發現自己處身在一個一切都似乎是瘋狂的顚倒的幻象世界中——大部分都是美妙地瘋狂，不過還是瘋狂就是了。它是一個令人迷惑的對話，難解的謎語，驚人的悖論，公然的矛盾，以及突發的不相連屬的推論，全部都以極盡所能的最文雅、愉快和無邪的文體表現出來。這裡就有幾個例子：

師父Gutei（俱胝），每次人家問他禪的意思，他就豎起食指。就只是這樣。另一位師父則踢一個球。更有一位則給問的人一巴掌。

一位新信徒提到佛陀時，說了一個尊敬的字眼就被喝令把嘴洗乾淨，日後再也不許說那個髒字眼了。

有一位自認為明白佛教的人（神秀）寫出如下的詩節：

身是菩提樹，
心如明鏡台。
時時勤拂拭，

莫使染塵埃。

他馬上被另一首相反的四行詩（出自六祖惠能）糾正過來，而後者被認為才是禪的真正立場：

菩提本無樹，
明鏡亦非台。
本來無一物，
何處染塵埃？

一名和尚走向一位師父說：「我剛來到這座寺廟。求你慈悲給我一些指點？」師父問道：「你吃了早飯沒有？」「吃了。」「那就去把你的碗洗了吧。」問道者就通過這樣的交談而得到了他所求的了解。

一群禪師聚在一起談得很愉快，宣稱根本就沒有佛教這種東西，也沒有任何一點點類似涅槃的東西。他們給彼此設下陷阱，想騙對方去作一個可能含意相反的斷言。由於他們都訓練有素，總是技巧地避免落入陷阱和圈套，這時整個一幫人都爆發出燦爛的、震動的笑聲。

這是怎麼一回事呢？就算這並非全然是哄騙說謊，卻一眼看上去像是奧林比克的馬戲一般，到底有沒有可能弄清楚其中是否有什麼意思呢？在這類含糊其詞的精神中，他們有可能是認真的嗎，或者他們只不過是在嘲弄我們？

回答是，他們是完全認真的，不過他們的確是不太嚴肅。雖然我們不能夠希望完全表達出他們的觀點，因為禪的本質是不能夠用字眼來捉摸它，我們在這裡只能給一點暗示而已。

我們一上來就要承認連這樣做都是困難的，因為我們必然要用文字來談一個十分明白文字有其限制的立場。文字在生活中佔有一個模稜兩可的位置。對於人類來說文字是不可或缺的，沒有了它們我們就只是號叫的粗漢罷了。不過文字也可能騙人，或至少會誤導人，編造出一個虛假的真實，而把它當成真的。作父母的用了親熱的名稱來暱呼小孩就誤以為是愛他們的孩子。一個國家可以假定其宣誓效忠詞中用「上帝監管之下」的片語，就表明了它的國民信仰上帝，而其實只是表示了他們相信了「信」上帝這回事。儘管文字有其公認的用處，它還是有三項限制。最糟的是它們建造了一個虛假的世界，偽裝了我們真實的感覺，而把人簡約定型。其二，就算它們的描述是合理的正確，但描述並非即是被描述的事物本身——菜單並不就是菜肴。最後一點，正如神祕主義者所強調的，我們最高的經驗幾乎完全是不能用言語來描述的。

每一種宗教就算是只發展出最少量的語意上的複雜性，都會在某種程度上認識到文字和理性對於真實是不足的，雖然它們並未在實際上扭曲了真實。不論理性主義者多麼不願承認這個事實，悖論和超理性乃是宗教生命的血液，這對藝術也一樣。各種不同信仰中，神祕主義者都傳述曾接觸過一個令人眼花又震驚的黑暗世界，因而改變了他們。禪斷然地站在這一陣營中，它的唯一獨特性是在它以破除語言的障礙為其關注的中心。

只有把這個事實記在我們的腦海中，我們才有機會了解這種觀點——由許多方面看來，這是成熟的宗教最奇特的表達。按照禪的傳統，乃是佛陀本人首先在拒絕（我們在花之教中已經暗示了）以任何語言表達來等同他經驗上的發現時，就發揮了此一觀點。菩提達摩繼承了這個傳統，他把帶到中國去的寶貝界定為「教外別傳」。這似乎與慣常所了解的宗教極不調和而聽起來像是異端。我們通常把印度教與其吠陀，儒家與其經典，猶太教與其舊約，基督宗教與其聖經，伊斯蘭與其古蘭經聯想在一起。它們全都會欣然把自己界定為「通過」經典的特別信息傳送者。禪宗也有其經文；它們在寺院內早晚都被吟誦著。除了與其他佛教分派共享的經典之外，它有其自己的經文：*Hekigan Roku*《碧岩錄》，*Mumonkan*《無門關》，以及其他的。但是只須看看這些特別的經文，就會顯露出它們與別的經文多麼地不同。它們幾乎全部都是用來極力主張禪不能與任何語言公式等同。一個又一個的故事描寫了信徒們盤問師父有關禪的問題，卻總是受到喝斥來作為回答。因為禪師認為通過這些問題，求道的人想用語言和概念來填塞他們生命中的貧乏而不求體現。事實上，學生們如果只受到語言上的喝斥已經是幸運的了。往往回報的是捧打如雨，因為禪師完全不理會門徒身體上的舒適，而用他想得到的最有力的方式，令提問題的人脫離他心理的常規。

正如我們所預期，這種對待經文的獨特態度，在禪對待信條的態度上重複著。大多數宗教都是環繞著某種信條而成立，禪與之不同的是，它拒絕把自己封閉在一種語言的框架中；禪「並非建立在書寫的文字之上，而『是』在已建立的學說之外，」（譯註：不立文字，教外別傳），由此回到菩提達摩對原先的說法。路標並非就是目的地，地圖並非就是地域。生命是太豐富太複雜了，以至無法把它放進小格子裡，更不用說與之等同了。其肯定的並不多於指向月亮之手指。禪將指示，為了避免注意力轉到手指上來，就只有立刻把手指縮回。其他的信仰會把褻瀆和對神的話不敬當作是罪，但是禪師可能會令門徒把經典撕爛，並且避免使用佛陀或涅槃這樣的字，好像它們是猥褻的話一樣。他們並非有意不敬。㊹他們所做的是盡力以他們所能想到的每一種方法，把門徒從只是言語上的解決中爆破出來。**「不是每一個跟我說『主、主，』的人就會進天堂。」（馬太福音9—21）**禪對於悟道的學說是沒有興趣的，它要的是真東西。因此它用棒、用喝、用責罵，卻一點也沒有惡意。它所要做的是要強迫學生去打破文字障。心靈必須從它們語言的約束中跳出來，進入到一種新的領悟模式。

每一個論點都可能過分誇大了，因此我們不應該由前面說過的來推斷，說禪是完全摒絕理性和文字的。㊺

的確，禪宗之看心靈反映展示終極真實之企圖，就像齊克果看黑格爾形上學的反應一樣；無論怎麼擦拭，也沒法令一塊磚頭去反映太陽。但這並不是說理性是一無價值的。顯然地，它幫助我們在日常世界中開步走，這個事實使得禪宗的信徒們，在教育上大體都是堅定的提倡者。而且不僅如此。理性以特殊的方式運作時，真的能夠幫助覺識走向其目標。如果使用理性的方式，有時候似乎像是用刺來拔刺的話，我們應該補充說理性也可以扮演一個解釋的角色，作為一座橋樑把新發現的世界與常識性的世界連接起來。任何一個禪的問題，一旦找到了答案，在其指涉架構之內都是很有道理的；在適當情況下，沒有一種經驗禪師們是不願意試著去描述或解釋的。有關禪與理性關係的論點是雙重的。第一，**禪的邏輯和描述只有出自與日常經驗非常不同的一種經驗觀點才有意義**。第二，**禪師決心要讓門徒獲得經驗本身，而不許只用言談取代**。

禪對後面這一點的決心，再沒有比它為了其永繼不絕而使用的方法更為明顯了。在棘手的繼承事務上，其他的宗教轉向制度性的授權、教皇的繼承或信條的判準，禪把它的未來交託給直接以心傳心的一種特殊意識狀態，像火焰從一支蠟燭傳到另一支蠟燭，或是水從一個杯子倒進另一個杯子。這種「佛心到佛心的傳遞」，構成了菩提達摩所說之禪本質的「特別傳遞」。許多世紀以來，這種內在傳遞的象徵，是將佛的衣缽由一位祖師交付給另一位祖師，不過到了第八世紀，中國的六祖認為連這種簡單的姿態也是朝向混淆了形式和本質的一步，而下令停止。這是一個以禪師繼承為核心的傳統，原則上每一位禪師都從自己師父那裡繼承了與喬達摩令摩訶迦葉啟悟類同的一種心靈狀態(mind-state)。實踐自不足以體現此一原則，不過下面的數字卻顯示出已經採取了步驟以確保這原則於不墜。據指導過本書作者的師父估計，他曾經親自指導過大約九百名見習生。他們之中，有十三名完成了禪的訓練，四名被授予了*inka*——即是說他們被承認了是*roshi*（禪師）而有權可以授徒。

那麼把求道的人帶領朝向一直以來都如此保存的佛心(Buddha-mind)的修練，是些什麼呢？我們可以通過三個主要的名詞來探討：*zazen, koan, sanzen*。

*zazen*字意是「坐禪」，禪修練的大部分都在一間寬大的靜修堂中進行。探訪者看到這些和尚，長時間沒完沒了靜默地坐在伸展於整個大堂兩邊的兩個長形高台上，他們面朝中央（或是面對著牆，要看該寺院是屬於禪宗兩大系統的哪一派）。㊻他們採取從印度傳來的蓮花坐姿。眼睛半閉著，眼神則不聚焦地落在他們坐著的茶色草墊上。

就這樣坐著，一個鐘點又一個鐘點，一天又一天，一年又一年。㊼尋求喚醒佛心，好令日後他們可以將之與日常生活關聯起來。這個過程中最使人迷惑的特色，是他們利用一項最奇特的設計來作精神上的修練，這可以說是在任何地方都沒見過的——「公案」（*koan*）。

一般而言公案的意思是問題，不過禪設計的問題很奇妙。乍看之下頂多是謎語和講得拉拉扯扯有意外結果的故事之間的一種東西。比如：

五祖說，「讓我們拿一則寓言來作個說明。一隻牛從一個窗口走過。它的頭、角以及四條腿都過去了。何以尾巴沒有過去呢？」

或另外一則：你的祖先出生之前你的面孔是什麼樣子？

另一則：我們大家都熟知兩掌相拍的聲音。一隻手拍的聲音會是怎樣的呢？（如果你反駁說一隻手無法拍的話，你就被罰站到全班後面去。）

再來一個：唐朝一名高官 Li-ku（譯註：陸一亘大夫），問一位著名的禪師（譯註：南泉）：「好久以前一個人在一個瓶子裡放了一隻鵝。鵝一直長呀長呀最後出不來了。他不想把瓶子打破，又不想傷到鵝。你要怎樣把鵝弄出來呢？」

禪師靜默了好一陣子，然後就大叫道，「哦，長官！」「在。」「它出來了！」

我們的直接反應是把這些謎語看作荒謬而不予理會，但是禪的修練者是不可以這樣做的。他或她是被勒令把全副的心思用在上面，有時候用邏輯與之糾纏，有時候則將之投入心靈的內在最深處，去等待一個可以接受的答案冒出來，對付一個公案可能需要如寫一篇博士論文那麼久。

在這一段時間內，心靈以一種十分特別的方式專心地工作著。我們西方人一向整個依賴理性，故必須提醒自己，在禪這裡我們所對付的一種觀點是，它認為理性是有限的而必須由另一種知的模式來補足。

對於禪來說，如果理性並非一個把心靈拴在地上的球和鍊子，它至少是一個太矮的梯子無法令人到達真理的全幅高度。因此，它必須要被超越，也正是為了幫助這超越活動而設計了公案。如果它們對理性來說是令人反感的，**我們必須記住禪不試圖撫慰俗世的人心。它要做的剛好相反**：擾亂人心——令其失去平衡而最終刺激它對囚禁它的經典反抗。不過這樣講還是太溫和了。強迫理性與從正常觀點看來是明顯的荒謬去糾纏、強迫它把平常不相容的東西連接起來，禪想要做的就是要把心靈驅逼到一種慌亂的境地，令之像一隻受困的老鼠在絕望中對著它那邏輯的囚籠亂撞。通過悖論和不連屬的話語，禪激怒、煽動、刺激、惱恨，最後把心靈搞得疲憊不堪，直到它明白了思考永遠也不會多於思考之所向，或感覺不會多於感覺之所對。於是，一旦把理性的心靈帶到了禪要把它帶到的絕境——它就要靠突然一閃的靈光來跨越在第二手生命與第一手生命之間的鴻溝。

光亮突然照耀到祕密的地方……

那裡邏輯死亡

祕密通過眼睛而成長。㊽

在我們把這種奇怪的方法當作全然陌生而加以棄絕之前，最好回想一下齊克果對道成肉身悖論的冥想——無限變成有限的邏輯的荒謬，即上帝成為人——乃是所有基督宗教儀式中最有價值的一種。公案之所以看來不通，是因為理性只在有架構的周界線內運作。在這些周界線之外則並非不一致；它有自己的邏輯，我們可以說是一種李曼式的（Riemannian）邏輯。（譯註：原文為Riemannian，但根本就沒有這樣的邏輯，故改正為Riemannian，李曼［Georg Riemann 1826-1866］發明一種非歐幾里德式的幾何，不取「平行線永不相交」的公理，愛因斯坦相對論即以之為基礎。）一旦心理的障礙破除了，它就變得可以理解。正如一個鬧鐘，它上了發條要把心靈從理性的夢中喚醒。一種更高的清明就在眼前了。

與公案奮鬥著，一個禪和尚並非是孤獨的。書沒有什麼用，要下功夫的公案也不能與其他的和尚討論，因為這樣做只能產生第二手的答案。不過，平均來說，一天兩次和尚私下會為了「有關冥想的諮詢」去見師父——臨濟（*Rinzai*）是參禪（*sanzen*），而曹洞（*Soto*）則是獨參（*dokusan*）。這種諮詢時間都很短，學員說明相關的公案後就給出他或她最新的答案。那時師父的角色有三方面。當愉快地得到對的答案時，他就加以証實，不過這是他最不重要的角色，因為正確的答案通常是隨著自証的力量而來的。更大的職責乃是拒絕不合適的答案，因為再也沒有如師父的斷然拒絕，更能幫助學生們把那些不對的答案永遠擱在一邊了。參禪的這一面向，在九世紀的百丈清規（Rules of Hyakujo），很貼切地描述它提供了「導師有機會對學生作密切而個人的省察，把他從不成熟中喚醒，打壓他錯誤的概念，並去除掉他的偏見，正如鑄工把熔爐內的鉛和汞從金子分離，也如玉石切割者，在打磨玉石的時候，把每一可能的瑕疵都除去一樣。」㊾師父的另外的職責，正如任何一個嚴格的考試官一樣，在所需要的長年累月的修練中，保持學生活力充沛、堅定不移。

這種坐禪、公案訓練和參禪把人帶領到什麼地方呢？第一項重要的突破乃是一種叫做*kensho*（見性）或*satori*（悟）的直覺經驗。雖然準備工夫可能需要好多年，但經驗本身卻在瞬間來到，無聲的火箭在主體內部深處爆破，把一切事物投進一種新的視域之下。因為恐怕被文字誘惑，禪的信徒浪費很少氣力來描寫悟，不過有時還是有些報告出現。

> Ztt（一種聲音）！我進去了。我失去了我肉身的拘限。我當然是有我的皮膚的，不過我感到我是站在宇宙的中央。我看見人們朝我走來，但是全都是同一人。全都是我自己。我以前從來未曾知道這個世界。我曾經相信我是被創造的，但是現在我必須改變我的意見了：我從來沒有被創造；我即是宇宙。根本就沒有個體存在過。㊿

從這一篇報告以及類似的描述中，我們就能推知，悟乃是神祕經驗的禪宗版本，任何地方當它出現的時候，就帶來了歡樂，一體(at-one-ment)，以及一種日常語言無法表達的真實的感覺。但當有傾向把這種經驗與宗教追求的頂點相關涉時，禪卻又把它置放在接近出發點上。在一種非常真實的意義下，禪的訓練開始於悟。因為，就一方面來說，當學員學到以較大的自由在此領域中出入的時候，一定會有更進一步的悟。51但是重要的一點是，禪的一半靈感來自中國人的實際的、常識性的、此世的取向，來平衡從印度派生出來的神祕的他世取向，拒絕讓人的精神引退——我們應該說是退卻嗎？——完全到神祕的狀態中去。一旦達到悟，我們就必須：

脫離我們一直陷在其中掙扎的泥沼，回到空曠土地上無拘的自由中。有的人可能會說：「如果我已經（成就了悟）那就夠了。為什麼我還要前進呢？」老師父猛打這樣的人，說他們是「活在自認為是悟了道的稀泥裡的蚯蚓。」52

禪宗的天才在它既不離棄其所發現的，那處於不太理想狀態中的世界，也不取高姿態或無動於衷的態度自世界隱退。禪的目標是要求以永恆注入現世——要擴大感知的門，讓美妙的悟的經驗得以注滿這日常的世界。學生問道：「如何是達摩西來意？」師父回答道，「庭前柏樹子。」一存在的覺識必須要直接地去體現，而悟則是其第一項的識別。不過只有通過承認對一切現象的互相穿透和轉化，它的奇妙散佈到如後院裡的樹那般普通的物體之上，而你能夠帶著一種認為萬事萬物都同樣是無限的顯現的了解，來進行你日常的職責，否則禪的事業就還沒有完成。

可能只有佛陀本人是個例外，沒有人在這項任務上是全部完成了的。不過由禪宗經文中的暗示加以推斷，我們能夠稍微了解所謂的「再也沒有什麼事可做了的人」那種情況會是個什麼樣子。

首先，它是一種生命在其中似乎是明顯地美好的情況。被問到禪的訓練帶領人去到哪裡，一位在京都修練了七年的西方學生回答道：「我覺察不到什麼不平常的經驗。不過當你早上醒來時，世界似乎美麗到叫你幾乎受不了。」

其次，伴隨著這種生命美好的感覺，就出現了一種對自己與他人關係的客觀看法；心中肯定了他人的福祉正如自己的一般重要。看著一張一元的鈔票，吾人的目光可能會是佔有性的；看著一場落日的景象，情形就不一樣了。禪所成就的正如同看著一場落日之景一樣。它要求完全的覺識，像「誰的覺識？」或「覺識什麼？」這一類的論題根本就不會發生。二元論消解了。因為如此，整個人都有一種對過去感恩，以及對現在和未來的事物有責任的感覺。

第三，禪的生命（正如我一直想要強調的）並不要把人從世界吸引開去；它乃是要把人送回世間——世界披在新的光芒之下。它不是要召喚我們對世界無動於衷，好像生命的目的有如活塞從注射器射出般地，要把靈魂從身體中射出。它的召喚是，甚至要在肉身的限制下去發現全幅覺識的滿足。「什麼是一切奇蹟中最奇妙的？」「就是我獨自靜靜地坐著。」如果只是視萬物如它們本來那樣，如它們真正在其自己，生命就是充足的。不錯，禪看重統一，不過它是一種當下的空（因為它抹去了分隔的界線）和完滿（因為它以連接線取代了分隔線）的統一。以禪宗的算法來說明：「一切即一，一即無，無即一切。」禪宗表現了一種神聖的平凡氣味：「你吃了飯沒有？那你就去洗你的飯碗吧。」假如你不能在洗碗這麼簡單的行為上找到生命意義的話，你在哪裡都是找不到的。

我每日的活動都沒什麼不同，
只不過我自然地與之和諧不二。
不取一物，不拒一物，
在任何情況下無礙、無爭……
挑水、擔柴，
這是超自然的力量，這是奇妙的活動。53

用這種在有限之中對無限的感知，最後就產生一種普遍適意的態度。「昨天天氣晴，今天下雨天」，經驗者超越了取捨的相對性。因為兩種力量都需要保持，使相對的世界運作下去，每種力量都以其適當的時刻受到歡迎。

有一首僧璨寫的〈信心銘〉，是這種「全然接受」的理想之最純淨的表達。

完美的道是不知困難的
只不過它拒絕作出偏愛；
只有在解脫了恨與愛之後
它才一無偽裝地全部顯露它自己，
十分之一寸的不同
天地就分隔開了。
如果你想用肉眼來看你眼前的
不要有是或非的固執思想，
把你喜歡的拿來反對你不喜歡的——
那就是心的病。
道是有如進入無垠太空般的完美，
一無所缺，一無多餘。
一旦要作出抉擇
真如就不見了。
一即一切
而一切
即一。
在這裡立定腳根，其他的一切都會隨之而來，我說了，不過沒什麼用，因為語言能講出什麼來呢？
關於那沒有昨天、明天或今天的事物？54

甚至連真理和虛假看起來也不同了。「**不要追求真理。只須停止持有意見。**」

第五，當我與他，有限與無限，接受與拒絕之間的二元對立被超越之後，連生與死之間的對立也消失了。

當這種實現完全達成之後，吾人再也不會感覺到個人的死亡會對生命帶來終結。吾人已經活過了無盡的過去，也將活到無盡的未來。在此時此刻參入永恆的生命中——至福、透明、純淨。55

我們不問禪的未來，卻可留意到它對日本文化生活的影響是多麼地巨大。雖然它最大的影響是瀰漫在生活態度上，日本文化的四個成分卻持久地打上了它的烙印。在水墨風景畫中，禪宗和尚緊依著土地過著他們簡樸的生活，在技巧和感覺的深度上已可與他們的中國大師們相抗衡了。在庭園藝術上，禪宗寺廟超過了中國的寺廟，而將之提升到了無比的完美境地。插花技術開始時是獻花給佛陀，但是後來發展成了一種藝術，直到最近變成了每一位有教養的日本女孩訓練的一部分。最後，就是著名的茶道，樸實美麗的擺設，幾件舊瓷器，緩慢而優雅的儀式，以及一種配合著全然的平靜的精神，集中體現了禪宗最好的特性的和諧、尊敬、清晰和安詳。

金剛霹靂

我們已經談過佛教的兩個筏（*yanas*）或道路，不過我們現在還要加上第三個。如果說小乘（Hinayana）字意是小道，而大乘（Mahayara）是大道，Vajrayana（金剛乘）就是鑽石道。

*Vajra*原初是因陀羅的霹靂，他就是在早期巴利文佛教經典中常常提到的印度雷神；但是當大乘把佛陀轉化成了一位宇宙的角色，因陀羅的霹靂就轉化成為佛陀的金剛（鑽石）權杖。在這裡我們看到佛教如何適應當地的觀念，去重新評估它們，以改變其精神重心的生動實例，因為鑽石轉化了霹靂，一個自然力的象徵，變成了無上精神的標誌，而又保留了霹靂所擁有的權力含意。鑽石是最硬的礦石——比最接近的對手還要硬上百倍——而同時卻是最透明的礦石。這使得Vajrayana成為力量與透明的道——有力量實現佛陀對光明的慈悲所見的視象。[56]

我們方才指出了Vajrayana的根源可以追溯到印度，它繼續在日本以真言（Shingon）佛教留傳下去；不過乃是西藏人把這第三種佛教之道完美化。因為西藏佛教不單是一個把佛教輸入前的西藏「本教」（Bon）神祇們吸納進來的佛教。把它說成是印度佛教在其第八和第九世紀的高峰時期，北移避開在印度的衰退以求自保，也不足以表明它的特徵。要捕捉它的特色我們必須把它看成第三條主要的佛教之道，而立即補充說Vajrayana的本質是Tantra（密教)。西藏佛教，也就是我們要在此處省察的佛教，其深處乃是密宗的(Tantric)佛教。

佛教徒不能壟斷密教，它先在中世紀的印度教中出現，此字有兩個梵文字根。一個是「延伸」，在這個意義下Tantra意謂文本，許多性質是難解和祕密的，這些被加進印度教全集中而伸張了它的幅度。但這只是此字的形式意義。這些延伸的經文內容，我們需要看密教的第二種語源學的意義，它是從編織技巧演繹出來而含有互相穿透的意思。在編織中，線的經緯不斷纏繞在一起。Tantras乃是集中在事物的相互關連性的經文，不過乃是佛教，特別是西藏佛教給予它們可傲的地位。

西藏人說他們的宗教在目標上和其他宗教並無不同。他們的特色是在它可以使人在一生的時間中就可以達致涅槃。57這是一項重大的主張。西藏人如何為它辯護呢？

他們說加快的速度是通過使用人類全部的潛能，特別包括身體的力量在內，而把它們全部徵用來為精神追求服務。

而最令西方人有興趣的能量就是性，因此毫不足奇的，密宗在國外的聲譽就是建築在把這一項衝動用在聖禮儀式上。威爾士(H. G. Wells)有一次說，真正令他有興趣的兩樣東西就是上帝和性。如果我們能夠得到兩者——不必像在出家和獨身那樣被逼二選其一——現代人的耳朵會像聽到音樂一樣，到了這般地步，以致一般西方人心目中就把密宗和性幾乎等同了起來。這是不幸的。這不僅令密宗更廣大的世界含糊不明；並且扭曲了性教義而將之脫離開那個密宗世界。

在那世界之內，密宗對性的學說既不令人興奮也不古怪：它們是普遍的。性是如此之重要——它畢竟是使生命綿延不斷，因此必須十分直接地將之與上帝連接起來。柏拉圖的〈菲德拉斯〉(*Phaedrus*)篇中所歌頌的乃是西喜阿(Hesiod)的神聖的愛欲(Eros)，在某方面說是被每一民族歌頌的。不過，就連這樣說也是太溫和了。性是神聖最可用的顯現。不過要有這個附帶條件：是當兩者因愛而結合。當兩個人激情地，甚至瘋狂地——柏拉圖所謂的神聖的瘋狂——相愛，當一方最要接受的就是對方最要給予的——在他們相互高潮的時刻，是很難說那種經驗是更肉體上的抑或是精神上的，或者他們感到自己究竟是兩個人或是一個人。那一刻是欣喜若狂的(ecstatic)，因為在那一刻中他們站到自身外面去了——ex，外的意思；stasis，站立的意思——具現絕對的融合之一體。

到目前為止還沒有講到任何密宗獨特的地方，從希伯來的雅歌(*Song of Songs*)到與基督的神祕婚姻中的明顯的性象徵，方才所提到的原理，在所有的傳統中都會出現。使密宗特別的是，它全心全意地採納性作為精神伙伴的方式，公然而蓄意地與之合作。除了性愛的神經質和興奮之外，密宗通過它們的藝術（表現出男女在性交的擁抱中），在他們的幻想裡（想像的能力應該極力加以培養），以及在明白的性行為中，把性愛結合的肉體和精神分成兩者，都保持在嚴格聯繫之中，因為四個西藏教士階層之中只有一個是獨身的。除了這些一般的描述之外，就很難進一步說明了，因此，我們以一項補充性的觀察來作結束。密宗的從事性愛，並不是像犯法般狂歡地去追逐，而是要在導師(*guru*)的審慎指導之下，以一種非二元觀點控制的情況中，當作從事一長串的通過好幾世精神訓練後的最高喜慶。其所努力追求的精神情感，是在實現超越的同一中的狂喜的、無我的、極樂的福祉。但是它並不是自我局限的，因為這種從事的最終目的，乃是從那不二的經驗中降落下來，使自己超越疏離感，以更好的準備，去經驗這雜多的世界。

處理了密宗性方面的問題之後，我們可以繼續探討它修練的一般特色了。我們已經看到了它們的特點，在於它們是以身體為基礎的，密宗所處理的身體上的精力最常見的是牽涉到言語、視象和姿勢。

要了解積極使用這些官能的宗教修練的特色，回溯一下印度教的「修的瑜伽」和佛教的禪，將是有幫助的。這兩種冥想課程都是要令身體靜止不動，而使心靈超越肉體。一張快照就能夠捕捉到身體做這些修練的實際情形，而西藏人所做的則需要一架電影拍攝機才行，而且還要有錄音的設備。因為，西藏人的身體在做儀式活動時總是動個不停。喇嘛把身體伸展著，吟誦著發自深喉的吟唱。聽覺上和視覺上，總是有事情在進行著。

他們使用身體從事精神的追求所援引的道理是直接了當的。他們承認聲音、視象以及動作能夠分心，但是卻不必然如此。密宗偉大先驅的天才發現了*upayas*（方便法則）引導肉體的精力成為電流，而帶領精神向前進不令它出軌。這些與我們提到的聲音、景象和動作相關的電流中最著名的，其名字的第一個字母都是「m」。*Mantras*（咒語）把噪音轉化成可以利用的聲音，把瞎扯變成神聖的修練公式。*Mudras* 設計手勢，把它們變成啞劇和神聖舞蹈。*Mandalas* 用聖像的神聖的美來吸引朝聖者的視線。

如果我們要通過經驗的方式，進入為西藏人設計的密宗修練的崇拜儀式，其所顯現的景觀大概會是這樣的：平行的排排坐著，頭上戴的從皇冠到狂野的薩滿教巫師的帽子都有，披著褐紫色的袍子，輪番地裹在奢華的銀色、深紅色和金色的法衣中，代表內在意識狀態發光的比喻，和尚們開始吟唱了。起初是深喉的、韻律的單音，但是一旦情緒深化之後那些單音就伸張成為聽上去像大聲唱的和聲，雖然和尚們並沒有分高低音部來唱——他們根本不懂和聲（那是西方的發明）。用這種世界上任何別的地方都沒有的聲音技巧，他們把他們的發聲空腔，重新塑造成擴大聲響，到可以在其中聽出自己分立的音調的地步。㊿而同時，他們的手做著優雅的手勢，運用動感來擴大所進入的意識狀態。

這種修練最後一項決定性的特徵，是不會讓觀察者看到的，因為它是完全內在的。在這整個過程中，和尚們想像他們看見自己所呼喚的神祇——這種想像所見的狀態極為專注（需要經年練習才能把握這項技巧），以致他們最初閉著眼，最後睜著眼，竟然能夠看到神祇好像具體出現在面前。使神祇變得真實，已經極不容易，但是在冥想的巔峯中，和尚們會更精進地尋求和他們所召喚來的神祇匯合，這個意思是說，吸納了他們的德性和力量。整個過程是非常藝術化的集合，當然不是為了藝術之美。而是構成一種工藝，將人類的精神調整到與召喚來的保護神祇們同樣的波長。

為了完備這項對西藏佛教特徵的素描，我們還要在這一修練的綱要中加入一個獨特的體制。當一九八九年諾貝爾和平獎頒給了達賴喇嘛，這個體制就舉世聞名了。

達賴喇嘛正確地說是不像教皇的，因為他並沒有定義教條的權力。神—王的稱呼則更是誤導，因為雖然俗世上的和精神上的權威的確匯聚在他身上，這兩種力量並不能界定他最主要的功能。這項功能就是要把天上的原理體現在塵世上，同情或慈悲乃是那個原理的明確特點。達賴喇嘛乃是菩薩，在印度被稱為Avalokiteshvara，在中國就是大慈大悲觀世音菩薩，而日本就是Kannon。作為Chenrezig（他的西藏名），過去幾個世紀以來他為了西藏傳統的再生與發力而道成肉身。通過他這個人——到目前為止一個單獨的人已經過了十四輪的化身——流著一直未曾間斷的精神影響之流，它的特色就是富於同情心。因此一般而言與世界的關係，以及特殊而言與西藏的關係，達賴喇嘛的位置既不是行政的也不是宣教的，而是「現身的活動」，是獨立於他作為個人而言，可能選擇去做或不去做的任何事情而運作著。達賴喇嘛是佛教的同情原理，以宇宙的幅度不斷向之發射電波的接收站，最直接地首先散發給西藏人民，不過也延伸到一切有情的存在。

達賴喇嘛在他目前的身體耗盡了的時候，會否再把自己轉世就不知道了，因為目前中國侵略者下決心不讓他有一個獨特的族群可以為之服務。如果這些人真的消失了，某種重要的東西就會從人類歷史中消逝。有人說過，正如熱帶森林對於地球氣層的重要性，在這場地球的苦難中，西藏人民對人類精神的重要性亦復如此。

渡河的形象

我們已經將佛教的三種渡的模式審查過了：小筏子；大筏子，附帶特別談到禪；以及在渡船的背景中聽起來有點古怪的鑽石筏子。這些媒介物是如此之不同，在要結束本章的時候我們必須要問，除了歷史的淵源之外，它們是否有任何基礎被當作一個單一宗教的不同面向。

在兩個層面上，它們是應該作如是觀的。他們都遵從同一位創教主，聲稱其學說由之而來。而且三者都可以包含在單一的暗喻之下。這就是渡河的形象，乘坐渡船過河的簡單日常經驗。

要想體會這個形象的力量，我們必須記住渡船在傳統亞洲生活中扮演的角色。在佈滿河流和運河的地區，幾乎是每一次較長距離的旅程都需要乘渡船。這一例行的事實包含在每一佛教宗派中而產生了啟發作用，比如它們全都用*yana*這個字就證明了這一點。佛教乃是渡過生命之河的旅程，是從無知、貪婪和死亡的常識性河岸到智慧和啟悟的彼岸之一次轉運。與這一確定了的事實相比，佛教內部的差異並不會大於吾人乘坐的工具，或旅程抵達階段的不同。

這些階段是哪些呢？

當我們在第一個河岸時，它事實上指的乃是我們的世界。我們腳下的土地是結實而可信賴的。其社會生活的報酬和失望是活生生而逼人的。彼岸幾乎看不見，而對我們的行為沒有什麼影響。

不過如果有某種事情使得我們看到彼岸的情形，我們可能會決定嘗試過河。如果我們本性是比較獨立的，我們可能會決定自己去。這樣的話我們就是原始佛教徒；我們按照佛陀的設計造一個堅固的筏，可是我們是自己造自己的。不過，我們大多數人不是沒有時間就是沒有本領來從事如此大規模的計劃。那我們就是大乘佛教徒；走上預期停泊在河岸已經做好了的渡船。當這一群探險者由碼頭登上船時，他們心中充滿了興奮之情。注意力集中在遠處的河岸，仍然是模糊不清，旅客們仍然還是像此岸的公民。

渡船離開了河岸橫過河流前行著。我們離開的河岸漸漸喪失了它的實質了。店舖、街道以及螞蟻般的人形混在一起鬆開了對我們的控制。而另一方面，我們前去的河岸也還看不清楚；看起來仍然幾乎是遙不可及。在渡河的時候，有一段時間裡唯一可以觸摸的現實就是水，充滿了奸詐的暗流，而船呢，雖然牢固卻危險不安地與水浪搏鬥。這就是佛教徒作三誓願（Three Vows）的時刻：我在佛（*Buddha*）那裡避難，一位探險者完成了這個旅程，為我們證明了可以成功的事實。我在法（*dharma*）那裡避難，這運送的工具，這艘我們把生命交託給它，相信它是受得住海水浸蝕的船。我在僧（*sangha*）或教團那裡避難，我們對導航這艘船的水手們有信心。世界的河岸線已經拋在後面了。在我們登上遠方的河岸之前，只有這些東西是我們能夠信賴的。

彼岸近了，漸漸成真了。筏子撲擊沙灘，然後我們就踏上了結實的土地。那一直是像一場夢般迷濛而單薄的地方，現在是事實了。而我們拋離在後面的河岸，以前是那麼摸得到而真實的，現在卻只不過是一道細長的地平線，一個視覺上的補丁，一個沒有實質的記憶。

迫不及待地要探查我們的新環境，不過卻沒有忘記對那奇妙的船隻和安全地把我們帶到保證是福地的水手們的感激。不過，如果堅持把船帶著跟我們一起投入樹林，那就不是感恩了。「他還算是個聰明人嗎？」佛陀問到：「如果出於感激而把載他安全過河的筏子抓緊不放，把它所有的重量都扛在肩上到處走？聰明的人不是應該把那不再對他有用的木筏留在河水中，而往前直行不再轉頭看它一眼？它難道不該是一個完成了原先設計的目的，現在要將它丟掉和忘記的工具嗎？同樣地，教義這個媒介，一旦將我們帶到啟悟的河岸後就要將之拋棄忘卻。」㊾

現在我們來到了《般若波羅蜜多經》（*Prajnaparamita*），或《智慧完成經》（*Perfection of Wisdom*，譯註：波羅蜜〔多〕意即「到彼岸」，般若意即「智慧」，佛教有所謂六度波羅蜜之說，智慧最高，故也有「完成」義），廣泛地被認為是佛教的完成經文。五戒與八正道；*dukkha*（苦）、*karma*（業）、*nirvana*（涅槃）以及其他同類的技術性名詞；所託付的教團以及佛陀本人的人格——這一切對於個人在渡河的行動中都是絕對重要的。對於那些已經抵達的人，這些就失去了意義。的確，對於不單是已經到達了彼岸，而且還繼續朝其內部前進的人來說，不單是那筏，就連河本身也從視線中消失了。當這樣一個人轉過身來回望那留在身後的陸地時，會出現什麼？已經跨過了一道地平線，地平線之外那分隔此岸與彼岸的河流已經消失了，那片陸地會怎樣呈現？看啦，再也沒有彼岸了。也沒有分隔的河流。沒有了筏，沒有了舟子。這些事物並不是新世界的一部分。

在渡河之前，人與神這兩岸，看起來必然是彼此不同的，如同生與死，白晝和黑夜一樣地不同。但是一旦渡過了河，再也沒有二分留下來了。神的領域並不是一個特殊的地方。它乃是旅者站立之處；如果那立腳處剛好是在這個世界之內，世界本身就變質了。在這種意義下，我們來看在《般若波羅蜜多經》文中的聲明：「我們這一世界的生命乃是涅槃本身的活動；在它們之間沒有絲毫的區別。」⑥⓪內省把人帶進一種情況，正面地來描述是涅槃，而反面地來說則是空(Emptiness)，因為它超越一切形式（色），這「河流戰勝者」現在在世界本身之中發現了他在內在發現到的同樣的空。「色即是空，空即是色。空不異色，色不異空。」那受與拒之間喧嘩的分離被安撫了，每一時刻都以真實的面目被肯定。這乃是因陀羅的宇宙之網，在每一接合處都鑲著珠寶。每一珠寶都反照著其他的珠寶，跟所有其他珠寶中的反影同在。在這樣的一種景象中善與惡的範疇消失不見了。「那是罪惡的，也是智慧的」我們讀到這樣的句子；又讀到「變化生滅的領域就是涅槃」。

這土地，我們站立之處
是許諾的蓮花福地，
而就是這個肉身
即佛陀之身。⑥①

這個新找到的河岸，說明了菩薩在「草兒都被啟悟以前」絕不進入涅槃的誓言。由於草兒一直不斷地長出來，難道這意思是說菩薩就永遠也不會悟道嗎？其實並非如此。它的意思乃是他（或她）已經上升，超越了時間和永恆的區別。由理性的心靈所劃分的區別，在消滅對立的雷電般的洞察力中熔解了。時間和永恆現在是同一整體經驗的兩面，一個銅錢的兩面。「**永恆的珠寶是在生死的蓮花中。**」

從正常的、世俗的意識立場來看，在這種最高的洞察力和世俗的謹慎之間，一定總有不一致存在。不過，這並不令我們驚訝，因為如果世界對那些已經渡過無知之河的人而言還是完全一樣的話，那才是明顯的矛盾呢。只有他們才能夠解消世界的差異——或者也許我們應該說，他們一跨而過，把差異也帶走了，因為現在差異仍在，卻沒有什麼不同。對有老鷹視覺的人來說，河仍然可以看到，只不過是把它看成連結兩岸而非分隔兩岸的河罷了。

佛教與印度教在印度的合流

在佛教外表的許多弔詭之中——這個一開始拒絕儀式、玄想、恩寵、神祕與人格神的宗教最後把一切全部重新帶進來了——最後還有一個弔詭。除印度之外，今天佛教在亞洲到處都流行著；只有在最近，經過一千年的絕跡之後，印度開始又有少數佛教徒再度出現了。佛教在全世界各地看得到勝利，卻唯獨（似乎是）喪失了它的出生地。

這種外表現象是騙人的。比較深刻的事實是：在印度，佛教不一定是敗於印度教，而是在其中遷就適應了。一直到大約公元一千年，佛教在印度仍然是一個顯著的宗教。要說後來是回教侵入者把它消除了是不通的——因為印度教繼續存在著。事實是，佛教在印度一千五百年的過程中，它與印度教的不同減弱了。印度教承認了佛教許多改革的合法性，通過模仿佛教的僧伽而出現了印度的*sadhus*（流浪的苦行僧）教團。而在佛教那一邊呢，它的教義因為開始了大乘佛教而愈來愈像印度教義，到最後佛教就回歸到它所出的源頭中去了。

只有在吾人斷定佛教原理在隨後的印度教中沒有留下任何痕跡時，才能說在兩者合併中佛教是失敗了。其實，幾乎所有佛教正面的教旨，都可在印度教中找到它們的位置或者平行的項目。它的貢獻，印度教即使不是在實行上也是在原則上接受了，包括重新強調對一切生物的慈愛，不殺生，在宗教事務上消除（以及在社會事務上減少）種姓的障礙，還有它一般對於倫理的強調。菩薩的理想似乎在Santi Deva寫的偉大印度祈禱經典*Bhagavatam*（往事書）中留下了痕跡：

> 我並不奢望由我主那裡得到八重力量所展示的偉大，也不求他不要把我再生出來；我對他唯一的祈求是讓我感覺到他人的痛苦，如同我居住在他們體內一般，讓我有力量解脫他們的痛苦而使他們快樂起來。

整體而言，佛陀被當作是「印度教一個反叛的孩子」而被收回來了；他甚至於被提升到神性化身的地位。原始佛教的目標，在實質上被承認是主張不二之印度教目標，甚至於般若波羅蜜多對永恆不外就是當下此刻的主張，也可以找到印度教的版本：

正是這個世界，乃是一座歡樂的大宅；在這裡我可以吃，在這裡我可以喝，而且可以作樂。(*Ramakrishna*)

特別是在印度的密宗教派，可以帶領門徒修行到可以看出肉類、酒和性是神的不同形式。而在先前這些東西顯然是通往神聖的最可怕的障礙。「母親現身在每一間屋子中。我需要像一個人打破瓦缽在地板上那樣大聲爆出這個新聞嗎？」㉜

進一步的閱讀建議

J. B. Pratt的The *Pilgrimage of Buddhism and a Buddhist Pilgrimage* (New York: AMS Press, 1928)雖然是寫於一九二○年代，卻仍然是對這個宗教之全面的、可讀的說明。比較新近而容易找到的是Richard Robinson and Willard Johnson的 *The Buddhist Religion*(Belmont, CA: Wadsworth Publishing Co., 1982)。

Edward Conze's *Buddhist Scriptures* (Baltimore: Penguin Books, 1959)聰明地從原來經典中作了選錄。

*Vipassana*是原始佛教的洞察力冥想練習，通過Joseph Goldstein的 *The Experience of Insight*

(Boston, MA: Shambala, 1987)而扼要地介紹給了西方人。

十分不同卻充分互補的兩本論禪宗的書是 Philip Kapleau's *The Three Pillars of Zen*(New York: Anchor Books, 1989)和 Shunryu Suzuki's *Zen Mind*, *Beginner's Mind*(New York: John Weatherhill, 1970)。

Lama Anagarika Govinda's *Foundations of Tibetan Mysticism*(York Beach, ME: Samuel Weiser, 1969)展示了西藏佛教的理論，而 Marco *Pallis's Peaks and Lamas*(London: The Woburn Press, 1974)是寫過的最好的精神旅行報告之一。

通過我對西藏佛教的半個小時的錄音帶，*Requiem for a Faith*，可以得到如在本章「金剛霹靂」一節中所描寫的 *Vajrayana*的視聽面向。這個材料可以得自 *The Hartley Film Foundation* (Cat Rock Rood, Cos Cob, CT 06807)。

註釋

①在耶穌基督的情況下用的字是不同的，不過問題的方向則是一樣的。

② Cf. Clarence H. Hamilton, *Buddhism: A Religion of Infinite Compassion,* 1952. Reprint.(New York: The Liberal Arts Press, 1954), 14-15。

③Cf. Hamilton, *Buddhism, 3-4*。

④引自 *Digha Nikaya* in J. B, Bratt, *The Pilgrimage of Buddhism and a Buddhist Pilgrimage* (New York: AMS Press, 1928), 10。

⑤在Pratt, *The Pilgrimage*, 12講到過。

⑥引在Pratt, *The Pilgrimage*, 8。

⑦引在Pratt, *The Pilgrimage*, 9。

⑧引在Pratt, *The Pilgrimage*, 10。

⑨Majjhima LXXII 引在Pratt, *The Pilgrimage*, 13。

⑩William James, *The Varieties of Religious Experience* New York: Macmilam, 1961)。

⑪引在B.L. Suzuki, *Mahayana Buddhism*, 1948. Rev. ed. (London: Allen & Unwin, 1981), 2。

⑫E. A. Burtt, *The Teachings of the Compassionate Buddha* (New York: Mentor Books, 1955), 49-50。

⑬Burtt, *Teachings*, 18。

⑭比如，請看Burtt, *Teachings*, 32。

⑮我把 E.J. Thomas 翻譯的 *Early Buddhist Scriptures* (New York: AMS Press, 1935) 64-67中 *Majjhima Nikaya*, Sutta 63的講道作了稍稍的釋義。

⑯引在F.L. Woodward, *Some Sayings of the Buddha* (London: Gordon Press, 1939), 283。

⑰引在Burtt, *Teachings*, 50。

⑱引在Christmas Humphreys, *Buddhism* (Harmondsworth, England: Pelican Books, 1951), 120。

⑲引在Woodward, *Some Sayings*, 283。

⑳引在 A. Coomaraswamy, *Hindusim and Buddhism* (New York: The Philosophical Library, 1943),

62。
㉑Woodward, *Some Sayings,* 294。
㉒Burtt, *Teachings,* 49。
㉓Sir Edwin Arnold, *The Light of Asia,* 1879, Reprint.(Los Angeles: Theosophy CO., 1977)。
㉔Robert Penn Warren, *Brother to Dragons* (New York: Random House, 1979)。
㉕Sigmund Freud, *General Introduction to Psychoanalysis* (New York: Liverwright, 1935), 344。
㉖Humphreys, *Buddhism,* 91。
㉗引在Pratt, *The Pilgrimage,* 40。
㉘*Anguttara Nikaya,* 8:83。
㉙Lew *Ayres, Altars of the East* (Garden City, NY: Doubleday, 1956), 90-91，稍作了修改。
㉚恰正是涅槃的這種不可描述的特徵，使得日後的佛教徒以*Shunyata*或空(emptiness)來說到它。它是虛空(void)，但並非絕對意義的。而毋寧說，它是缺乏限定的、能詳細說明的特性，有點像超音響缺乏我們耳朵可以聽到的音聲那樣。
㉛引在Burtt, *Teachings,* 115。
㉜*Iti-Vuttaka,* 43; *Udana* VIII, 3. Cf. Pratt, *The Pilgrimage,* 88-89, and Burtt, *Teachings,* 113。
㉝Edward Conze, *Buddhism: Its Essence and Development,* 1951, Reprint. (New York:Harper & Row)。
㉞比如，把它的關係與Paul Tillich *The Courage to be's* God above God（上帝以上的上帝）在(New Haven, CT: The Yale University Press, 1952), 186-190來作比較。
㉟*Vairacchedika,* 32。

㊱順便提一下，這是佛陀對再轉世的一種理解方式，不同於當時大多數印度教徒的想法。標準的印度教教條把再生歸之於業報，是前世的生命中所作行為的結果。因為這些行為是數不清的，數不清的生命就需要來承受這些結果。佛陀特別之處是他比較採取一種心理上的看法。他認為再生不是因為業報(*karma*)而是因為集(*tanha*)。只要堅持盼望有另外一個自我，那個盼望就會實現。因此欲望是關鍵，只要一個人全心全意地盼望，是有可能永遠地脫離輪迴的。

㊲引在Pratt, *The Pilgrimage*, 86。

㊳引在Pratt, *The Pilgrimage*, 91。

㊴西藏的說法認為，佛陀明確地宣揚大乘教義但是以他「光耀之身」（報身，*sambogakaya*）來講道的，只有最高深的門徒才見得到。

㊵出自*Bodhichayavatara* of Shantideva。

㊶不過大乘尊重智慧因其導致慈悲。

㊷如果這樣說有點像是把政治和宗教相混淆，我們應該明白，本書的確是集中在形上學、心理學以及倫理學，而不涉及這一點：就是說，偉大的宗教進入歷史中，不是指狹義的宗教意思，而是指文明的意思而言）。每種宗教都為其擁護者立下了一整套的生活方式——其生命世界涵蓋的不僅是我們目前認為明顯地是宗教性的事物，也包括了現代世界經濟、政治、倫理、法律、藝術、哲學和教育的生命各領域。

㊸這一部分，開始於鈴木大拙(D. T. Suzuki)博士的作品和其人的影響之下，通過一九五七年夏天在京都六個星期的禪的訓練而進入最後完成階段——那六個星期包括了每日跟著名禪師 Goto Roshi參禪（有關冥想的諮詢）；與Myoshinji（妙心寺）的和尚們作*Gematsu O-Sesshin*（夏末接正，

八天的時間對心的審查)：翻閱美國第一禪學院(First Zen Institute of America)在京都的分會的文獻，以及與它當時的主持Ruth Fuller Sasaki有過多次的談話。

㊹一位西方的教授，想要表示他已經掌握住了禪要超越形式（色）的決心，當他拜訪的寺廟主持人對他們路過的佛像虔敬地鞠躬的時候表現出驚訝。「我以為你已經超越了這種事情了，」他說，並加上一句，「我已超越了：我還不如朝這些佛像吐口水呢！」「好呀，」那主持人以他那不十分流暢的美語說：「你吐口水。我鞠躬。」

㊺因為理性頗嚴重地干擾著本書作者的禪的訓練，他的老師Goto Roshi就診斷他是得了「哲學的病」，不過，他即刻就收回了，承認哲學本身並沒有什麼不好，Goto Roshi本人就從日本一所較好的大學得到一個哲學碩士學位。「不過，」他繼續說，「理性只能在對其有效的經驗才行得通。你顯然是懂得如何推理。你缺少的是智慧地推理所要的經驗。這幾個星期要把理性放到一邊，而去對經驗下功夫。」

㊻兩者是*Soto*，源自*Dogen*（道元）由中國把禪的曹洞宗引入日本，以及Eisai（榮西）介紹到日本的*Rinzai*，臨濟宗的日本版本，前者認為悟道乃是一個漸進的過程，而後者則主張頓悟。

㊼有人告訴我解決一條公案（看正文下面那句話）所需時間的最短記錄是一晚，最長的時間是十二年。

㊽Dylan Thomas, "Light Breaks Where No Sun Shines."（沒有太陽照的地方光亮就停止了。）公案其實是有不同類型的，配合著學生進度的階段。由於心靈必須按照所分配的公案種類而不同地工作著，一個對整套公案學習的現象學的描述會是頗複雜的。我在此處所說的只可應用在早期的公案上。Miura Roshi and Ruth Fuller Sasaki的 *Zen Dust* (New York: Harcourt, Brace & World,

1967)《禪塵》表述了公案訓練的完整說明。

㊾引在*Cat's Yawn*(New York: The First Zen Institute of America, 1947), 32。

㊿引在*Zen Notes*(New York: The First Zen Institute of America, 〔vol. 1, no.5〕), 1。

51 一位偉大的師父，Dai Osho（大和尚）報告說，「我經驗過十八次大悟，至於小悟我經驗過的次數就記不清了。」

52 Sasaki, *Zen Dust*。

53 引自*The Sayings of the Lay Disciple HO*，沒有英文的版本。

54 摘要自D. T. Suzuki的英譯，見Edward Conze, ed., *Buddhist Scriptures* (Baltimore: Penguin Books, 1973), 171-75。譯者按，原文見《五燈會元》卷一，「至道無難，唯嫌揀擇。但莫憎愛，洞然明白。毫釐有差，天地懸隔。欲得現前，莫存順逆。違順相爭，是為心病。……圓同太虛，無欠無餘。良由取捨，所以不如。……一即一切，一切即一。但能如是，何慮不畢。……言語道斷，非去來今。」

55 引自Zen- A Religion, Ruth Fuller Sasaki的一篇未出版的論文。

56 西藏人用來翻譯梵文字*Vajra*的字是*dorje*，它的字意是主要的石頭（*dorj*，石頭，*je*，主要的）。

57 有關這一點的討論，請看Jeffrey Hopkins, *The Tantric Distinction: An Introduction to Tibetan Buddhism* (London: Wisdom Books, 1984), 143-49。

58 我是在描述Gyume與Gyutö，現在流亡在印度的西藏兩個最高密宗學院的儀式。有關它們特殊的吟誦細節，請看Huston Smith, "Can One Voice Sing a Chord?" *The Boston Globe* (January 26, 1969); with Kenneth Stevens, "Unique Vocal Ability of Certain Tibetan Lamas" *American Anthropologist 69* (April

1967): 2; and with K. Stevens and R. Tomlinson, "On an Unusual Mode of Chanting by Certain Tibetan Lamas," *Journal of the Accoustical Society of America 41* (May 1967): 5。

⑤⑨*Majjhima-Nikaya,* 3. 2. 22. 135。

⑥⓪Cf. Edward Conze, *Buddhism: Its Essence and Development,* n.d. Reprint.(New York: Harper & Row, 1959), 136。

⑥①這幾行字出自白隱。Hakuin's "Song in Praise of Zazen" ,並非直接來自《般若波羅蜜多經》(*Prajnaparamita Sutras*)，卻清楚地重複著它的旨意。

⑥②Ramprasd.引在H.Zimmer, *The Philosophies of lndia,* 1951. Reprint.(Princeton, NJ: Princeton University Press, 1969), 602。

4 THE WORLD'S RELIGIONS

儒家
Confucianism

第一位教師

假如有一個名字老跟中國文化聯繫在一起的話，那就是孔子(Confucius)——或是孔夫子了。中國人尊稱他為第一位教師（譯註：至聖先師）——並不是說在他之前沒有教師，而是指他排行第一。沒有人說他一手獨力造就了中國文化，他本人就貶低自己的原創性，而聲稱自己只不過是「信而好古」①而已。不過，這樣的指稱當然是把自己說得太低了，但也表現了他所提倡的謙虛和含蓄。因為，孔子顯然不是中國文化的創作者，卻是它最重要的編纂者：甄別過去，強調這些，貶低或刪除那些，整個地加以重組和註釋，將其文化凝聚在一個焦點上，使它二千五百年來都保留著鮮明的特色。

讀者如果認為這樣的成就必然出自一個戲劇化的生命，那就會失望了。孔子出生於公元前五五一年的魯國，就是現在的山東省。我們對於其先人一無所知，不過，他的早年生活顯然是不怎麼樣的。「少年時，我沒有任何地位，而且處境低微。」（譯註／原文：吾少也賤。）孔子三歲前就死了父親，完全由她慈愛卻貧窮的母親撫養成人。因此，他必須自食其力，最初是從事體力勞動工作。這種早年的艱苦和貧困使他與平民大眾建立了聯繫，並且反映在他整個哲學的民主趨向上。

雖然兒時的回憶包括了有關打獵、捕魚以及射箭的懷念，因而可以說他絕不是一個書蟲，但是他很早就開始讀書，而且成績優異。「到了十五歲，我就一心向學。」（譯註／原文：吾十有五而志於學。）在二十歲初期，孔子做過幾次政府的小官和結了乏善可陳的婚姻，最後就當起教師來了。這顯然就成了他的志業。而他個人的品格和在現實智慧上的名譽也遠播開來，吸引了一批熱誠的弟子。

儘管這些弟子相信「自有人類以來從來沒有一位像我們老師這樣的人」，但是孔子的事業，以他自己的抱負來衡量，是失敗的。他的目標是公職，因為他相信——我們將會看到那是多麼地錯誤——除非能夠讓人看見他的學說確實可行，否則它們就不能根深蒂固。如果給他機會，他有極大的信心去匡正社會。有人問他，衛國人口增多要怎麼辦？他回答說：「讓他們富起來。」那以後呢？「教育他們！」這是他有名的回答，跟著嘆一口氣說：「如果有一位王公任用我，一年我就可以做出點成績來，三年事情就可以完成了！」（譯註／原文：「苟有用我者，期月而已可也！三年有成。」）有數的幾個傳記作者無法想像這樣一位有才華的人，永遠不能實現他一生的抱負。就以他在五十歲初期做了五年優異的行政工作為例，那五年他很快地就從中都宰，到司空，一直做到司寇。那段期間，魯國變成了模範邦國，放蕩和欺騙都必須收歛，而浪漫化的故事繼續著，忠與信成了當時的社會秩序。但事實是當時的統治者都懼怕孔子的率直和誠實，而不敢任命他任何擁有實權的位置。當孔子的名聲高到一個地步，使魯國那經由篡奪得到權力的統治者，覺得不得不敷衍一下而請教他如何治理國家時，孔子嚴厲地回答說，在想管理別人之前，最好先學習管理自己。那位統治者並沒有把孔子斬成碎塊，如果不是因為孔子的名聲，他很可能會這麼做，但他也沒有任命他做宰相，只給了他一個頭銜很高的榮譽位子，卻沒有權責，希望就此令他不要出聲。不用說，孔子一發現了他的花招就厭惡地掛冠而去。

好像是受到某種感召——「我五十歲就了解到了神聖的使命。」（譯註／原文：「五十而知天命。」）——孔子把他以後的十三年，伴隨著多次回顧和抗拒的步子，從事了漫長的旅程，周遊列國，主動向統治者提供如何治國的意見，希望尋求一個可以把他的觀念付諸實現的機會。機會永遠沒有來！一位旁觀者在孔子出發時就預言：「上天要用夫子做警鐘來喚醒人們。」（譯註／原文：「天將以夫子為木鐸。」）卻在時間一年年地過去之後，就變成了嘲笑。有一次，孔子在陳國被邀請去擔任公職，但是當他發現，發出任命的官員乃是違背了主腦的意願時，他就拒絕變成陰謀的一份子。在那艱難歲月中，他以尊嚴和可取的氣質（幽默）來立身，為他贏得了極大的聲望。有一次，一位旁觀者嘲笑：「夫子真是偉大！他無所不知，卻沒有在任何一樁事上成名。」（譯註／原文：「大哉孔子，博學而無所成名。」）孔子向他的弟子們自我解嘲地回應說：「現在我該做什麼呢？駕車、射箭嗎？」（譯註／原文：「吾何執？執御乎？」）因為一個邦國又一個邦國，都不理會他所忠告的和平以及對人民的關愛。遁世者和隱者都嘲笑他要改造社會的努力，而勸他加入他們的行列，追求自我主宰以抵消那已經無可救藥的社會的敗壞。連農人都批評他是「一個知其不可為而為的人」。只有一小撮忠實的弟子不顧挫折、失望和幾近挨餓，一直支持著他。曾有一次記錄留下了他們師徒聚在一起的情景：孔子環顧他們，心中充滿了快樂的驕傲——閔子是那麼平靜而有含蓄的大量，子路那麼地充滿了精力，冉求和子貢是那麼坦率而無懼。

一段時期之後，祖國魯國換了統治者時，孔子被請回國去。他自知已經太老而不能擔任公職，所以他把最後的五年，安靜地貢獻給教學和編纂中國過去的經典。他死於公元前四七九年，享年七十三歲。

作為一位政治家他是個失敗者，但無疑他是世界上最偉大的教育家之一。訓練有素地教歷史、詩歌、政府、禮節、數學、音樂、占卜以及體育。他，以蘇格拉底的方式——一個一人的大學。教學的方法也像蘇格拉底，總是非正式的，好像從來都不演講，只談論學生們所提出的問題、列舉文獻，以及提出問題。他對於後者特別有技巧：「夫子問問題的方法，跟別人是多麼地不同呀！」他跟學生們之間交流的公開性，也同樣令人印象深刻。從不自認為是聖人，聖對他來說不是知識的匯集，而是行為的品質，他向學生表明，他是他們旅行的同伴，致力於充分體現人性，而他對這件工作完成了多少自己卻很謙虛：

> 君子之道四，丘未能一焉。所求乎子以事父，未能也；所求乎臣以事君，未能也；所求乎弟以事兄，未能也；所求乎朋友先施之，未能也。②

同時，在他所從事的重要工作上，他卻絲毫不妥協。這使得他對學生們期許殷切，因為他看到自己招納學生的教育事業，其實是在匡正整個社會的秩序。這項信念使得他成為一個熱心者，但是幽默和一種平衡的見識，使得他沒有成為一個極端派。當懷疑論者宰我嘲弄地說：「如果有人說：『有人落井了！』我想，利他主義者就會下去救人了。」孔子回答說：「即使是利他主義者也要先弄清楚井裡是否真有人呀！」（譯註／原文：宰我問曰：「仁者雖告之曰井有仁焉，其從之也。」子曰：「何為其然也。君子可逝也，不可陷也；可欺也，不可罔也。」」當有人被稱許為一個「三思而後行的人」，孔子冷淡地回答說：「兩次就夠了吧！」（譯註／原文：「再，斯可矣。」）像他那樣自信的人，卻永遠樂意承認自己可能會錯，當他錯了時，他就馬上會承認。

他一點都沒有他世的情懷。他喜歡與人相處，到外面去吃飯，跟大伙兒一起唱歌、飲酒，不過絕不過量。弟子們稱：「閒暇的時候，夫子的舉止是隨便而愉快的。他親和卻堅決，莊重而愉悅。」（譯註／原文：「子之居：申申如也，夭夭如也。」）他的民主作風我們已經說過。他不單是常常為黎民請命，以對抗當時壓迫人的貴族；在個人關係上，他「招物議地」與各階層的人相交，從來不會輕視他的窮苦學生，就算他們交不起學費。他是仁慈的，不過在他認為必要的時候也會挖苦。對一個批評他同伴的人，孔子評論道：「子貢顯然自己已經十分完美了，才有時間去做這一類的事情。我是沒有這麼多閒功夫的。」（譯註／原文：「賜也，賢乎哉？夫我則不暇！」）

這倒是真的，因為自始至終孔子對自己都比對別人嚴格。「若聖與仁，則吾豈敢？」他說。「抑為之不厭，誨人不倦，則可謂云爾已矣！」③他一直忠於這項追求。如果他願意與當權者妥協，權力和財富就可以得到。可是，他寧可有骨氣。他對自己的選擇從來沒有後悔過。「飯疏食飲水，曲肱而枕之，樂亦在其中矣！不義而富且貴，於我如浮雲。」

他一死，對他的頌揚就開始了。在他的弟子之間這種舉動是立即的。子貢說：「他是太陽、是月亮，是無從踰越的。要跟夫子比肩是不可能，就如同要爬梯子上天一樣地不可能。」（譯註／原文：「仲尼日月也，無得而踰焉。」）別的人都同意。在幾個世代之內，他就在全中國被認為是「萬世師表」。最令他高興的更應該是他的觀念得到了重視。直到本世紀（二十世紀）為止，二千年來，每位中國學童每天早晨都朝教室內桌上供有刻著孔子名字的牌位作揖。

幾乎可以說每一位中國學子都曾對他的《論語》下過好多功夫，其結果是它們變成了中國人心靈的一部分，而且以口語的格言慢慢滲透到不識字的人心中。中國的政府也受到他的影響，比受到任何其他人的影響都要深。從基督紀元開始，大量的政府部門，包括一些最高的機關，要求官員具有儒家經典的知識。還曾經有多次的努力，有些是半官方的，要把他抬高到神的地位。

是什麼產生了這樣的影響——其影響之大直到共產黨佔領中國之前，**評論者仍然把儒家當成是世界四分之一的人口中「唯一最偉大的知識力量」**。不太可能是因為他的人格。他的人格是模範的，卻太不戲劇化，不能解釋他在歷史上的衝擊。如果我們轉過來看他的學說，我們的困惑就更深了。作為教誨的故事和道德的箴言而言，它們是完全值得讚美的。但是這樣一種明顯的說教，是那麼單調，以致於往往顯得平淡無奇，怎麼能夠塑造一個文明？這件事一眼看去，簡直是歷史上一個不可解的謎。以下是他的說法的一些例子：

「人不知而不慍，不亦君子乎？」

（別人不知道他，他心中也沒有不快，難道他還不是一個真正的哲學家嗎？）

「己所不欲，勿施於人。」

（你不希望別人對你這樣做，那你也不要對別人這樣做。）

「不患人之不己知，患不知人也。」

（別人不知道我，我不會憂慮。我不知道別人，我就會憂慮了。）

「無欲速，無見小利，欲速則不達，見小利則大事不成。」

（不要希望很快的回報，也不要求小的好處。如果只求很快的結果，你就不能達到最終的目標。如果你只被小的好處帶著迷失了方向，你就成就不了大事。）

「（君子）先行其言，而後從之。內省不疚，夫何憂何懼。」

（高貴的人最先就要做他們所說的，而後才去按照他們所做的去說。當你審查你的內心，發現沒有什麼錯，那還有什麼好擔心？還有什麼好怕的呢？）

「知之為知之，不知為不知，是知也。」

（當你知道一件事情，就承認你知道；當你不知道時，認清你不知道——那就是知。）

「過猶不及。」

（太過是跟不夠一樣的壞。）

「見賢思齊焉，見不賢而內自省也。」

（看到一個有道德的人，要想：你要如何才可以趕上他。看到一個無道德的人，就要反省自己的品格。）

「富與貴，是人之所欲也；不以其道得之，不處也。」
（財富與地位是人們所想要的，但是除非是以正當的方式得到，否則，就不值得去擁有。）
「汎愛眾，而親仁。」
（對人要慈愛，不過只有對有德之人才加以親近。）④

這些觀察我們實在沒有什麼可以不同意之處。但它們的力量在哪裡？

孔子所面對的問題

為了了解孔子的力量和影響的線索，我們必須以他所面對的問題作背景，來看他的生平和他的學說。這乃是亂世社會的問題。

早期的中國並不比其他地區更為動亂。但是，公元前第八到第三世紀，卻經歷了周代王朝權力的瓦解。諸侯各自爭權自立門戶，造成了與士師（Judges）時期在巴勒斯坦的情況完全類似的局面：「在那時以色列沒有國王，每一個人做他自己眼中認為對的事。」

在那個時期持續不斷的戰爭是以騎士模式開始的。戰車是武器，禮節是行為的準則，慷慨的行為受到尊敬。面對侵略，一個諸侯會虛張聲勢地派隊送出一批物資給侵略者的軍隊。或是為了要證明他的部下是如何地勇猛無懼，他會向他的侵略者派出兵士作為使者，在侵略者面前割斷自己的喉嚨。像在荷馬時代一樣，敵對軍的武士，彼此互相認識，從各人的戰車上向對方作出崇高的讚美、一同飲酒，甚至在交戰之前還交換武器。

不過，到了孔子的時代，不斷的戰爭從騎士作風退化，走向戰國時代毫無節制的恐怖。孔子去世之後的那一世紀，恐怖到了最高峰。戰車之間的鬥勝被騎兵隊的偷襲與突擊所取代。原先是拘禁戰俘以索贖金，但現在，戰勝者大量地處決戰俘。被捉的人口，包括婦女、小孩和老人，都被砍頭。我們看到集體屠殺六萬、八萬，甚至於四十萬人的記錄。還有記載說被征服的人被投進燒滾的大鍋中，他們的親人則被逼去喝人肉湯。

在這樣一個時代，使其他問題皆顯得黯然的問題是：我們怎樣才能避免毀滅自己？答案會有不同，但問題卻永遠是一樣的。殺傷力愈見加強的武器發明和數量的激增，也是一個在二十世紀纏繞著整個世界的問題。

由於儒家力量的關鍵在於針對社會凝聚問題所提出的答案中，因此，我們需要以歷史的角度來看這個問題。孔子生活的時代，社會的凝聚已經惡化到危急的關頭。社會的黏合劑已經無效了。而在這之前是什麼把社會維繫在一起的呢？

在生命演化到人之前，答案是很明白的。把獸群、畜群與蜂群維繫在一起的是——本能。螞蟻之間或蜜蜂之間的合作是傳奇性的，可是在低於人類的生物世界中，一般來說，是能夠預期合理的合作的。自然界中有大量的暴力成分，不過一般是發生在物種與物種之間，而不是在某一物種本身之內。在物種中有一種內在的群體性，所謂「群居本能」(herd instinct)，使生命得以穩定下來。

人類出現之後，這種社會凝聚的自動源頭就消失了。人是「沒有本能的動物」，沒有內在的機制可以依賴以保持生命的安全。現在，什麼東西可以控制社會無政府狀態呢？在人類的初期，答案是「自發的傳統」，或者是人類學家有時所說的「習俗之餅」。通過世代的嘗試與錯誤，某些方式的行為證明了對族群的福祉有貢獻。並不是委員會開會決定族群需要什麼，以及用什麼樣的行為模式得到其所需要的；模式純粹是經過多少世紀而成型的，在那漫長的時期中，世世代代，一路摸索，慢慢地建立起滿意的風俗習慣，而避免了那些具毀滅性的。一旦模式建立了——沒有演化出有效模式的社會很可能就此消失，因為它們沒有留下來供人類學家研究——就一代一代未經思索地傳了下去。正如羅馬人說的，它們是「用母親的奶水」傳給年輕的一代。

現代生活離開傳統約束的族群社會太遠了，我們很難了解，習俗是如何得以完全控制族群社會。習俗繼續進入我們的生活中來控制我們行為的區域已經不是很多了，不過服裝和打扮仍然是其中之一。連這方面的守則也已經在減弱中，不過，有些情況仍然存在，如果公司主管忘了打領帶，這一天他會很難度過。其實，不雅的暴露不是問題，他只須跨越習俗便可——他的職業假設了(但多數沒有明白說明)服裝的規則。這使他立即成為目標，被人視為局外人，怪癖的舉動就算不是破壞性的，也會被懷疑是異常的，同事們也會從眼角來看他——唷，不同。而這樣被人看可並不舒服，這正是習俗力量。有人曾大膽地說，一個女人在某種場合穿著適當而正確就會感到踏實，她那種平和之感，連宗教都不能給予，也拿不走。

如今，我們不再感覺到傳統的力量在服飾這類事之外運作了，如果我們把這種傳統的力量推廣到生活的各個區域，我們就得到了族群社會以傳統為定向的圖像了。這種生活有兩件事情在此處特別值得注意。**首先，是它有防止反社會行為的非凡能力。**在愛斯基摩人以及澳洲原住民的族群中，連「不服從」這個字都沒有。**第二件令人印象深刻的是其自發的、不加思索的方式，並用它來進行社會化。**沒有制定附有處罰條款的法律，沒有刻意設計的計劃給孩子道德教育。群體期望之強烈和不妥協，使得年輕人將之內化了，而毫不懷疑或深思。丹麥的格林蘭人沒有有意識的教育課程，但是人類學家報導，他們的孩子們非常順從、溫良，而且樂於助人。現在還有印第安人記得在他們的地區，社會控制是完全內在的。「那時候是沒有法律的，每個人都做應當做的。」⑤

在早期的中國，習俗和傳統可能同樣提供了足夠的凝聚力來保持社區的完整性。其力量的生動證明流傳了下來。比方，記載中有一位貴族女性在宮中被活活燒死，因為她拒絕破壞當時在沒有女侍從伴隨下不得離開屋子的習俗。史家——一位孔子同時代的人——用一種掩飾的手法記載該事件，表示習俗在他心目中已喪失了一部分力量，不過仍然十分穩固。他提議說如果該女士尚未結婚，她的行為是毫無問題的。但是因為她不僅已經結了婚，而且還是一位年長的婦女，讓她在沒有人伴隨下離開起火的府宅，或許並非「在那種情形下完全不合適」。⑥

史家對於過去是比多數人還要敏感的；在孔子那個時代，並非每一個人都像方才引述的報導者那樣還去理會傳統。中國已經在社會演化上到達了一個新的關鍵時刻，出現了大量有充分個體意識的人。這些人是自我意識，而不是群體意識，不再把他們自己想成是第一人稱複數，而是以第一人稱單數來想的。理想取代了社會習俗，自我的利益超過了群體的期望。別人怎麼行事，或者祖先在不知多久遠之前如何行事，已經不再是個人照做的足夠理由了。現在提議行動時，要面對人們的問題是：「這對我有什麼好處？」

把社會黏合在一起的舊泥灰在脫落了。在他們擺脫這「習俗之餅」之際，個人已經把這塊餅弄破，無可補救了。**破裂並非一夜之間發生的，在歷史上，沒有任何事情是在時間的刀口上開始或終止的，更不要說是文化的改變了。**第一批個人主義者可能是瘋狂的變種，是孤獨的怪人提出奇怪的問題和拒絕集體認同，他們並非出於異想天開，只不過不能感覺自己完全與群體合一。**可是個人主義和自我意識是有傳染性的，一旦它們出現了，就像傳染病和野火般地傳開罷了。未經反省的團結乃是一件屬於過去的事了。**

儒家對手的答案

當傳統不再足以把社會維繫在一起時，人類生命就遭遇到前所未見的嚴重危機。這種危機，現代世界要去了解它是沒有困難的，因為在最近幾年中，它又以一種尖銳的形式回來糾纏人類了。美國提供了最清楚的例子。她吸收了不同國家和種族背景的人民，這種特徵為她贏得了熔爐的稱譽，不過卻減弱了移民群體所帶來的傳統，美國沒有為他們提供一個強迫性的代替品。這或許使得這個國家是有史以來最沒有傳統的社會。作為傳統的另一選擇來說，美國提出了理性。教育她的公民，並且提供訊息給他們，他們就可被信賴地去進行合理的行動——這就是美國立國的傑佛遜(Thomas Jefferson)啟蒙的信念。但這信念並未實現。一直到最近，一向在教育上是世界領袖的美國，在犯罪、青少年問題和離婚上，也成為世界之冠了。

當啟蒙時代對人類凝聚問題所提供的答案仍待證明時，省察古代中國所提出的各種選擇，並不只包含一種愛好古代文物者的興趣。這種選擇之一乃是由現實主義者提出來的。⑦當人們不守規矩時，你怎麼辦？打他們。這乃是一個針對標準問題的標準答案。人們最能了解的就是武力。一旦個人自傳統的蛹脫穎而出，開始用理性來指導他們的生命，激情和私欲是如此之強，只有嚴厲的制裁才得以使他們守住分寸。你可以高興地大談理性和道德，分析到最後，還是武力取得勝利。在一個由自我追求的個人所組成的社會中，唯一避免普遍暴力的方法，就是要維持一個有效的國民兵團，一旦人們越軌就隨時予以打擊。還必須要有法律，來清楚說明什麼是「許可」及「不許可」的事，犯規的處罰必須重到沒有人敢觸犯它們。總之，現實主義者對社會秩序問題的回答是：具有利齒的法律。這主要就是霍布斯(Hobbes)在西方所提出的答案。如果聽任個人的意欲，沒有斷然的手段來抑制他們的自我追求，生命將是「卑劣、殘暴而且更將是短暫的」。

現實主義者的社會秩序哲學的應用，是經由「賞罰」精心擬定的機制來進行的。那些按照國家指令做事的人就得到報酬；不如此做的人就被罰。按照這種做法，法律的清單顯然必須漫長而詳盡——善意的通則可以由為自利的解釋扭曲而變形，因而是行不通的。「如果法律太過簡略，」韓非子，一位主張現實主義的首要發言人說：「一般老百姓會爭辯其意旨。一位賢君制定法律的時候，要照顧到每一可能的事故，並為之提供細節。」⑧不單是法律必須要清楚擬定；違法的處分也同樣需要清楚列明，而且應該重罰。「理想主義者，」韓非子繼續說：「總是告訴我們處罰應該輕。這樣做是會造成混亂和毀滅的。報酬的目的是要鼓勵，而處罰呢？則是要防止。如果報酬高，那麼統治者所要的就會很快地達到：如果處罰很重，他所不要的就會很快地被防止了。」

從這套政治哲學所延伸出來對人性的評價顯然是低的。在兩個方面來看是低的，首先，它假定低劣的衝動壓倒了高貴的。人天生是淫欲的、貪心的與妒嫉的。善，如果要出現的話，必須將之植入他們的生命中，就如同木材需要壓床才能拉直一樣。「普通的人是懶惰的，對他們來說，好逸惡勞是很自然的。」⑨如果他們以為偽善能令他們搶先出頭的話，他們就會這樣做，一個國家就會散發出偽善和虛假的利他主義氣味。不過，當推變成了擠的時候，自利就會出籠了。

其次，現實主義者的人性觀所以低的道理，在於它判斷人是短視的。統治者必須預見長遠的利益，但是老百姓是不能夠的。結果呢，他們就不會自動為了未來的利益而接受眼前的犧牲。假設一個嬰兒得了頭皮的毛病，「如果嬰兒不剃頭，這個毛病就會復發；如果不把癤子割開，它就會繼續長大。但是當孩子的母親為他施手術時，雖然有人緊緊地抱住他、安慰他，他仍然會一直哭叫，一點也不明白目前受到少少的痛苦，結果會有大的收穫。」

⑩同樣地，民眾「要安全，卻痛恨產生安全的手段」。**如果允許他們追隨當下歡樂的刺激，很快就會演變成他們最害怕的痛苦的受害者；反過來，如果令他們接受一些眼前不喜歡的，結果就會為他們帶來所要的快樂。**

這種對一般人性的低估，並沒有使現實主義者否認高貴情操的存在。他們只不過懷疑它們的數量供應是否足夠令國家維持秩序罷了。偶爾會有人才出現，能夠徒手畫出完美的圓圈，但是造輪子能夠靠這些人嗎？千人之中可能有一人是完全誠實的，但是當牽涉到數百萬人的時候，少數個人又有什麼用呢？對於數百萬人來說，查帳是不可缺少的。一千個裡面有一個統治者可能無須賞罰就可以激發人們合作共處；但是當中國人民處身在戰國時代，你告訴他們去等待另外一個像古代傳說中模範的治理天下的英雄，就如同告訴一位在中國中部即將淹死的人，去等待一位由邊陲省份來的游泳好手會出現來救他一樣。生活是艱苦的。我們盼望它不是這樣的，但盼望並不能改變事實。

沒有湖水平靜得可以毫無波紋，
沒有圓圈可以那麼圓而沒有一點模糊不清。
如果我能夠的話，我會為你改變一切；
因為我不能，你就必須照它們那樣來接受它們。

嚴苛的存在事實，要求著堅定的現實主義，因為妥協會由於企圖同時朝兩方面走而取消了行動。「冰和炭火是不能放在同一個缽子裡的」。

事實上，在孔子時代的中國，也出現了一種社會哲學，它之異於現實主義，正如火之異於冰一樣。它就是以其主要發言人墨子（即墨翟）而命名的墨家，它提倡愛（兼愛）⑪——一個人應該「愛普天之下所有的人，就如同愛自己的人一樣；關心別人的國家，要完全像關心自己的國家一樣。」

國家之間互相攻伐，家與家之間互相侵佔，人與人之間互相傷害，這就是世界上主要的災難。

不過，這些災難來自何處呢？它們的產生乃是因為缺乏相互的關愛。目前，封建君主只愛惜自己的國家，而不愛別人的。因此，他們會毫不猶豫地去攻打別的國家。一家之主只會愛他們自己的家，而不愛別人的。因此，他們會毫不猶豫地去侵佔別人的家。個人只愛自己而不愛別人。因此，他們會毫不猶豫去傷害別人。世上一切的災難、爭鬥、抱怨，以及仇恨，都源自於缺乏相互的愛……

我們如何來改變這種情況？

它可以通過普遍的愛和相互幫助的方法來改變。

但是，什麼是普遍的愛和相互幫助的方法呢？

要關心別人的國家如同關心自己的，關心別人的家如同自己的，關心其他的人如同自己。世界上所有的人都愛彼此，強者就不會壓迫弱者，多數人就不會壓迫少數人，有錢人就不會嘲笑窮人，尊貴的人就不會輕視卑微的人，狡猾的人就不會欺騙單純的人。這完全是因為相互間的愛使得災難、爭鬥、抱怨，以及仇恨，被防止而不會發生了。⑫

墨子完全不同意別人對他的攻擊，說他強調愛是感情用事、不切實際。「如果它沒有用的話，連我都不會贊成它。但是一件東西如果是好的，怎麼可能是沒有用的呢？」可能因為墨子的極端立場，使他相信他是受到上帝支持的，那高高在上的天君，一位人格神——「熱愛著人民；安排了日、月和星辰，灑下了雪、霜、雨和露；設下了丘嶺和河流、溝壑和山谷；指派了公侯和君主來賞賜有品德的人，處罰邪惡的人。上天普遍地愛整個世界，萬物都是為了人類的利益而設。」⑬

因為愛明顯地是善的，而安排世界的神也是善的，因此，說我們擁有一個愛在其中卻收不到效果的世界是不可思議的。因為「任何愛別人的人都會被人愛；任何施恩於他人的人，別人都會施恩於他；任何傷害別人的人，都會被別人所傷害。」⑭

這兩種對社會凝聚問題所提出的互相對立的答案，都不能令孔子有什麼好印象。⑮他反對現實主義者用武力的答案，因為它是笨拙而外在的。**由法律來規範的武力可以限制人民的行為，但卻因為太粗糙而不能激勵他們日常的、面對面的交流。比如，在家庭的問題上，它可以規定結婚和離婚的條件，卻不能引發起愛和伴侶的關係。**這個見解一般來說是站得住腳的。政府還需要它們本身不能提供的：意義和動機。

至於墨家依賴愛這一點上，孔子同意現實主義者斥之為烏托邦。葛瑞翰(A. C. Graham)證實孔子在這一點上的決定性勝利，他指出在回顧中看來，「不單是對孔子的思路來說，對整個中國文明而言，墨家有點像是外來貨，它堅持要你愛別人的家庭有如愛自己的家庭一樣，這是沒有任何其他人可以容忍的立場。」⑯愛在生命中是有其重要的位置，我們會聽到孔子堅稱，但是它一定要由社會結構和一種集體的風氣來支持。只講愛，就是只講目的而不講手段。這樣的描述可以幫助我們了解孔子為何認為現實主義者和墨家都同樣是錯了，只不過錯的方式相反罷了。現實主義者認為政府能通過他們領域內的法律和武力來建立和平與和諧，墨家則走向相反的極端，他們假定個人的承諾就可以解決問題，這是忽略了不同的情況和關係所激發的不同情緒，而使不同的反應合法化。當被問到：「一個人應該愛他的敵人嗎，那些傷害了我們的人？」(譯註／原文：「以德報怨，何如？」) 孔子回答道：「絕不行。以正義來回應仇恨，以愛來回報仁慈。否則的話，你就會浪費你的仁慈。」（譯註／原文：「何以報德？以直報怨，以德報德。」）孔子的首要追隨者孟子，用了這同樣的邏輯拒絕了墨子「同樣地去愛所有的人」的呼籲。忽略了個人家庭中的成員所產生的特別情感，墨子表現出他本人是不現實的。

西方當前對社會問題所採取的方式——通過培養理性——或許在孔子當時並沒有出現。假如出現了的話，他會認為它想得不夠透徹而不予考慮的。那些持智力進化觀點的人，看見人類的智力隨著時代而不斷增加，可能會論辯說，這是因為他所對付的社會還是在其未成熟的時期——像一個青少年，要打他，他太大了；要跟他理論，他又太小了。如果這個論題進入孔子的意識，他最可能的立場是主張：心靈是在由個人的群體關係所制約的態度和情緒的脈絡之中運作著。除非在群體關係這一區域的經驗使我們有意去合作，提高理性很可能只幫助人的自利。孔子不是啟蒙時代的產物。他會是比較接近於承認博愛不是通過勸誡而產生的那些哲學家和心理學家。

即使事實如此，孔子依然對傳統著迷，因為他看到了傳統是意願和態度的主要塑造者。他熱愛傳統，因為他視傳統為一項有潛力的導管——一個能夠匯集那在古代中國黃金時期或大同時期中被完美化的行為模式進入現在的行為模式中。因為那時的風俗習慣比較有讓人服從的力量，人們慣於順從它們，因為它們是精細地錘鍊而成，與之合模就帶來了和平與快樂。孔子可能理想化甚至浪漫化了從公元前二千年進入到公元前一千年適逢周代鼎盛的這一時期。無疑地，他羨慕它，而希望盡量忠實地重複它。傳統對他來說就是一種從光輝的過去開出處方的手段，由此用以服務他自己動亂的時代。

當代的社會理論學家稱讚他這樣的思路。他們告訴我們說：社會化，

> 必須要從年老的傳遞到年輕的，習慣和觀念必須在傳統的承擔者之間，像一個無縫的記憶之網般維持著，一代又一代。……當文明傳統的延續一旦破裂了，社群就遭受到威脅。除非破裂能加以補救，社群就會分裂成派系間的戰爭。因為當延續中斷了，文化的遺產就無法被傳遞。新一代通過嘗試和錯誤，去重新再發現、再發明和再學習，來面對他們所需要知道的大多數東西……光靠一代的人不可能做到這一步。⑰

孔子說的是不同的語言，但是他所致力的正是這樣的論題。

他對過去的關懷，甚至於崇敬，並沒有令他成為一位古董收藏家。他知道變化已經發生了，要完全回到古代是不可能了。公元前五百年，是中國人變成個體主義的時代，而與公元前一千年（以整數來計）分隔了開來。他們現在是自覺而反省的了。由於情況如此，自發的傳統——沒有清楚的意旨並且沒有異議地統治了村落所衍生出來的傳統——再也不可依賴了。另一個選擇就是處心積慮的傳統。當傳統不再是自發和無疑問的，它就必須通過有意識的關注將之支撐和強化。

解決之道，聽起來簡單，但在實質上卻是深刻的，是體現了社會天才們對社會情況如

實的了解。在轉變的時期，一個有效的主張必須符合兩項條件：第一，它必須是過去的延續，因為只有跟人民已經知道和習慣的東西結合在一起，才會廣泛地被接受——「不要認為我是來破壞的；我來不是要破壞而是要完成。」（馬太福音5：17）。第二，所提出的新答案必須對舊答案不可行的當前發展，採取清楚明白的說明。孔子的提案卓越地達到了兩者的要求，把傳統維持在歷史舞台的中心而保留住了延續性。不要急，他似乎在說，讓我們來看以前是怎麼做的——我們聽見他聲稱自己「只不過是一個好古的人」。（譯註／原文：「信而好古」）以一位政治家的聰慧立足於法規之上，他求助於古典來為他的講壇建立指導原則。而他一直都在不斷地闡釋、改造、重組著。雖然不為人民所知，我們卻能夠感到他自信地把傳統從不自覺的轉成自覺的基礎上，完成了一項重大的新取向。

不為人民所了解，也多半不為孔子自己所知，我們應該加上這麼一句，因為如果以為孔子完全明白他在做什麼的話，那就錯了。但是天才無須靠對他的創造物完全、自覺的了解的。一位詩人可能對於何以要用某幾個字的知識還不如一個詩評家。這種知識的缺乏並不會妨礙詩人用字的恰當性。或者，一切出眾的創造都是更靠直覺，而不是靠明確的辨別力。顯然地，孔子就是如此。他不會也不能用我們使用的措辭來證明他自己，或者甚至描述出他的答案。他只不過首先想出了答案，而把試圖去了解他做了什麼以及何以他所做的證明為有效的這第二步工作，留給後人去做。

從自發的轉移到有意的(deliberate)傳統，需要批判的知性力量致力於保持傳統力量的完整，而且，也要決定傳統今後服務於何種目的。一個民族首先必須決定：哪一種價值對他們集體的幸福是重要的？這就是何以「在儒者之間研究正確的態度乃是最重要的事。」⑱然後，每一教育的設計——有形和無形的，從生發到死亡——都應該致力於把這些價值普遍地內化於人們心中。正如一位中國人描述這個過程：「道德觀念通過每一種可能的方式，將之灌輸到人們的心中——寺廟、戲院、家庭、玩具、諺語、學校、歷史和政事——直到它們變成了日常生活的習慣……就連節日和遊行（在這種意義下）在性質上都是宗教的。」⑲通過這樣的手段，甚至一個由個人組成的社會也能夠（如果它致力於這項使命）編織出一個無所不包的傳統，這是一種暗示的力量，使其成員縱使在沒有法律監管的情形下也能在社會上舉止得體。

所用的技術乃是環繞著社會學家所謂的「聲譽的等級（patterns of prestige）」。每一群體都有這類的模式。在青少年幫中可能是包括強硬和對常規蠻橫的藐視；在寺廟中，聖潔和謙卑是受到重視的。無論其內容如何，一種聲譽的等級體現著該群體的領袖們所尊重的價值。追隨者們從他們愛慕的領袖那裡得到暗示，也去尊重他們的價值，而且有意地去扮演它們——部分是因為他們也對之有所愛慕，部分是為了要贏得同儕的贊許。

這乃是一種有力的常規，可能是獨特的人類價值得以普及廣大群眾的唯一的常規。幾近二千年來，一個中國孩子生活在孔子直接的光輝下所學的第一句話不是「瞧！瞧！瞧和看！」而是「人之初，性本善。」我們可能會對這種毫無遮攔的說教一笑置之，不過，每一個民族都需要它。美國有華盛頓砍蘋果樹的故事以及《麥格飛讀者》（*McGuffey Reader*）上的修身格言。羅馬人著名的是紀律和服從，靠著父親把違反了命令去贏得戰爭的兒子處死的傳說來培養。納爾遜(Nelson)是否真的說了：「英國期待每一個人都履行他的責任？」法蘭西斯一世(Francis I)是否真的喊道：「除了榮譽之外，一切都已失去了。」這並不太重要。故事表達了民族的理想，而按照其形象來塑造人。同樣地，孔子《論語》中一個接一個的故事和格言，乃是設計了來創造中國人所希望的中國人性格應該成就的原型。

子曰：「君子和而不同，小人同而不和。」

(孔子說：「真正的君子是友善，但不親近，小人則是親近而不友善。」)

子貢問曰：「鄉人皆好之，何如？」子曰：「未可也。不如鄉人之善者好之，其不善者惡之。」

(子貢問道：「如果全城的人都喜歡他，你說這個人怎麼樣？」孔子說：「這不夠，最好是城中的好人喜歡他，壞的人恨他。」)

子曰：「君子泰而不驕，小人驕而不泰。」

(孔子說：「有教養的人自重，但不虛驕。沒有教養的人虛驕，卻不自重。」)

樊遲從遊於舞雩之下，曰：「敢問崇德、修慝、辨惑。」子曰：「善哉問！先事後得，非崇德與？攻其惡，無攻人之惡，非修慝與？一朝之忿，忘其身以及其親，非惑與？」

(有一次樊遲跟夫子在雩壇的樹下漫步，樊遲問：「我可否請問，一個人如何增進他的品格，改善個人的錯誤，以及分辨出什麼是不合理的？」「問得好，」夫子回答說：「如果一個人把責任放在成功前面，不是就會增進品格了嗎？如果一個人責備自己的過失，而不去責怪別人，那不就彌補了他個人的缺點了嗎？為了一時的憤怒而忘掉了自己和親人的安全，那不是太不理性了嗎？」）

讓我們把前面幾段文字之前提到的社會分析家的論點作一總結，孔子在為他的國人創造第二天性，這正是人們變得文明之後所要接受的。

> 這第二天性是依照「人民」生活的目的與理想所應有的形象而造成。……對社群的全幅忠貞只能由一個人的第二天性來提供，以控制他第一而原始的天性，並且不把後者當作最後的自己。然後，文明生活的紀律和必要性以及約束，對他就不再是異質的或從外面強加在他身上的。它們已經變成了他自己內在的律令了。

有意的傳統的內容

有意的傳統不同於自發的傳統之處，在於需要對它全神貫注。首先，需要注意的是，當受到愈見增加的個人主義威脅著要腐蝕它的時候，要如何去維繫其力量。這一點孔子認為是其在最廣義下的教育之主要目的。不過，第二點，它需要注意到教育內容。它應該形成具有何種特徵的社會生活呢？孔子答案的綱要可以歸納成下列五個主要項目：

一、**仁**。仁，字源上是「人」和「二」兩個字的結合體，指應該存在於人與人之間的理想的關係。各種不同的翻譯如goodness、man-to-man-ness、benevolence（仁慈）和love（愛），或許最好的翻譯是human-heartedness。仁在孔子的人生觀中是德行中的德行。它乃是最高的，甚至於是超越的完美，他說他從來沒有看到它完全被體現過。由於牽涉到人的能力之最高展現，它是如此高超的一種德行，個人「在說到它的時候，不得不謙恭」。⑳對於君子，它比生命本身還要寶貴。「一個堅決的學者和仁人……甚至於會犧牲自己的生命來保持他們仁的完整。」（譯註／原文：「志士仁人……有殺身以成仁。」）

仁同時指涉一種對他人的仁愛之情以及對自己的自尊，不論它在何處出現，對人的生命尊嚴都有一種不可分割的意義。輔助的態度自動地隨之而來：寬宏大量、善的信念以及慈愛。在仁的指向下，有可以令人成為最高的人之一切完美的東西。在公眾事務上它會激發起無倦的勤奮。在私人生活中，它表現出禮貌與無私，以及移情或「推己及人」的能力。如果用消極的說法來講，這種移情可以引發所謂的銀律（Silver rule）——「己所不欲，勿施於人」㉑，不過沒有理由就停留在這樣消極的字面上，因為孔子同樣正面地說明了這一點。「夫仁者，己欲立而立人。」這種心的寬大是沒有國界的，因為對於那些仁人，他們知道「四海之內皆兄弟也」。

二、**君子**。第二個概念是君子。如果仁是人與人之間的理想關係的話，君子就是指在這種關係中的理想項，曾經被翻譯成 Superior Person（最高人），及 Humanity-at-its-Best（人性之最善者）。也許，成熟的人（Mature Person）最能夠忠實地描繪出這個字眼的意義。

君子的反面是小人，一個卑劣的人，一個心胸狹窄（small-spirited）的人。充分勝任、泰然自若，君子對待生命整體來說，有如一位理想的女主人，在她的環境之中，她是那麼地自在以致於她是完全放鬆的，因為如此，而能夠全心照顧著別人的安適自在。或者換成男性的話，由於他在整個宇宙中自在到了一個地步，君子得以把理想主人的這些品質在一般生活中受用。因為他對自己的尊重而產生對人的尊重，他接觸人的時候所想的，不是「我從他們那裡可以得到什麼？」而是「我可以怎麼樣來照應他們？」

女主人的充分勝任的品質，使得她有一種愉快的態度和高雅的模樣。自在、自信以及稱職，她是一個有著完美風度的人。舉止不會無禮和暴戾；表情是坦然的，言詞不會粗鄙和庸俗。或者，再換成男性來說，君子是不多言的，他不吹噓，不推銷自己，毫不炫耀他的優越性，「只有在體育方面除外」（譯註／原文：「君子無所爭，必也射乎！」）。永遠保持著自己的標準，而不理會別人是否忘記了他。君子永遠知道如何自處，在別人訴諸於習俗的時候，依然保持高雅的主動性，修練有素地去面對任何突發的事件而「沒有焦躁和恐懼」（無憂無懼），他不會為成功所動，也不會為了逆境而發脾氣。

孔子認為，只有一個完全真實的人才能建立文明社會的偉大基礎。只有在構成社會的人們轉化成為君子，世界才會步向和平。

心正而後身修，身修而後家齊，家齊而後國治，國治而後天下平。（見《大學》）

（如果心中有正義，性格就會有美；如果性格中有美，家中就有和諧；如果家中有和諧，國家就有秩序；如果國家有秩序，世界就有和平。）

三、**禮**。第三個概念，禮，有兩個意思。

第一個意思是規矩（propriety），事情應該如何做的方式。孔子認為要人們能夠聰明地自行決定某些方式該如何，是不現實的。他們需要模範，所以孔子要引導人們注意在社會歷史所提供的最好的模範上面，使得所有的人都得以注視、記憶和學習。法國的文化不僅只有重視烹飪，也有對生活藝術的關注，一般來說，是最接近於中國的西方版本，其中有好些成語非常成功地把握了「禮」這個觀點，而使得它們進入到西方的詞彙中，例如：*savoir faire*，不論在什麼情況下，如何使自己舉止優雅和有禮的學問；*comme il faut*，事情應該如何做的方式；*apropos*，適當的；以及 *esprit*，對事情的正確感受。孔子要想培養的中國人性格正是在這些方面。通過格言（在西方用「孔夫子說……」的模仿而被取笑著）、軼事（《論語》中多的是），還有他自己的例子（孔子在他的村子裡，看上去是單純而真誠；在朝廷上，他發言審慎而周到」），他設法訂製出一整套生活的方式，使任何一個受到正當教養的人，都會毫無懷疑地知道如何去處世。「舉止造就一個人。」一位中世紀的主教說。孔子預見到那個洞識。

規矩涵蓋很廣，不過，如果我們看看他有關正名、中庸、五倫、家庭和老年的教誨，我們就能掌握到孔子所關心的要點了。孔子指出：

名不正則言不順；言不順，則事不成……故君子名之必可言也，言之必可行也。君子於其言，無所苟而已矣。

這種話聽起來是常識性的，不過孔子在這裡所要對付的問題，在我們的時代已經釀成一項嶄新的科目：語意學——研究語言文字、思想以及客觀真實之間的關係。一切人的思想都是通過語言來進行，因此，如果語言不正，思想就不能正確地進行。當孔子說沒有比父親是父親、統治者是統治者更重要的了，他是在說當我們用這些語言的時候，必須知道我們的意思是什麼。不過同樣重要的是，語言必須意指正確的事物。正名乃是呼籲一項規範的語意學——如果要使生活很有秩序的話，創造出一種語言，其中的主要名詞要有它們應該具有的意義。

在孔子的視像中，「中庸」是如此重要，乃有專書以之命名，在儒家經典中佔有中心地位。中庸的兩個中文字是中和庸，字義是「中間」和「恆常」。因此，中庸就是在不能作用的兩極端之間的「恆常在中間」的道路。以「沒有任何過分」為其指導原則，它最接近的西方版本就是亞里斯多德的黃金中道(Golden Mean)。中庸以一種敏感的氣質來平衡過量和放縱，這樣做把邪惡在一開始就抑制住了。「驕傲，」《禮記》忠告說：「不可以過分。意願不應該完全地加以滿足。享樂不應該過分。尊重中庸可以帶來和諧與平衡。它鼓勵和解，而扶植一種合適的保守。對於過分要留神，指向純粹的價值，同樣地遠離熱情與冷漠。」中國對於中庸的注重雖然並不普遍，卻已經典型地保護了中國不至於狂熱。

五倫構成社會生活的經緯，在儒家的系統中乃是父子、夫婦、兄弟、朋友與君臣。㉒這些主要的關係被正確地制定，對社會的健康至為重要。其中沒有一項是可以轉移的，在每一項關係中，兩個當事人對彼此不同的回應要恰當。父母親要慈愛，孩子們要孝順；做兄長的要和氣，做弟弟的要尊重；年長的要周到，年幼的要謙恭；統治者要仁愛，臣下要忠貞。在效果上，孔子說：當你這樣做的時候是永遠不會孤獨的。每一項行為都影響到別人。這裡所說的是一個系統結構、你可以在其中完成最高限度的自我，而又不會破壞你生命所依賴的社會網絡。

附於家庭之內五倫中的三項，指出了孔子把家庭制度看得多麼重要。在這一點上他並沒有發明，而是承繼著中國人所設定的，認為家庭是社會的基本單位。這項前提生動地深嵌在中國的傳統中，那「發明」家庭的英雄，把中國人從動物提升到人的層面。在一個家庭內，依次的，孩子對父母的尊敬乃是其中心；也就是所謂的孝道。當父母親的意義已經不再對孩子有意義的時候，最近有人寫道，文明就處於危殆之中。孔子可以說是完全贊同的。「子女對他們父母的責任，乃是一切德行所自來的源泉。」孝順的故事充斥在儒家的文獻中。有許多是非常怪異的，例如一個婦人，由於婆婆在嚴冬天氣想吃魚，她就躺在結冰的池塘上，把光的胸脯貼在冰上融化了一個洞，好去捉在洞中浮上來的魚。

這種對長輩的照顧不只限於對自己的父母，它與孔子對一般年長者的尊敬相關。這兩點是連結在一起的。在純粹功利主義的基礎上，年輕者（在某種年紀之後）照顧年老者的社會是好的，因為不要多久，年輕人自己也會年老，而需要收取他們早先的投資了。不過發生作用的不僅僅限於功利主義的論點，孔子清楚地認為，年輕人應該尊敬和服務年長的人，而不單只是回報一項契約性的債務。他認為年長之所以值得尊敬，是由於它的內在價值。因為兩相權衡，他相信歲月不僅帶來經驗與調和，而且還有智慧的成熟和精神的完美；在最重要的事務上年老的人是在我們前面的。這種觀點與西方尊重年輕人是如此地相反，對我們來說，幾乎不可能想像出年紀愈大愈是能受到別人的服務和尊敬那種感受是如何。孩提時期之後，一年一年成比例地，會有更多的人站起身來為你倒茶，而不是你去倒，別人也愈來愈對你說的話留心、尊重。這五項偉大關係中的三項，是集中在照顧與個人相關的年長者。

在正名、中庸、五倫、尊長和家庭的關心上，我們已經簡單說明了禮在其第一義上的重要細節，那就是規矩（propriety）或什麼是正確的。這個字的另一個意思就是禮儀（ritual），把正確（right）改變成——在什麼是該做的這個意思上——儀式（rite）。或者應該說，它用第二種意思注入了第一意思，因為當正確的行為詳列到儒家的清單上時，個人整個的生命變成在一個神聖的舞蹈中程式化了。社會生活的舞台是經過設計了的。它的基本步法設計成功之後，就不再有什麼臨時創新的需要了。每一行動都有一個模式，上至皇帝每年三次向上天報告他體現天命的情況，下至在你家中如何招待最卑微的人以及如何奉茶。懷德海(Alfred North Whitehead)夫人報導一位劍橋的牧師，在為他的講道作結論時說：「最後，我的弟兄們，對於行為良好的人，生命是不會有什麼問題的。」禮，乃是孔子替良好行為設計的藍圖。

四、**德**。孔子謀求為其國人制定的第四個中心概念就是德。

這個字的字面意義是權力，特別是統治人的權力。不過這只是一個初步的定義。這個權力是什麼？我們已經知道孔子不接受現實主義者認為唯一有效的統治就是通過武力的主張。他的判斷真是對了，歷史通過按照現實主義者的路線立定其政策的秦朝證實了他的看法。秦國在開始的時候非常成功，頭一次統一了整個中國，而以自己的國名秦(Chin)來命名，後來就被稱為「China」(中國)，但是經歷一個世代就亡了——活生生地見證了塔利蘭(Talleyrand)的格言：「**你可用刺刀做任何事，卻不能坐在上面**。」在所有儒家故事當中，最有名的故事之一是在泰山孤寂無人的山腳下聽到一個女人的哭號聲。孔子問她為什麼哭的時候，她回答說：「我的家翁被這裡的一隻老虎咬死了，我的丈夫也被咬死了，現在我的兒子也遭遇到同樣的命運。」

「那你為什麼還要住在這樣一個可怕的地方呢？」孔子問她。

「因為這裡沒有一個壓迫人的君王。」女人回答說。

「永遠不要忘記，各位同學們，」孔子對他的門徒說：「一位壓迫人的君王比一頭老虎還要殘暴。」（苛政猛於虎。）

孔子相信，沒有一個政權能夠自始至終地束縛住它的人民，甚至連大部分時期內控制任何一大派系的人都做不到。它必須靠人民接受其意志，對其作為有相當的信心。孔子指出政府的三項要素是：經濟上充足（足食），軍事上優越（足兵），以及人民有信心（民信之矣）。他更進一步說最重要的還是人民的信賴，因為「如果人民對他們的政府不信任，它就站不住了。」（民無信不立。）

這種來自公民自發的贊同，這種沒有它國家就不能生存的信念，只有當人民感受到他們的領袖是有能力且誠心誠意地致力於大眾福利，並具有令人尊敬的品德時才會發生。**因此，真正的德乃是道德典範的力量**。在最後的分析中，善不是通過武力或法律得以根植於社會中，而是通過我們愛慕之人的影響。萬事的關鍵都在一國之君身上。如果他或她是詭詐或無價值的人，社會就沒有希望。但是如果領袖是大家同意的真君，他的法令是出自固有的正義，這樣的人就會吸引到一批「不可收買的伙伴」。他們對公眾福利的全心投入，會喚醒地區領袖的良心，而由之向下激勵一般的公民。不過，要想這種進程實行，統治者必須沒有個人的野心，這就說明了孔子的話「只有那些夠資格統治的人，才會寧可推辭不幹」。

下面的陳述集中體現了孔子德的觀念：

為政以德。譬如北辰，居其所，而眾星拱之。

（治理政府用他的道德，可以比擬成為北極星，它保持在它的位置上，而所有的星都環繞著它。）

季康子問政於孔子。孔子對曰：「政者正也，子帥以正，孰敢不正。」

（魯國的男爵問孔子如何治國。孔子回答說：「要統治就要保持正直。假如大人你正直地領導人民，你的子民哪一個還會去犯法呢？」）

季康子問政於孔子曰：「如殺無道，以就有道，何如？」孔子對曰：「子為政，焉用殺。子欲善而民善矣。君子之德風，小人之德草，草上之風必偃。」

（同一個統治者在另外一個場合問孔子：「犯法的人該不該處死？」孔子回答說：「治理國政哪裡需要死刑呢？如果你真心向善，你的人民就會跟著你向善。君子的德像風，人民的德像草。草的天性是當風吹來的時候就會隨風仆倒的啊。」）

霍姆斯（Holmes）法官常說，他喜歡付稅是因為他覺得他是在買文明。只要這種正面的態度存在，政治上的事情就會順利。但是正面的態度要如何才能引發出來呢？在西方的理論家中，孔子在柏拉圖那裡找到發言人：

那麼告訴我吧，克里底阿斯（Critias），一個人會怎樣來選擇他的統治者呢？難道他不會去選一個首先在自己身上建立了秩序的人嗎？他知道任何出自憤怒、驕傲或虛榮的決定，對其公民的影響會增加到一千倍？

孔子也會贊同傑佛遜（Thomas Jefferson），他認為「政府的整個藝術即在於誠實的藝術。」

五、**文**。孔子系統中最後一個概念是文。相對於「戰爭的藝術」，這是指「和平的藝術」，指音樂、藝術、詩歌，以及文化在其審美的與精神的模式之總合。

孔子十分重視藝術。有一次，一首簡單的詩歌叫他著迷了三個月，而至於無所謂飲食。他認為對藝術毫不關心的人只是半個人。不過，並不是藝術本身吸引著他，而是藝術轉化人朝德行方向的力量令他印象深刻——它的力量使人容易為別人著想（令人心高貴起來），反之，則難以做到。

> 詩，可以興，可以觀，可以群，可以怨。邇之事父，遠之事君，……。
> （心被詩歌引發起來，從音樂可以得到潤飾。頌歌刺激著心靈，它們引起自我冥想，它們教導我們感受力的藝術，它們幫助我們克制憤恨。它們讓人清楚明白侍奉父母和主上的責任。）㉓

孔子對文的意見更有其政治層面。是什麼能令國際關係成功呢？此處現實主義者又以武力為答案；在我們的世紀裡，史達林就曾發出類似的回答，當被問及他在考慮進攻波蘭的行動中，教皇佔什麼分量時，史達林反問道：「他有多少兵力呀？」孔子對這個問題所強調的在性格上截然有異。最終，勝利是歸於發展了最典雅的藝術、最高貴的哲學、最偉大的詩的國家，並且提供證明，體現到「乃是一個地區的道德性格構成它的優越性。」（里仁為美）因為最終乃是這些東西引發各地男女自發的仰慕。高盧人是兇猛的鬥士，他們因文化粗糙而被認為是野蠻人，但是他們一旦經驗到羅馬文明的意義，其優越性是那麼明顯，在凱撒征服他們之後，就再也沒有發起對羅馬統治的大規模動亂了。孔子對這是不會覺得奇怪的。

孔子的方案

讓我們假定，孔子所要塑造的有意傳統已得其所，對一個處身在其中的中國人生活會是怎樣的呢？

作為一個永無止境的自我修養的方案，它會指向成為更完全的人的目標前進。在孔子計劃中的善良男女是永遠努力想要變得更好的。

方案並非在真空中施行——**這可不是隱居到山洞中去找尋內在神的瑜伽行者。剛好相反；一個從事自我修養的儒者，是把自己置身於不斷在變動、永無休止的人際關係交錯潮流中心，而不期望其他事情，對孔子來說，在孤離中的聖性是沒有意義的。**這並不只是說人類關係能令人滿足，孔子的主張要比那更深刻。離開人類關係根本就沒有我，自我是關係的中心，是通過與他人的相互作用組成，而由它的社會角色之總和來定義的。

這種自我的主張與西方個人主義非常不同，我們需要用整段文字來加以闡述。孔子視人的自我為一個交結點，而不是一個元日(entity)；它乃是一個生命聚會的交集處。在這種地方它像是一株海葵，僅只是潮水流過它沖洗的網，留下的沉澱構成了海葵本身所具有的稀少物質。這個比喻在很多方面相當精確，但也太過消極了；把海流改成衝擊著飛行中的老鷹的氣流，更能說明其意。那些氣流衝擊著老鷹，但是老鷹卻用翅膀的傾斜度，利用氣流來控制它飛行的高度。像一隻在飛行中的老鷹，我們人生也是在動態中，不過人的情形乃是，人際關係是他在其中奮力前進的大氣。孔子的方案是要掌握調節吾人翅膀的技術，使人上升到那無從捉摸，但卻可以到達的完美的目標。或者；有如孔子所說的，指向變成更完全的人的目標。

在這樣的類比中，孔子的五倫所展示的，是在大氣條件下相對穩定的氣流，從另一方面來說，可能會波動得很厲害。我們看到所有的五項關係都是不對稱的，每一組人中，對某個人適當的行為與對另一人並不相同。這種不對稱預設了角色的差別性，且詳盡列明了細節。

此處的關鍵問題是，孔子所倡議的細節，是否影響到關係，而在每一組人的關係中，定位一個人的位置高於另一人。在一個意義下，他們的確如此。對於孔子來說，小孩子應該尊敬父母，妻子應該尊敬丈夫，臣民應該尊敬統治者，年輕的和年幼的應該尊敬年紀大的，似乎都是很自然的，因為後者，通常是比較年長、比較有經驗，而提供了自然的角色模範。但是這乃是翅膀傾斜必須正確調節之處，因為毫髮之差就可以使孔子的方案站立不穩。在每一組人的關係中最危險的乃是那個在「上」的伙伴，他可以假定在「上」的位置所擁有固有的特權而不必辛苦去贏得。無疑問地，人性天生如此，中國人也受制於這種誘惑——到什麼程度則難以估計，但是這種事實已經成為孔子方案有害的一面。不過孔子本人企圖阻止這種濫權，而堅持那種權威——正當的權威——並非是當然的，而是必須去贏得的。丈夫該當從妻子那裡得到忠貞，要看丈夫是否能證明他值得——本能地激發——那樣的忠貞。其他四種也依此類推，雖然在每一情況下，忠貞的細微差別有所不同。譬如在統治者與臣民的關係上，天命在於統治者——他有權要求臣民對他效忠——只要人民的福祉的確是他主要的關心，而他也具有增進這種事務的能力。在「大憲章」和「人權宣言」出現之前兩千多年，在西方把神權和王權分開之前的兩千年，中國人（通過孔子及其追隨者）早就把革命的權利牢固地建構在他們的政治哲學中：「人民看見的正是上天所看見的；人民的願望就是上天的願望。」（譯註／原文：「天視自我民視，天聽自我民聽。」）在孔子方案中，面對未能證明是正當的權威而與之合作，不單不鼓勵，而且視為人的失敗。

作為孔子方案的暗喻，我們引了老鷹調節翅膀來控制氣流的形象——可以類推到五倫上——設法由此找到提升向上的方法。如果我們把這個暗喻應用到底，問這裡所說的提升是什麼意思，我們會發現答案在前一節裡就開始了。它的意思是說要成為君子，一個充分實現的人，通過不斷地去擴充個人的同情(sympathy)和移情(empathy)。這種移情同情的中國字是「心」。以象形來看，心是按照人的心來寫的，但在意義上，它是指智和心兩方面，因為在儒家的學說中，兩者是連在一起的——彼此分開的話，思想就會枯竭，感情就會失卻方向，孔子的方案就會觸礁了。至於增進這心——智的心，它以同心圓擴充著，由自己開始擴散出去，次第地包括家庭、面對面的社團、國家，最後是整個的人類。在把個人移情的關懷中心從自己轉移到家庭，就超越了自私，從家庭到社群就超越了裙帶關係，從社群轉移到國家就克服了地方觀念，而轉移到整個人類就抵制了軍國主義。

這種擴大的過程是配合著深化的過程的，因為在先前我們提示說，孔子把自我看成是它的各種社會角色的總合，如果以為這是說他否認自我有一種內在的、主體的中心的話，那就說得太過頭了。他不斷呼籲自我審查和內省，顯示出他不但承認自我有內在的一面，而且認為它是重要的。孔子的學說以自我為中心點而且也是為了自我，雖然（肯定是）當自我擴大時，它與其他部分的分離也減弱了。當移情增加的時候內在生命就愈見豐富，因為這乃是個人的「心」之廣度和深度塑造著主體的面貌，而為它提供了思想的主要食糧。

因此，在孔子的方案中，乃是內外合一。當仁和心擴充時，內在世界深化了，而愈令人感到滿足和精純，此時禮的可能性就逐漸得以實現。這項方案從來不是要獨自一個人去做的。它是在人海中進行著，與其他同樣（帶著不同程度的認真）在嘗試成為完全的人並肩而行。其練習的場地永遠是那五項恆常的關係。在個人訓練的進程中，你會發現掌握住五項之中的一個角色，就可幫助你了解其他的角色。做父母的能改進，就可以幫助明白一個（自己父母親的）好孩子應該如何。其他角色的精微差異也同樣會彼此互相增益。

倫理或是宗教?

儒家是一種宗教，還是一種倫理呢?答案要看如何定義宗教。以它對個人行為以及道德秩序的密切關注上看，儒家和其他宗教比起來，是從一種不同的角度來探討生命，但這並不必然表示它就沒有宗教資格。如果從最廣義來看，以宗教為環繞著一群人的終極關懷所編織成的一種生活方式，儒家顯然夠資格算是宗教。就算宗教是採取一個比較狹窄的意義，是指關懷人與其存在的超越基礎的結盟，儒家仍然是一種宗教，縱使它是一種緘默的宗教。雖然到目前為止，我們只談到孔子的社會關懷，這一方面確實是其思想核心所在，但是卻並未盡述他的觀點。

要正確明瞭儒家的超越層面，我們需要把它置放在孔子所生活的古代中國宗教背景中。直到公元前一千年，這個無可置疑的觀點乃是三個相互關連因素的組合體：

首先，天和地被認為是一個連續的統一體。這兩個名詞不單是指地方，也同時指居住在那些地方上的人們，如同上議院也同時指涉坐在那個議院中的人。構成天的乃是由最高祖先（上帝）統治的祖先們（帝）。他們是先去世的祖先們，而且目前地上的隨員們很快就會加進他們的行列——整個是一個沒有間斷的行列，在這行列中，死亡的意義不外是提升到更榮耀的地位。兩個領域相互牽連而有經常的接觸。「天」職掌著對地上福祉的控制——譬如天氣是「天的情緒」——要靠地上的現有居民通過祭祀來提供其需要。兩個領域中，上天比較重要。其居民比較尊貴和威嚴，而且權威也比較大。結果，他們得到「地」的尊敬而支配著她的想像。

因為其相互的依賴性，「天」與「地」就算不是出於親愛，也會為了需要的理由而溝通。「地」向「天」說話，最具體的方法就是通過祭祀。「地」上的居民認為與他們去世的先人分享他們的財貨，是聰明而自然的，財貨的精髓乘著祭祀火焰升起的煙霧而被帶到天庭。這種祭奉的土丘乃是每一古代村落的焦點。當國家興起，統治者、天子，由主掌國家對其先人的祭祀，而確定了他擁有這個榮銜的權利。

如果祭祀乃是「地」對「天」說話的主要方法，則占卜就是「天」回應的管道。由於祖先知道人民的整個過去，他們就有算計未來的能力。占卜就是現在的一代，通過它可能求得那項預知未來知識的方法。因為祖先們喜愛後代，自然樂意把對未來事物的知識與後代分享。但是他們已經不再能發聲，因此需要使用符號。職是之故，地上發生的一切事物可以歸納成為兩類：人們有意做出來的事是一般性的。但是那些「自發的」(happened of themselves)事物——我們讀著這個片語，應該有稍稍的不安——要對之特別小心留意。它們是不祥的，因為人們永遠不會知道，什麼時候是祖先努力要引起人民的注意，急切地要警告他們那即將來臨的危險。有的預兆會發生在身體內或身體上：癢、打噴嚏、抽筋、跘倒、耳鳴、眼跳。另外還有外在的：打雷、閃電、星星的行程、昆蟲、鳥類以及獸類的行為。人們也可能採取主動而積極地去找出「天」的預示。他們可以把著草莖拋在地上來觀察其圖案；也可以用熱鐵烙在龜殼上來研究上面出現的裂紋。不論是什麼情況——一次行旅、一場戲爭、生產、婚嫁——尋求上天審愼而周全的消息。古代的一項記錄講述主人請客人留下來過夜。客人回答說：「白天的事我已經占卜過了，晚上要留下來，我還沒有占卜過。我不敢。」

在早期中國宗教的這些偉大特徵中——與祖先的連續感，祭祀、占卜——它們有一個共同的重點。重點是在「天」而不在「地」。要了解儒家作為宗教的整個層面，重要的在明瞭孔子把人民的關懷，從「天」轉移到「地」，而沒有完全把「天」拋棄。

儒家這種雙面性的第一項可以很容易找到文獻證明。在當時一個爭論得很激烈的題目——哪一樣應該優先，地上的人抑或是通過祭祀的神靈世界的要求？——他的回答是，雖然神靈的要求不可忽略，但人民應該為先。中國人日後為人所知的現世性和實用的考慮浮現出來了，孔子在凝結他們這種現世取向上做了很多工作。

「我不能說我們所知的社會是那全體，」杜威寫道：「不過我的確要特別說它乃是那可供我們觀察的全體的最廣泛和最豐富的表現。」孔子會同意的。他的哲學乃是一種常識和實用智慧的混合體。它沒有深邃的形上思想，沒有飛躍的玄想，沒有激動的靈魂對宇宙虔敬的呼喚。正常情況下，他「不談鬼神。」「你知道的就承認你知道，你不知道的就承認你不知道。」（譯註／原文：「知之為知之，不知為不知。」）他說。㉔「多聽，對於有點懷疑的就放在一旁，對於其餘的要小心謹愼地說話。多看，對於意思不清楚的就放在一邊，對於其餘的要小心謹愼地行動。」（譯註／原文：「多聞闕疑，愼言其餘，多見闕殆，愼行其餘。」）結果，只要問到有關彼世的事情，孔子就把重點拉回到人身上來。被問到侍奉鬼魂的事，他回答說：「你還不能夠侍奉人，怎麼能夠侍奉鬼魂呢？」（譯註／原文：「未能事人，焉能事鬼？」）問到關於死本身，他回答說，「你連生都還不了解，怎麼能了解死呢？」（譯註／原文：「未知生，焉知死？」）㉕總而言之，一次只一個世界。

特別說明孔子把焦點從「天」轉移到「地」的一個方式，可以在他把重點從祖先崇拜轉變到孝道上看到。在古代中國，死人的確是被崇拜的。忠實於他天性中保守的成分，孔子沒有做任何事來中止祖先祭祀本身。他不否認死者鬼魂的存在性，相反地他勸喻人要對待它們「有如他們是真的存在一樣。」（譯註／原文：「祭如在。」）同時他自己所著重的，乃是在血親之間的聯繫。對他來說，一個家庭中成員彼此之間的責任，是遠比對已去世者的責任重要得多。

孔子把重點從「天」轉移到「地」的程度，不應該令我們以為他完全把地從天分離了。他並沒有否定當時世界觀的主要大綱是由天和地組成的，這兩者是神聖創造的一對，一半是形而下，另一半是超乎形而下的，由最高的上帝所統治。對超自然持保留態度如孔子者，卻並非沒有這一面；在這宇宙之中，的確有一種站在對的一面的力量。因之，正義的擴張乃是一項宇宙的要求，而「天意」（the Will of Heaven）乃是君子尊重的首要事務。孔子相信他有一種天命（mandate）要去傳播他的學說。當「長征」（周遊列國）時，他在匡受到攻擊，他向門徒保證說：「上天指派我來教導這套學說，在我沒有完成之前，匡人能把我怎麼樣？」（譯註／原文：「天之未喪斯文也，匡人其如予何？」）㉖感覺到被人民所忽視，他用這樣的想法來安慰自己：「天——它知道我！」（譯註／原文：「知我者，其天乎！」）一直以來，最為人所引述的宗教諺語乃是出自他的筆下。「冒犯神的人是沒有對象可以去向它禱告的。」（譯註／原文：「獲罪於天，無所禱也。」）㉗

這種把焦點轉向「地」的作法，多少淡化了先民有神論對社會的影響。但對超自然宇宙力的崇敬，使我們了解到一位當代儒家學者能夠寫出「最高的理想是天人合一」，又說在《中庸》中則將之描述為「人與天地形成一個三位一體的組合」（譯註／原文：「與天地參。」）㉘的方案要包括逐次超越，成為完人、利己主義、裙帶關係、地方觀念、種族主義，以及軍國主義，現在要加上現代這個二十世紀的孤立自足的人文主義。

我們再來看看這位儒家學者的另一段說明：

要使我們配成為天的伙伴，我們必須經常接觸那使得正義和原則光輝地在我們心中顯發的無言靈明。如果我們不能超越種族的極限，我們最多只能盼望一種排他性的粗俗的人文主義，亦即宣稱人為萬物之權衡。對比起來，儒家的人文主義是富有包容性的。它的陳述是基於一種「人類／宇宙」（anthropocosmic）的一體現象。人在包容一切的完滿中「與天地萬物合為一體」，使我們在感受上體現宇宙的同存。㉙

在《下個一百萬年》（*The Next Million Years*）一書中，達爾文（Charles Galton Darwin）評論說，任何人要想對人類正史造成相當大的衝擊的話，有三個層面可以選擇。他可以選擇政治行動、製造出一種教義，或者試圖改造人種的遺傳組合。第一種方法是最弱的，因為政治行動的效果很少比行動者更長命。第三種則是行不通的，因為就算我們有知識和技術，遺傳學的政策連短時期都很難強制執行，而且在看得見的任何效果達成之前就幾乎會被放棄。達爾文下結論說：「這就是何以一種教義給予人真正控制他未來命運最實際的希望。」[30]

歷史對這一主張所提供的支持，再也沒有比孔子的工作更清楚的了。兩千多年以來他的學說深刻地影響了地球上四分之一的人口。其發展簡直是一個成功的故事，因為孔子那外表看起來平凡的事業，其令人難以置信的結果是，建立了一個成為中國統治精英的學者階層，而孔子本人則冒起成為中國歷史上最重要的人物。公元前一百三十年，儒家經典被定為訓練政府官吏的基本教材，這種模式繼續著（在紀元二百年～六百年間的政治分裂期間有所中斷），直到一九〇五年王朝帝國的崩潰為止。在漢代，儒家事實上變成了中國的國教；公元五十九年，在所有的城市學校中都被指令要祭孔子，在第七與第八世紀中，帝國的每一縣都建立了孔廟，作為對他及其追隨者的神龕。中國著名的文官考試，在世界其他地方做夢都還未曾想到的時候，就把公共機關民主化了，其中心就是儒家的典籍。宋朝（第十世紀後期到十三世紀後期）把這個制度完善化，一直到本世紀初還仍然施行著。

達爾文順著他對「教義」(creed) 的力量的一般論點說：「中國的文明（孔子的教義在其定型上做了很大的貢獻）比起世界任何其他文明，在較大的程度上被當成模範的典型。」我們還是不要說得如此過分。因為要從質上來將文明分等級是沒有尺度可尋的，我們只可滿足於量上的估計，數字的確可以告訴我們一個客觀的故事。不同於歐洲或甚至是印度，中國結合在一起編造了一個政治組織，在其高峰時期擁有世界三分之一的人口，中華帝國在朝代的傳承下，持續超過二千年之久，它所跨越的時間，使亞歷山大、凱撒以及拿破崙的帝國看起來都如曇花一現。如果我們把帝國持續的年代乘以平均每年所擁有的人口數目，在數量上它就成了使人印象最深刻的人類所設計的社會機構了。

我們很難說孔子對這個機構做出了怎樣的貢獻，因為儒家的價值與中國人民的一般價值，在時間的過程中混合在一起，難以把兩者分開。因此，我們在此處要指出的，是集中在孔子和他的門徒們所加強的而非他們所創造的那些中國性格特徵。我們所要提到的那些特徵差不多可以說適用於整個東亞，因為日本、韓國以及大部分的東南亞，都有意地輸入了中國的倫理。

我們先從東亞顯著的社會重點開始，那是孔子幫助將之固定在社會適當的位置的。幾乎每一位漢學家都曾談到這一重點，在這裡我們只須談到兩項結果就足夠了。「所有的中國哲學明顯地都是社會哲學，」巴拉茲(Etienne Balazs)如此觀察，陳榮捷也附和上面的意見：

「中國哲學主要是對倫理、社會和政治問題的興趣。」要一下子看到這社會如何將其所著重的付之實行，我們就留意到雖然中國和美國大陸一樣大，她卻有一個單獨的時區。明顯地，中國人覺得應該按照他們的時間意識，在他們自己之間同步，而不是以他們的時鐘來順應非人格性的自然。

這當然是個小問題，不過小的訊號卻能反應出更深的態度，總而言之，更大的證明就在手邊。**孔子的社會重點，在中國人身上產生了一種顯著的社會實用性——一種當有需要時，去大規模地完成事務的本領。**歷史家推測我們所看到的中國社會重點，可能導源於中國早期一方面需要大的灌溉工程，另一方面又需要巨大的堤防來圍堵洶湧的河川之故；我們不應該忽略社會實用性（如我們在此處所稱的）可以被錯誤地應用的事實；在中國曾經有過許多暴政，但是，無論好壞，社會的實用似乎是一項事實。本世紀的第三階段，面對著人口問題，中國生殖率在十年間減少了一半。由一九四九到一九七九年的三十年間，她似乎已永遠把飢荒、水災和傳染病自世界四分之一的人口中摒除了。正如《科學的美國》(*Scientific American*)雜誌在一九八〇年九月份期刊中指出：「這乃是歷史上一樁偉大的事件。」㉛

直接與本書主題有關的，在世界文明當中很獨特的，是中國調和其宗教的方式。印度以及西方宗教是排他性的，如果說不是競爭性的話——把某人同時想成是一個基督徒、回教徒和猶太教徒，或者甚至同時是一位佛教徒和印度教徒，是沒有意義的。中國對這種事情的態度卻不同。**每一個中國人在倫理和公眾生活上是儒家，在個人生活和健康上是道家，**

而在死亡的時候是佛家，一路上還加入一些健康的薩滿教的民間宗教。正如有人曾經這樣說：「每一個中國人都戴上一頂儒家的帽子，穿上道家的袍子，以及佛家的草鞋。」日本在這個混合體中則加上神道教。

中國家庭的重要性——孔子五倫中有三項是配合它的——是無須再重述了。有些漢學家立論說，如果把祖先崇拜和孝道包括進去，家庭變成是中國人民的真正宗教。在中國，姓是在前面，然後才是名。中國的大家庭一直持續到二十世紀，正如下面的一份報告證實：「一個家庭可能包括八代人，包括兄弟、叔伯、祖叔伯、兒子、姪子輩和姪子的兒子們。有超過三十位父親和他們的孩子，每一位都有他們的祖先和孩子，甚至追溯到祖父母和孫兒們，可能都住在一幢連接的家庭居屋中，而全都屬於一個家庭。㉜家庭關係的中國辭彙也是同樣的複雜。一定要兩個字（兄弟）來說明所提到的人到底是年長或是年幼，用一個字(brother)來說就太笨拙了。姐妹、姨嬸、叔伯、祖輩等都有同樣的情形，需要不同的字來指示出這些關係是父親那一邊或母親那一邊。在中國大家庭中，有各種名銜給一百一十五種不同的關係。㉝強大的家庭聯繫使人窒息，但也帶來好處。一直到現在，這些還為東亞人運作著。吾人想到家中低犯罪率——日本的竊率只有美國的百分之一——以及東亞移民到其他地區讓人印象深刻的記錄，他們青少年犯罪率低，成就和向上升的能動性高。親戚們甚至經常會聯合起來幫助遠親接受進一步的教育。

在孔子五倫關係中，有三項對年長一方有所偏向，使東亞人對年長者的尊敬提高到幾近崇敬的地步。在西方當有人承認已五十歲時，反應多半會是：「你看起來一點都不像是四十出頭的人。」在傳統中國禮貌的反應多半是：「你看起來很像是六十歲了。」在一九八〇年代中期，一位到日本的西方年長訪客被日本友人問起他多有智慧。這個問題所引起的混亂，使那個日本人發覺到他犯了錯誤。那日本人一面為了他錯誤的英語道歉，一面解釋說他是想問他的朋友多大年紀。當我們把這件事與西方對年齡的態度比較——「過了四十就過了頂峰，過了頂峰你就加速地下坡了」——其對比是突出的。面對著身體衰敗的必然性，中國創造出支持鼓勵精神的社會組織。每過去一年你就能從家庭和同仁那裡得到更多的關懷，以及我們已提到過的更殷勤的、傾聽發言的尊敬態度。

孔子的中庸之道到今天仍然繼續表現在中國人偏愛協商、調停以及「中間人」，而不取僵固的、非人格的法規。一直到晚近，法律行動還是被認為是一件羞恥的事，承認不能通過和解是人為的失敗，特別是典型地牽涉到家庭和其相關成員的時候。中國的數字無法得到，但是在一九八〇年中期的日本，其律師數目與美國相比是一比二十四。其協商論題與其特別的東方現象「面子」聯繫在一起，因為贏／輸的法律裁決關係中，被判輸的一方丟了臉。這是嚴重的，因為如果你還要繼續與你的同仁親密的生活在一起的話，長遠來看，在心理上把關係搞糟了是沒有好處的。

孔子還主張「文」：他的信念是學與藝不單是表面的裝飾，而是改造社會和人心的力量。中國尊崇著他的這項信念：他把學者／官僚置放在社會階梯的頂端，而把軍人放在最底層。令人驚歎除了西藏以及伊斯蘭早期短暫的年間之外，世界上還有哪個地方曾經嘗試實行柏拉圖的哲王理想的。雖只是一種嘗試，不過各處零星地、不時地會有成果。在中國曾經有過文藝頂盛的黃金時期，在同時代中沒有任何文明可與之比肩，而成就了高深的學問：令人立即想到的是書法、宋代山水畫與養生的太極拳。紙早就發明了。在古騰堡（Gutenberg）之前四百年，活字版印刷術就發明了。一部十五世紀的百科全書，兩千名學者研究的結晶，一共有一萬一千零九十五冊。還有偉大的詩篇，精妙的畫軸，以及瓷器，「由於其材料和裝飾之精細，其形狀之雅緻，可以被認為是所有國家，所有時代中所能產生的最好的瓷器。」㉞

與儒家生命藝術本身混合，這些文物產生了富有其自己特色的文化。一種巧妙、光輝和含蓄品味的混合體，使中國人擁有一種同化的力量，在其巔峰時期是無有出其右者。在一切偉人的文明中，中國有最開放的邊界線，定居在土地上的農民，曾一波又一波地遭受到馳騁的野蠻人的入侵。打到門口來的有韃靼人，其長程的攻擊一度曾經對羅馬帝國造成了致命傷。**但是中國對那些抵擋不住的，就將之吸收進來**。每波的入侵者總是通過自願的融合而喪失其自身的認同，他們愛上了他們所見到的。一次又一次地，一個不識字的入侵者，原先入侵的唯一的目的是為了搶劫，最後卻屈服了。幾年之內他的最大願望就是臨摹一首手書的中國詩，可以讓他的老師（其實是被他征服的奴隸）承認夠得上是出自士人之手，而他所最希望的是被誤以為是中國人。忽必烈是最顯著的例子。**他征服了中國，自己卻被中國文明所征服**，他的勝利實現了他恆久的野心，那就是成為真正的天子。

魔法並沒有永遠持續下去。中國文明在十五世紀，世界上還沒有可與之比肩的，之後，僵化就開始了，西方的軍事優越性把中國的命運從其手中奪走，上兩個世紀的中國不再是獨一無二的了。在西方挑起戰端、強迫輸入鴉片以及隨後把中國瓜分成為歐洲勢力範圍的背景下，去討論儒家是沒有什麼意義的。**就連二十世紀馬克思主義的輸入，也必須視為是要恢復其喪失的自主權而作出的絕望行動。**

要了解儒家持久而建設性的影響，我們不必在二十世紀的中國政治中去找，而要去看過去四十年來東亞經濟的奇蹟。日本、南韓、台灣和新加坡都被儒家的倫理所塑造，在二十世紀末構成了經濟成長的動力中心——有效地見證了科學工程與社會工程結合會產生出什麼樣的結果。一項統計數字，和記者有關日常事件的報導，就提供了其所以成功的答案。一九八二年日本工人平均只拿他們合法假期十二天的五點一日，因為（通過他們自己的計算法）「長假會造成同仁的負擔」。㉟那份報導，是這樣的：

> 春天，早晨六點鐘。京都中央車站前面有六個男子圍成一個圈在唱歌。他們全都穿白襯衫、打黑領帶、著黑褲子以及光亮的黑皮鞋。其中一人朗誦著一份要服務顧客、公司、京都市、日本以及世界的宣言。他們是出租汽車司機，正要開始他們日常的工作。㊱

這與生產並沒有關係，不過另一項從京都來的報導就顯示了東方人知名的禮貌：「在京都混亂的交通中，兩輛車的保險桿刮到了。兩個司機都跳了出來。兩個人都鞠著躬，拼命道歉說自己太不小心。」

這些都是孔子精神的回音，不過吾人必然會想到它們是否已在衰退之中。在西化的世界中，這種宗教的未來是什麼？

沒有人知道答案。我們有可能是在注視著一個正在死亡的宗教。果真如此，孔子臨死前兩眼最後一次注視著泰山偉峨的山巔，那中國的聖山，所說的一段描述他自己的話，用來結束本章應該是恰當的：

泰山在倒塌了，
樑木在斷裂了，
智慧的人在衰萎。
（譯註／原文：泰山其頹乎，梁木其壞乎，哲人其萎乎。）
——《禮記》

而另一方面，先知總有辦法比政治家存在得持久的。甘地比尼赫魯持久，看樣子孔子是會比毛澤東持久的。

進一步的閱讀建議

湯甫生(Laurence G. Thompson)的《中國宗教》(*Chinese Religion*, Belmont, CA: Wadsworth, Inc. 1989)提供了中國宗教層面的很好的一般觀察。

至於說儒家重要典籍的翻譯，Arthur Waley的*The Analects of Confucius*(New York: Random House, 1989)，和D. C. Lau的*Mencius*(New York: Penguin Books, 1970)值得推薦。對於有哲學傾向的人，A. C. Graham的*Disputers of the Tao*(La Salle, IL: Open Court, 1989)提供了中國在其形成時期中最好的中國思想史。

本章中「孔子的方案」這一節大部分受到當代儒家學者杜維明(Tu Wei-ming)的激發，特別是他的*Confucian Thought: Selfhood as Creative Transformation*(Albany: State University of New York Press, 1985), *Humanity and Self-Cultivation: Essays in Confucian Thought*(Fremont, CA: Jain Publishing, 1980)。

我沒有在我的表述中特別把新儒家提出來討論。新儒家始於第八世紀，盛行於十一和十二世紀，是把儒家在道家和佛教影響下重新塑造的重要運動，直到現在還產生了多位著名的詮釋者。特別的是，新儒家學者們建造了一套與佛教宇宙論平行的世界觀，以及一套道德哲學，以形上學的辭語來解釋儒家的倫理學。他們的故事以一般的觀點表述在Carsun Chang(張君勱)*The Development of Neo-Confucian Thought*(Albany: State University of New York

Press, 1957)。

Confucius‧‧The Secular as Sacred by Herbert Fingarette(New York: Harper & Row, 1972)，由一流的當代哲學家執筆，不是因為其歷史的重要性而討論孔子的觀念，這本書在這一點上是很特別的，用芬格雷自己的話來說，他討論孔子是因為他是「對人富有一種想像力的遠見的思想家，其光輝不下於任何我所知道的人物」。

註釋

①*The Analects of Confucius*（《論語》），VII: 1。

②中庸，第十三章。另一在精神上與此類似的說法可見《論語》，XIV: 28。

③*The Analects*，VII: 33。

④《論語》，各處可見。

⑤由Ruth Benedict 報導。

⑥Arthur Waley, *The Way and Its Power,* 1934. Reprint. (London: Allen & Unwin, 1958), 32。

⑦我表述的現實主義者的立場，主要是通過正統儒家歷史學者的眼光得來的。學者會奇怪有時候對他們的描寫幾近於諷刺畫，不過對他們表述的一般指向仍然是不可爭論的。

⑧引述在 Arthur Waley, *Three Ways of Thought in Ancient China,* 1939. Reprint. (London: Allen &

Unwin, 1963), 199。

⑨《韓非子》，引述在Waley, *The Way*, 74。

⑩Waley, *The Way*, 162.

⑪雖然love的字義就是「愛」，A. C. Graham用「相互關懷」或「對每個人的關懷」，來翻譯這個片語，爭論說這樣比較適合墨家實用和功利的主張。

⑫ Yi-pao Mei (梅貽寶)，*Motse, the Neglected Rival of Confucius*, 1929. Reprint.(Westport, CT: Hyperion Press, 1973), 80f。

譯註／原文：「今若國之與國之相攻，家之與家之相篡，人之與人之相賊，……此則天下之害也。然則崇此害亦何用生哉？……以不相愛生。今諸侯知愛其國，不愛人之國，是以不憚舉其國以攻人之國。今家主獨知愛其家，而不愛人之家，是以不憚舉其家以篡人之家。今人獨知愛其身，不愛人之身，是以不憚舉其身以賊人之身。……凡天下禍篡怨恨其所以起者，以不相愛生也。……何以易之？……以兼相愛交相利之法易之。然則兼相愛交相利之法將奈何哉？……視人之國，若視其國；視人之家，若傲視其家；視人之身，若視其身。……天下之人皆相愛，強不執弱，眾不劫寡，富不侮貧，貴不敖賤，詐不欺愚。凡天下禍篡怨恨可使毋起者，以仁者譽之。(見〈兼愛〉篇)

⑬Yi-Pao Mei, *Motse*, 89, 145。

⑭Yi-Pao Mei, *Motse*, 83。

⑮我是綱要性地，而不是按年代來處理這些答案的。孔子拒絕的答案，在他死後才被系統化地提倡。它仍然要留待孔子的追隨者根據夫子的指導原則明顯地加以駁斥。

⑯A. C. Graham, *Disputers of the Tao* (La Salle, IL: Open Court, 1989), 43。

⑰Walter Lippmann, *The Public Philosophy* (Boston: Little, Brown & Co., 1955)。

⑱Waley, *The Way,* 161。

⑲Chiang Molin (蔣夢麟), *Tides from the West*《西潮》(New Haven, CT: Yale University Press, 1947), 9, 19。

⑳Confucius，由Arthur Waley引的，*The Analects of Confucius,* 1938. Reprint. (London: Allen & Unwin, 1956), 28。

㉑*The Analects,* XII: 2. XV: 24。

㉒我把孔子的「父子」、「兄弟」這種字眼擴大了，來適合現代的敏感性。我不以為這樣做破壞了孔子的真實意向。

㉓*The Analects,* XVII: 9。

㉔*The Analects,* II: 17。

㉕*The Analects,* XI: 11。

㉖*The Analects,* IX: 5。

㉗*The Analects,* III: 13。

㉘Tu Wei-Ming (杜維明), *The World and I* (August, 1989), 484。

㉙同上，485。

㉚Charles Galton Darwin, *The Next Million Years* (Garden City, NY: Doubleday, 1953)。

㉛Ding Chen, "The Economic Development of China," *Scientific American* (September 1980), 152。

㉜F. C. S. Northrop, *The Taming of the Nations* (New York: Macmillan, 1953), 117。

㉝Maxine Hong Kingston, *The Woman Warrior* (New York: Random House, 1989), 12。

㉞引述在 Rene Grousset, *The Rise and Splendour of the Chinese Empire*, 1953. Reprint. (Berkeley: University of California Press, 1965), 20。中一位有知識的收藏家的意見。

㉟報紙專欄作家Georgie Anne Geyer, from Tokyo, August 13, 1983。

㊱*East West Journal* (December 1979)。

5 THE WORLD'S RELIGIONS

道家
Taoism

沒有一個文明是清一色的。在中國，儒家的古典音調，不單是被佛教的精神陰影遮住，同時也被道家的浪漫色彩所平衡了。

老子

按照傳統說法，道家是由一位名叫老子的人所創的，據說他出生於公元前六〇四年。他是一個影子般的人物。我們對他沒有任何確實的資料，學者們懷疑是否真有這樣一號人物。我們甚至不知道他的名字，因為老子——可以翻譯成the old boy（老孩子），the old fellow（老傢伙）或the Grand old Master（老祖師），顯然是一項親密和尊敬的頭銜。有關他的資料只是各樣傳說組成的拼圖。有些簡直是異想天開的，譬如：說他是一顆流星投胎，母親懷胎八十二年，一出生就已經是滿頭白髮的智慧老者。故事的其餘部分則沒有什麼問題：他在（中國）西方家鄉的邦國中做一名管理檔案的小吏（譯註：周守藏室之史），工作之餘過著一種簡單而謙遜的生活。有關他性格的資料，幾乎完全來自據說是他寫的一本小書。有的人就根據這一點下結論說，他可能是一位沉醉在玄妙冥想中的孤獨隱士，另有人把他描繪成是腳踏實地的人——一個極富幽默感的好鄰人。

根據中國第一位史家司馬遷所報導，古代留下的唯一老子寫照，只說到他給人謎一般的印象——意思是，他所擁有的理解深度超過一般人能夠領悟的程度。按照這項報導，孔子聽到老子的種種而被吸引了，有一次去拜訪他。由孔子對他的描述，顯示了這位奇特的人使孔子覺得困惑而又充滿敬意。「我知道鳥能飛；我知道魚能游；我知道動物能跑。那些能跑的生物會被網住，能游水的會被柳條簍子困住，能飛的會被箭射中。但是龍超出我知識範圍之外；它一飛沖天乘雲駛風。今天我見到了老子，他是個像龍一般的人物！」（譯註：原文見〈老子列傳〉：鳥吾知其能飛，魚吾知其能游，獸吾知其能走。走者可以為罔，游者可以為綸，飛者可以為矰。至於龍，吾不能知其乘風雲而上天。吾今日見老子，其猶龍邪！）

傳說中對老子的描繪是：由於人們不理會他所提倡要培養的自然之德，憂傷之餘，在晚年為了尋求更徹底的孤獨，他騎上一條水牛，朝西方往現今西藏的地方而去。在函谷關有一名守衛，意識到這名逃逸者非比尋常，企圖說服他轉回頭。勸說沒有成功，他請「老子」至少留下他信仰的記錄給這個他即將離棄的文明。老子答應了這項請求。他告退了三日，再出現的時候寫下一部五千言的小書，名之曰《道德經》（或*The Way and Its Power*，道和道的力量）。這一份對人類在宇宙中自處（at-home-ness）的見證，可以在半小時就讀完，也可以讀上一輩子，到如今仍然是道家思想的基本典籍。

對於被認定為一個宗教的創始人來說，這是多麼奇怪的一幅肖像呀。老子沒有說教。他未曾組織群眾或推廣什麼。他在別人要求之下寫下幾頁東西，騎上一頭水牛走了，有關他的事情就到此結束。跟佛陀是多麼地不同呀：他在印度的道路上風塵僕僕四十五年，就是為了說明他的看法。多麼不像孔子呀：他糾纏在王侯之間，想要謀個官位（或至少求個可以讓他講抱負的機會）去實現他的理想。而現在面前這麼一個人，對於他那一套臆測之成功與否毫不關心，更不必說名譽和財富了，甚至於根本不留下來回答問題。然而，不論他生平的故事是真是假，卻是十分忠於道家的態度，而將永遠是道家的一部分。有些皇帝聲稱說這位影子般的人物是他們的祖先，甚至於學者們——雖然他們不以為《道德經》是一個人寫的，也不認為公元前第三世紀下半之前，該書已經取得了我們目前所看到的形式——也承認書中觀念一貫的程度，使得我們必須假定，該書是在「某一個人」的影響之下成形的，並且不反對稱那人為老子。

道的三種意義

打開道家經典《道德經》，我們立刻感受到一切都圍繞著「道」(Tao)這個中心概念。它字面的意思是道路。不過，這個「道」可以理解為三種意思。

首先，道是終極真實之路。這個道無法被知覺，甚至無法被清楚地設想，因為對於人的理智來說，它廣大無邊而難以測度。《道德經》一開始，就說語言並不等於道：「能夠說的道就不是真的道。」(道可道，非常道)然而，這不可言說的超越的道，乃是隨後出現的一切的基礎。一切之上，一切之後，一切之下，乃是生命所自來，以及生命回歸的發源地(Womb，子宮)。每一想到道就充滿了敬畏之情，《道德經》的作者／編者就不時地發出讚嘆，因為這首要的道，將生命基本的神祕，一切神祕的神祕放在他的面前。「多麼清澈啊！多麼靜寂啊！它必須是永恆存在的某種東西。」「在一切偉大事物中，道的確是最偉大的。」但是它的不可言說是不可否認的，因此我們一而再地被道家戲弄似的警句嘲弄著：「知道的人是不說的，說的人是不知道的。」（譯註／原文：知者不言，言者不知。）①

道雖然在終極上是超越的，它同時也是內在的。在這第二種意義下它乃是宇宙的道，一切自然之中的準則、韻律、推動力，一切生命背後的秩序原則。道在一切生命背後，也在一切生命之中，因為當道進入這第二種模態中，它就「有了血肉」而令萬物充滿活力。它「調適其活潑的本質，鮮明其多方面的充滿，壓制住它燦爛的光芒，而呈現為灰塵的模樣。」（譯註／原文：挫其銳，解其紛，和其光，同其塵。）基本上是精神而不是物質，它不能被窮盡：愈是去吸取它，它就愈不斷地流出，因為它乃是「那永不竭盡的源泉，」正如普羅泰納斯(Plotinus)說到他的太一(One)，那道之對應物一樣。它有某種必然性的標誌，因為當秋天來了「沒有樹葉因為它的美麗，沒有花兒因為它的清香而得以豁免。」然而，最終它是仁慈的。優雅適度而不是粗暴的，流暢而不是躊躇的，它是無盡地寬大。予萬物生命，它可以稱為「世界之母」。作為自然的動力來說，道在這第二種形態上類似於柏格森(Bergson)的「生力」(*elan vital*)，作為自然的秩序安排者，它類似古典西方的永恆法(*lex aeterna*)，那建構世界的永恆律法。當達爾文的同事羅曼尼斯(George Romanes)談到「那整體結合原則——可說為宇宙的精神——不經思慮的本能，卻有目的地流動著，」可能說的是同一件事。

在其第三種意義中，當它與方才描述的宇宙之道緊密配合的時候，道是指人類生命的道。本章隨後部分，大多會詳細說明道家提出這種生命之道應該是如何的。不過，首先必須指出的是，中國不只是有一種而是有三種道家。

三種探討力量的進路以及隨之而來的三種道家

《道德經》，道家基本經典的書名，被翻譯成 *The Way and Its Power*（道以及其力量）。我們已經談過書名中的第一個字「道」可以理解為三種意義。現在我們要指出第二個字「力量」（德）也有同樣情況。相應於三種探討德(te)或力量的進路，在中國產生了三種道家，它們彼此歧異，看起來好像只有發音是相同的，如blew/blue或sun/son，只是發音相同而意思完全不同。我們會發現事實並非如此，不過首先必須清楚區分這三類道家。其中兩種有標準的名稱，分別是哲學的道家和宗教的道家（道教）；因為比較多的人與宗教的道家有關，這一派也常常稱之為流行的道家。第三派（在我們敘述的順序是第二位）成分太過異質而很難給它一個名稱。不過，這一派的人有一個可以認定的特色，就是擁有一項共通的目標。他們都從事於增強活力的課程，想要藉此使道的力量（德）在流經人體時產生更大的作用。

有效的力量：哲學的道家

宗教的道家已形成羽毛豐滿的教派，而哲學的道家和被我們笨拙地稱為「活力的道家」(the vitalizing Taoisms)的第二類道家，相對地來說一直都沒有什麼組織。哲學的道家是反省的，而活力的道家則是活躍的，但是這二者就正式制度化來說，頂多是像美國新英格蘭的超越主義運動或當代健身課程那樣之善可陳。這二者還有第二點相似之處，就是都要靠自助。可以有師父幫忙，但最好把他當成訓練學生的教練——在哲學的道家，是針對學生應該理解的給予指導，在活力的道家，則是針對學生應該實踐的給予指導。

至於二者之間的不同，主要在於各自對滋養生命的道之力量，採取了特定的立場。把兩者的不同明白指出來的話，哲學的道家要以有效的使用方法來保存他們的德——而「活力」道家則努力增加其有效的供應。

因為哲學的道家主要是一種對生命的態度，它乃是三種道家中最可「輸出的」，對廣大世界有最多話可說，故將以最長的篇幅加以處理。但得等到本章後半部才加以討論。此處只是指明其邏輯上的地位，而要先由其他兩種道家說起。

哲學的道家在中國稱為道家，跟老子、莊子和《道德經》等名字相關。由於哲學追求知識，我們就可以把它與力量連結起來，正如培根明確地告訴世人：「知識就是力量」；知道如何修車就有控制車的力量。顯然地，道家的目光不是在機器上；他們想要修理的是生命。增強生命的知識，我們稱之為智慧；所謂智慧的生活，道家的哲學家主張，就是要以保存生命活力的方式來生活，不要將它浪費在無益的、耗損的方式上，因此首先要避免的就是摩擦和衝突。我們將在本章的後半部分中省察老子和莊子的處方，不過在這裡可以預先提到一點。他們的主張環繞著「無為」（wu wei）的概念，這個片語字面上的意思是指沒有作為，而在道家則是指純粹的有效性。在無為的模式下行動，就是指行動時，摩擦——在人與人之間的關係中，在心理的衝突中，在對自然的關係中——被降到最低限度。

現在我們接著介紹道家的活力派(vitality cults)。

擴大的力量：道家養生與瑜伽

道家的「熟手」(adepts)——我們如此稱呼第二類道家的實踐者，是因為他們全都從事於某種訓練課程，其中還有許多是很嚴格的——不願意認同哲學家對道分配的有效管理目標。他們要以修練來增加道的配額，而不只是做到保存而已。用會計學的名詞來作比喻，如果哲學的道家以節省開支來增加純利（減低不需要的能量消耗），那麼道家熟手則要增加總收入。

氣(ch'i)這個字立刻現身為這第二派別的當然項目了；它字面意思是氣息，而真正的意思是活力(vital energy)。道家用這個字來指他們經驗到那運行在體內的道的力量——或由於被阻塞而不能運行——主要的目的是要促進流通。氣令這些道家著迷。當布萊克(William Blake)喊著「力就是喜樂」時，正是寫下了他們的感受，因為力是生命力量，而道家是愛生命的。活著是好的；多活一點就更好；而能夠永遠活著最好，因之就有了道教中追求永生的宗派。

為了要成就他們擴充氣的極限的目的，這些道家處理三樣東西：物質、運動和心靈。關於「物質」，用吃東西的方法——幾乎是無所不吃——看氣是否能夠在營養上擴充。在這項實驗過程中，他們發展出一套美妙的草藥藥典②，不過某一方面來說這只是附帶的結果。他們不是要醫治而是要增加——增加並且延長生命力，其最終的保證者乃是那百般尋求確保身體不朽的長生不老藥。③他們也曾進行性方面的實驗。在一項這類的實驗中，男人的假設是：如在性交時要射精的一刻間，用拇指壓迫陰莖的底部看能否保住精液，將之引導回到自己的身體中④，他們就得以吸入女伴的陰氣，而不消耗自己的陽能。呼吸的練習也發展出來。處理物質中最精緻的空氣，尋求從大氣中吸氣。

除了各種從固體、液體和氣體形式的物質中抽取氣的努力之外，還要輔之以身體「動作」的活動，如太極拳，是把柔軟體操、舞蹈、冥想、陰陽哲學與武術揉成的一種綜合，在此情況下是設計來為了從宇宙中吸取氣，並且去除阻塞好讓它在內部流通。後者也是針灸的目的。

最後，談到「心靈」本身，很多沉思默想的人都是隱士，由此發展了道家的冥想。這項訓練包括摒除干擾、使心靈虛空，讓道的力量得以通過身體的過濾器而直接進入自我。

這第三種增加氣的方法比其他的方法更抽象，需要多費一點口舌來說明。對於閱讀過本書論印度教一章的讀者，進入冥想道家最快的門徑就是回想該章所談到的「修的瑜伽」，亦即透過心身練習通向神的方法。無論中國是否在這件事情上抄襲了印度，道家冥想的身體姿勢和專注技術總是令人聯想到「修的瑜伽」，以致漢學家們引入了梵文的名詞，稱之為道教的瑜伽。不過，**中國人仍然把他們的瑜伽作了一種特別的扭曲**。**由於普遍關心社會，他們強求一種可能性，要瑜伽行者通過冥想所累積的氣，能夠經由心靈傳達到社群以增強其活力及調和其事務**。當儒家學者努力推廣道德楷模與禮儀規範，由此使「德」社會化時，道家的瑜伽行者們想直接控制「道」，先將之吸進自己的心中，然後再發射給別人。練成這項本領的瑜伽行者大都不會引人注目，但是他們這種給予生命的事業，比起其他的造福者，對社群作出了更大的貢獻。

我們在這裡是站在哲學的道家邊界，因為瑜伽道家得以活躍，是由於中國人的關注焦點開始從外在自我轉向內在自我。小孩子對他們生命的這兩面不加以分隔，早期的人類也不這樣做。隨著中國人提高自我意識，把主觀經驗全幅展現了出來，瑜伽的或冥想的道家就興起了。新穎、聲勢浩大、刺激，這個內在自我的世界吸引著人去探查。早期去探查的人似乎感到它如此有吸引力，以致物質在與之比較之下微不足道，因為它只不過是外殼和積澱而已！然而內在世界還是存在著一個問題。憂心和干擾不斷造成淤積阻塞了靈魂，這些淤積必須除去，直到「自我」得以本來面目出現。等到純淨的意識出現時，個體不僅能見到「被覺察的事物」，也能見到「我們得以覺察之憑藉」。

要達到這種內在性，必須倒轉所有的自我追求，把思想和身體修練到完美的純淨地步。純淨的精神只能在一個「掃除乾淨」的生命裡被認知。只有在一切都乾淨的時候，它才會顯現自己；因此，「把自我放在一邊」。不安的情緒必須同時被壓制。擾亂了心靈的表面，就會阻撓內省去見到其下的意識之泉。(跟哲學的道家接近度愈來愈強了) 欲望和反感、哀傷和歡樂、高興和煩惱——如果要心靈回到它原來的純淨，每一樣都必須平靜下來，因為到最後只有和平與寧靜是有益的。排除了焦慮，在心靈與其宇宙源頭之間的和諧就會不求而得。

它就在近處，的確就在我們身邊；不過卻是難以捉摸的，一種你伸手去拿卻拿不到的東西。它似乎如無限的極限那樣地遙遠。可是它卻不遠；每一天我們都在用它的力量。因為那活力精神之道，充滿了我們整個身軀，然而人卻無法追蹤其軌跡。它去了，可是並沒有離開。它來了，卻又不在這裡。它是無聲的，不曾發出可以被聽見的音符，可是突然之間我們發現它就在我們心中。它是混沌而黑暗的，沒有展示任何外在的形式，可是它卻像一條大的溪流，在我們出生時流入我們的生命。⑤

無私、純淨以及情緒的寧靜，乃是達到完美的自我認知的前奏，但是它們必須通過冥想而達到高峰。「持續在寂靜中，精神的光輝會進入而以之為家。」為了使這種情況發生，所有外來的印象都必須靜止下來，感覺要收回到完全內在的焦點之上。類似印度蓮花坐的姿勢受到推薦，呼吸必須同樣地受到控制；它必須像嬰兒般柔軟和輕巧，或甚至像子宮中的胚胎。其結果就是一種警覺性的等待狀態，稱之為「虛心而坐」。

當實現時，情況會怎樣呢？伴隨而來的是真實、快樂和力量。道家冥想的最高洞見伴隨著終極性的衝擊，最後一切都各安其位。這種情況不能只描述成是愉快的。一旦直接知覺吾人覺識的源泉是「肅穆而不動的，如工位寶座上的君王」，這時將帶來前所未有的歡樂。不過，這種情況的社會功能，在於其所提供的對人與事的非凡力量，一種事實上「能移動天地」的力量。「**對於靜止的心靈，整個的宇宙任由你擺佈。**」我們介紹印度教時，談到與此相關的精神力量，但是基督宗教的聖十字約翰(St. John of the Cross)也提供了一種同樣的承諾：「無需勞力，你得以支配人，萬物也皆受制於你。」無需舉起一根指頭，統治者善用「靜止」就能以其神祕的、道德的力量指揮人民。一位統治者本人無欲，就有無窮的精神力量可以自動把他的臣民從狂野的欲望轉移過來。他統治時，別人甚至不知道他在統治。

聖人依賴沒有行動的活動；把自己置在後面；卻總是在前面。置身在事外；卻永遠在那裡。難道不是因為他不求任何個人的目的，他所有個人的目的都滿足了？(譯註／原文：是以聖人後其身而身先，外其身而身存，非以其無私邪，故能成其私？)⑥

道家瑜伽行者知道大眾無法了解這一套，也並不企圖宣傳他們的立場。當他們筆之於書時，文字是隱蔽而難解的，起步的人可以作一種解釋，一般的大眾又可以作另外的解釋。他們如此寫法的部分原因，無疑是出自擔心神祕主義會招惹不同派的人諷刺。我們甚至發現莊子取笑他們呼吸的練習，說這些人「用力吐出用過的空氣而吸進新鮮的空氣。像熊一樣，他們爬上樹為了能更輕鬆地呼吸。」孟子也參加進來取笑。他把那些尋求心理捷徑來達至社會和諧的人，比喻成不耐煩的農夫，每天晚上輕輕地拉他的秧苗來增進其生長（譯註：揠苗助長）。儘管有如此的嘲笑，道家瑜伽仍然有一批核心的實行者。有些漢學家認為

《道德經》之寫成是根據此派的基本看法。如果這是不錯的話，道家瑜珈乃是該書隱晦語言的見證，因為《道德經》通常是以我們將談到的哲學方式來閱讀的。不過，在我們轉向此一路線之前，我們必須介紹道家第三個主要的宗派，那就是道教。

替代性力量：宗教的道家

哲學的道家尋求有效管理道給生命的正常配額，活力道家則尋求增加其基本供應，不過這裡還缺少一樣東西。反省和健康修練都需要時間，而一般中國人缺乏這種便利。可是他們也需要幫助；流行病需要控制住，掠奪的鬼魂需要加以對付，在情況需要的時候要去求雨或停雨。道家對這一類問題有所回應。他們有許多做法類似自由占卜者、通靈的人、薩滿教巫師與信仰治療者等天生具有某種力量的人，由此構成中國民間宗教的不變景觀。道教把這類活動制度化。受到在耶穌時代傳入中國的佛教所影響，「道教」(Church Taoism or Taoist Teachings)——在公元二世紀成形。它被安置在一個萬神殿中，其中的三位主神包括老子在內（譯註：所謂「三清」）。聖典就從這些神人演生出來（由於其根源是出自神聖啟示），其真實性毫無保留地被接受了。道教的天師繼承一直延續到目前的台灣。

流行的道教是一種含糊曖昧的東西。從外表來看，大部分像是粗糙原始的迷信；不過我們必須記住，我們對於力是什麼，它如何運作，或能使用什麼方法（和使用的程度）來將之加以擴充，近乎一無所知。我們的確知道的是，信仰治療正如信仰本身，能吸收或發放能量，這也包括相信自己在內。安慰的話同樣也有效果的。除此之外，如果再加上有吸引力的人物，群眾的鼓動者，甚至於精神講話的集會所能產生的能量，還不提催眠術所碰到的神祕蘊藏，我們對此還沒有一點解釋的頭緒——如果把這一切現象全部保留在我們的腦海中，就可能會令我們不再那麼傲慢，而要給道教一個公平聽證的機會。無論如何，它的意圖是很清楚的。「道士把宇宙的生命力提供給一般平常的村民來用。」⑦

此一宗派的經文都是對儀式的描寫，如果正確執行的話，會產生魔術般的效果，此處magic（魔術）這個字是了解祭司的、特別是宗教的道教的鑰匙。不過，這個字必須從其一般用法的外殼中解放出來。在其現代的意思下，魔術是不易處理的；它指表演者欺騙觀眾，用方法製造假象，像是超自然的力量在發生作用。比照起來，傳統上魔術是有較高的價值的。波美(Jacob Boehme)甚至於主張「魔術是最好的神學，因為真正的信仰建立在它上面。罵它的人是笨伯，因為他不明瞭，與其說他是一位理解的神學家，還不如說他是一個玩雜耍的人。」**傳統上，魔術被理解為一種方法，取資於較高的、超自然的力量，用之於可見的世界。基於較高力量存在的假設——精緻的統治了粗重的；能量統治物質，意識統治能量，超意識統治意識——魔術令這些力量可供利用**。當催眠師告訴一位接受催眠的人說，你的肩膀被碰到的時候身體就會變僵硬，就真的發生了，助手於是就把接受催眠者的腳放在一把椅子上，把頭放在另外一張椅子上，而身體不會軟塌下來——我們近乎可以了解在傳統意義下的魔術了，因為催眠師招來作用的力量，不只令人吃驚，也是神祕的。可是催眠術卻不足以稱之為魔術，因為催眠師既沒有處在特殊的意識狀態之中，也不屬於相信神力的祭司階級。要求一個傳統意義下真正魔術的例子，我們必須看新約聖經〈使徒行傳〉九章三十二至三十四節報導的，彼得醫治以尼雅(Aeneas)這個事件。

> 彼得在信眾之間到處探訪著，他也走去探訪住在利地亞的聖人們。在那裡他找到一個叫以尼雅的，他臥病在床已經八年，因為他身體癱瘓了。彼得就對他說，「以尼雅，耶穌基督醫好了你；站起身來把床鋪好！」他就立刻站起身來。

注意這不是一項奇蹟。如果是基督給予力量令以尼雅爬起床來，沒有通過彼得的幫助就產生一種門診醫生指的自動免除疾病的例子，才算是奇蹟。

而事實上彼得在醫治上的確扮演了一個角色，我們可以假定是一個必需的角色，我們所面對的是魔術：它的發生是出於神聖的魔法，就猶如為了邪惡的目的把魔鬼招引了來，那就是巫術(sorcery)在作怪了。

乃是如上所述傳統構想的，在魔術規程下，道教設計了方法來掌握較高的力量為人所用，而與自由魔法師、祓魔師、薩滿教巫師分享著地盤。

力量的混合

哲學的道家、活力的道家以及道教：這道家的三大支派，初看似乎毫無共通之處，現在就表現出他們的家屬相似性了。三者都有同樣的關注——如何在最大限度之下擴充那活潑有力的德——他們所關注的細節恰好構成一個連續統一體(continuum)。這個連續性始於如何把生命正常配額的氣用於最佳效果的興趣（哲學的道家）。從這裡再繼續問，那正常的配額是否得以增加（活力的道家）。最後，它問宇宙能量是否能夠將之聚集，有如通過聚光鏡那樣，為了需要幫助的人之福祉而代為安排（流行的道家或道教）。

這樣討論有一點危險，就是為了概念的清晰性而把三者之間的界限劃得過分尖銳了。並沒有實質的牆把它們分隔開；最好把三者當作是同一條河的水流。在歷史上任何一派都與其他兩派有過互動，一直到今日港台的道家還是如此。在共產黨革命之前，曾經在中國居住過二十年的布羅弗爾德(John Blofeld)報導說，他從未遇到一位道家不是在某程度上牽涉到全部三派的。

我們可以作總結了。要「成為」某物、「知道」某物與「能做」某物，都需要提升到表層之上。一個生命有多少實體，要看它是否整合了神祕主義的深刻性（道家瑜伽）、心智的直接智慧（哲學的道家）與魔術的創生力（家教的道家）。這三樣東西聚集在一起就有了一個「學派」，而在中國來說，本章中所描述的學派就是道家。

現在該是回到哲學的道家而給予它應有的介紹的時候了。

創造性的靜

哲學的道家的目的，是要使個人的日常生活與道一致，騎乘其無窮的潮流並在其流勢中欣然喜悅。要做到這一點，基本方法如我們早先所指出的，是要實行一種無為的生活。我們已經明白，無為不應該翻譯成什麼都不做或不行動，因為這些字眼暗示了一種懶惰或棄絕的空洞態度。比較好的譯文是純粹的有效性和創造性的靜(creative quietude)。

創造性的靜，是在一個人身上結合了兩種似乎不相容的情況——無上的活動和無上的鬆弛。這看似不相容的情況得以共存，是因為人類不是自我封閉的實體。如我們所說的，他們通過潛在的心靈駛上那支撐他們的無窮的道的海洋。創造的方法之一，是通過追隨有意識的心靈的刻意安排。不過，這種模式的後果很少是令人印象深刻的；它們所做的比較是歸類和安排而不是興發。真正的創造，正如每一位藝術家所知的，是由於潛在自我的更豐富資源被觸發而來。不過為了讓這種事發生，需要與表層自我作某種分離。意識心必須放鬆，停止站在它自己的光圈下，放開它。只有如此才有可能打破愈是努力愈適得其反的反效果定律。

無為是無上的行動，從我們——或者毋寧說是通過我們——流出寶貴的柔軟、單純與自由，**而我們個人的自我和有意識的努力，讓位於一種非出於自己的力量**。某一方面來說，由這一方向把握的德，恰好與孔子的相反。孔子百般努力建造一種可以有意識地去學樣的理想反應模式。道家的方式正好相反——要使自我的基礎與道配合而令行為自發地流出。行動追隨存在，新的行動追隨新的存在、更聰明的存在、更強的存在。《道德經》沒有浪費一個字地說明這一點。「行動（The way to do），」它說，「就是存在（is to be）。」（譯註：原文應是「無為而無不為」的引伸，亦即，存在的自然狀態即是行動的完美結果。反之亦然。）

我們如何描述從直接建基在道的生命流出來的活動呢？由無限微妙無限精緻的力量的滋養，它乃是一種完美的優雅，出自那無須間斷或暴力的無窮活力。我們只須任由道流入又流出，直到整個生命變成一種既無焦躁又無失衡的舞蹈。無為乃是超越緊張而生活的生命。

持續張弓
你悔恨拉，
磨快的鋸
愈見薄而鈍。（第九章）⑧
（譯註／原文：持而盈之，不如其已。揣而銳之，不可長保。）

不過，它不僅不是不活動的，它乃是柔軟、單純和自由的體現——是一種純粹的有效性，沒有活動浪費在爭吵或外表的炫耀上。

行動如是之完美，連足印都沒有，
話說得那麼好，從不會失言，
計算得如此之精確，無須計算器。（第二十七章）
（譯註／原文：善行無轍迹，善言無瑕謫，善計不用籌策。）

這種程序的有效性顯然需要非凡的技術，這一點在道家一位漁夫的故事中有所說明。這位漁夫能夠用一條線釣到大魚，因為那條線製得非常精細，沒有一處可能會斷裂。但是道家的技術很少被人注意到，因為從外表看來無為似乎毫不費力——從來不強迫，從來不緊張。秘訣是它在生命和自然中找出空間而在其中活動著。莊子，哲學的道家最偉大的普及者，用文惠君的廚子（庖丁）的刀從不失其鋒利的故事來說明這一點。當庖丁解牛的時候，手伸出去，肩沉下來，站穩一隻腳，用膝蓋擠壓上去，牛就在一聲低呼之中被肢解了。閃亮的刀有如一陣輕風般發出沙沙聲。節奏！時機！有如一場神聖的舞蹈。有如「桑林（The Mulberry Grove）」，有如古代的和聲！被人追問他的秘訣，那廚子答道：「關節之間有空隙；刀口又薄又利。當這刀口找到了那空隙，你就只需要那麼一點空間！宰起來就如同一陣微風一般！這柄刀我已用了十九年，看上去卻像剛剛才磨好的一般！」（譯註：原文見〈養生主〉：彼節者有閒，而刀刃者無厚，以無厚入有間，恢恢乎其於遊刃，必有餘地矣！是以十九年，而刀刃若新發於硎。）⑨

在自然現象中，道家看到最似道的就是水。他們對水能毫不費力支撐及載物印象深刻。

中文說會游水的人，字面解釋起來就是「知道水性的人」。同樣地，一個了解基本生命力的人，知道如果他停止又鞭又打，把自己交託給它，就可以得到承載。

你有否耐心等待
直到泥沙沉澱水變清了？
你能否持續不動
直到正確的活動自己出現？（第十五章）
（譯註／原文：孰能濁以靜之徐清？孰能安以動之徐生？）

那麼，水乃是自然世界中最類似道的了。不過它也是無為的原型。他們注意到水如何自行適應環境而找出低窪的地方。因此，同樣的，

最高的善有如水，
滋養萬物而無須努力去這樣做。
滿足處身於人們所厭惡的低下地方。
因此它近於道。（第八章）
（譯註／原文：上善若水，水善利萬物而不爭。……處眾人之所惡，故幾於道。）

水不只具有適應性，它還擁有一種堅脆的東西所不了解的力量。在河流中它順從著石頭銳利的邊角，把它們磨成了石礫，磨圓了使之順應水流。它一路流經邊關滲入隔牆之下。**它那柔和的水流溶解著岩石，沖走了我們稱之為永恆的驕傲丘陵。**

世界上沒有東西
如水般的柔軟和順從。
可是要溶解堅硬和不屈，
沒有能超過它的。
軟可以克服硬；
柔可以克服剛。
人人都知道這是真實的道理，
但是很少人能付諸實行。（第七十八章）
（譯註／原文：天下莫柔弱於水，而攻堅強者莫之能勝，其無以易之。弱之勝強，柔之勝剛，天下莫不知，莫能行。）

無限的柔軟，卻是無可比擬地堅強——水的這些品質也同樣是無為的品質。一個人能體現這種情況，《道德經》說：「不必去做就都做了。」（譯註／原文：無為而無不為。）**這樣一個人沒有壓力地行動，沒有爭辯而能說服，是善辯而沒有炫耀，沒有暴力、威迫或**

壓力而能達成結果。雖然行為者很少被注意到，他或她的影響在事實上卻是有決定性的。

最好的領袖
人們幾乎不知道他的存在。
一個好的領袖，說得不多，
事情做完了，他的目的就達到了，
人們會說，「這是我們自己做的。」（第十七章）

（譯註／原文：太上，下不知有之。……悠兮其貴言，功成身遂，百姓皆謂我自然。）

水的最後一項特徵使得它像無為的是，它能通過靜止而達到清澈。「泥水任它放在那裡，」《道德經》說：「就會清了。」如果置身於明亮的房間之後你想研究星星，你必須等上二十分鐘讓你的眼睛張大來執行它們的新任務。如果心要從世界的強光中收回來退到靈魂的內在深處，心的焦距的調節也必然需要同樣等待的時間。

五種顏色可以令人眼盲，
五種聲音能夠令人耳聾，
五種味道令人倒胃。

競爭、追捕能叫人發狂
而他們的所得令他們沒有了安寧。
因此一個合情理的人
寧取內在的眼睛而不取外在的。（第十二章）

（譯註／原文：五色令人目盲，五音令人耳聾，五味令人口爽，馳騁畋獵令人心發狂，難得之貨令人行妨。是以聖人為腹不為目，故去彼取此。）

內在的眼睛才能見到清澈，不過，這必須當生命達到一種像既深且靜的池水那樣靜的時候。

道家的其他價值

讓我們仍然順著水的類比來看，**道家反對一切形式的自我肯定和競爭**。世界上到處都是決心出人頭地或惹麻煩的人。他們要提到前面，出類拔萃。道家一點都用不上這類的野心。「**斧頭先朝最高的樹砍下去。**」

用腳尖站立的人
是站不穩的。

衝到前面的人
是走不遠的。
努力去發光的人
暗淡了他自己的光。(第二十四章)
(譯註/原文:企者不立,跨者不行,自見者不明。)

道家對謙卑近乎尊敬的態度使得他們尊重駝子和跛子,因為後者典型地代表了溫順和自我隱退的方式。他們喜歡指出杯子、窗子和門的價值,乃在它們空的部分中。「無私如融化的冰」是他們描述的情狀之一。道家拒絕爬向高位乃是出於對世俗珍視的東西毫無興趣的態度。這一點在莊子造訪鄰國宰相的故事中表現出來了。有人告訴宰相莊子要來取代他。宰相警覺了。但是當莊子聽到傳言之後對宰相說道:

在南方有一種鳥叫鵷雛。你聽到過沒有?這種鳥從南方的海洋飛到北方的海洋。一路上它只停留在神聖的梧桐樹上,只吃波斯種的紫丁香(練實),什麼別的水果都不吃,只喝魔法井水(醴泉)。剛好一隻貓頭鷹抓住一隻老鼠的腐爛屍身,抬頭看見這隻鳥飛過,害怕鵷雛要停下來搶牠那多汁的美味,牠叫道,「噓!噓!」現在有人告訴我你在努力「噓」我,要把我趕離開你這寶貴的宰相位子。
(譯註/原文見〈秋水篇〉:南方有鳥,其名曰鵷雛,子知之乎?夫鵷雛發於南海,而飛於北海，非梧桐不止，非練實不食，非醴泉不飲。於是鴟得腐鼠，鵷雛過之仰而視之曰：嚇！今子欲以子之梁國而嚇我耶？）⑩

對於世界上多數人引以為傲的東西都是如此。它們並不具有它們被人認為的真正價值。競爭和武斷有什麼意思呢？沒有它們，道似乎運行得很好。

自然沒有什麼非堅持不可的，
但是如果違反了它，
強風也刮不了一個上午，
暴雨也下不了一整天。（第二十三章）
（譯註／原文：希言自然，故飄風不終朝，驟雨不終日。）

人們不僅該對其他的人，也該對自然儘量避免採取紛擾和侵略的態度。一般而言，現代西方的態度一直是把自然當作是一個敵手，一個要對付、支配、控制、征服的對象。道家的態度跟這剛好相反。道家思想中有一種很深刻的自然主義，不過那是一種盧梭、華滋華斯、梭羅式的自然主義，而不是伽利略或培根式的。

那些要佔據大地

按照他們的意志來塑造它的人
我注意到，他們永遠也不會成功。
大地有如神器那麼的神聖
褻瀆只須接近到它，
它就會被損壞了，
當他們伸出手指頭它就不見了。(第二十九章)
(譯註／原文：將欲取天下而為之，吾見其不得已。天下神器，不可為也，不可執也。為者敗之，執者失之。)

人應該與自然為友。當一個英國人爬上了世界的最高峰，這位探險者被廣泛地歡呼成「愛弗勒斯峰的征服者。」鈴木大拙（D.T. Suzuki）說：「我們東方人會說他是愛弗勒斯峰之友。」日本隊爬上了第二高峰阿納帕拉峰(Anapurna)，爬到山頂五十尺之外就有意地停了下來，使得一個西方的登山者簡直不相信地大叫起來，「真有品味！」道家尋求與自然協調，而不是去支配。它的方式是生態的，這種特徵使得李約瑟(Joseph Needham)指出，雖然中國在科學理論上是落後的，她卻很早就發展出「一套自然的有機哲學，非常類似西方現代科學經過三個世紀的機械唯物論之後被逼採取的哲學。」道家生態學的方式啟示了西方的建築家，最著名的是萊德(Frank Lloyd Wright)。道家寺廟不從它的環境中突顯出來。它們背依山丘，藏在樹下，與四周環境合而為一。在最佳的情況下，人也是一樣。他們最高的成就是與道認同，讓道能通過他們而表現出魔法來。

這種對待自然的道家方式深深地影響了中國的藝術。中國藝術最偉大的時期與道家影響大行其道一致並非偶然。在用筆墨之前，畫家會走進自然中把自己忘掉，去變成，比如說，他們要畫的竹子。他們在畫下一筆之前會坐上半天，或十四年。指謂中國風景畫的語詞，包括山和水兩個字，一個暗示廣大和孤獨，另外一個則暗示柔韌、持久和連續不斷的活動。在廣大無垠中，人的部分是微小的，就算找得到，我們也要很小心才能在畫中找到人物。通常，他們是背著東西攀爬著、騎著牛或撐著船——自我在作他的行旅，背負著他的擔子，有山坡要攀爬，而兩邊都圍繞著美景。人不像山那樣地可畏；他們也不像松樹活得那麼久。他們正如同鳥兒和雲朵一樣也屬於萬物的系統中。通過他們，如同通過其餘的世界，周流著永恆的道。

道家的自然主義也與嗜好自然性接合在一起。浮華和鋪張被認為是可笑的。當莊子的徒眾請求應許給他一個盛大的葬禮時，他回答說：「天地是我的內棺和外棺。太陽、月亮和星星是我的服飾，而整個的受造物是我的葬儀隊。我還需要什麼呢？」文明被取笑而原始被理想化。「讓我們有一個居民人數很少的小國家吧，」老子提議說，「讓人們回到用結繩來記錄的時代吧。讓他們得到甘美的食物、美麗的服裝、安適的房屋、愉快的鄉下工作。」旅行被認為是無意義的，會引起無所事事的好奇而不予鼓勵。「鄰國近到聽得見雞鳴狗叫。可是人們會到老死也從未去過那裡。」⑪（譯註／原文：鄰國相望，雞犬之聲相聞，民至老死不相往來。）

就是這種對自然和簡樸的偏好，使得道家與儒家分隔開來。兩派的基本目的並沒有十分不同，不過道家對於儒家所採取的方式頗不耐煩，所有的形式主義、炫耀以及儀式都不能打動他們。從拘泥於形式或吹毛求疵地遵守禮節，又能希望得到什麼呢？這整個的方式就是造作的、塗上漆的外表必然會證明它是靠不住卻又是抑制人的。這裡所指的儒家只是人類傾向以規範模式來處理生命的一個例子。所有一切策劃周詳的系統，要把生命安排得井然有序的企圖，都是無意義的。它們作為分割同一真實的不同方式而言，其做法沒有一個是能夠超出「早晨是三」的做法的。這「早晨是三」是什麼呢？有一次，在宋國，由於年成不好，逼使看管猴子的人減少牠們的食物配額。「從現在開始，」他宣佈說，「早晨是三，晚間是四。（朝三而暮四）」面對著不滿的叫聲，看管的人同意談判，最後接受了猴子們的要求，改為早晨是四晚間是三。猴子們為牠們的勝利而得意。（譯註：見《莊子》〈齊物論〉）

道家的另一項特徵是它主張一切價值的相對性，及作為其相關項的對立之統一（the identity of opposites）。在這一點上道家與傳統中國的陰／陽符號結合在一起，其圖解是這樣的：

這陰陽兩極總結了所有生命的基本對立性：善／惡，主動／被動，正／負，光／暗，夏／冬，男／女。**不過雖然兩者在緊張狀態之中，卻並非截然相反；它們是彼此互補平衡的。每一方都侵入到對方的半球內，長住在其伙伴領域中最深的隱蔽處。而最終兩者都發現自己被環繞著它們的圓圈所消融了，道就在其永恆的整全之中，**在這整全的脈絡中，對

立者只不過是在無盡的循環過程中的面向罷了，每一次的轉動都不斷地轉入到對方，與之交換著位置。生命並非朝一固定的頂點或極點向前向上行進的。它倒回到自己，走了整個圓圈，而體現到萬物是一，而且一切都是順適的。

道家堅稱，那些對這深刻的符號冥想的人，會發現它比任何長篇人論和爭辯更能提供進入世界祕密的捷徑。忠實於其含意，道家避開一切尖銳的二分法。在這相對的世界中沒有任何觀點是可以認為是絕對的。誰知道最長的彎路有一天可能會證明是回家最短的捷徑呢？或者來想一下作夢和醒來的相對性吧。莊子夢見他是一隻蝴蝶，而在夢中絲毫沒有任何他曾經是別的東西的想法，可是，當他醒轉來的時候，他吃驚地發現他是莊子。這就為他留下了一個問題。到底他是莊子夢見自己成了蝴蝶呢，或是他乃是一隻蝴蝶現在正夢見它成了莊子呢？（譯註：參《莊子》〈齊物論〉）

因此，一切價值和概念對那懷抱它們的心來說，最終都是相對的。當鷽鶵（學鳩）和蟬（蜩）聽說有鳥（鵬）可以連飛幾百里而無須停息的時候，兩者都說這是不可能的。「你我都十分清楚！」他們點著頭說，「我們最遠能到的，就算用極大的努力，也只能飛到那邊的榆樹，儘管如此，我們還不能肯定每一次都做得到。我們常常發現在沒有到達之前早就被扯回到地上。這一次能飛數百里的故事全都只是無稽之談。」（譯註：參《莊子》〈逍遙

遊〉）

在道家的觀點看來，甚至善與惡都不是正相反的對立面。西方則一向趨於將兩者二分化，道家則沒有那麼確定。他們用農夫的馬跑失了的故事來加強他們保留的態度。鄰居對農夫表示同情，卻聽到他說，「誰知道什麼是好什麼是壞呀？」果然不錯，第二天馬回來了，帶回來一群野馬。鄰人又出現了，為這筆大收穫向他道賀。他得到同樣的回應：「誰知道什麼是好什麼是壞呀？」果然又對了，因為第二天農夫的兒子想騎上其中的一匹野馬摔了下來，跌斷了一條腿。鄰居又表示同情，所引發的問題乃是：「誰知道什麼是好什麼是壞呀？」農夫的看法在第四次又證明是對的，因為第二天士兵來強徵民兵，兒子因受傷而被免除了。（譯註：參《淮南子》〈人間篇〉，塞翁失馬故事）這一切聽起來很像禪宗，不錯；佛教通過道教的影響而變成了禪宗。

道家把相對原理推到邏輯極限，而將生與死置於道的韻律中成為互補的周期。當莊子的妻子死了，他的朋友惠子來看他並表示慰問，卻看見莊子雙腳張開坐在地上，有節奏地拍打著一隻木碗大唱其歌。（鼓盆而歌）

「不管怎樣，」他的朋友說，「她忠心耿耿地跟你生活了這麼多年，看著你的兒子長大成人，跟你在一起老去。對著她的遺體你不掉一滴眼淚已經不像話了，卻又唱又敲打木碗——這太過份了。」

「你錯了，」莊子說。「當她死時，我像一般人的反應一樣，感到絕望。可是後來我意識到在出生之前她並沒有身體，我就明白了令她出生的同樣的變化過程，最後也令她死亡。

如果有人累了跑去躺下來，我們不會追過去又鬧又叫的。我所失去的她，在天地間的寢室中躺下來去睡一會兒。在我妻子睡覺的時候大哭大叫，將是否定自然的法則，所以我就克制住自己了。」（譯註：參《莊子》〈至樂篇〉）

莊子在另外的地方直接表達了面對死亡的自信：

大地，
我身體存在的根本。
工作和責任令我疲憊了，
老年好教我休息，
死的時候給我寧靜。
那為我生命提供了我所需者
也將給我在死亡中的所需。⑫

道家厭惡暴力而幾近於和平主義的立場是無足為奇的了。《道德經》中有些話幾乎有點像耶穌的登山寶訓。

在生命的作用上指導人君的人
會警告他不要用武力來征服。

就算最好的武器也是罪惡的工具；
軍隊的收穫乃是一片荊棘的荒原。（第三十章）
（譯註／原文：以道佐主人者，不以兵強天下。……師之所處，荊棘生焉。）

武器是暴力的工具；
所有正派人都厭棄它們。
武器是恐懼的工具；
除非有直接的必需
一個正派人會避開它們，
如果被逼，就會使用它們
都要有最大的節制。
和平是最高的價值……
帶著哀傷和最大的同情，
他沉重地加入戰爭，
有如參加一個葬禮。（第三十一章）
（譯註／原文：兵者，不祥之器，非君子之器，不得已而用之，恬淡為上。……
殺人之眾，以悲哀泣之，戰勝，以喪禮處之。）

在中國，學者被安置在社會階梯的最高層，這可能是孔子的功勞；不過，把士兵放在最低層的卻完全是道家。「一個有活力者所取的方式不是士兵的方式。」只有一個「承認所有的人好似自己身體一部分的人，才夠資格保衛他們……上天以悲憫來武裝那些她不願看到被毀滅的人。」

戰爭是一件陰暗的事，而道家要針對生命中莊嚴的與幽暗的論題發言。然而卻總是保持一種輕鬆得幾近乎快活的品質。這種觀點有一種複雜性、一種文雅、一種可愛，而使得它有感染性。「感到被戳破的人，」《道德經》暗示說：「必然曾經是個泡泡。」（譯註：自由意譯，未註明章節，無法還原為原文。）在這樣一個聲明中，簡潔性、直接性與幽默性乃是其整個觀點的特徵。在對生命不肯採取高壓手段對付的態度上，道家是與其他中國人一致的；不過同時，正如我們已經看到的，它也沒有儒家僵化的和形式主義的趨向。道家文獻中充滿了與儒者的對話，後者往往顯得古板而浮誇。有一個道家的莊子和儒家的惠子的故事，他們在午後漫步來到濠河橋上。「你看魚兒游來游去好不自在。魚兒是多麼地快樂呀！」莊子嘆道。

「你又不是魚，」惠子回答道：「你怎麼知道什麼使得魚兒樂呢？」

「你又不是我，」莊子說：「你怎麼知道我不知道什麼使得魚兒樂呢？」

（譯註：參《莊子》〈秋水篇〉。把惠子歸入儒家是有問題的。）

結論

如同陰陽本身彼此繞著轉一樣，道家和儒家代表了中國性格的固有兩極。孔子代表的是古典的，老子則是浪漫的。孔子強調社會責任，老子推崇自發性和自然性。孔子的焦點在人，老子則是在超越人的事物。正如中國人自己說，孔子徘徊在社會之中，老子則漫遊於人間之外。生命之中有些東西在這兩方面伸展出去，中國文明如果其中任何一方沒有出現的話，都必定會貧乏多了。

有些書在第一次讀過之後，就再也無法擺脫它們的魔力了，原因在它們對讀者最內在的「我」說話。對於指出道在任何地方、任何時間都是在我們之內的思想感到振奮的人，《道德經》就是這樣的一部書。對中國人來說也大多如此，不過一位美國詩人也同樣覺得它「是對生命的持續狀態所作最直接了當、最合理的解釋，而到目前為止又是最先進的，是對生命最合理的應用而又要人去享受它。」⑬雖然明顯地始終沒有人修練到完美的地步，但它簡潔、豁達和智慧的訓誡，卻一直是千千萬萬中國人的歡愉指導。

有一個存在，奇妙，完美；
它存在於天地之前。
多靜寂呀！

多有靈性呀！
它獨自而立毫不變化。
它一而再地變動著，卻並不因此而受損。
一切的生命從它那裡來。
它以愛包容一切，如同裹在衣服之內一樣，不爭取榮耀，不要求做主人。
我不知它的名字，因此稱之為道。
我對它的力量歡欣。⑭
（譯註／原文與英譯文有出入：有物混成，先天地生。寂兮寥兮，獨立而不改，周行而不殆。可以為天下母。吾不知其名，字之曰道。）

進一步的閱讀建議

道家文本沒有一種釋譯可以是標準的，不過米契爾(Stephen Mitchell)的《道德經》(*Tao Te Ching*, Harper & Row, 1989)是當代我所知道最幾近於是標準的了，劉殿爵的翻譯(New York: Penguin Books, 1963)包括有學術上的註釋和一篇有用的引言。

Gia-fu Feng／Jane English的版本(New York: Random House, 1972)包括有照片和美麗書法的中文文本，除了它的可靠性而外，也是一件藝術品。

默爾頓(Thomas Merton)的 *The Way of Chuang Tzu*(New York: New Directions, 1965)可佩地表現了這位令人注意而又重要的思想家的看法。莊子的全集可以在華生(Burton Watson〔tr.〕)的 *The Complete Works of Chuang Tzu*(New York: Columbia University Press, 1968)中找到。

卡騰馬克(Max Kaltenmark)的*Lao Tzu and Taoism*(Stanford, CA: Stanford University Press ,1969)對於整體的道家傳統提出了一個很好的概觀。

有關哲學的道家的最有趣和最有創見的討論之一可見於 Toshihiko Izutsu的 *Sufism and Taoism*(Berkeley: University of Califoria Press, 1984)中的第二部分。

註釋

①*Tao Te Ching*, chapter 56（道德經，第五十六章）。

②「任何古代中國醫生所用的藥單，其許多都有豐富的歷史，如果不是實驗證據的有效性，這一點使得整個西方醫學世界受到疏忽和傲慢的指摘。」Richard Selzer, *Mortal Lessons: Notes on the Art of Surgery* (New York: Simon & Schuster, 1987), 116。

③道家的長生不老既有粗糙也有精細的解讀。塞索(Michael Saso)寫道：「一個道家從定義上就是一個在現世上尋求永生的人，」不過他更進一步指出，對許多人來說，這種永生「並非是一種人不死的長壽，而是一種他不會在死後降落到燃燒的陰間世界受罰的狀態。」*Taoism and the Rite of Cosmic Renewal* (Pullman: Washington State University Press, 1989), 3。

④其實精液進入膀胱，然後與尿一齊排出，可是中國人不明白這一點。

⑤瓦利(Arthur Waley)引述的，*The Way and Its Power*, 1934, Reprint. (London: Allen & Unwin, 1958), 48-49。

⑥*Tao Te Ching*, chapter 2 and 7, Arthur Waley's translation。

⑦Daniel Overmyer, *Religions of China* (New York: Harper & Row, 1986), 39。

⑧除非有特別的說明，本節以及次節的引言皆出自*Tao Te Ching*。第8、15、24、34及78諸章，皆引自Stephen Mitchell 在他的*Tao Te Ching* (New York: Harper & Row 1988)的英譯本；引自9、12、17、23、27、29及30諸章的乃是出自Witter Bynner的*The Way of Life According to Laotzu*, 1944. Reprint.(New York: Putnam, 1986)。

⑨改寫自Thomas Merton的英文翻譯*The Way of Chuang Tzu* (New York: New Directions, 1965),45-47。

⑩Burton Watson(tr.), *Chuang Tzu: The Basic Writings* (New York: Columbia University Press, 1964), 109-10。(譯註：見《莊子》〈秋水篇〉)。

⑪Fung Yu-lan's translation of the *Tao Te Ching*, chapter 80, in his *A Short History of Chinese Philosophy* (Princeton, NJ: Princeton University Press, 1953), 20。

⑫Quoted in K. L. Reichelt's translation of the twenty-fifth chapter of the *Tao Te Ching* in his *Meditation and Piety in the Far East* (New York: Harper and Brothers, 1954), 102。

⑬Bynner, *The Way of Life*, 12-13。

⑭ Adapted from K. L. Reichelt's translation of The twenty-fifth chapter of the *Tao Te Ching* in his *Meditation and Piety*, 41。

6 THE WORLD'S RELIGIONS

伊斯蘭教
Islam

我們可以先從一件反常現象說起。在所有非西方宗教中，伊斯蘭教最接近西方——地理上最接近，意識形態上也最接近；因為宗教上它是屬於亞伯拉罕系的宗教，而哲學上它是建構在希臘之上。然而儘管有這種心智上和空間上的鄰近，伊斯蘭教對於西方來說，卻是最難以了解的宗教。「世界上再也沒有一個地區，」一位美國專欄作家曾經寫道，「比那通稱為伊斯蘭的宗教、文化、地理的複合體更無望地、系統地以及頑固地受到我們的誤解了。」①

這是很弔詭的，不過這項弔詭很容易得到解釋。因為地理上、意識形態上、哲學上的接近並不能保證和諧——正如可悲的是，家庭之內往往比任何別的地方發生更多的謀殺。伊斯蘭和西方是鄰居。共同的邊界就造成邊界的糾紛，起始於突擊和反突擊，升級成為長期爭鬥，流血的爭執，以至於全面性的戰爭。當然也有較快樂的一面；在某些時期和地方，基督徒、回教徒和猶太教徒曾經和諧地居住在一起——吾人想到的是摩爾人統治下的西班牙。但在過去一千四百年的大部分時間，伊斯蘭和歐洲都在作戰，對於他們的敵人，人們是難以有一個公平的圖象的。②伊斯蘭教將是本書要探討的一個有趣的宗教。

錯誤開始於它的名稱。一直到最近它都被西方稱為穆罕默德主義，這不單是不正確而且是冒犯性的。回教徒說，它不正確，因為穆罕默德並沒有創造這個宗教，**神**(God)才是創造者——穆罕默德只不過是**神**的傳聲筒罷了。尤有進者，這個名稱之所以有冒犯性，因為它表達的印象是伊斯蘭教的焦點在人而不在**神**。把基督宗教依基督來命名是恰當的，他們說，因為基督徒相信基督是**神**。但是稱伊斯蘭為穆罕默德主義就好像稱基督宗教為聖保羅教一樣。這個宗教的正確名稱是伊斯蘭(Islam)，從字根s-l-m演變而來，主要的意思是「和平」，不過還有「屈服」或「順從」(surrender)的第二層意思，它的全幅意義是「當一個人的生命順從了**神**，和平就會降臨。」世界上只有兩個宗教是以其試圖去修成的特性來命名的：一個是佛教，以佛為覺醒之意，另一個即是伊斯蘭教；在後者，所要修成的是生命對**神**的完全順服。遵循伊斯蘭的人就稱之為回教徒(穆斯林，Muslims)。

背景

「圍繞著阿拉伯人(Arabs)這個名稱，」黑提(Philip Hitti)寫道：「閃耀著那屬於世界征服者的光環。在興起一個世紀之後，這個民族就成為一個從大西洋岸伸展到中國邊境的帝國的主人，一個比羅馬鼎盛時期還要大的帝國。在這史無前例的擴張時期，他們同化許多異族，他們用信仰、語言與生活方式所同化的異族，在數量上空前絕後地超過任何其他族群，包括希臘人、羅馬人、盎格魯—撒克遜人或俄國人。」③

這個使阿拉伯人如此興盛的核心就是他們的宗教，伊斯蘭。如果我們要問它是如何產生的，外人的回答會從穆罕默德時代在阿拉伯地區發生影響的社會宗教的潮流來解釋。但回教徒的回答就不同。伊斯蘭教並非源自第六世紀阿拉伯的穆罕默德，而是始於**神**。「在開始的時候，**神**……」創世紀如此告訴我們。《古蘭經》同意這個意見。不同的是用安拉(*Allah*)這個字。安拉這個字是把冠詞 *al*(the的意思)與 *Ilah*(God)**神**結合起來而形成。字意上就是

「**神**」。不是一位神，而是只有唯一的**神**。

當男性多數字尾im從希伯來字**神***Elohim*除去之後，兩個字發音聽起來是很相似的。**神**創造了世界，之後就創造了人。創造的第一個人是亞當。亞當的後代到了諾亞，他生了一個兒子名叫Shem。這就是Semite（閃族）這個字的由來，從字面上來看Semite是Shem的後裔。正如猶太人一樣，阿拉伯人認為他們自己是Semite人。Shem的後裔傳到亞伯拉罕（Abraham），到目前為止，我們仍然是在猶太教和基督宗教的傳統中。

的確，正是亞伯拉罕在這個最重要的試探中的順從——是否願意犧牲他的兒子以撒？——為伊斯蘭提供了它的名字。亞伯拉罕娶了撒拉。撒拉沒有生子，因此亞伯拉罕為了延續後代，娶了夏甲做他的第二位妻子。夏甲為他生了一個兒子叫以實瑪利（Ishmael），而此時撒拉懷孕了也生了一個兒子名叫以撒。然後撒拉就要求亞伯拉罕把以實瑪利和夏甲趕出部族。此處我們來到《古蘭經》與《聖經》描述之間的第一項分歧之處。按照《古蘭經》，以實瑪利就去到麥加的所在地。他的後代在阿拉伯地區繁生起來，成了回教徒；而以撒的後代留在巴勒斯坦，是希伯來人，變成了猶太教徒。

先知的封印

順著阿拉伯以實瑪利這條線索，我們直接談到公元第六世紀後半的穆罕默德，回教徒們相信，通過這位先知，伊斯蘭教達到其決定性的形式。在他之前一直有**神**的真先知，不過穆罕默德卻是先知們的最高代表，因此他被稱為「先知們的封印」(The Seal of the Prophets)，在他之後就再也沒有其他先知出現了。

穆罕默德出生的世界，被隨後的回教徒用一個字來描述：無知。生命在沙漠的條件下從未安定過。人們對於自己部落之外的任何人，都幾乎不覺得有什麼義務可言。物質上的缺乏使得強盜集團成為地區性的機構和男子氣的證明。在第六世紀，政治上的死結以及首要城市麥加的行政長官的消沉，使混亂的情勢更變本加厲了。醉酒狂歡是常有的事，玩樂的衝動漫無節制。當時盛行的宗教只在一旁觀看，完全不加以阻止。最恰當的描述是將之稱為一種泛靈的多神教，在沙漠的廢墟上繁衍了稱為 *jinn* 或魔鬼的獸性的精靈。它們是沙漠恐怖幻想的人格化，所激發的既非高尚的情操也非道德的約束。這種情況最容易產生燃燒的暗流，會突然間爆發紛爭和流血事件，有的會持續半個世紀之久。時代在呼喚著救助者。

他出生於大約公元五七〇年，祖先是麥加的一個望族柯瑞許(Koreish)，取名為穆罕默德(Muhammad)這個名字此後在世界上被最多的男嬰所使用。他早年的生活充滿了悲劇，出生幾天之前父親就去世了，六歲時死了母親，在母親去世後一直撫養他的祖父在他八歲時又死了。自此之後他就由叔父家領養。雖然叔父家道中落，年輕的孤兒得勤奮工作來照管叔父的羊群，但這個新家庭還是溫馨地接受了他。**神**的天使們打開了穆罕默德的心，讓它充滿了光。

以下是傳統留給我們關於對他早期性格的摘要描述。純潔的心靈受到他周遭人的愛護，傳說他富有愉快、溫和的氣質。因為親人的逝世，使得他對任何形式的人類痛苦都很敏感，因此總是隨時準備幫助別人，特別是窮人和弱者。當年歲漸大時，他對榮譽、責任和忠誠的觀念，為他贏得了崇高而令人羨慕的「至真者」、「正直者」、「可信賴的人」等頭銜。儘管對別人關心，可是在見解和行事上，卻與他們保持距離，使他在一個腐敗而衰退的社會中孤離著。從童年到青年，再從青年到成人期間，他同時代人目無法紀的爭鬥，經常來參加麥加市集的部落之間爆發的無意義爭吵，以及當時普遍的傷風敗俗和憤世嫉俗，都在這位未來的先知內心，產生一種恐怖和厭惡的反應。沉默地、沉思地，他的思想在轉向內心。

成年之後他就從事商旅的行業，二十五歲時為一位名叫卡廸雅(Khadija)的富有寡婦工作。她對他的審慎和正直十分欣賞，關係逐漸親密，接著發生戀愛。雖然她比他大了十五歲，但他們的婚姻在各方面都證明是快樂的。在往後漫長而孤獨的歲月中，在沒有人相信他時，甚至包括他自己在內，卡廸雅一直穩定地守在他身邊，安慰他，並維護著那希望微弱的火焰。「**神**，」傳統這樣記錄著：「通過她來安慰他，因為她減輕了他的重擔。」

經過婚後十五年的預備，他才開始了他的宗教職務。麥加城外有一座名叫希拉(Hira)的山，山中有一個山洞。穆罕默德需要孤獨，就常常去那裡。凝視著善惡的奧祕，他不能夠接受當時視粗魯、迷信及兄弟相殘是正常的行為，「這偉大燃燒的心，如一個偉大的思想的火爐般沸騰著，慢慢地燒滾著，」正在走向**神**。④

沙漠*jinn*（或魔鬼）與這種追求是毫不相干的，不過有一位神祇卻不然。祂的名字就是安拉（Allah）⑤，麥加人並未把祂當作唯一的**神**來敬拜，但還是把祂當作一位令人印象深刻的神。祂是造物者、無上的供養者以及人類命運的決定者，能夠激發真正的宗教感情和虔誠的奉獻。當時有一些冥思者被稱為追隨止教者（*hanifs*），只崇拜安拉，穆罕默德就是他們之中的一位。通過往往是整個晚上的守夜，穆罕默德對安拉的真實性愈來愈明白、敬畏。既可怕又奇妙，如生命般真實，如死亡般真實，亦如祂所制定的宇宙般真實，安拉（穆罕默德確信）比祂的國人所想像的要偉大得多。這個**神**，祂的威儀漲滿了沙漠的洞穴，充塞了整個天地，而確實不只是一個神，或甚至諸神中最偉大的神。祂乃是祂的名字所指的意思：祂就是**神**，獨一的一位，沒有任何對手。很快地從這個山洞就發出了阿拉伯語言中最偉大的名言：那深沉、震撼的呼喊把一個民族團結起來，令他們的力量爆發到所知世界的極限：*La ilaha illa 'llah!*，除了那唯一真**神**（God）之外，沒有其他的神明（god）。

不過先知必須先要接受他的委任，時間大約是六一〇年左右。慢慢地，當穆罕默德走訪山洞愈見迫切，他日後視為命定的指令就形成了。這個指令與早先落在亞伯拉罕、摩西、撒母耳、以賽亞和耶穌身上的相同。無論何地何時，這召喚來臨了，其形式可異，而本質則同。從天上發出一個聲音，「你就是被指定的人。」在「大能之夜」（Night of Power）一種奇異的平靜滲透著創造物，而萬物朝向其主，在那個夜晚中，回教徒說，那部書向一個預備好了的靈魂打開了。有的更說，在那晚的週年夜可以聽到草在長，樹會說話，真能做到如此的是誰？是看見草在長，樹在說話的人嗎？那些人就成為聖徒或聖人，因為每年的那個夜晚，人們都能透過神的手指而看到。⑥

在那第一個「大能之夜」，當穆罕默德躺在山洞裡，他的心陷入最深刻的沉思中，一位天使以人形來到他面前。天使對他說：「宣告(Proclaim)！」⑦他說：「我不是一個宣告者。」這時候，穆罕默德自己說：「天使抱起我，把我淹沒在他的擁抱中，一直到我能忍受的極限。然後他放下我又說：『宣告！』我又說：『我不是一個宣告者。』他又把我淹沒在他的擁抱中。當他再度做到我能忍受的極限的時候就說『宣告！』我又抗議不聽，他三度用擁抱淹沒我，這一次說：

以你創造主之名宣告！
自血塊中創造了人。
宣告：你主是最慷慨的，
用筆來教導；教人所不知的。

（《古蘭經》96：1—3）

從出神狀況醒來，穆罕默德感覺他聽到的那些話，有如烙印般印在他的靈魂上。，他十分驚恐地趕回家去再度陷入出神狀況。恢復過來之後，他告訴卡廸雅他要不就變成了先知，要不就是「被鬼附身——發了瘋」。起初她抗拒著這樣的選擇，但是在聽了整個故事之後，她就成為他的第一位信徒——這一點，回教徒常常說，它本身就說明了穆罕默德的真實性，如果有人能了解一個人的真正性格的話，就應該是他的妻子。「歡呼吧，啊！親愛的丈夫，高興起來吧，」她說道：「你將是這個民族的先知。」

我們可以想像，從那個經驗甦醒之後，隨之而來的就是精神的苦惱、心理上的懷疑和一波又一波的不安。那聲音真的是**神**的嗎？它還會不會再來呢？而且，它會有什麼命令？它重複地一再回來，它的命令總是一樣的——宣告。「啊汝，裹著你的披風，起身並警告，榮耀你的**主**。」穆罕默德的生命不再是他自己的了。自此之後，他的生命被交給了**神**以及人類，面對毫不留情的迫害、侮辱和欺凌，二十三年來以毫不動搖的意志，宣揚著**神**要傳播的話。

有關啟示的內容，將保留在本章稍後的部分。此處我們只須談到人對啟示的反應，而且注意到啟示的吸引力，完全是由宗教認知指導的人的理性。

在一個超自然主義盛行的時代，奇蹟被當作是最平常的聖人的交易來接受，但是穆罕默德拒絕去迎合人的輕信。對那些尋求跡象和預兆的偶像崇拜者，他斬釘截鐵地說：「**神**並沒有派我來製造奇蹟；他派我來向你們佈道。我**主**，讚美**主**！難道我不只是一個被派來作使徒的人嗎？」⑧從頭到尾，他都拒絕了自我膨脹的每一個衝動。「我從來未曾說過**神**的財寶是在我的手中，說我知道那埋藏的東西，或說我是一個天使。我只不過是一個**神**的話語的宣講者，是**神**對人類訊息的攜帶者。」⑨如果說要找跡象，它們該是**神**的偉大而不是穆罕默德的，至於這些跡象，人們只須張開他們的眼睛。天體在蒼穹之中保持著它們快速、靜默的軌道，宇宙中不可思議的秩序，那降落以舒緩乾渴土地的雨水，滿載黃金果實的棕櫚樹，在海上航行的載滿貨物的船隻——這一切會是石頭的諸神之所為嗎？當受造物標示著這一切，卻還去呼求跡象，那成了怎樣的愚人啊！在一個輕信的時代，穆罕默德教導人尊重世界那不容置疑的秩序，這種尊重使回教徒在基督徒之前引進了科學。除了將在後面提到的他的登宵夜（nocturnal ascent through the heavens）之外，他只主張一項奇蹟，那就是《古蘭經》本身。通過他與他自己所有的資源，便得以產生出這樣的真理——這是他不能只將之作為一項自然主義的假設來接受的。

至於說對他的信息的反應，一般則是持極端（只除了少數人）的反抗態度。反抗的原因可以化約為三點：⑴它那不妥協的一神論威脅到多神的信仰，以及來到麥加朝拜三百六十座神龕（陰曆每一日一個神龕）的香客們提供的頗為可觀的資金收入；⑵它的道德教義要求公民們終止所貪戀的淫蕩行為；⑶它的社會內容挑戰一種不公正的秩序。在一個被階級區分所割裂的社會中，這位新的先知在傳揚一個強烈的民主信息。他堅持在他的**主**的眼中所有的人都是平等的。

由於這樣一種教義既不合他們的口味也不適合他們的特權，麥加的領袖們下決心不要它。他們開始以戲弄來攻擊它；嘲笑、無聊的侮辱與訕笑哄鬧的中傷。當這一切都證明無效時，他們的話就變得更醜惡了——謾罵、誹謗、中傷、然後就是公然的威脅。當這一切也失敗之後，他們就訴諸公開的迫害。當穆罕默德和門徒在祈禱的時候，就用塵土和穢物潑在他們身上。向他們擲石頭，用棍子打，把他們抓進監牢，不賣吃的東西給他們，想令他們挨餓。這些都毫無效果，迫害只增強了穆罕默德信徒們的意志。「自從原始基督宗教把世界從沉睡中驚醒以來，」一位學者寫到，「人們從來也沒有看到像這般精神生命的覺醒——那承受著犧牲的信仰的覺醒。」⑩這位學者的話應該很有分量，因為總的來說他是伊斯蘭教嚴厲的批評者。穆罕默德本人為他們的忠貞建立了楷模。在最危難的情況下，繼續投入他的心和靈魂到宣教事業中，他只要能找到聽眾就必然嚴令他們放棄邪惡的方式來為最後審判日作好準備。

起初情勢對他非常不利，只有少數的皈依者；經過三年長時間的艱苦努力還不到四十位。不過他的敵人卻也無法永遠封住麥加人的心去反對他的話。緩慢而穩定地，有精力、才幹和身價的人開始被他信息中的真理所折服，直到十年之後，有幾百個家庭都稱他為**神**真正的代言人了。

帶來勝利的遷徙

到這時候麥加的貴族們震驚了。開始只不過是一個半瘋狂的趕駱駝人狂妄而預言性的主張，後來卻變成威脅到他們存在的嚴重革命性運動了。他們下決心要清除掉這些惹麻煩的人。

在穆罕默德面臨他事業中這樣嚴重危機的時候，突然間，一個離開麥加北邊二百八十公里的耶斯里布(Yathrib)城的主要公民代表隊來進謁他。通過到麥加來的朝聖者以及其他訪客，穆罕默德的教義在耶斯里布已贏得了穩固的基礎。該城面臨了內部的爭端，需要一位外來的堅強領袖，穆罕默德看起來像是這樣的一個人。該代表團宣誓只敬拜真主，會遵守伊斯蘭教的戒律，在一切正義的事情上服從伊斯蘭教的先知，維護他和他的擁護者如同維護他們的婦女和孩子一樣，穆罕默德收到了從**神**那裡來的信號而接受了這項任命。大約有七十戶家庭追隨他。當麥加的領袖們聽到他出走的風聲，就盡一切的力量要加以阻攔；但是，與他的親近同伴阿布巴卡（Abu Bakr）一起離開時，穆罕默德避過了監視，出發到耶斯里布去，途中在城南的山岩裂縫裡避難。野外搜索的馬隊幾乎發現了他們，穆罕默德的同伴絕望了。「我們只有兩個人，」他喃喃地說。「不對，我們是三個，」穆罕默德回答，「因為**神**與我們同在。」《古蘭經》同意。「祂的確與他們在一起，」《古蘭經》說，因為他們沒有被發現。三天之後，當搜索鬆弛下來的時候，他們居然買到了兩匹駱駝，專走人們少走的小路，一路上幾經危險來到了目的地。

那一年是六二二年。這次的遷徙，阿拉伯文是*Hijra*，被回教徒當作是世界歷史的轉捩點，他們從那一年起開始推算日曆。耶斯里布很快就被稱之為「Medinat al-Nabi，先知之城」，跟著就被簡稱為麥地那（Medina），「那座城（the city）」。

穆罕默德一抵達就擔任了一個與以前不同的角色。從先知轉而被迫擔任行政職務。被人瞧不起的宣道人變成了一位熟練的政客；先知變成了政治家。我們視他為主人不單是因為他主宰了那少數幾個信奉者的心，而是該座城的集體生命，它的法官和將軍以及教師。

連他的誣蔑者都承認他優異地扮演了這個新角色。面對著非凡複雜的問題，他證明了自己是一位出色的政治家。作為最高的政務官，他繼續過著貧賤時所過的那種謙遜的生活。

他住在一間平常的土製房子中，擠他自己羊羣的奶，日夜都準備接見社區中最卑賤的人。人們常常看見他縫補自己的衣服，「沒有一個頭帶王冕的皇帝能夠像這位身披補丁斗篷的人，受到人們如此這般的服從」。⑪回教的歷史家說，神把這個世界的寶藏之鑰放在他面前，但是他拒絕了。

傳統把他的行政作為描述成正義和慈愛的理想結合。作為一邦之主以及他的人民生命和自由的信託人，他為了秩序，執行著必要的司法，對有罪的人判處懲罰。不過，當傷害是針對他本人的時候，就算對他的敵人他也是溫和而仁慈的。總之，麥地那的人發現他是一位很難不去愛他和不服從他的主人。正如一位傳記家寫的，「他具有影響人的天賦，那種只為了善而去影響人的高貴性。」⑫

其後的十年，他個人的歷史與以他為中心的麥地那聯邦(Commonwealth)的歷史合而為一。用他那高超的政治技巧，他把城中五個異質而矛盾紛爭的部落（其中三個是猶太人部落），焊接成一個有秩序的聯盟。這項工作並不簡單，但是最後他成功地在市民心中喚醒了一種前所未有的合作精神。他的聲名遠播，人們開始從阿拉伯各地湧來，親睹這位製造出這個「奇蹟」的人。

接著，為了整體的阿拉伯心靈而與麥加人鬥爭。在*Hijra*二年，麥地那人在對人數多上好幾倍的麥加軍隊的戰爭中，贏得了一次光輝的勝利，他們把這場勝利解釋為是天使站在他們這一方的明顯信號。不過，在次年就經歷了一場相反的結果，穆罕默德在該場戰爭中受了傷。麥加人沒有乘勝追擊，直到兩年之後，他們包圍了麥地那，作最後一次徹底的努力，要逼使回教徒投降。這場努力的失敗，永遠地轉變了大勢而對穆罕默德有利了；三年之內——他從麥加遷徙八年之後——離開時是逃亡者的他，現在卻作為一位征服者回來了。先前殘酷地對待他的城市，現在屈服在他的腳下，他先前的迫害者們，現在任由他宰割。不過，獨特的是，他並沒有強調他的勝利。就在他勝利的時刻，過去的一切都被原諒了。他一路上來到有名的卡巴（Ka'ba）這座立方體的寺廟（據說是亞伯拉罕建造的），穆罕默德重新將它奉獻給安拉，並且立為伊斯蘭的中心，全麥加城人幾乎都改信了伊斯蘭教。至於他本人，仍然回到麥地那。

兩年之後，西元六三二年（*Hijra*後的十年）穆罕默德死時，整個阿拉伯幾乎都在他的控制之下。持有一切軍力和警力，再也沒有一個阿拉伯人如他那樣成功地團結了國人。在世紀結束之前，他的信徒征服了亞美尼亞、波斯（現伊朗）、敘利亞、巴勒斯坦、伊拉克、北非與西班牙，並橫過庇里牛斯山脈進入法國。要不是公元七三三年在圖爾之戰（Battle of Tours）中被馬塔爾（Charles Martel）擊敗，今天整個的西方世界可能都是回教的天下了。在短暫的一生中，穆罕默德「不論資源如何欠缺，在一個當時只是一個地理名詞的地區喚醒一個從來未曾統一的民族；建立了一個宗教，在這廣大地區上代替了基督宗教和猶太教，至今還贏得頗大部分的信徒；立下了一個帝國的基礎，很快就把當時文明世界中最漂亮的地方都擁抱到它廣濶的疆界中去了。」⑬

在《一百名：歷史上最有影響力的人》，哈特（Michael Hart）把穆罕默德排在第一位。他那「塵世的和宗教的影響之空前結合，使得穆罕默德被認為是人類歷史上最有影響力的一個人！」哈特寫道。[14]回教徒對這樣判定的解釋很簡單。他們說，整個的工作乃是**神**之所為。

持續的奇蹟

回教徒對穆罕默德的欽佩、尊敬和愛慕之情，是一件令人印象深刻的歷史事實。他們視他為經歷了特別廣大幅度的生命的一個人。他不單是一個牧羊人、商人、隱士、放逐者、士兵、立法者、先知—教士—國王以及神祕主義者；也是一名孤兒，多年來乃是比他年長好多的妻子的丈夫，多次喪失了子女的父親，一名鰥夫，最後是擁有多名妻子的丈夫，有的妻子比他年幼很多歲。在所有這許多角色中他都是個模範。當回教徒提到他的名字就加上祝福時，這一切都存在他們心中，「願幸福與和平降臨在他身上。」就算是這樣，回教徒也從來不會誤把他當成是他們在塵世上的信仰中心。那個位置是保留給伊斯蘭《聖經》——《古蘭經》的。

字面上，*al-qur'an*在阿拉伯語（也就是「古蘭」）的意思是朗誦。為了做到這個目的，《古蘭經》可能是世界上最常被人朗誦（也是最常被人閱讀）的一部書了。無疑，它是世界上最被人熟記的書，也可能是對讀過它的人產生影響最大的書。穆罕默德對其內容之重視（正如我們已經看到的），認為它是**神**通過他來完成的唯一重要的奇蹟——他稱它為**神**的「持續的奇蹟」（standing miracle）。以他本人，沒有受過教育，也不識字，僅只會寫自己的名字而已，卻能夠製作出一部書，提供一切知識的基本藍圖，而同時文法完美無可比擬的詩意——這個，穆罕默德，以及所有跟隨他的回教徒都認為是沒法相信的。他以一個反問的語氣來說明這一點：「啊，不相信的人們，試著選你們的語言作為那部無比的書的語言，那部書的一些片段，就能令你們的一切黃金詩篇羞愧不如，難道你們還要一個比它更偉大的奇蹟嗎？」

有基督宗教《新約聖經》五分之四的長度，《古蘭經》分成一一四章或 *surahs*，按照篇章愈見簡短的秩序編排著（除了出現在回教徒每日祈禱中簡短的第一章）。因此 *Surah* 2 有二八六行，*Surah* 3有二〇〇行，直到 *Surah* 114只有六行。

回教徒傾向於逐字閱讀《古蘭經》。他們將之視為是一部非創造的《古蘭經》（*Uncreated Koran*）的塵世摹本，幾乎完全像基督徒把耶穌視為是上帝的道成肉身一樣。可以這樣比較，「如果基督是上帝的化身，《古蘭經》就是神的書inlibriate（出自*liber*，「書」字的拉丁文）」，雖然不太對稱，意思卻並非不正確。創造出來的《古蘭經》（created Koran），是非創造的《古蘭經》的無限的本質通過字和聲音的具體化表現而成的。當然，並非說是有兩種《古蘭經》。而是說，創造的《古蘭經》乃是非創造的《古蘭經》的無限真實的正式結晶。此處有兩層的真實在運作。有非創造的《古蘭經》的神聖真實，以及創造的《古蘭經》的塵世真實。當創造的《古蘭經》被說成是奇蹟的時候，這個奇蹟所指的乃是非創造的《古蘭經》存在於其創造了的（因此必然在某方面受限定）顯現的文字和聲音之內。

《古蘭經》中的話語乃是在前後二十三年間降臨到穆罕默德耳中的聲音，這聲音，最初是多樣的，有時聽起來像「蕩漾的鐘聲」般，形成可處理的片段；不過它慢慢地凝固成了單一的語聲，即自稱為天使加百利(Gabriel)的聲音。穆罕默德對於這啟示的湧出沒有任何控制力量；它的降臨獨立於他的意志之外。當它到來時，他就會出現特別的狀態。他的外貌和聲音都會改變。他聲稱那些話語襲擊著他，堅實而沉重：「因為我們要以有分量的話來告誡你們」(73：5；本章這類的引文都出自《古蘭經》的*surah*和詩句)。有一次在他騎駱駝時降臨了。那駱駝要調整牠的腿來支撐所增加的重量，卻不成功。啟示停止之後，牠的肚子緊貼到地面，四條腿向外伸開。穆罕默德在這種類似出神狀態所呼喊出來的話，就由他的隨從們默記下來，記錄在骨頭上、樹皮上、樹葉上以及羊皮紙片上，從頭到尾都有神來保存其準確性。

《古蘭經》繼續表達神在舊約和新約的較早的啟示，而以自己為它們的完成：「我們和以色列的兒女過去有誓約(covenant)，除非你們遵照舊約(Torah)和福音，否則你們就得不到任何指引(5：70，68)。這使得猶太人、基督徒與回教徒都一起成為那本書的子民。」(因為《古蘭經》的啟示環境是中東，沒有提及其他地區的宗教，不過它們的存在是包含在內的，而且在原則上也是有效的，正如下面詩句中所說：「對每一個民族我們都差遣了一個使者……『有些』我們向你們提到過，『有些』我們沒有向你們提到過。」(10：47，4：164)然而，回教徒認為舊約和新約有兩項缺點而《古蘭經》卻沒有。原因是它們只記載了真理的一部分。其次，猶太教和基督宗教的《聖經》在傳達的時候有部分被敗壞了，這就解釋了同樣的記事何以在《聖經》上與《古蘭經》上會出現偶然的差異。由於《古蘭經》沒有這兩項不足，而使得它成為神意志的最終以及無誤的啟示。《古蘭經》第二章說得明明白白：「這是一部無可懷疑的聖經。」

從伊斯蘭教外部來看事情就不一樣了，因為對外人來說，《古蘭經》是十分費解的。沒有人會在一個下雨的週末，蜷曲起身子來讀《古蘭經》的。卡萊爾招認說它「是我所讀過的最艱辛的讀物；令人疲累、混亂一團、粗糙生硬、文體拙劣。除了一股責任感之外，沒有任何理由能令任何歐洲人讀完《古蘭經》。」吉朋爵士(Edward Gibbon)說了差不多類似的話：「歐洲人不耐煩地讀著它沒完沒了，毫不連貫的寓言、格言和雄辯的狂言，很少能引發出一種感情或觀念，它們有時爬行在沙塵之中，有時又消失在雲端。」⑮我們應如何從內部及外部來讀《古蘭經》，以便了解它的差異呢？

《古蘭經》所宣告的語言，阿拉伯語，為其問題提供了一條初步的線索。「世界上沒有任何族群，」希提寫道：「像阿拉伯人那樣地被說出來的或寫出來的話語所感動。幾乎沒有任何一種語言能像阿拉伯語一樣，對其使用者發揮那般無可抗拒的影響力。」在開羅、大馬士革或巴格達的群眾，會被一些陳述激發到最高情緒的巔峯，如果把那些陳述翻譯出來的話，卻似乎只是平庸而陳腐的。它的節奏、聲調的抑揚以及韻腳，產生出一種有力的催眠效果。因此《古蘭經》的啟示力量不單是在它話語的字面意思，也在於其意義結合在阿拉伯語言和它的聲音之內。《古蘭經》一開始就是一種發聲的現象；我們記得我們是要以主之名來「誦」的。由於內容和裝載內容者，在此是不可分離地混合在一起，翻譯是不可能表達出《古蘭經》原本所有的情緒、熱情和神祕的。這就是何以回教徒與基督徒有那麼尖銳的對比，基督徒把他們的《聖經》翻譯成世界每一被知的文字，回教徒則教人阿拉伯語，因為他們相信神最終是用阿拉伯語以無比的力量和直率說話。⑯

可是，語言並非《古蘭經》給人所帶來的唯一障礙，因為在內容上它也不像任何其他的宗教經文。不像《奧義書》，它並非明顯帶有形上的意味。它不像印度史詩般將其神學根植在戲劇性的敘述上，不像希伯來經文般是歷史的敘述，也不像在福音中以及《薄伽梵歌》中，神以人身來顯現的啟示。把我們自己限定在閃語（譯註：希伯來語、阿拉伯語等）的經文中來看，我們可以說新約和舊約是直接涉及歷史的，以及間接涉及教義的，而《古蘭經》則是直接涉及教義的，以及間接涉及歷史的。由於《古蘭經》壓倒性地大力宣告神的統一、全能、全知以及恩寵——人的生命也相應地完全依靠祂——歷史的事實只不過是參考點而已，因而對歷史本身並沒有什麼興趣。這就解釋了何以不順著紀年秩序地列舉先知們；何以歷史的發生有時被毫無註釋十分簡略地重述著，簡直是不知所云；更何以《古蘭經》所提到的聖經故事以一種意料不到的、縮短了的以及枯燥的格調表現出來。它們失去了其史詩的品質，只把聖經故事視為各種對神稱誦的事物，將之放進《古蘭經》中做說教的榜樣。當要點是要說明主僕關係時，其他的一切都只不過是註釋和暗示罷了。

如果我們留意到外國經文向回教徒呈現出它們自己的問題時，我們就比較不會那麼責怪《古蘭經》對外國人所呈現的奇異面貌了。單說舊約和新約，回教徒對那些經文沒有採取神聖語言的形式而只報導發生的事件表示失望。在《古蘭經》中，神是以第一人稱來說話。真主描述自己並讓人明白祂的律法。回教徒因此趨向於把神聖的書上每一個個別的句子當作是一項分別的啟示，而把自己去體驗那些話甚至那些話的聲音，當作是一種得到恩寵的方法。「《古蘭經》除了它自己之外是不會去記錄不是它自身之一切的。它不是有關真理：它自身就是真理。」⑰對比起來猶太教和基督宗教的聖經世界是比較與神有距離的，在報導事件時放進的是宗教的意義而不是神直接的宣告。

《古蘭經》直接的傳送，為讀者製造了一個最後的問題，在其他的經文中這些問題卻因為大量使用敘事和神話而得以減輕了。一位對《古蘭經》眼光敏銳的評述者說了如下的話：「其經文之所以似乎是語無倫次,原因在那聖靈（非創造的《古蘭經》）與人類語言的有限資源之間，是無可計量的不相稱。就像那貧乏不堪的人類語言，在上天語言的可怕壓力之下，斷裂成上千的碎片，或者有如神為了要表達成千個真理，卻只有成打的字眼可以使用，因此被迫使用帶有豐富意義的暗喻、省略、摘要和象徵性的綜合。」⑱

暫且不去理會以上的比較，《古蘭經》在對任何伊斯蘭教旨的鋪陳工作上，無疑是佔有絕對中心地位的。大部分都是在孩提時代就將之銘記心中了，它規定了每一事件的解釋和評價。是信徒們的備忘錄，每日行事的提示，並且是啟示真理的寶庫。它是一個定義和保證的手冊，又同時是意志的地圖。最後，它是一套私下冥想的箴言集，無盡地深化個人對神聖榮耀的感受。「你主在真理和正義上的話是完美的」（6：115）。

除了少數特殊的例外，我們將會留意到，伊斯蘭教的基本神學概念，幾乎與它的先驅猶太教與基督宗教是完全一樣的。在本節中我們將集中討論其中最重要的四項：神、創造、人的自我以及審判日。

正如其他歷史性宗教一樣，伊斯蘭教的一切都以其宗教的根本——**神**為中心。**神**是非物質的，因此是看不到的。對阿拉伯人來說，這並未使他們懷疑**神**的真實性，因為他們永遠不會屈服於只把看得見的當作是真實的這種誘惑——近代唯物論的態度增強了這樣的誘惑。《古蘭經》上給予穆罕默德的一個稱讚是「他對那看不見者(the Unseen)從未吝惜支持。」作為沙漠的居民，他們心中永遠明白有看不見的一些手，在驅沙走石橫掃沙漠，形成騙人的海市蜃樓，引誘旅者直到毀滅。

因此《古蘭經》並沒有將阿拉伯人引到看不見的精神世界，甚至也未引進一神論，因為某些靈魂敏感的追隨正教者(*hanifs*)在穆罕默德之前就已經走向那個立場了。它的創新是從宗教的場景中驅除偶像，而讓每一個人把神聖性集中在那獨一的看不見的**神**上。在這一層意義上，伊斯蘭教對阿拉伯宗教的不可磨滅的貢獻乃在於一神論。

我們必須立即補充，回教徒不僅僅視一神論為伊斯蘭教對阿拉伯人的貢獻，而且是對宗教整體的貢獻。印度教的眾神形象，就被認為是從來沒有到達崇拜一**神**的明證。猶太教正確地通過其施瑪篇（*Shema*猶太教早禱和晚禱的經文）之指示「哦，以色列人聽著，主我們的神，上主是一」——但是它的教義只限制在以色列人之內。而基督徒呢，因為奉基督為神而把他們的一神論折衷了。伊斯蘭教尊耶穌為先知並接受了他是處女所生；亞當和耶穌的靈魂是神直接創造的僅有的兩個靈魂。⑲但是《古蘭經》在道成肉身和三位一體的教義上與之劃清了界線，認為它們是模糊了神／人之間區別的發明。以《古蘭經》上的話來說：「他們說仁愛的神生了一個兒子。現在你說出一件痛心的事…讓神生孩子是不適當的」（3：78，19：93）。回教徒不喜歡神的父親形象，就算隱喻式地使用也不行。把人說成是「神的孩子」是把神塑成太人性化的一種模式。這樣的說法乃是擬人的。

回到《古蘭經》對神本身的描述，給我們的第一印象就是祂的威嚴性，祂那激發起恐懼的力量。詩節（Verse7：143）中有古蘭式關於摩西要求見上帝的描寫。這時神卻讓自己在鄰近的山上顯現，因之「令山倒塌下來，摩西就倒下來失去了知覺。」⑳

這一層次上的力量所激發人的恐懼之心是無限的，因為上帝是全能的。說回教徒懼怕安拉是公平的。不過，這並不是面對一位任性暴君的那種畏縮的懼怕。而毋寧說懼怕是唯一適當的情緒，回教徒爭辯，當人面對著站在無可妥協的道德宇宙之對、錯，所隨之而來的巨大後果時，任何其他的情緒都在該字眼的技術上、心理意義上包含了否定；而且，在恐懼之中信仰和悔罪是決定性的，因為它們能產生行動。如果虛無主義是差異的解消，是一種通過「熵」（entropy，譯註：熱力學函數）而產生的道德上的一體拉平，那麼安拉的宇宙卻恰好與之相反。善與惡是要緊的。選擇是有結果的，不理會它們就如同把眼睛蒙住去爬山一樣會是災難性的。信仰在《古蘭經》中之所以佔有決定性的位置，可看成是登山者對愛佛勒斯峰的評估：它的莊嚴是顯而易見的，而它所代表的危險也一樣。錯誤可能就會是災難性的。《古蘭經》有關天堂和地獄的形象，在此被加以充分地利用；不過一旦我們接受了生命固有的危險性所激發的恐懼，其他次要的恐懼就會平息下來。*islam*這個字的第二個輔助語根就是和平。

記住這最後一點至為重要，因為安拉所激發的神聖的恐懼，使得研讀《古蘭經》的早期西方學者認為它剝除了神的仁慈。安拉被視為是一位嚴厲而震怒的法官，霸道而兇殘。這顯然是一種誤解：神的同情和恩惠在《古蘭經》中被誦讚有一九二次之多，而提到他的憤怒和報復的卻只有十七次，作為世界之主的祂也同時是：

> 神聖者、和平者、忠貞者、僕人的守護者、孤兒的庇護者、誤人歧途者的帶路人、一切苦難的拯救者、喪親者的朋友、受傷者的慰藉者；在他手中的是善，而他是一位慷慨的主、寬厚者、聽者、近在眼前者、富於同情者、仁愛者、寬恕者，他那對人的愛遠比那母雀對她的雛雀的愛更為溫柔。㉑

感謝安拉的慈悲，《古蘭經》的世界，最後乃是一個歡樂的世界。那兒有空氣、太陽和信心——不單單是在最後的正義中，而且也在沿途上的幫助和對悔罪者的寬恕中。

正午天就大放光明，晚間天就黑暗，你主未曾遺忘了你，祂也沒有不樂。當然身後對你來說一切都會比以往更好；到了末了祂會對你寬宏大量，而你就會滿足。難道不是祂發現你是一名孤兒、供給了你一個家；迷失了，指引你；有需要，令你富裕嗎？（93：3—8）

站立在**神**寬宏的天空之下，回教徒在任何時刻都能夠把心和靈魂直接提升到神聖的呈現面前，為生命煩惱的進程找到力量和指引。通道是打開的，因為雖然人和**神**是無限地不同，卻並沒有障礙把他們分隔開來。

難道他不是比你頸上的靜脈管還近嗎？你無須抬高你的聲音，因為祂明白祕密的耳語，以及那更隱秘的：祂知道那在地上和海中的；沒有一片落葉祂不知道；沒有一粒在土壤中黑暗裡的穀子，沒有一件東西，未熟的或乾枯的，不是被記錄了下來。（6：12，59）

由**神**我們可以轉到「創世」這第二項神學概念上。《古蘭經》中滿是對自然世界抒情的描述。不過，其觀點並不像印度教經文所提出的，是通過某種固有的發散過程從神聖者那裡發生出來的。它乃是由真主意志有意的行為創造出來的：「祂創造了天與地。」（16：3）這一事實有兩個重要的後果。第一，物質世界是真實也是重要的。此處存在著伊斯蘭科學的來源之一，它在歐洲黑暗時期比地球上任何地區都更興盛地發展著。第二，由於它是出自安拉之手工，而安拉在美德和力量上都是完美的，物質世界必須也同樣地美好。「你在那全幅仁慈者的創造中是看不到任何不完美的。回答你的凝視……它的回應令你目眩」(67：4)。我們會發現，在此處見到對生命和存在的物質面向的自信，是和另外兩個源自閃族的猶太教和基督宗教所共有的。

在神的創造中，最重要的乃是人的自我，這種本性按照古蘭式的定義，乃是我們的第三項教義的主題。「祂創造了人，」我們在Surah 16：3中讀到，而我們對此一創造物所注意到的第一件事就是它的完美結構。這可以由它的創造主來推論，但是《古蘭經》卻清清楚楚地說出來：「當然我們是創造了最上等的人類」(95：4)。《古蘭經》對**神**原初所造的人之本質，所用的字是*fitra*，它並沒有被災難性的墮落所污染。伊斯蘭教中，最接近基督宗教教義的原罪是在其*ghaflah*或「遺忘」的概念中。人們的確忘記了他們神聖的來源，而這個錯誤需要重複地被改正過來。但是他們的本性是無可改變的善，因此他們應該擁有自尊和一種健康的自我形象。

把生命認為是創造主的禮物，我們就要轉過頭來看它的責任了，這裡共有兩項。第一項是要對所接受的生命感恩。阿拉伯語*in fidel*這個字所指的其實是「缺乏感恩的人」多過指「不信的人」。一個人愈是覺得感激，就愈是覺得要任由那流入個人生命的恩賜，流進別人的生命是很自然的，因為把恩賜囤積起來，其不自然正如築壩來堵住瀑布。忘恩的人，《古蘭經》告訴我們，把**神**的賜福「掩蓋」「收藏」起來，因之不能享受創造主每一時刻都提供著的與祂的連繫。

第二項持續性的人類責任，提醒我們此一宗教的名稱。本章一開始就告訴我們伊斯蘭(*islam*)的意思就是屈服(surrender)，不過我們需要更深一層地來探查這一特質。

屈服的思想帶有軍事上的意涵，我們需要特別努力認識到，屈服可以是為了某種原則，或在友誼和愛中全心把自己交出去的意思。威廉・詹姆士(William James)指出對於一切宗教，屈服是如何的重要：

當什麼都說了和做了之後，我們最後絕對地依賴著宇宙；我們被吸引，被迫參與某種犧牲與屈服，當刻意被注視與接受時，竟好像進入吾人唯一的永恆的安憩之所。如今在這些尚不足為宗教的心靈狀態之內，屈服是作為必須的強制來被接受，做出來的犧牲頂多不過是不抱怨罷了。在宗教生活中，相反地，屈服和犧牲是正面地被採納著；甚至於為了增進快樂還更加上並非必要的放棄。宗教使得無論如何都是必須的，變得輕易而巧妙了。㉒

在這種關於屈服者品質的描述上，我們可以加上伊斯蘭教的說法，認為做安拉的奴隸能夠從其他形式的奴役中解放出來——像那些低下的奴役形式，諸如做貪欲、或焦慮、或個人身分欲望的奴隸。如果我們在這裡把「屈服」這個字換成「託付」(commitment)也會有些幫助；因為除了去掉軍事方面的聯想以外，託付暗示著走向而不是放棄。在這一點上伊斯蘭作為一種宗教來說，目的是要完全的託付；一種對那神聖者無保留的託付。這解釋了為何亞伯拉罕是《古蘭經》中最重要的人物，因為他通過了在需要的時候願意犧牲自己兒子的最終考驗。

人的自我還有兩項最後特徵，適當地把我們轉到審判日這最後的神學學說中，因為這兩項特徵在審判日中最尖銳地凸現出來。這兩者乃是靈魂的個性與自由。

先從兩者的第一項開始：從佛教的「無我」以及儒家的「社會我」來到伊斯蘭教（如我們在本書中所描寫的），我們印象最深刻的，是《古蘭經》強調自我的個體：其獨特性與單單交付在它身上的責任。在印度，那無所不在的宇宙精神幾乎把個體的自我吞沒了；而在中國，自我是那麼合乎生態，以至於它何處始何處終都難以決定。伊斯蘭教和其閃族盟友把這種漂流扭轉過來了，認為個體性不單是真實的而且原則上是善的。價值、品德以及精神上的滿足，乃是通過實現那特別屬於自己的潛能而來；其方式決非無足輕重，其可能性與已活過或尚未投生的每一靈魂均不相同。正如一位重要的回教哲學家曾經寫道：「此一無可解釋的有限經驗中心乃是宇宙的基本事實。一切生命都是個體；根本就沒有所謂普遍生命這種東西。神自身就是一個個體；祂乃是最特殊的個體。」㉓

人的靈魂的個體性是永久的，因為一旦被創造就永遠也不會死去。不過，它的特異性最能在審判日尖銳地感覺到。「**哦，亞當之子，你會孤獨地死去，孤獨地進入墳墓，孤獨地復活，並將是單獨對你做出審判**」(Hasan al-Basri)。

這種評估和其相關連的責任，直接地帶領到靈魂自由的論題，必須承認的是在伊斯蘭教中，人的自由是與神的全能處在緊張之中的，這就指向宿命論(predestination)了。伊斯蘭神學與這種緊張，無止境地角力著，而未曾理性地解決它。它結論說神聖天意(Divine Decree)對人來說仍然是奧祕，而人卻被賜有足夠的自由和責任，來作出真正道德的和精神的決定。「任何人讓他自己犯罪，完全是他自己的責任……任何人迷失了，只有他自己來承擔遊蕩的全部責任。」(4：111，10：103)

至於說審判本身的論題，回教徒認為現代人的幻想之一是：以為我們只須過著（按照我們自己的意思）正當而無害的生活，不要吸引別人的注意，就可以靜悄悄地溜過去不會被留意到。把這一類幻想的安全感撕去，是《古蘭經》最後審判和其期盼的教義特性。「當太陽摺起，星星下落，山巒動搖……海水沸騰……然後每一個人就會明白自己所做的了。」(81，*passim*)乃是在這樣的背景下，《古蘭經》把生命當作一個短暫卻非常寶貴的機會，提供一個一勞永逸的選擇。這裡面有著這整本書所講的那種迫切性。「失敗者」面對他們的最後審判時，就算只有復活一天的僥倖去好好利用他們的機會，他們也會比活著的時候想要的任何東西更珍惜它的。(14：14)。

端視最後審判結果如何，靈魂就會送到諸天或地獄中去修理，這在《古蘭經》中以生動、具體而又感性的形象描述著。信眾們把它們當作是真實的地方，或許就是這種描述的必然結果罷。在諸天我們受到的招待是噴泉、涼蔭、花園中貞潔的美女，花園底下潺潺的河水；還有地氈、軟墊、金塊，以及豪華的美食和飲料。在地獄裡就是燃燒的衣服、熔化的漿液飲料、鐵的釘頭鎚以及岩石燒裂成碎塊的火。把這些只不過說成是死後世界的象徵

——更確切一點是死後經驗的情況——並不就是將死後世界說成沒有了，《古蘭經》之所以要如此生動地介紹身後世界的形象，是要令「那些不相信身後世界(the Hereafter)的人也可能會傾向於相信」(6：113)。天堂與地獄之間的尖銳對比是要把《古蘭經》的聽者／讀者從遺忘(*ghaflah*)所引生的精神冷漠中拉出來。

在精神的覺知和再生期間這種設計是有效的，但對於現代世俗心態的回教徒來說，可能就不那麼有效了。自由派的回教徒引用《古蘭經》本身的文字，為這種形象的預言式的解釋辯護：「有的表示是堅定的——這些乃是經書的基礎——另有其他的就是象徵性的了。」(3：5)同時，穆罕默德有關天堂的敘述也支持較不物質主義的觀點：他指出，對於那些受寵愛的人，「日夜見到上帝的容顏，其幸福將超過一切身體上的快樂，有如海洋超過一滴汗水般。」㉔雖然有各種解釋的差異，但是關於人死後的問題，所有回教徒都相信每一個人死了之後，其靈魂都要負責他在世上的行為，其未來就有賴於如何嚴守神的律令。「我們把每一個人的行為掛在他的脖子上，到了最後審判日，一本一目了然的登記簿就會放在他的面前。」(17：13)

最後一點：如果這一切審判的說法，似乎仍然是把神過分塑造成一個懲罰者角色的話，那麼我們可以動用《古蘭經》中的詩節，把安拉從直接的牽連中整個移開去。讓靈魂對他們自己作審判。死亡所燒去的是只圖一己私利的防線，逼迫個人完全客觀地來看自己如何過了這一生。在那種視域的不妥協的光照之下，不許可有黑暗和隱藏的角落存在，乃是自己的行動起來譴責或肯定一生的作為。一旦自我從謊言的領域中抽出，那用來武裝自己的虛假就變成像火焰般被燒去，而他在世上生命所經歷的，就像是人頭馬腿怪物身上所穿的一件衣衫一般。

上帝、創造、人的自我以及最後審判日——這些乃是《古蘭經》教義懸掛其上的主要神學掛鈎。但不論它們的重要性如何，《古蘭經》「**是一本強調行為重於觀念的書**」（Muhammad Iqbal）。以下兩節我們就來討論這些行為。

五根柱子

如果有人要一個回教徒來總結伊斯蘭教如何指導人生活的方法，回答可能是：它教人要走筆直的道路。這句話是出自《古蘭經》開頭的詩節中，在回教徒每日五次的祈禱中不斷地重複著的。

奉仁慈的、富於同情的安拉之名；
讚美安拉，諸世界的創造者，
那仁慈的、富同情心的，
最後審判日的統治者，
我們崇拜祢，我們向祢求助。
引導我們走在筆直的路上，

在那道路上祢已傾倒出了祢的恩惠。
不是那令祢震怒、迷失的人所走的路。

此一詩節一直被稱為是回教徒對上帝回應的心的跳動。不過，在目前，問題是為什麼要說「筆直的道路」？有一個意思是顯而易見的；一條筆直的道路乃是一條不是彎曲的或腐化的道路。不過，這句話還有另一種意思，乃是針對在伊斯蘭教中很特殊的某種東西。筆直的道路乃是一種直接了當的道路，它是直接而明顯的。與其他的宗教比較，伊斯蘭教把它所提出的生活方式清楚說明；它通過清楚的指令精細準確地點出來。每一種行動類型都按照一種從「禁止」、「無所謂」到「應該做」的計算標準分類起來。如此使得回教富有一種屬於它自己的明確性的味道。回教徒知道他們站在那裡。

他們聲稱這是他們宗教的力量之一。他們說，神對人類的啟示通過四個偉大階段進行著。第一，上帝通過亞伯拉罕啟示了一神論的真理，上帝的單一(Oneness)性。第二、上帝通過摩西啟示了十誡。第三、上帝啟示了黃金的律法(Golden Rule)——我們要待人如己——通過耶穌。這三位先知都是真正的信使，每一位都引介了上帝指導的生命要點。不過，還有一個問題：我們要如何愛我們的鄰人？一旦生命變得複雜了，要回答那個問題就需要有指導，《古蘭經》提供了這個需要。「伊斯蘭教的榮耀包含了在明確的律法中體現了耶穌美麗的情操。」㉕

那麼，這條筆直的道路對人類責任詳細說明的內容是些什麼？我們將我們的說明分成兩個部分。在本節中我們將審視伊斯蘭教的五根柱子，那規定了回教徒與**神**打交道的個人生活原則。在下節中我們將處理古蘭經的社會教義。

伊斯蘭教條的五根柱子之第一條，或稱為*Shahadah*，信仰的告白。每一種宗教都包含有決定其信徒生活方向的告白。伊斯蘭教絕不囉嗦多言，扼要、簡單而明瞭，它只有一句話：「除了唯一真**神**，沒有別的神明，而穆罕默德是**先知**。」聲明的前半部宣佈了一神論的主要原則。「除了安拉之外，沒有神。」除了唯一真**神**，沒有別的神明。更直接一點，「在**神**(God)之外，再沒有**神**(god)」(there is no god but God)，因為這個字不是一個包括一整類物體的普通名詞，它乃是一個專有名詞單指祂這特殊存在而言。第二部分肯定的是「穆罕默德是神的先知」——註明了伊斯蘭教的信仰是在於穆罕默德的真實性以及他所傳達經書的有效性。

在他或她的一生當中，一個回教徒至少要有一次正確地、緩慢地、認真思考地、大聲地、帶著滿是理解和衷心的信念來說*Shahadah*。而事實上回教徒常常說它，特別是那前半部分：*La ilaha illa 'llah*。每一危機和世界威脅著令他們不知所措的每一時刻，以及在死亡來臨時，「除**神**之外，沒有神」就會從他們口中說出來。「一個虔敬的人，暴怒異常，但當他想起了*Shahadah*，就會突然間停止下來，收斂了起來，好像是在他本人與他那狂亂的情緒之間隔上了一大段的距離。一個在生產中呼喊的婦人想起這幾個字，會突然間靜下來。一個學生，焦慮地伏在考試廳的書桌上，會抬起頭來說出這幾個字，一聲只剛好可以聽得到的放心的嘆息，傳遍了整個會眾。這就是對一切問題的最終答案。」㉖

伊斯蘭教的第二根支柱就是正規的祈禱，在祈禱上《古蘭經》嚴令信徒「要常常(be constant)」(29：45)。

回教徒被告誡要常常祈禱以保持生活在正確的視域中。《古蘭經》認為這是人們必須學習的最困難的課題。雖然人們很明顯地既未創造自己，也未創造世界的生物，但他們似乎始終不明白這一點，總是把自己置放在萬物的中心，就好像自身即是律法那樣地生活著。這就產生了大混亂。那麼，當我們問為什麼回教徒要祈禱，部分的答案是：這是回應生命要為其存在發出感謝的自然衝動。不過，更深一層的答案則是本段開始時所說的：要保持生命在正確的視域中——客觀地來看，它包含了承認在創造主面前的人的受造性(creatureliness)。在實踐上即是把自己的意志交付**神**的意志(伊斯蘭)並以之作為自己意志當然的君主。

回教徒應該祈禱多少次呢？《古蘭經》中對於此一問題有所說明。

我們所知穆罕默德生命中的關鍵事件之一，就是他那著名的「登霄夜之旅」(Night Journey to Heaven)」。在齋月(Ramadan)中的某 晚上，他騎在一匹有翅膀的白馬被載到耶路撒冷，從那裡通過七重天來到**神**面前。祂指示他說回教徒要每天祈禱五十次。在回到人間的途中，他停在第六重天上時，穆罕默德把這項指示告訴摩西，摩西大為懷疑。「一天五十次！」他說。「你是在開玩笑吧。那是做不到的。回去再商量一下罷。」穆罕默德照做了，回來的時候減少成四十次，可是摩西還是不滿意。「我知道那些人的，」他說，「轉回去。」這樣來來回回重複了四次，次數就依次減成三十、二十、十，然後到五次。甚至這最後的數字摩西都認為過多了。「你的人民是無法遵行每天五次祈禱的，」他說，「在你的時代之前我已經考驗過他們，並且很認真地努力才壓服住了以色列的［子孫］，所以回到你主那裡請祂為你的人民再減少一點吧。」不過，這一次穆罕默德拒絕了。「我一而再地請求我主，都覺得不好意思了，不過現在我滿意了，我屈服了。」次數就此定為五次了。㉗

五次祈禱的時間也同樣是規定好了的：晨起時、日正當中時、日落一半時、日落、入睡之前。時間表並不是絕對要遵守。《古蘭經》明言，例如，「當你在旅途中，若擔心那些非信徒會攻擊你，使你祈禱次數不夠也並不是犯罪。」不過，在正常的情況下，五次的模式應該要加以保持。在伊斯蘭教，一星期當中並沒有像猶太教中的安息日，或基督宗教的星期日那樣與其他的日子明白地劃分開來，星期五幾乎是一個星期中的神聖日。會眾聚會崇拜，在伊斯蘭教不像在猶太教和基督宗教那樣地強調著；雖然如此，回教徒只要能做得到，還是要盡量在寺廟中祈禱，在這方面，星期五正午那次的祈禱是特別強調了的。到回教地區去旅行的人見證說，世界上最令人印象深刻的宗教景象就是在昏暗的回教寺廟中，數以百計的回教徒肩並肩地站立著，然後一而再地跪下朝麥加拜倒。

雖然回教徒最初是朝耶路撒冷方向祈禱，一項後來的《古蘭經》啟示，指示他們要朝麥加的方向祈禱；想到全世界的回教徒都這樣做，就會產生了一種參與世界性的團契意識，甚至在一個人獨自祈禱的時候也如此。除了這種祈禱方向之外，《古蘭經》幾乎是什麼都沒有說，不過穆罕默德的說教及其實踐，就給這空檔賦予了架構。祈禱之前要洗身，去淨化身體及象徵性地淨化靈魂，開始的時候是以莊嚴而直立的姿勢，不過當祈求者跪下來，頭觸地時就進入高潮。這乃是祈禱者最神聖的時刻，因為它有兩層象徵意義。一方面身體取的是胎兒的姿勢，準備好再生。同時蜷曲只佔最少的可能的空間，意味著人面對神聖時的微不足道。

至於祈禱的內容，其標準的主題是讚美、感恩和祈求。回教徒有一種說法，每次一隻鳥飲一滴水時，它就抬起眼睛向天表示感激。每天至少五次，回教徒做同樣的事。

伊斯蘭教的第三根柱子是慈善。物質的東西在生命中是重要的，不過有的人擁有的比其他人要多。何以如此？伊斯蘭教不關心這種理論性的問題。取而代之的是，人應該如何處理這種懸殊的實際論題。它的回答很簡單。那些擁有多的人應該幫助減輕那些比較不幸的人的負擔。這正是二十世紀民主政治在它們的福利國家概念中以俗世模式所懷抱的原則。《古蘭經》在七世紀引進其基本原則，通過對富有者的累進稅來救濟窮困的人。

細節姑且不論，《古蘭經》把這種稅訂為百分之二點五。比起猶太教和基督宗教的什一稅（主要是用來維持宗教機構的開支而不是直接用來救濟人的需要，兩者不能嚴格地作比較），看起來似乎並不多，但當我們發現它所抽取的不只是收入，還要加上資產值的時候，那就是另外一回事了。窮人什麼都沒有，不過那些屬於中等以及上等收入的人，每年要將他們全部所有的四十分之一拿出來分配給窮人。

這些錢要拿來給哪一類的窮人呢？這一點也有所指示：給那些有即刻需要的；給那些要贖回自由的奴隸們；給還不出債務的欠債人；給陌生人和旅人；給那些募捐和分配施捨的人們。

伊斯蘭教的第四根柱子是遵守齋月(Ramadan)。這是伊斯蘭教日曆上的一個月份——伊斯蘭教的聖月,因為在這個月份中,穆罕默德接受了他最初的啟示,並且(十年之後)完成了他歷史性的從麥加到麥地那的*Hijrah*(遷徙)。為了紀念這兩個偉大的時節,所有健康的回教徒(沒有病的,或並未處身在如戰爭的危機中或無可避免的行旅當中的)在齋月中都要禁食。從天亮到日落,不可以吃東西、飲水或抽煙;日落之後他們可以稍作適量的進食。由於伊斯蘭教用的是陰曆,齋月是隨著年份轉動的。在冬季時,這項要求不會那麼過分。但若是遇到炎熱的夏季,在漫長的白晝中,要持續不停地活動而不能喝一口水是相當辛苦的。

那麼,為什麼《古蘭經》作這樣的要求呢?原因之一,禁食令人思想,正如每一位遵守贖罪日(Yom Kippur)的猶太人會證實這一點。其次,禁食可以教人自我約束;一個能夠忍受得住如此需求的人,在其他時候要控制食欲就比較沒有困難。**禁食可以強調受造物對神的依賴**。據說人是有如玫瑰花瓣般地脆弱的;可是,他們還要裝模作樣。**禁食把人召回到一己的脆弱性和依賴性之中**。只有那些經歷過飢餓的人才會知道飢餓是什麼。一年之內禁食了二十九天的人,下次在接近一個飢餓的人時,就更能夠仔細地聽取對方說些什麼了。

伊斯蘭教的第五根柱子就是朝聖。在他或她的一生中,每一位回教徒只要是身體和經濟條件許可,至少要有一次去到麥加,那是神的啟示高潮第一次宣示出來的地方。朝聖的基本目的乃是要提高朝聖者對神和其昭示的意志的熱誠。不過這樣做也同時帶來額外的好處,比方,它提醒了人的平等性。抵達麥加時,朝聖者脫去了帶有社會身分記號的正常服裝，在來到伊斯蘭教塵世上的中心地，都穿著同樣的衣飾。**身分和階級的標誌都被去除了，王子和貧民都以未分化的人性出現在神的面前**。朝聖也在國際關係上提供了有用的服務。它把不同國家的人聚集在一起，證明他們共有一種忠貞，是超越了他們對國家和族群的忠貞的。朝聖者收集了其他地區和人民的資訊，對彼此更加了解而後回到自己的家鄉去。

伊斯蘭教的五根柱子包含了回教徒所要做的事，而維繫了伊斯蘭教的豎立不倒。還有他們不可做的事，如賭博、盜竊、說謊、吃豬肉、飲酒以及放蕩的性行為都是其中的一部分。連那些犯了這些規則的回教徒也承認他們的行為是越了規的。

除了慈善之外，在本節中我們所討論的都是有關一個回教徒的個人生活。現在我們要轉過來看伊斯蘭教的社會教義。

社會的教義

「哦，人啊！聽我說話並要記在心中！要知道每一個回教徒都是另一個回教徒的兄弟，你們現在乃是一家人。」這些著名的話，是先知臨死之前在他面向麥加作「道別朝拜」時說的，乃是伊斯蘭教最崇高的理想和最有力的重點之一的縮影。過去兩個世紀，民族主義的干擾在政治層面上對這個理想造成浩劫，不過在社區的層面上它仍然保持著可見的完整性。「在伊斯蘭教的宗教文化中，有某種東西能夠在最卑賤的農人或小販身上，激發起一種對待他人的尊嚴和禮貌，在其他的文明中少有比肩，更沒有超過它的了。」一位主要的伊

斯蘭主義者寫道。㉘

如果我們來看前伊斯蘭和後伊斯蘭期間阿拉伯的差別，我們就會被迫去問，歷史上是否曾經在如此短的時間，和如此眾多的人民中間，見證過類似這樣的道德進步。在穆罕默德之前，族群部落之間的暴力幾乎是完全沒有制約的。在財富和產業上的極端不公平被接受為萬物自然的秩序。婦女被視作是財產而不是人。與其說一個男人可以娶無數個妻子，不如說他和女人的關係之隨便，在娶一兩個妻子之後就很少再需要婚姻這回事了。殺嬰是等閒事，特別是女嬰，醉酒和大量的賭博前面已提過了。半個世紀之內，在所有這些方面的道德風氣都有了驚人的改變。

幫助它完成了這項近似奇蹟的某種東西，是我們已經說到的伊斯蘭教的一項特徵：明白的宣示。回教徒說，人際間相互關係的基本目標是完全如耶穌和其他先知一樣：兄弟間和姊妹間的愛。伊斯蘭教的特點並非在它的理想，而是在它宣布要完成目標的詳細指示。我們已經碰觸到有關這一點的理論。倘若耶穌有一個較為長久的事業，或者倘若猶太人當時在社會上不是那般地沒有力量，耶穌會把他的教義制定得更為系統化。然而事實並非如此，他的工作「未能完成。只有留給另外一位導師來系統化其道德的律法了。」㉙《古蘭經》就是這位後來的導師。除了它是精神的引導外，它同時也是一項法律的綱領。當它那數不清的規定再補充以權威性稍遜的聖訓(*hadith*)——根據穆罕默德主動做了什麼說了什麼的傳統——我們毫不足奇地發現，伊斯蘭教是閃族宗教中社會意涵最為明顯的。西方人以個人經驗來界定宗教，是永遠不能為回教徒所了解的：他們的宗教召喚他們去建立一種特殊的社會秩序。伊斯蘭教把信仰加入政治，宗教加入社會，彼此之間是不可分割的。

伊斯蘭教的法律範圍非常廣泛。為了本書的目的，只需把它的規定歸納成為集體生活的四個區域就已足夠了。

一、**經濟**：伊斯蘭教對於生命的物質基礎是敏銳地覺察到的，**除非身體上的需要滿足了，更高的關注是不能有結果的**。當穆罕默德的一位信徒跑來向他哭道，「我母親死了，為了她靈魂的好處，我應該拿出什麼最好的來施捨呢？」先知想到沙漠的熱度，即刻就回答說：「水！為她挖一口井，為口渴的人供應水喝。」

正如一個機體的健康，它的每一部門都需要有養料提供，一個社會的健康也需要把物質的貨品廣泛而適當地加以分配。這就是伊斯蘭教經濟的基本原則，在伊斯蘭教的民主脈搏裡，再也沒有別處說得更有力和清晰的了。《古蘭經》，由聖訓*hadith*加以補充，所提出的措施，打破了經濟階級的障礙而大大地減低了特殊利益集團所造成的不公平。

激發伊斯蘭教經濟的模型，是身體的循環系統。健康有賴於血液自由而活躍地流通；緩慢就會帶來疾病，血液阻塞就會造成死亡。政治事務也沒有多大的不同，只不過財富取代了血液成為給予生命的物質。只要這種類比被尊重，法律在那裡保障財富流通暢順，伊斯蘭教並不反對利益的動機、經濟上的競爭或者企業家的冒險——後者愈是有想像力就愈是有利。這些都是那麼放任地被許可，以至於有人甚至於把《古蘭經》說成是「一部商人的書」。它並不反對人們比鄰居更勤奮地工作，也不反對給這種人較多的報酬。它只是堅持獲取和競爭要由公平的競賽來加以平衡，讓「動脈保持暢通」，並且由強大的同情心力量的推動，把給予生命的血液——物質的資源——注入循環系統中最細小的毛細管中。這些「毛細管」由濟貧金(Poor Due)來供養，規定每年個人所有的一部分要拿來分配給窮人。

至於說要防止「阻塞」的方法，《古蘭經》針對當時最嚴重的經濟詛咒——長子繼承權——明白地判之為非法。把繼承權限定給長子，這樣的制度把財富集中在擁有巨大資產的少數幾個人身上。廢除了這種做法，《古蘭經》務必使遺產由全部後嗣共享，包括女兒和兒子。諾斯陸普(F.S.C. Northrop，譯註：當代美國哲學家，一九四六年出版《東西之會合》(*The Meeting of East and West*))描述他湊巧親身經歷的一次回教資財解決實例。那天下午他親眼看到運用伊斯蘭法律的結果，把五萬三千元分配給至少七十名繼承人。

在《古蘭經》的一個詩節中禁止收取利息。在當時這不僅是人道的，而且還顯然是公正的，因為當時借貸是用來幫助不幸的人在災難時期度過難關的。不過，由於資本主義的興起，金錢有了新的意義。金錢用來作為冒險資本，而發揮了重大的作用，借貸來的錢能增長利得，借貸人因此獲利，若排除債主獲利就顯然是不公平的了。回教徒對這一改變的適應之道是讓債主變成應用該筆款項的冒險事業合夥人。以這種方式來看待資本主義的話，回教徒就不再覺得其中心特色、冒險的資本及伊斯蘭教之間有何不相容之處。至於資本主義的過分膨脹——回教徒認為在俗世西方是明顯地展現出來了——則是另外一回事。《古蘭經》的平等化條規，如果適時地加以應用就可以將之平衡過來。

二、**婦女的地位**，主要由於它容許多妻制，西方指責伊斯蘭教貶低婦女的地位。如果我們以歷史的角度來處理這個問題，比較阿拉伯的婦女在穆罕默德之前與之後的地位，這種指責是不正確的。在前伊斯蘭的「無知的時期」，婚姻安排之隨便，到了幾乎是識別不出來的地步。婦女被當成與動產差不多，任由父親或丈夫隨意處理。女兒沒有繼承權而常常在嬰兒期便被活埋。

對付這種把生女兒當作是一場災難的情況，《古蘭經》的各種改革，對婦女地位的改進是無可估量的。它們禁止殺嬰，規定把女兒包括在遺產繼承權中——不錯，並非是平均分配的，而是兒子所繼承的一半；這似乎也算公平，因為不同於兒子的是，女兒無須肩負她們家庭的財務責任。她作為公民的權利——教育、參政權和職業——《古蘭經》對於婦女與男子完全平等的可能性是持開放態度的，在伊斯蘭教國家的習俗成為現代化之後，這種平等已差不多達到了。㉚西方婦女因為工業主義和民主制度而並非因為宗教所取得的社會地位，如果下一世紀在伊斯蘭教下之婦女仍然不能取得，回教徒說，伊斯蘭教就要負責。

不過，在婚姻制度上，伊斯蘭教對婦女做出了最大的貢獻。它神聖化了婚姻，首先使它成為性行為的唯一合法場所。㉛

對於支持以石塊打死通姦者，並禁止交際舞的信徒而言，西方指斥伊斯蘭教是淫蕩的宗教，是牛頭不對馬嘴的。其次，《古蘭經》規定結婚是要得到婦女的應承方可，沒有新娘的許可連蘇丹王也結不成婚。其三，伊斯蘭教大大地牢固了婚姻的盟約。雖然穆罕默德並不禁止離婚，卻只把它當作是最後的手段。他一再重複聲明沒有比打破婚姻誓約更令上帝不悅的了，他制定法律條款去保持婚姻的完整。在婚姻期間丈夫需要提供一筆彼此同意的金錢數目給妻子，一旦有離婚的情況發生，她就可全數保留。離婚手續要有三段明白而分隔的時期，每次都要從雙方家族成員中選派調停人來和解雙方當事人。這些做法的目的是要把離婚的可能性減低到最少，妻子也和丈夫一樣有提出離婚的權利。

不過，多配偶或更正確的說多妻制的問題仍然存在。的確，《古蘭經》許可一個男人同時可以擁有四個妻子，不過愈多的共識認為，如果仔細閱讀其相關規定的話，它是以單配偶為理想模式的。支持這一觀點的《古蘭經》聲明說：「如果你不能平等而公正地對待『超過一個的妻子』，你就只能娶一個。」另外的篇章也清楚說明此處所說的「平等」，不光是指物質上的津貼而是指愛與尊重。在物質的安排上，每一位妻子必須有私人的住處，這本身就是一項限制的因素。不過乃是這第二項條款——愛和尊重的平等——使得法律專家辯說《古蘭經》完全是主張單偶制的，因為要完全平等分配親愛和尊重幾乎是不可能的。這種解釋自*Hijrah*三世紀時就出現在伊斯蘭教圖像中，而得到愈來愈多人的接受。為了避免任何可能的誤解，目前有許多回教徒在婚姻事務上加入一個條款，使丈夫正式放棄他娶第二位配偶的權利，而事實上——除了非洲部落多妻制是其習俗之外——多妻在今日的伊斯蘭世界已經是少見了。

然而，事實仍然是，《古蘭經》的確容許多妻：「你可以娶兩個、三個或四個妻子，不可更多。」而且我們又如何看待穆罕默德本人多妻的婚姻呢？回教徒把兩者當作是伊斯蘭在對待分歧的情況下，靈活而多面性的例證。

在我們所知道人類存在的不完善條件下，有時在道德上寧取多妻而不取一妻。個別而言，如果在婚姻早期妻子癱瘓或殘廢不能進行性交，這種情況可能會發生。集體而言，戰爭減少了男性的數目就提供了一個例子，而被迫在多妻和避免大量婦女不能做母親及產生任何類型的核心家庭之間作出選擇。理想主義者可能在這種情況下要求應用英雄氣概的克制力量，不過英雄主義從來都不是大眾的選擇。真實的選擇是在一個合法的多妻制中把性嚴格地與責任連繫起來。另一個選擇是一妻制，但因為是不實際的，因而滋生了賣淫行為，男人可以不為性伴侶和其後代負責任。回教徒更進一步地為他們的情況作辯護，指出在西方多次的婚姻至少是很普遍的，不同的只是它們是逐次地在施行。如果伊斯蘭教婦女有離婚的權利，退出多妻的安排的話，西方版本的「連串性多妻制」，難道會不證自明地比其同時期的多妻形式優越？最後，回教徒雖然一上來就坦率地談到女性在婚姻中有得到性滿足的權利，卻並不迴避是否男人的性要求比女性為強的爭論性問題。「豬公式地亂婚（Hoggledy higamous），男人是多配偶的；雜亂的豬公婚（Higgledy hogamus），女人是單配偶的，」派克（Dorothy Parker）輕浮地寫道。如果她的打油詩有生物學真理的話，與其讓男人的性衝動氾濫，不如順其天性生理之需求。伊斯蘭的法律立下了一個多妻的架構，並提供了少量的控制。把男人無定形的本能予以自覺性的模型而將之羈留在宗教的架構之內。」㉜

至於說婦女戴面罩及她們一般被隔離這類情況，《古蘭經》的禁令是有保留的。它只是說「告訴你的妻女和婦女信眾們（當她們到外國時）用衣服裹緊身子。這樣比較好，以免被人認出來惹麻煩」（33：59）。從這種規定所衍生出來的極端情況，乃是當地習俗的事而非宗教上的硬性規定。

在本節中，對社會的論題方面，應該要提到懲罰這個問題，因為伊斯蘭法律所制定的懲罰，其極端嚴厲的印象廣為人知。在此處來討論這個題目頗為合理，因為其中一項最常被引的例子就是對通姦的懲罰，它重複著猶太教擲石處死的法律——另外被提到的兩項典型例子是砍斷盜竊者的手，以及對各種犯罪行為施以鞭刑。這些規定的確嚴厲，但是（回教徒看來）這樣做是為了要指明那些行為所造成的傷害也同樣嚴重，因此不被容忍。一旦這種嚴峻法律立場建立之後，仁慈就要發揮作用。「用懷疑來避免懲罰，」穆罕默德告訴人民，避免處罰的任何做法，只要不公然違反法律，伊斯蘭的法理學都視為合法。通姦以石擲死的補充條款是必須要有四位無可懷疑的見證人詳細陳述目擊實情，使之幾乎不可能執行。「鞭打」可以技術性地用一隻拖鞋或甚至袍子的邊來執行，盜竊者如果出於真正的需要而偷竊，就可以保留他們的手。

三、**種族關係**。伊斯蘭強調平等，而在「民族間共存上成就非凡」㉝。這一領域上的最終考驗乃是在願意通婚，而回教徒視亞伯拉罕願意娶夏甲為典範，他們視這位黑人婦女為他的第二任太太而不視她為妾。在美國由伊利俠・穆罕默德（Elijah Muhammad）領導的黑人回教運動——有各種不同的名字——對待白人是富於戰鬥性的；不過馬康X（Malcolm X）在一九六四年到麥加朝聖時，他發現種族主義在伊斯蘭是沒有先例的，並且兩者無法相容。㉞回教徒喜歡回憶第一名喚禮員必拉（Bilal）的事蹟，他是依索匹亞人，定時為那些曾經迫害早期回教徒（許多是黑人）的「白人」（Koreish）祈禱，希望他們改信伊斯蘭教。伊斯蘭教之所以在非洲取得進展，與此一宗教在這個問題上高尚的記錄，決不是沒有關係的。

四、**武力的使用**。回教徒說西方對他們的標準定型是，一個刀出鞘大步向前行進的人，後面跟著一長串的妻子們。不足為奇地，從一開始（如一位歷史家所報導的）基督徒就相信「穆罕默德生命的兩個最重要面向：就是他在性方面的特許證以及用武力建立其宗教。」㉟回教徒覺得穆罕默德和《古蘭經》，兩者都在這方面被惡意中傷，上面我們已經討論過特許證，現在我們轉過來討論武力。

回教徒承認《古蘭經》不勸人把臉轉過來讓人打，也不主張和平主義。當情況許可時它教人原諒以及以德報怨——「用更好的東西把邪惡驅除」（42：37）——不過這不同於不排拒邪惡。不僅不要求回教徒把自己變成殘暴者的擦鞋墊，《古蘭經》許可對任意作惡所造成的全幅後果作出懲罰（23：39—40）。他們相信正義需要如此；把公平遊戲所要求的互利原則廢除了的話，道德就算不變成純粹的傷感，也會降低成為不實際的理想主義。把這種正義原則延伸到集體生活中，我們就有了如回教聖戰的概念*jihad*這個例子，在聖戰中死去的烈士被保證將進入天堂。回教徒都肯定這一切，來作為伊斯蘭教整體的一部分，不過這與眾所周知的指責說伊斯蘭教之傳播維持主要是通過刀劍，仍然還有好大一段距離。

作為一位出色的將軍，穆罕默德留下許多戰爭中適當的行為傳統；協議要遵守，詐騙要避免；傷者不可殘害，死者不可毀損；婦女、兒童和老人要予以赦免；果園、農作物和聖物亦復如此。不過，這些並非是主要的，重要的問題是正義戰爭的定義。按照《古蘭經》的流行解釋，一個正義的戰爭必須是防衛性的或是對錯誤的糾正。「防衛你自己來對抗你的敵人，但是不可先攻打他們：上帝是痛恨侵略者的」（2：190）。偶像崇拜者的侵略性和冷酷的敵意，逼使穆罕默德抓起劍來自衛，否則他與他整個的社區以及對上帝的信仰就會從地球上消除。其他的導師屈服於武力之下成為殉道者，穆罕默德不認為他也要這樣做。一旦他抓緊劍來自衛，他就堅持到底。回教徒就承認這麼多；不過他們堅持，伊斯蘭教是有以劍來傳播的時候，但多數是藉勸說和以身作則來傳教的。

《古蘭經》中有關改變宗教信仰(conversion)的關鍵詩節是這樣的：

> 讓宗教上沒有強制吧(2：257)。
>
> 我們給予每一個人一項法律和一條道路……如果神喜歡，他可以命令「整個人類」成為同一人類〔相信一個宗教的人類〕。可是他卻另有不同的做法，祂會以個別予你們的那一套來試探你們，因此你們要以善行向前去。你要回歸神，祂會告知有關你不同意的。(5：48)

回教徒指出，穆罕默德為了麥地那城的緣故，在他的人格中所注入的正是這幾段詩節所宣示的宗教寬容原則。他們把這項文獻當作是人類歷史上良心自由的第一個憲章，以及日後每一個回教國家的權威性典範。它規定「猶太人依附在我們的聯邦之內，〔同樣的權利日後也給予了基督徒，這兩種是當時唯一的非回教的宗教〕都將受到保護免於侮辱和厤煩；他們與我們的人民一樣擁有相同的權利可以接受我們的協助和服務：猶太人……以及居住在耶斯里布的其他所有居民，可以如回教徒一樣地自由信仰他們的宗教。」甚至連被征服的國家也被容許有信仰的自由，只要他們繳付特別稅，代替了他們原先免繳的濟貧金；此後任何對他們良心自由的干預，都被視為是直接違背了伊斯蘭法律。除了這種對宗教寬容的伊斯蘭立場之外，如果我們想要求更明白的指示，就有穆罕默德本人的話：「**當信仰只能來自神時，你還能強迫人們去信嗎？**」㊱有一次，一位基督徒的代表團來見他，穆罕默德請他們在他的寺廟中舉行禮拜，並且說，「這地方乃是奉獻給神的。」

光是原則和穆罕默德個人的榜樣就講了這麼多。回教徒們到底能夠做到什麼地步，是一個太複雜的歷史問題而難以得到一個簡單、客觀又具決定性的答案。從正面來看，回教徒指出多少個世紀以來在回教統治之下，印度、西班牙與近東，基督徒、猶太教徒以及印度教徒都平靜地生活在自由之中。就算是在最壞的統治者之下，基督徒和猶太教徒都佔有影響力的位置，並且一般而言保留了他們的宗教自由。回教徒提醒我們說在十五世紀把猶太人趕出西班牙的是基督徒而不是回教徒，他們在伊斯蘭教治下曾經享受了他們的黃金時代之一。再從這個例子追蹤下去，西班牙與安那托利亞差不多在同時易手——基督徒把摩爾人趕出西班牙，而回教徒就征服了今日的土耳其。每一個回教徒都被趕出西班牙，不是放在刀口下，就是被逼改教，但是東正教堂的所在地到如今仍然保留在伊斯坦堡。的確，如果我們要比較的話，回教徒認為基督教的記錄是兩者中較黑暗的。他們問道，是誰以和平王子之名號召十字軍東征？是誰建立了宗教法庭？發明了拉肢拷問台和十字架火刑來作為宗教的工具，把歐洲捲進破壞性的宗教戰爭？客觀的歷史家對這個問題，在他們的判定中都一致認為伊斯蘭教最低限度在使用武力的記錄上決不比基督宗教更為黑暗。

若把比較放下不談，回教徒承認自己崇尚武力的記錄並不是好榜樣。每一個宗教在其事業的某些階段中，都曾被自認為是擁護者的人利用來偽裝其侵略行徑，伊斯蘭教也不例外。一而再地為有企圖的酋長、卡里弗回教領袖（譯註：caliph，伊斯蘭政教合一領袖的尊號）以及當今國家的領袖們提供了藉口，來達到他們的野心。回教徒所否認的可以歸納成以下三點：

第一，他們否認伊斯蘭教不包容和侵略的記錄大過其他主要宗教。（佛教可能在此處是一個例外。）

第二，他們否認西方歷史家在說到使用武力這個問題上，對伊斯蘭教是公正的。㊲他們說聖戰就是一個例子。對於西方人來說，聖戰所造成的實況是，慫恿一群呼叫的狂徒去參戰，答應他們被殺後可以立刻進天堂。而事實上：(a) *jihad*字面的意思是盡力，不過因為戰爭需要特別額外程度的努力，這個字就常常引伸了來指聖戰。(b)在伊斯蘭教，聖戰的定義完全與基督宗教的正義之戰相同，它有時也被稱為神聖戰爭，(c)基督宗教也認為那些死於這類戰爭中的人為殉道者，並應允他們得救。(d)穆罕默德的一條聖訓，把對抗個人心中邪惡之戰的評價置於對抗外在敵人戰爭之上。「我們從一場次要的聖戰中回來了，」先知在與麥加人作了一場遭遇戰之後說道，「要去面對那更偉大的聖戰。」那與個人內在敵人的戰爭。

第三，回教徒否認他們記錄上的污點應該拿來反對他們的宗教，在對人的標準招呼 *as-salamu'alaykum*（「和平降臨於你」）中他們肯定了他們宗教中的主導理想。

蘇菲教派

我們一直把伊斯蘭教當作好像它是鐵板一塊，其實不然。像任何宗教傳統一樣它是分歧的。主要的歷史區分是主流Sunnis遜尼派（「傳統主義者」由*sunnah*傳統而來佔全部伊斯蘭信徒百分之八十七）和Shi'ites什葉派（字面上意思是阿里［Ali］，穆罕默德的女婿的「擁護者」，什葉派信徒相信他應該直接繼承穆罕默德，卻三次都被忽略，最後被指定為回教徒的領袖，但卻被謀殺了）。由地理上看來，什葉派聚集在伊拉克和伊朗一帶，而遜尼派則分佈在西側（中東、土耳其和非洲）及東側（橫過整個印度大陸、包括巴基斯坦、孟加拉，橫過馬來西亞，進入印尼，單單這一地區就有為數超過整個阿拉伯世界的回教徒）。我們將不論這一歷史的分裂，因為它涉及到內部的爭論，我們要來討論一項有普遍意義的區分。這個區分乃是在稱為蘇菲派的伊斯蘭神祕主義者和其餘同樣是回教徒信仰的多數非神祕主義者之間縱的區分。

Sufi的字根*suf*意思是羊毛。穆罕默德死後一世紀或二世紀之後，那些伊斯蘭社區內，承擔伊斯蘭教內在信息的人，就被稱之為蘇菲派教徒。他們之中許多都身披粗質毛服，抗議蘇丹和卡里弗的絲質和緞質衣服。他們看見伊斯蘭教的俗世化而感到震驚，於是尋求從內部使之淨化和精神化，他們要恢復它的自由和愛，回到它更深層的神祕音調。內在應先於外在，意義應先於物質，內在象徵應先於外在真實。「少愛一點盛水瓶，」他們呼籲，「多愛一點瓶子裡的水。」

蘇菲派的教徒看到這內在與外在、盛水瓶和其所盛者之間的區別，由《古蘭經》本身引伸出來，真主把祂自己表現成既是「那外在的（*al-zahir*），又是那內在的（*al-batin*）」（57：3），顯教的（exoteric）回教徒——我們這樣稱呼他們是因為他們滿足於《古蘭經》教義的外顯意義——卻忽略了這個區別，可是蘇菲派教徒（密教esoteric的回教徒）卻視為是重要的。冥想**神**在每一位回教徒生命中都佔據著重要的地位，不過對於大多數回教徒來說，它必須與生命中佔有幾乎同等地位的其他要求競爭。再加上生命需求的殷切——人們總是在忙碌——這就是何以許多回教徒沒有時間，在遵從那規定他們生命的神聖律法之外，還多做些什麼，雖然有此心願。他們的忠貞不會白費的；到最後他們的報酬將會如蘇菲派教徒的一樣大，但是蘇菲派教徒對於報酬不耐煩，如果我們可以這樣說的話。他們要在這一生之內就直接面對**神**。就在當下。

這就需要特別的方法，為了發展和練習這套方法，蘇菲派教徒圍繞著精神導師（shaikhs），形成圈圈，從十二世紀開始，就形成了蘇菲教團（*tariqahs*）。這些教團的份子稱之為*faqir*，發音是*fakir*（法基爾），字義是貧窮，有「精神上貧窮」的人的含意。不過，在某些方面，他們卻構成了一種精神上的精英，比其他的回教徒有更高的熱望，也願意為了他們過高目標的需要去承擔更沉重的訓練。我們可以把這種教團與羅馬天主教信仰的沉思教團（Contemplative orders）來類比，不同的是蘇菲派教徒通常是可以結婚，也不出家的。他們從事著正常的行業，到他們聚會的地點，（阿拉伯文叫*zawiyahs*，波斯文叫*khanaqahs*）去吟唱、舞蹈、祈禱、數念珠，同聲背誦他們的經文，聆聽他們的導師講道，這一切都是為了最後得以直接到達**神**那裡。他們觀察到，有人對火無知，卻能夠一步一步地去了解它：先是聽到它，然後看見它，最後是被它的熱燒傷。蘇菲派教徒想要被**神**「燒傷」。

這就需要去接近祂，他們發展出三種互相重疊且各具特色的途徑。我們可以把它們稱之為愛、狂喜和直覺的神祕主義。

先從第一種講起，蘇菲教派的愛情詩是舉世聞名的。一位第八世紀傑出的女聖人羅比亞(Rabi'a)，在她經常長達整晚的單獨守夜中，發現神的**愛**是在宇宙的核心；不把自己浸潤在那愛之中並向別人反映出來，就失去了生命最高的福祉。因為愛是在對象不在眼前時最為明顯，那時節至愛的重要性才不能被忽略，波斯詩人特別注重詳述隔離之苦，而深化他們對**神**的愛，因之向祂靠近。

魯米(Jalal ad-Din Rumi〔1207-73〕。譯註：波斯詩人與神祕主義者)用蘆笛的哀音對這個主題作了典型的表達。

請聽那蘆葦所講的被隔離的故事。

「自從我在蘆葦叢中被割開後，我就發出這樣的哭聲。
任何與愛人分離了的人就會了解我說的是什麼，
任何人從源頭被拉開都渴望著回去。」

那笛子從它的河岸割裂開來就成為靈魂從**神**那裡切斷的象徵，它的哀嘆把蘇菲派教徒拋進了激動和昏亂的狀態中。創造的任何事物都無法減輕那些情況，但是靈魂的至愛，安拉，是那麼地崇高，那麼地不同，人類對祂的愛乃是像夜鶯對玫瑰花的愛，或飛蛾對火焰的愛。就算如此，魯米向我們保證，人的愛是會得到回報的：

愛人從不追求他摯愛者所不求的東西。
當愛的火花射入這顆心中，知道在那心中有愛在……
好好留意經文：「祂愛他們而且他們愛祂。」（《古蘭經》5：59）。

但是全幅真理仍然有待掌握，因為安拉愛祂的創造物遠勝過他們對祂的愛。「**神說：誰要是向我靠近一點，我就更向他靠近一倍，誰要是向我靠近一倍，我就向他靠近十倍，誰要朝我走過來，我就向他跑過去。**」㊳羅比亞在她著名的夜禱中祝賀兩個靈魂的最終會面，一個有限，一個無限：

我神我主：
眼睛闔上了，星星沉下了，鳥兒在牠們的巢中安靜下來，
還有那深處的怪物。
而祢是那不知變化的正義，那從不偏離的公正，那從不死亡的永恆。

> 王者的門戶由他們的親信鎖上守護，可是祢的門向那些造訪的人們敞開。
> 我主，每位戀愛者現在都與他的至愛單獨在一起。而我單獨與祢在一起。

我們把第二種蘇菲派走向神聖顯現的方法叫做狂喜(ecstatic)的進路。狂喜(文字上的意思是「立身於自身之外」)，因為它所引發的經驗與通常的經驗不是程度上的，而是種類上的不同。狂喜的蘇菲派教徒主要的暗喻，乃是先知通過七重天進入神聖顯現(Divine Presence)的夜間行旅。沒人能說出他在諸天看到些什麼，不過我們可以肯定景象必定是非凡的——每上一層就愈是如此。狂喜派蘇菲教徒並不聲稱說他們能看到穆罕默德在那天晚上所見到的，不過他們是在朝他的方向移動著。有時狂喜派蘇菲教徒所經驗的內容是那麼完全地令他們入迷，彷彿被催眠一般，他們完全從自己抽離了，對自己是誰、在何處、發生了何事都不再關心了。按照心理學的說法他們是從自己「分離」了，喪失了正常來理解世界的那種意識。朝聖者旅行去見這類名家，報稱說他們發現自己根本就不被理睬——並非出自無禮，而是因為他們真的沒有被看到。要有意引發這種狀態是需要練習的；有一位朝聖者尋訪到一位名叫奴呂(Nuri)的頗受尊敬的狂喜派人物，他報稱說見到奴呂在那種程度的專注狀態中，全身沒有一根毛髮是擺動的。「我事後問他，『您向誰學來這樣深沉的專注？』他回答說，『向一隻守在老鼠洞口的貓學來的。不過牠的專注比起我來是更強的。』」㊴然而，當這種的狀態來到時，感覺上它乃是一個禮物而不是一項收穫。神祕神學用的片語，「注入的恩典(infused grace)」就正是在這裡所感受到的；因為狂喜蘇菲派信徒報稱說，他們的意識開始改變，感覺到好像他們的意志被中止了，而一個更高的意志會來接管。

蘇菲派信徒尊敬他們的狂喜派人物，不過把他們說成是「醉」了，就是作為一項通告說，當他們發現自己又「清醒」了的時候，他們必須帶回來他們視象的實質。明白地說，必須令超越內在化；那從世界之外所遭逢到的**神**也必須可以從內在碰到。內在**神**無須狂喜來作為其前奏，而直接去培養內在的神的途徑就把我們帶到第三種蘇菲教派的方法：直覺辨別的道路。

正如其他兩種方法一樣，此一方法帶來知識，不過卻是一種獨特的知識。愛情神祕主義產生出「心知(heart knowledge)」，而狂喜則產生「視覺的或視象的知識」(visual or visionary knowledge)，因為地球以外的真實被見到了；但是直覺的神祕主義帶來「精神知識」(mental knowledge)，蘇菲教派稱之為*ma'rifah*，是通過一種稱之為「心之眼」(the eye of the heart)[40]的辨別器官而獲得。因為通過*ma'rifah*所得到的真實是非物質性的，心之眼也是非物質性的。它不與肉眼競爭，肉眼的對象，即世間正常的對象，仍繼續全幅展示在視野之內。心眼所做的是把這些對象包裹在天上之光內。或者把暗喻倒轉過來：它認出世間的對象是**神**創造世界時所披的衣裳。這些衣裳在心之眼獲得力量之後就變得愈來愈透明。說世界即是**神**是不對的——那樣就成了泛神論。但是對於心之眼來說，世界乃是**神**的偽裝，是**神**罩上了面紗。

蘇菲派使用來滲透這偽裝的主要方法就是象徵符號(symbolism)。用看得見的對象來說看不見的東西，象徵符號是宗教的普遍語言，它之於宗教就如同數字之於科學一樣。不過，神祕主義者卻格外的多方使用；他們並不停留在象徵所投注的最初精神對象上，卻只以之為墊腳石來達到一個更高的對象。這使得加沙里(al-Ghazali)定義象徵符號為「在多層次真實之間關係的科學」。蘇菲派教徒說，《古蘭經》的每一詩節都埋伏著最少有七個隱藏的含意，其數量且有時可以高達七十。

我們姑且對這一點加以說明：比方所有的回教徒，進入寺廟之前要脫鞋乃是尊敬的記號；它意味著把紛擾的世界置於門外不讓它進到神聖的範圍附近。蘇菲派教徒完全接受此一象徵，進而在這個行動中看到額外的意義，就是要移開一切使靈魂與**神**分離的東西。或者我們再看寬恕的行為吧。所有的回教徒為了特殊的犯規而祈求寬恕，但是當蘇菲派教徒宣佈我請求神的寬恕(*astaghfiru'llah*)的時候，他或她在此項請求中還加進了一項要求：為他或她分離的存在請求原諒。這聽起來的確古怪，顯教的回教徒覺得不可理解。而蘇菲派教徒卻視之為羅比亞教導的「你的存在是一種罪，沒有其他罪可以相比」的引伸。因為ex-istence(存在)乃是從某種東西站出來，在這裡的某種東西就是**神**，存在包含了分離。

為了避免分離，蘇菲教派發展出他們的絕滅說(*fana*)作為他們所追求的邏輯目標。這並非是要將他們的意識絕滅，要結束的是他們的「自我意識」——就是那塞滿了私有個人計劃的分離自我的自我意識。如果那結局完成的話，則他們朝現在那已空了自我的乾殼內部去探察，他們將只找到**神**，之外什麼也沒有。一位基督宗教的神祕主義者就這一點寫道：

神，祂那無盡的愛和歡樂

無處不在；
祂不能來探訪你
除非你不在那裡。(Angelus Silesius)

哈拉奇(Al-Hallaj)的說法是：「我用心眼看到了我主。我說：『你是誰？』祂回答說：『你。』」

作為蘇菲教派過度應用象徵符號的最後一個例子，我們留意到他們如何收緊教條的主張，把「除了唯一真**神**，沒有別的神明。」讀成了「除了唯一真**神**，沒有任何東西。」對於顯教的回教徒來說這聽起來是無聊的，就算不是冒瀆的話：無聊是因為顯然有許多東西——桌子和椅子——不是**神**；冒瀆是因為神祕的解讀似乎否定**神**是創造主。但是蘇菲教派的立意是要挑戰人們一般認為事物所具有的獨立性。一神論對於他們來說，不僅僅是沒有兩個神的神學觀點；他們認為那是明白不過的，一神論的存在意義——**神**就是我們把自己交付（或應交付）給**神**——他們同意「沒有別的神明，除了唯一真神」的最初意思是，我們應該把自己只交給**神**而不是交給別的任何東西。不過，他們說，除非我們明白讓其他東西完全佔據我們時是何感覺，我們是不能了解這個片語的全幅意義的；物體本身的存在就有吸引我們或排斥我們的力量。把光想成是由電所造成——只問電就足夠了，而不問電自何來——原則上就是犯了規避(*shirk*)之病；因為只有**神**才是自足的，若認為別的東西也是如此，就是將之比成**神**並為祂找了一批對手。

象徵符號，雖然是效力強大，作用卻有點抽象，因此蘇菲派教徒輔之以*dhikr*（記憶），通過重複安拉之名，來練習記憶安拉。「有一種擦拭一切事物的方法可以除銹，」一項聖訓這樣論斷，又說：「祈求安拉就是擦拭心。」對**神**的記憶同時也是忘記自己，因此蘇菲派教徒認為重複安拉的名字乃是把他們的注意力朝向**神**的最好方法。無論他們是獨自一個人或與其他人一起，靜默地或大聲地，把第一音節尖銳地抬高，或儘量在呼吸許可的情形下拉長第二音節，他們發出**神**的名，企圖以其音樂來充滿一天的每一自由時刻。最終這樣的練習把那些音節揉進到下意識的心靈中，從那裡冒起了像鳥歌唱般的自發性。

以上的幾段乃是針對什麼是蘇菲派教義核心的素描，不過卻並沒有解釋何以本節一上來就把它與伊斯蘭教內部的分化連繫起來。答案是回教徒對於蘇菲教派有點拿不定主意。部分是因為蘇菲教派本身就是混雜的。根據高的吸引低的原則，蘇菲教團有時吸引了一些只不過是空有蘇菲教派之名的地痞流氓而已。比如，蘇菲教派的某種托缽僧團用貧窮作為一種鍛鍊的手段，不過真正的這一類型的蘇菲派教徒與只空有其名的乞丐之間僅只一步之隔。政治有時候也闖了進來。最近，在西方有些團體自稱是蘇菲派教徒，卻完全不效忠伊斯蘭教的正統。

毫不足奇的，這些變型令人生疑，不過就算正宗的蘇菲教派（正如我們試圖描述的）也是有爭論性的。何以如此？因為蘇菲派教徒所做的某些變通，使得顯教的回教徒在良心上不能容忍。通過伊斯蘭教的正統大窗看到了天空，而蘇菲派教徒相信有比這窗口所許可看到的更大的天空。當魯米（Rumi）斷言，「**我既不是回教徒，也不是基督徒、猶太教徒、祆**

教徒；我既非大地的亦非諸天的，我既非肉身亦非靈魂。」我們能夠了解到顯教信徒恐懼正統會被曲解到超過了可以容許的限度。阿拉比(Ibn 'Arabi's)的宣言甚至更令人不安：

> 我的心開啟了每一種形式。它乃是小羚羊的牧地，基督僧侶的修道院，為偶像們設的廟宇，朝聖者那供有黑石的聖堂，*Torah*《猶太經典》的書板以及《古蘭經》書。我奉行愛的宗教；不論商隊朝什麼方向前進，愛的宗教都將是我的宗教和我的信仰。

至於哈拉奇(Al-Hallaj)主張說他是**神**[41]，即使蘇菲派教徒說明他指的是內在於他的神聖本質，顯教的回教徒在聽到此一主張之後，也還是認為這簡直是冒瀆的。

神祕主義衝破了保護典型信仰者信仰的界限。這樣做的結果就走進了一個無限制的領域，雖然對有些人來說是滿足的，卻為那些對教義了解程度不夠的人帶來了危險。一般信眾視為絕對的教條和律令並未被否定，其字面意義被比喻性地解釋了。對有些人特別吃驚的是，就算只是言外之意，蘇菲派教徒常常自稱是直接來自**神**的權威以及上天的給予，而不是在學堂裡學來的知識。

蘇菲派教徒有他們的權利，不過——如果我們大膽來裁決作為一個整體的伊斯蘭教的話——普通信眾也有他們的權利，他們相信完全足以令他們得救的信仰的明確原則，由於似乎受到蘇菲教派的損害而被破壞了。因為這個原因，許多精神導師對於他們的教義是很謹慎的，把某些部分保留給適合接受的人。這也就是何以顯教的權威當局會對蘇菲教派有可以理解的疑慮了。他們也曾經對之加以控制，一部分是通過大眾輿論，一部分是通過持續了好幾個世紀兩派之間動態的緊張，一邊是顯教的宗教權威，一邊是蘇菲教派的精神導師。在伊斯蘭社區之內的一種反蘇菲教派的暗流，對神祕主義者就有了必要的抑制，但這股暗流又沒有強大到足以阻止真正有心走上蘇菲派道路的人，去追隨他們自己的命運。

整體而言，顯教與密教在伊斯蘭教中取得了一種健康的平衡，不過在本節中我們且讓密教徒來作最後的總結。他們著名的教導方式我們還未曾提及，這是一個蘇菲教派的故事。這一「沙子的故事」，關連到他們的絕滅（*fana*）學說，亦即在神中超越有限的我。

一條溪水，從它遠處山中的溪頭，流過各種各類的郊野，最後到達沙漠的沙粒中。就在它已經通過了每一項障礙之後，溪水想要橫渡這一關，可是它發現它盡全力衝入沙粒之後，水卻消失了。可是，它相信它的命運是要橫過這個沙漠，但卻毫無辦法。這時一個出自沙漠自身的隱蔽的聲音，耳語道：「風橫渡了沙漠，因此溪水也能夠。」

溪水反駁説它把自己朝沙粒衝去，卻只令自己被吸乾了：風能飛，這就是何以它能夠橫渡沙漠的原因。

「用你自己慣常猛衝的方法是渡不過去的。你不是消失了，就是變成一片泥沼。

你必須讓風把你帶過去，把你帶到你的目的地。」

可是這如何能發生呢？「讓你自己被吸收在風中。」

這個觀念不被溪水所接受。究竟，它從來沒有被吸收過。它不想喪失掉它的個體性。那麼，一旦喪失掉之後，我們怎麼知道還可以回得來呢？

「那風，」沙粒說道，「具有這種功能。它拿起水來，帶它越過沙漠，然後又讓它落下來。作為雨落下來，它又變成溪流了。」

「我如何知道這是真的呢？」「的確，如果你不相信，你頂多只能成為泥沼，就連泥沼也要經過好多、好多年。它可絕對是與一條溪流不同的啊。」

「可是我是否能如我今天一樣是同一條溪流呢？」

「你在兩者的情況下都無法做到。」耳語說。

「你的主要部分被帶走之後再度形成一條溪流。

就連今天你之所以如此被稱呼，

也是因為你根本就不知道你的哪一部分是主要的。」

當它聽到了這些話，某種回聲就在溪流的思想中出現。

它模糊地回想起它所處的一種形態——或它的某部分？

——曾經擁在風的臂彎中。

它也想起——或者它究竟有沒有呢？

——這曾經是真的事，雖並不一定是它必然要去做的事。

於是溪水讓它的蒸氣升了起來，投進風歡迎的擁抱，
風溫柔地、輕鬆地攜帶著它上升前進，
一等到了好遠、好遠的山巔就把它輕輕地放下。
因為溪水有懷疑，它才能夠很牢地在腦海中記住並記錄下這個經驗細節。
它反省到，「是的，現在我學到了找真正的認同。」
溪水在學習。但是沙粒耳語道：「我們知道，因為我們看到它每天都在發生：
因為我們，沙子，是從河岸一直伸展到山那裡的。
這就是何以說，生命之溪水繼續它旅程的道路是寫在沙子中的。」㊷

伊斯蘭教何處去？

自從穆罕默德召喚他的人民到神的「一」那裡之後，有很長一段時期，回教徒偏離了先知的精神。他們的領袖們最先承認人們往往是口說而不做，熱情也衰退了。

不過，整體來看，伊斯蘭教在我們面前所展示的是人類全部歷史中最可觀的景象之一。我們曾經講過它早期的偉大。如果我們追蹤其歷史，就得有章節講回教帝國，自穆罕默德去世一世紀之後，其部分帝國從比斯凱灣伸展到印度河和中國邊境，從鹹海伸展到尼羅河上流。更重要的章節，得描述回教觀念的傳播：一個無與倫比的文化發展、文學、科學、

醫學、藝術和建築的興起；大馬士革、巴格達與埃及的光輝，以及在摩爾人統治下西班牙的燦爛。還有一些故事說明了在歐洲的黑暗時期，回教的哲學家和科學家如何把知識之燈保持明亮，準備點燃起那從長期的沉睡中醒來的西方心靈。

故事還不僅僅全部限制在過去，因為有跡象顯示，伊斯蘭正在多個世紀的停滯不前中冒起，殖民地化無疑是令停滯更為惡化。它面臨著巨大的問題：如何把工業的現代化（總體而言是受歡迎的）與西化（總體而言不受歡迎）區分開來；當民族主義的力量強有力地反對統一之際，如何實現那潛在於伊斯蘭的統一；如何在一個多元的、相對化的時代堅持真理（Truth）。擺脫了殖民主義的奴役，伊斯蘭正以其先前青年時代的某種活力活躍起來。從摩洛哥橫過直布羅陀到大西洋，朝東橫過北非、穿過印度次大陸（包括巴基斯坦和孟加拉），直到印尼鄰近的尖端，**伊斯蘭是現代世界的一股重要力量。在一個全球五十億人口中為數約九億的信仰者，在今天每五人或六人當中，就有一個人屬於這一宗教**，它以無比的細節指導著人的思想和行為。它的數目還不斷在增加。不論白天或黑夜，任何時間口中唸著下面引述的話語，從寺院的尖塔上（或現在是收音機）一位喚禮員會呼喚信仰者祈禱，宣告著：

> 神是最偉大的。
> 神是最偉大的。
> 我證實除神之外沒有其他神明。

我證實穆罕默德是神的先知。
起身來祈禱；
神是最偉大的。
神是最偉大的。
除神之外沒有其他神明。

進一步的閱讀建議

姑且承認回教的論點說《古蘭經》在翻譯中喪失太多意義，Mohammed Piekthall's *The Meaning of the Glorious Koran* (New York New American Library, 1953)可以推薦作為有用的書，不遜於其他譯本。

Kenneth Cragg's *The House of Islam* (Belmont, CA: Wadsworth, 1988)，Victor Danner's *The Islamic Tradition* (Amity, NY: Amity House, 1988)對於此一傳統有很好的一般描述。還有Seyyed Hossein Nasr's *Ideals and Realities of Islam* (San Francisco: HarperCollins, 1989)和Abdel Halim Mahmud's *The Creed of Islam* (London: World of Islam Festival Trust, 1978; distributed by Thorsons Publishers, Denington Estate, Wellingborough, Northants, England)。

對於蘇菲教派教義最好的形上學的討論可以在Frithjof Schuon's *Understanding Islam* (New York: Penguin Books, 1972)中找到，被一位主要回教學者舉為「以英文寫出伊斯蘭教的意義以及何以回教徒相信它的最好的一部書。」不過，卻不是一部容易讀的書。較適合於一般讀者的有William Stoddart's *Sufism* (New York: Paragon Press, 1986), Martin Ling's *What Is Sufism?* (London: Unwin Hyman, 1975, 1988)。

有關最偉大的蘇菲派詩人魯米(Rumi)的作品，John Moyne and Coleman Barks' *Open Secret* (Putney,VT: Threshold Books, 1984)、Coleman Barks' *Delicious Laughter* (Athens, GA:Maypop Press,1989)值得推薦。

我的三十分鐘的錄音帶，講"Islamic Mysticism: The Sufi Way"在Hartley Film Foundation, Cat Rock Road, Cos Cob, CT 06807可買到。

Idries Shah's collection, *Tales of the Dervishes* (New York: E.P. Dutton, 1970)中收集了一些蘇菲教派的故事可以讓給你嚐到它的樂趣。

註譯

①Meg Greenfield, *Newsweek* (March 26, 1979): 116。

②Norman Daniel, *Islam and the West: The Making of an Image*, 1960, Rev. ed. (Edinburgh: Edinburgh University Press, 1966)詳細闡述了支配西方超過一千年對伊斯蘭的歪曲圖象。

③Philip Hitti, *History of the Arabs*, 1937. Rev. ed. (New York: St. Martin's Press, 1970), 3-4。

④Thomas Carlyle's description in "The Hero as Prophet," in *Heroes and Hero-Worship*, 1840. Reprint. (New York: Oxford University Press, 1974)。

⑤阿拉伯語沒有中性。由於其名詞都不變地是陽性或陰性，其代名詞亦然。因此，為了忠於《古蘭經》的文法，當指涉到擁有陽性專有名的安拉時，我將採用陽性的代名詞。

⑥見Charles Le Gai Eaton, *Islam and the Destiny of Man* (Albany: State University of New York Press, 1985), 103。

⑦*iqra'*這個字的字意是「吟誦」，但此處，穆罕默德被交予一項任務，我就追隨Victor Danner採用「preach（講道）」一詞(*The Islamic Tradition* 〔Amity, NY: Amity House, 1988〕,35)，不過把那個字改成了「proclaim（宣告）」。

⑧依照Ameer Ali在*The Spirit of Islam*, 1902 Rev. ed. (London: Christophers, 1923), 18中所譯出的。

⑨Ali, *Spirit of Islam*, 32。

⑩Sir William Muir,引述在Ali, *Spirit of Islam*, 32。

⑪引述在Ali, *Spirit of Islam*, 52中，沒有說明出處。

⑫Ali, *Spirit of Islam*, 52。

⑬Philip Hitti, *The Arabs: A Short History*. 1949. Rev. ed. (New York: St. Martin's Press, 1968), 32。

⑭Michael H. Hart, *The 100: A Ranking of the Most Influential Persons in History* (New York:

Citadel Press, 1989), 40。

⑮ Edward Gibbon, *The Decline and Fall of the Roman Empire,* 1845. Reprint. (New York: Modern Library, 1977), vol. 2, 162。

⑯伊斯蘭語言在當今是一件非常富爭議性的事情。一方面正統的回教徒同意，《古蘭經》的祈禱文等等在儀式上必須使用阿拉伯語，卻有許多人，包括部分的*ulama*（宗教學者），相信那些不懂得阿拉伯語的人在另外的情況下應該閱讀翻譯了的《古蘭經》。

⑰Kenneth Cragg, trans; *Readings in the Qur'an* (London: Collins, 1988), 18。

⑱Frithjof Schuon, *Understanding Islam* (New York: Penguin Books, 1972), 44-45。

⑲「她［瑪琍］說：我主！沒有人碰過我，我怎麼可能會有孩子呢？他［天使］說：就是如此。安拉按照祂意志來創造。倘若祂要命令一件事，祂只須說：有了(Be)！於是就有了。(3：47)

⑳Tabari講了這個故事的傳統，上帝只消動祂的小手指頭就把山剷平了。

㉑Ali, *Spirit of Islam,* 150。

㉒William James, *The Varieties of Religious Experience* (New York: Macmillan, 1961), 57。

㉓ Sir Muhammad Iqbal, *The Secrets of the Self,* 1920. Reprint. (Lahore: Muhammad Ashraf, 1979), xxi。

㉔引述在Ali, *Spirit of Islam,* 199。

㉕Ali, *Spirit of Islam,* 170。

㉖Gai Eaton, *Islam and the Destiny of Man,* 55.

㉗先知的1項經文說法(*hadith*)在*Mishkat al-Masabih,* James Robson, trans. (Lahore: Sh. Muhammad

Ashraf, 1965), 1264-67中有報導。

㉘Bernard Lewis, *The Atlantic Monthly* (September 1990): 59。

㉙Ali, *Spirit of Islam*, 173。

㉚在寫本書時，巴基斯坦的首相以及孟加拉的反對黨領袖都是女性。回教婦女自始就得以她們自己的名字擁有財產，而美國的已婚婦女要到二十世紀才贏得這項權利。

㉛在蓄奴之外，我們必須補充一個題目，由於其地區性及歷史的形式的不同，要在這裡討論就太複雜了。見Bernard Lewis, *Race and Slavery in the Middle East* (New York: Oxford University Press, 1990)。

㉜Victor Danner, *The Islamic Tradition* (Amity, NY: Amity House, 1988), 131。

㉝Kenneth Cragg, *The House of Islam* (Belmont, CA: Wadsworth, 1975), 122。

㉞見Malcolm X, *The Autobiography of Malcolm X* (New York: Grove Press, 1964), 338-47。

㉟Daniel, *Islam and the West*, 274。

㊱被Ali, *Spirit of Islam*, 212引述。

㊲Norman Daniel之*Islam and the West*在這一點上支持他們。

㊳*Hadith qudsi*，先知的一項未收入《古蘭經》的經典的說法，在其中安拉以第一人稱來說話。

㊴Cyprian Rice, *The Persian Sufis* (London: Allen & Unwin, 1964), 57。

㊵心智和視象的知識之間的關係在偉大回教哲學家 Ibn Sina (Avicenna) 和名叫 Abu Sa'id 的同時代狂喜派對談中引發了出來。Ibn Sina 說 Abu Sa'id「我知道的，他看見了。」Abu Sa'id 回應了他的稱讚。「我看見的，」他說，「他知道了。」

㊶他確切的話語是，「我就是真理(Truth)。」不過此處所用的真理乃是安拉九十九個美麗的名字之一。

㊷Idries Shah, *Tales of the Dervishes* (New York: E.P. Dutton, 1970), 23-24。

7 THE WORLD'S RELIGIONS

猶太教
Judaism

曾經有人估計過，西方文明中有三分之一帶有猶太祖先的印記。我們在給孩子取的名字上感覺到它的力量：Adam Smith（亞當）、Noah Webster（諾亞）、Abraham Lincoln（亞伯拉罕）、Isaac Newton（以撒克），Rebecca West（麗貝卡或利百加），Sarah Teasdale（撒拉），Grandma Moses（摩西祖母）。米開朗基羅在為西斯廷教堂頂(Sistine Ceiling)繪畫和雕刻大衛塑像時感覺到了它；但丁寫作《神曲》、米爾頓寫作《失樂園》的時候也一樣。美國在集體生活上，帶有其磨滅不掉的猶太遺產的印記：在獨立宣言中的片語「由他們的創造者(By their Creator)」；在自由鐘上的字句「向全國宣告自由(Proclaim Liberty throughout the land)」。不過，古代猶太人的真正衝擊乃是在其影響的深度，使西方文明接受了他們對生命提出最深刻的問題所採取的遠見角度。

緊記著猶太觀點對西方文化的衝擊，當我們回到那土地、人民以及造成這種衝擊的歷史，我們就不得不震驚了。原以為它們也會像其影響一樣的令人印象深刻，可是事實卻並非如此。時間上希伯來人在歷史的舞台上是遲來者。早在西元前三〇〇〇年(猶太人寧可用B. C. E. Before the Common Era)，埃及人已經有了金字塔，蘇美(Sumer)和阿卡達(Akkad)乃是世界帝國。到了西元前一四〇〇年腓尼基(Phoenicia)正在殖民。在這些強大的漩渦中猶太人在哪裡呢？他們被忽視了。一小撮遊牧民族在阿拉伯沙漠的上流區域附近活動著，他們太不顯眼了，強大的勢力根本就不會去注意他們。

當他們最後定居下來，所選擇的土地也同樣地微不足道。從丹(Dan)到比爾希巴(Beer-sheba)長度是一百五十哩，在耶路撒冷寬約有五十哩，不過多數地方都不到這個數字。迦南

(Canaan)是一個像郵票大的國家，大約是伊利諾州的八分之一大。面積已經是狹小了，地形也不怎麼樣。到希臘的遊客登上奧林匹斯山，很容易想像諸神何以要選擇住在那裡的原因。對比起來，迦南乃是一塊「溫和而單調的土地。先知難道是從這一切朝天空敞開的靜寂山丘上，閃現了他們信仰的電光嗎？」愛德蒙・威爾遜(Edmund Wilson)在一次訪問聖地時問道。「聖經上記載的殘暴戰爭是在這裡打的嗎？看起來〔聖經乃是出自〕這蒼白而透明的天空之下，點綴著石頭和羊群的平靜小山丘的歷史，是多麼地不可能啊！」①就連猶太的歷史，從外面來看，也不算什麼。它當然不是沉悶的歷史，可是以外在的標準來衡量，就如數不清的其他弱小民族的歷史一樣，像巴爾幹人，或有可能像北美的原住民。弱小民族總是被趕來趕去。他們被人趕離家園而拼命努力設法返回。與亞述、巴比倫、埃及和敘利亞的歷史比起來，猶太歷史完全是小兒科。

如果猶太人成就的關鍵不是在他們的古老，也不是在他們的土地和歷史的分量，那麼是在哪裡呢？這乃是歷史中最大的迷惑，有好多答案被提了出來。我們所追隨的線索是這樣的：把猶太人從微賤抬高到永久性宗教上的偉大，乃是因為他們追求意義的熱情。

神的意義

「太初，神……」從頭到尾，猶太人對意義的追求，乃是根植在他們對神的了解上。不論人民的哲學是什麼，它必定要顧及「他者」(the other)。這有兩個原因。第一，沒有人認真地自稱是自我創造的；正如他們不是創造自己的，別的人民（同樣也是人）也不曾創造自己。由此可見人類乃是由自己以外的某種東西所生出來的。第二，每一個人在某一時刻都會發現自己力量的有限，可能是無法舉起一塊大石頭，或是一陣海浪把你的村子捲走時。因此更增加了吾人所自來的「他者」的力量，一個普遍化了的「他者」強調了吾人的有限性。

把這兩種無可避免的「他者」融合在一起，人們會追問這樣做是否有意義。四種特性可以使它無意義；如果它是平凡的、混亂的、非道德的或敵對的。猶太思想的勝利是在它拒絕放棄意義而去選擇其中任何一種情況。

猶太人把「他者」人格化而抗拒了單調平凡。這樣他們就與同時代的古代人一致了。無生命的(the inanimate)概念——無感覺的死的物質由盲目的、非人格的律法來支配——乃是一種較後出現的推測。對於早期的人來說，太陽能夠降福或晒灼，賜予肥沃的大地細雨和暴風雨，生的奧祕和死的真實，都不能由機械律則管制的物質塊來加以解釋。它們乃是整個由感覺和目的所瀰漫著的世界之一部分。

我們可以輕易地恥笑早期希伯來人的擬人論，他們把終極真實想像成一個人漫步在清晨陰涼的伊甸園中。不過當我們透過這種觀點詩意的具體性來把握其潛在的主張時——在最後的分析中，終極真實更像是人而不是物，更像是心靈而不是機器——我們就必須問我們自己兩個問題：第一，有什麼證據是反對這一假設的？似乎是完全闕如，使得一個如懷德海這樣知識淵博的哲學家兼科學家毫無保留地接受了這項假設，第二，這一概念比起其他的選擇來說在本質上是否較差呢？猶太人乃是想捕捉他們能夠想像的有關「他者」的最高超的概念，一個包含有如此無窮價值的「他者」，使得人類無法開始去窺探其豐富。猶太人在人身上找到的深度和奧祕，遠比在身邊的任何其他奇妙事物為大。除了擴大和深化這人格性的範疇去涵蓋它，他們又如何能忠於這項有關「他者」的價值的信念呢？

　而猶太人與他們的鄰人所不同的，並不在於視那「他者」為人格性的，而在將其人格主義集中在單一的、至高的、超越自然的意志上。對於埃及人、巴比倫人、敘利亞人以及當時次要的地中海人，每一種主要的自然力都是一個不同的神祇。暴風雨是暴風雨神，太陽是太陽神，雨是雨神。當我們轉向希伯來聖經，就會發現處身在完全不同的氣氛中。自然在這裡是獨一的萬物之主(Lord)的一個表現。正如一位研究古代中東多神教的權威寫道：

> 當我們在詩篇(Psalm)第十九首中讀到，「諸天宣佈了神的榮耀；蒼穹展現了他的手藝！」我們聽到一股嘲笑埃及人和巴比倫人的信仰的聲音。諸天，對於詩篇作者來說乃是神的偉大的一名見證，對於美索布達米亞人，卻正是神性本身的威嚴，那最高的統治者，安努(Anu)。對於埃及人，諸天象徵聖母的神祕，通過它，人得以再生。在埃及和美索布達米亞的神聖者，被理解為是在宇宙之內：而諸神是在自然之中。埃及人從太陽中看到一個人對於創造者可能知道的一切；美索布達米亞人視太陽為Shamash神，正義的保護者。但是對於詩篇作者，太陽是神的忠實僕

人，他像一位新郎從臥室走出來，「有如一個強壯的人為了一次跑步競賽而歡心。」詩篇作者和先知的神不在自然中。祂超越了自然……看來希伯來人，不亞於希臘人，脫離了他們的時代一直以來都盛行的玄想模式。②

雖然希伯來聖經除了雅威（Yahweh，在許多翻譯中被誤讀為耶和華Jehovah）之外還有其他諸神的引證，卻並不能推翻猶太教對整個中東宗教思想的基本貢獻是一神論的主張。仔細閱讀其文本，顯示其他諸神不同於雅威的有兩方面。第一，他們的起源是出自雅威——「你們是神，那最高者的兒女，你們全部。」（詩篇82：6）第二，不同於雅威的，他們是會死的——「你們會如凡人一般死去，像任何王子一般倒下。」（詩篇82：7）這些的不同，有足夠的重要性清楚地把以色列的**神**置放於不同於其他諸神的範疇之中，不僅是在程度上而且是在類別上。他們不是雅威的對手；他們乃是**神**的從屬。從一開始，可能從聖經記載的最早開端，猶太人就是一神論者。

這一項在宗教思想上成就的意義，最終乃是在其引入生命的焦點。如果**神**乃是個人無保留地把自己交託出去的對象，擁有比一還要多的神，就是過著一種不專一的生活。如果生命是整全的話；如果個人不願把自己的日子花在從一個宇宙的官僚（指各種各樣的神）到另一個官僚，去發現誰是在負責的話，總之，簡單地說，如果有一條使生命走向實現的一貫之道，這條道路可以找到，並且得以走近它，就必然有那支持著這條道路的「他者」的單一性。而猶太人是有這樣的單一性的，且一直是其信仰的基礎。「以色列啊！你要聽，

主我們的**神**，**主**是獨一的。」（申命記6—4）

剩下來的問題是，現在視為人格性的、終極為一的「他者」，是否非道德的或敵意的。如果它是兩者之一，這也會使意義落空。當人們依道德考慮來行事的時候，人與人之間的生活顯然會更為順暢地運行；但是如果終極的真實並不支持如此的行為，如果世界是個德行沒有報償的地方，人們就會面臨絕路，而不知如何生活。至於「他者」的性質對人來說，祂的力量顯然地大過人的力量，倘若祂的意願與人的幸福違背，則人的生命不僅不是充滿意義，而且可能只是一場貓捉老鼠的游戲。這種洞見使得盧克萊修(Lucretius)在離地中海附近不遠的羅馬，可以在其實是宗教的基礎上宣揚他的無神論。如果諸**神**乃是如羅馬人所相信的那樣——非道德的、報復的、任性的——那麼，有意義的存在就必須反對或揚棄他們。

猶太人的**神**，完全沒有這些在他們鄰國的諸神身上多多少少具有的特徵。也就是在這裡，我們看到了猶太思想最高的成就——並非在一神論本身，而是在其歸之於他們直覺為一的**神**的性格上。希臘人、羅馬人、敘利亞人以及多數的其他地中海地區的人，說到他們的神的性格都會提到兩點：第一、他們是傾向於非道德性的；第二、對於人類，他們大多是無動於衷的。猶太人在這兩點上都倒轉了他們同時代人的想法。奧林匹克諸神，孜孜不倦地追逐美女之際，西奈的**神**卻照顧著寡婦和孤兒。美索布達米亞的安努(Anu)以及迦南人的El，繼續奉行其超然冷漠的作風之際，雅威說到亞伯拉罕的名字，把他的人民從奴役中提升起來，並且（依照以斯帖Ezekiel的先見）在巴比倫將孤單、憂愁的猶太放逐者找出來。**神**乃是正義的**神**，祂的愛心與仁慈是直到永遠永遠的，祂溫柔的憐憫表現在一切祂的作為之中。

那麼，這就是希伯來人對擺在人類面前的「他者」的概念。它不是單調平凡的，因為在其中心是一位威儀萬千的王。它不是紛亂的，因為它凝聚在一種神聖統一中。是不道德和不關心的反面，它以正義和愛的神為中心。那麼，我們還會奇怪嗎，當發現猶太人像找到新大陸似地歡呼道：「在諸神之中有誰像祢呢，啊！雅威？」「哪一個偉大的國家有一位神像主那樣？」

創造的意義

在《卡拉馬助夫兄弟》中，杜斯妥也夫斯基讓伊凡衝口說出：「我不接受神的這個世界，雖然我知道它是存在的，我完全不接受它。並不是說我不接受神，你必須明白，而是祂所創造的世界，我不要也不能接受。」

伊凡並不是唯一發現神或許是好的，而世界卻不是。所有的哲學都做了同樣的事：希臘的犬儒哲學，印度的耆那教派。對比起來，猶太教肯定世界的善，是通過由神創造世界的假定所得來的結論。「太初神創造了諸天與地」（創世紀一：一）並且宣佈它是善的。

說宇宙或整個我們所知的自然存在的領域是神創造的，是什麼意義？哲學家可能會把這樣的聲明，解釋為世界產生的方式，然而它純粹是個宇宙發生論的問題，對我們如何生活毫無關係。世界到底有無第一因？我們對這個問題的答案，似乎與我們對生命的感受沒有什麼關係。

不過，肯定宇宙是**神**創造的，還有另外一面。從這第二個角度來看，這項肯定不是指世界所自來的方式，而是指其經手人的特性。與第一個論題不同的是，這一項深刻地影響著我們。每一個人總有什麼時候會問他或她自己生命是否值得。當遭逢逆境時，更會懷疑有沒有意義繼續活下去。那些下結論說沒有意義的人，即使沒有一了百了去自殺，也一步一步地放棄了，日復一日，年復一年地荒廢了生命。**神**這個字不論有什麼其他意思，它的意思是力量和價值聚集在一個存在上，其意志不能被阻撓而且其意志是善的。在這一意義下，肯定存在是**神**創造的，就是確定其無可懷疑的價值。

在艾略特(T. S. Eliot)的《雞尾酒會》(*The Cockiail Party*)中有一段講到這一點。西里亞對愛情不單失望而且幻滅了，她去求助於一名心理醫生，以如下驚人的開場白來開始她的第一次會診：

> 我必須告訴你，
> 我真的喜歡以為我有什麼地方不對勁，因為，如果沒有的話，
> 那就是世界本身有什麼地方不對勁——那可就更嚇人了！
> 那就可怕了。因此我寧可相信
> 我有什麼毛病，而那是可以醫好的。

這幾行詩，是針對生命所要求的最基本決定而說的。生命中事情不斷地在出錯。當它們如此發生的時候，我們要如何作結論呢？最終，只有兩個選擇。有一個可能是，錯誤出在星星，親愛的布魯特斯（Brutus，譯註：刺殺凱撒的兇手）。許多人都是這樣下結論的，這些人包括嘲弄者，他們提議能給孩子的最好教育型玩具，就是沒有任何兩塊可以拼在一起的拼板玩具；也包括哈代（Thomas Hardy），他推斷說，那生產出這樣一個生來就是如此悲劇性的宇宙的力量，必然是某種愚蠢的植物。在毛姆（Somerset Maugham）的《人性枷鎖》（*Of Human Bondage*）中，一個波西米亞的浪子給了主角菲力浦一塊波斯地氈，向他保證說仔細研究那塊地氈，就能令他了解生命的意義。贈送的人死了，菲力浦仍然停留在黑暗中。一塊波斯地氈上的複雜圖案又如何能夠解決生命意義的問題呢？當最後漸漸明白了，答案似乎是很清楚的：生命沒有意義。「因為根本就沒有一個為什麼或所以然。」

這是一個可能。另外一個可能是當事情不對了，錯誤不在星星，而在我們自己。兩個答案都不能客觀地得到證實，不過哪一個能夠引出較多創造性反應則是毫無疑問的。在一種情形下，人類是無助的，因為他們的麻煩出在存在本身之拙劣性格，那不是他們的力量可以補救的。另外一個可能性則挑戰人們去仔細看清楚身邊的事——在他們能夠造成變化的地方去找自己問題的原因。由這樣的眼光看來，猶太人肯定世界是**神**之創造，就給他們配備了一項有建設性的前提。不論命運是如何絕望、不論發現自己處身在多麼深的死蔭幽谷中，他們永遠不會對生命本身絕望。意義永遠等在那裡去任你贏取；創造地去回應的機會永遠不會沒有。因為世界是由**神**塑造，祂不單把短暫時限分配給諸天，而且祂的善永遠持續。

到目前為止，我們談到的是猶太人對整體創造的評價，不過聖經的說法有一個因素值得特別注意：其對自然的看法——就是存在界之物體的與實質的部分。

希臘大部分的思想對物質採取一種黯淡的觀點。印度哲學也是一樣，認為物質像一個野蠻人，會破壞它所接觸的一切。在這樣的思想脈絡中，得救所涉及的是把靈魂從物質的容器中解放出來。

創世紀第一章,開宗明義（如我們所看到的）就以這樣的話「太初**神**創造了諸天與地」開始，是多麼地與眾不同：現在再加上重點，而以**神**檢查「一切祂所創造的，看吧！它很不錯」為其高潮。我們應該注意這個「很」字，因為它對整個猶太人的，以及隨後的西方自然觀發出了一聲歡唱。猶太人拒絕把存在的形體面當成是幻覺的、有缺陷的或不重要的，他們向各方面窮追著意義。如**神**創造世界的清晨那麼清新，自然乃是為人享受的。豐富的食物使得那被承諾的地是「一塊美地，那土地上有溪流、泉水以及地下水溢滿了河谷和山丘，土地上長了麥子、大麥、葡萄藤、無花果樹和石榴，還有橄欖樹和蜂蜜，你從來不愁會缺少麵包吃的一個地方」（申命記8：7—8），性也是好的。像Essenes（譯註：巴勒斯坦宗派，流行於紀元前二世紀到紀元二世紀，主張苦行、獨身，重精神的純潔性）的少數派運動有時可能會下相反的結論，不過就整體來說猶太人對婚姻是很尊重的。先知們看到財富不均而痛加指責時，背後的整個假設正好是與一般所謂的財富是壞的相反。他們說財富太好了，更多的人應該擁有更多的財富。

對自然如此肯定而開朗的態度，似乎的確把猶太教與印度的基本看法劃分開來了。不過，它與深刻欣賞自然的遠東的看法並沒有明顯的不同，把希伯來對自然的看法，與中國人的看法加以區別，一直要到我們留意創世紀這關鍵性的第一章第三段的小節，區別才會表露出來！在第二十六小節中，說到祂要創造的人：「讓他們管轄……整個的大地。」與中國在《道德經》中所表現的相反情懷是多麼地不同：

那些要接管大地
按照他們的意志來塑造它
永遠不會，我警告，成功。
(譯註：原文應是「將欲取天下而為之者，吾見其不得已。」(二十九章))

如果我們把創世紀開頭篇章中有關自然的三項重要斷言命題化——

神創造了地；
讓「人類」管轄地；
瞧，它是很好的……

——我們看到的是對自然的欣賞，相信人能好自為之地善用其力量，這在當時是很特殊的。

眾所周知，這種態度注定會有其結果，即現代科學最先發源於西方世界並非偶然。鄧寶(William Temple)大主教慣常說猶太教及其後代——基督宗教，乃是世界上最物質主義的宗教。再把伊斯蘭教加上去，就可以說源自閃族的宗教具有與眾不同的特色，就是主張人根深蒂固地既是身體又是靈魂，並且這樣的結合並不是一種負面的條件。從這一基本前提可以有三項系論(corollaries)：(1)生命的物質面是重要的（因之西方強調人道主義和社會服務)；(2)物質得以參與在拯救情況本身之中（出「耶穌」身體復活的教義而確立）；(3)自然能夠款待**神**（**神**的國度會來到「地上」，基督宗教在其上又加上了道成肉身的教義）。

人存在的意義

人類思想的最關鍵性因素乃是自我主導的。作為人的自我，過人的生活，究竟有什麼意義？

這裡，猶太人也找尋著意義。他們對人性極端地有興趣，不過並非為了其動物性的一面。他們要生命的真理。他們要了解人的情況，以便使自己達到最高的成就。

猶太人非常清楚人的限制。與諸天的威儀比起來，人是「塵土」（詩篇103：14）；面對著自然的力量他們可以被「壓死像一隻飛蛾」（約伯記4：19）。他們在世上的時間很快就過去了，像清晨茁長的草般，卻「在晚上憔悴而枯乾」（詩篇90：6）。就算這樣短暫的生命也混合著痛苦，使得我們的歲月結束「似一聲嘆息」（詩篇90：9）。猶太人不只一次，而是多次重複被迫發出這修辭性的問題：「人算什麼」致使**神**對他們要稍作考慮？（詩篇8：4）只要知道以色列人愛好自由思想並且拒絕壓抑懷疑，我們就不會奇怪他們會有這樣的猜想：「人……只不過是動物罷了。因為人的命運和動物的命運是一樣的；一個死，另一個也是死。」（傳道書3：18—19）這裡所說的乃是對於人種的生物學解釋，其態度之不妥協正如任何十九世紀所出現的生物學解釋一樣。不過，有意思的是，這項偶然的思想並沒有流行。猶太人對人性看法的明顯特徵在於，它並非無視於其脆弱，卻繼續肯定其說不出的宏偉。我們乃是塵土和神性的混合體。

上面所用的「說不出」這個字並不誇張。詹姆士國王版本的《聖經》，把猶太人有關人的位置的核心主張翻譯成這樣：「祢把他造得比天使低一點」（詩篇8：5）。天使這個字是完全翻錯了，因為原來的希伯來文，明明是「比諸神（或**神**）低一點」——希伯來語*'elohim*的單複數是不確定的。為什麼譯者要把神祇降低成天使呢？答案似乎是顯而易見的：並不是他們缺少學識，而是他們缺少希伯來人的膽量——甚至可以說是勇氣。我們能夠尊重他們的「保留」。寫一個好萊塢劇本其中每一個角色都是那麼好是一回事，要令這些角色像真的一樣又是另一回事。沒有人指責聖經說它裡面的人物並非是真的。就算是最偉大的英雄，像大衛吧，也毫無掩飾地被表現了出來，那麼地「如實照錄」，以至於撒母耳記被稱為是古代世界最忠實的歷史文字記錄。然而不論多少寫實主義也不能減少猶太人的抱負。雖然有時候是該當得到像「蛆和蟲」（約伯記25：6）的稱號，卻也同樣是**神**「冠之以榮耀和尊貴」的存在（詩篇8：6）。猶太教士的一種說法是，只要一個男子或女子走在街上，他或她的前面都有一個看不見的天使合唱團呼喚道：「讓路！讓路！給神的形象讓路」。

說到猶太人對人性論的寫實主義，到目前為止我們強調了它對肉體限制的認識：軟弱、對痛苦的感受性、生命的短暫性。但我們尚未探究其寫實主義的全幅範圍，除非我們補充說他們視基本的人性限制是道德的而不是肉體的。人不僅是脆弱的；他們還是罪人：「我生而有罪，自母親懷我時就是　個罪人」（詩篇51：5）。如果說這節詩是主張人是全然腐敗的或者性是邪惡的，那就完全弄錯了。這兩種意見都是外來的，完全與猶太教無關。不過，這節詩篇的確對猶太人類學提供了某種重要的東西。罪（sin）這個字的字根意思是「達不到目標（to miss the mark）」，而這個民族（雖然他們有高貴的出身）卻一直繼續在這樣做。本意是要高貴的，他們卻往往是某種較次等的東西；本意是要慷慨的，他們卻抓緊著不給人。原本被創造得不僅僅是動物的，他們卻常常沉淪到只不過是動物而已。

然則在這些「缺失」中，錯誤卻從來都不是必然的，猶太人從不懷疑人的自由。第一項記載的人類行為就包含了自由的選擇。在吃伊甸園中的禁果這件事上，的確，亞當和夏娃是受了蛇的誘惑，不過他們是可以拒絕的。蛇只不過引誘他們罷了，這很顯然地是一個人的墮落的故事。無生命的物體除了自己而外沒法成為別的東西；它們按照自然和境遇的規定。人類，一旦被創造了，無論造就或毀滅自己，乃是通過自己的決定來鑄造自己的命運。「停止作惡，學習為善」（以賽亞書1：16－17）——只有人可以遵守這項指令。「我在你面前設置了生與死……因此選擇生。」（申命記30：19）

最後，猶太人認為他們的神是仁愛的，因此可以說人是神的摯愛的兒女。在整部《聖經》中最溫柔的暗喻之一，何西阿(Hosea)想像神呼喊人有如他們是學步的嬰兒：

是我教以法蓮人走路，
我把他們摟在我的懷裡；
我用慈繩愛索牽引他們。
我待他們就像把嬰兒舉起
放在面前。
我怎麼能捨棄你，以法蓮人哪，
我怎麼能把你交出去，以色列啊？
我的心在我內部收縮，
我的同情增長變得溫暖柔和。
（何西阿書11：3—4，8）

甚至在這如此廣大無邊並交織著自然強大威力的世界上，男人和女人卻還是能夠像孩子們在自己家中一樣完全被接受，並且充滿信心地在其中自由來去。

我們以最富創意的方式所能想到有意義的人的存在形象，有些什麼成分呢？去除了人的脆弱性——如草，如一聲嘆息，如塵埃，如被壓死的飛蛾——衡量就變得浪漫了。去除了宏偉——比神稍低一點——抱負就減退了。去除了罪惡——達不到目標的傾向——感傷性就來威脅了。去除了自由——今天你就要選擇——責任心就此破產。最後，去除了那神的根源，生命就變得疏離、鬆脫了纜，在冰冷不關心的海洋上飄流著。在這二千五百年之間所發現的有關人的生命的種種，很難在這樣的評估中找到一點瑕疵出來。

歷史的意義

讓我們從一個對比談起。「按照多數的古典哲學和宗教，」一位歷史家寫道，「當人通過理性的冥想或神祕的攀升，跨越了我們稱之為『歷史』的事件之流，終極的真實才會顯示出來。目標是去理解那不可預知的人類命運所不能影響的真實秩序。比方，在印度，感官經驗世界被當作是*maya*，幻覺；因此宗教人尋求從生命之輪中解脫出來，使得他的個體得以消融到世界靈魂（World-Soul），梵天（Brahma）中去。或者，希臘哲學視世界為一種自然的過程，像四季的轉換，永遠是遵循著同樣理性的設計。不過，哲學家卻能夠把心智關注在屬於那外在秩序的、不變的絕對上，而因之得以翺翔於歷史的重複週期之上。這兩種看法與聖經的主張是十分不同的，它說神是在變化、掙扎的世界限制之內找到的，特別是祂把自己在獨一的、特殊的、不會再重複的事件中啟示出來。對於聖經來說，歷史既非幻覺，也非一種自然的循環過程；它乃是神有目的的活動場所。」③

當我們問歷史是否有意義的時候，什麼會受到挑戰呢？是我們對社會秩序以及其中的集體生命的整個態度。倘若我們決定歷史是無意義的，那麼隨之而來的是：生命中的社會、政治以及文化的脈絡都不能保證主動的關懷。生命的樞紐性問題會被斷定是在其他地方，至於在什麼地方，則要依我們超越境遇及克服境遇的程度而定。由於我們這樣看待事情，我們對困擾社會、文化，和文明的問題就不會有什麼興趣，並且覺得對它們沒有什麼責任。

希伯來人對歷史的評估正好與這種不關心的態度相反。對猶太人來說，歷史有極重要的意義。首先，它是重要的，因為他們相信生命所生活的脈絡，在每一方面都影響著那個生命，為它製造了問題、勾畫出機會、限制了結果。我們不可能離開特定的情境（如伊甸園與洪水）來談論亞當與諾亞（聖經中每一位主要角色皆如此），因為他們受特定的情境所環繞，並且他們也因著回應這樣的情境而塑造了自己的生命形態。希伯來聖經中所描述的事件都是有深厚的前後處境關係的。

第二，如果處境是左右生命的關鍵，那麼集體行動亦然；我們通常稱之為社會行動。有時候唯一可以改變事物的方法就是一起來做——計劃、組織，然後一起做。在埃及的希伯來奴隸的命運，並不是被描述為要靠個人培養一種能容忍身體鎖鍊的精神自由，讓各個人「超越」其奴隸性格。他們需要的是集體站起來走向沙漠。

第三，歷史對猶太人重要，是因為他們視它為一個充滿機會的場地。由於它是由**神**來統治的——喀爾文(John Calvin)所謂的「**神**的榮耀戲院」(theater of God's glory)，是根據這舊約基礎推論出來的——歷史中所發生的沒有一件是偶然的。雅威的手在每一事件中有所作為——在伊甸園、洪水、出埃及、巴比倫的流亡——把上面列出的每一事件為祂的人民塑造成有教育性的經驗。

最後，歷史是重要的，因為生命的機會並非單調地相同。事件雖然全都重要，卻並不是同樣地重要。並非任何人在任何地方、任何時候，都能在歷史中發現有相等的機會等在那裡。每一個機會都是獨一無二的，不過有的卻是決定性的：「在人的事務上有一股潮流，在洪水中奔逝，朝向幸運。」因此，歷史必須小心應付，因為當機會過去之後就永遠地消失了。

這種事件的獨特性集中體現在希伯來的兩項觀點上：⑴有關**神**在某種重要時刻上會直接干預歷史；⑵有關接受**神**的特別挑戰的選民。兩者都在亞伯拉罕的史詩中得到生動的敘述。這一史詩之前有一篇非凡的序幕，創世紀I–II，敘述了世界從其原初的、純樸的善良，如何一步步墮落。不服從（吃禁果）緊接著就是謀殺（該隱殺害亞伯），男女亂交（**神**之子與人之女），亂倫（諾亞的兒子們），一直到需要洪水來把這些污穢清洗乾淨。在腐敗之中，**神**並非是不活動的。以其腐敗為背景，在蘇美人（Sumeric）統一國家最後日子當中，**神**召喚亞伯拉罕。他將出發到一個新的地方去建立一個新的民族。那個時刻是決定性的。因此亞伯拉罕回答了召喚，他不再是無名的了。他成了第一個希伯來人，第一個「選民」。

我們需要回到這「選民」的論題上，不過目前我們必須問，是什麼給予猶太人對歷史意義的洞見。我們已經注意到了他們在歷史中所找到的那類意義。是什麼令他們視歷史是體現這個意義的？

對印度來說，人類命運是完全在歷史之外的。人住的世界（如我們所見）是「中間世界」。善與惡、樂與苦、對與錯以差不多相等的比例編織起來作為其經緯。事物就繼續如此。

一切清洗世界、改變其性質的想法，在原則上是錯誤的。以色列的鄰人們，其自然宗教通過不同的道路得到相同的結論。對於他們來說，人的命運的確是在歷史之內，不過是在現在這種狀況的歷史之中，而不是在未來可能成為的歷史之中。我們能夠看到何以改變——特別是變得更好——並未出現在自然宗教信徒的心中。如果吾人的眼光只專注在自然上，就不會另外在別處尋求滿足。但是重點在於：這樣的人不會夢想去改善自然或其所延伸的社會秩序，因為這些是被當作根植在事物本性之內，而不能任人來加以改變的。埃及人不會質問太陽神，拉(Ra)，是否如他所應該的那樣來照射，正如現代的天文學家，不會疑問太陽是否以適當的速度在消耗其熱量一樣；因為在自然中其重點乃在「是什麼」，而不在「應該是什麼」——是實然(is)，而不是應然(ought)。

以色列人對歷史的看法與印度及中東多神教不同，這是因為他們對**神**有不同的觀點。如果將這個論點提升到自覺的辯論層次上，他們就會反對印度的說法，認為如果對他們的命運來說物質完全是偶然的，**神**就不會把人創造成是物質的存在。對於自然多神論者，猶太人會辯稱自然並非自足的。因為自然是**神**所創造，**神**並不能與之化而為一。把**神**與自然保持區別的結果是重大的，因為它意味著「應然」不能化為「實然」——**神**的意志超越（並且能不同於）內在的現實。用雙重的手法，既把人的生命與自然秩序牽涉在一起，卻又不將之限制在那秩序之中，猶太教所建造的歷史是既重要而又得受批評的。那些不領受歷史教訓的人，是注定要重複同樣的錯誤的。

環繞著猶太教的那些自然多神教全都支持現狀。各種現實條件可能並非完全如人所願，但是多神教者卻以為這些條件也有可能更糟。因為設若自然的威力存在於許多神祇中——在美索布達米亞，他們的數目可以千計——這些神祇彼此爭吵，而造成混亂的危險永遠可能存在。因此宗教的注意力就是要盡可能地保持現狀。埃及的宗教一而再地以「激情的民眾」對比於「沉默的民眾」，並因為後者不惹麻煩而加以讚揚。自然多神教從來沒有釀成有原則的革命是毫不足奇的了。傳統上，印度宗教也同樣有保守的傾向；因為如果多神教懼怕變化，印度教更認為實質的社會變遷是不可能的。

對比起來，在猶太教，歷史是處於其神性的可能性與其表現的挫折之間的緊張中。應然及實然之間存在著尖銳的緊張性。結果，猶太教為社會抗議奠定了基礎工作。當事情不是如它們應該的那樣的時候，就會需要某種形式的變化。此一觀點產生了效果。乃是在受到猶太人歷史觀影響的基督宗教及某些伊斯蘭教地區，才發生了追求社會進步的主要衝刺。先知們確立了模式。「受到宗教承認的保護，猶太國的先知們是一股改革的政治力量，在隨後的世界史中從來未曾被超越過，也或許沒有與之比肩的。」受到「事情不當如此」的信念燃燒，他們以神之名為神說出一種改革的調子，令「海德公園以及專事報導醜聞的報紙最得意的時期都要感到慚愧。」④

道德的意義

人是社會的動物。若一旦出生之後就與同類隔絕的話，他們就將永不能成為人；然而與他人共處時，他們往往是野蠻的。對道德的需要就是出於這兩方面的事實。人不喜歡道德規則就如同他們不喜歡紅燈或「不許左轉」的信號一樣。但是沒有了道德的約束，人的關係將會變成好像在芝加哥市中心每個人隨自己的意思開車所造成的交通癱瘓一樣。

猶太人對「那些使人自由之聰明的約束」所作的陳述，包含在她的律法(Law)之中。我們將會有機會注意到這種律法含有儀式的以及倫理的指示，不過目前我們只關注後者。按照猶太教士的看法，希伯來聖經包含有不下於六百一十三項規約人的行為的戒律。舉出其中的四項就足以達到我們的目的了：十誡中的四項倫理前提，因為通過它們——希伯來的道德才產生了最大的效果。被基督宗教和伊斯蘭教所挪用的十誡，構成了西方世界極大部分的道德基礎。

在人的生命中有四個危險區域，如果失控的話就會造成無盡的麻煩：暴力、財富、性和語言。在動物的層次，這些都受到很好的箝制。有兩項根本是很少出現問題的。語言沒有產生問題，因為動物溝通的能力不足，根本不會有嚴重的欺騙。財富當然也一樣，因為要在這方面造成嚴重的社會問題，對財富的追求所需要的預見和持續貪欲的程度，在動物國度是沒有的。至於說性和武力，也不構成嚴重的問題。週期性使性不至於變得執迷，內在的機制克制住了暴力。除了螞蟻是奇異的例外，物種內部的戰爭很少發生。當它發生的時候，通常物種就會自我毀滅了。

可是在人情況就不同了。嫉妒、怨恨和報仇能夠造成暴力，除非將之控制住，不然就會把社群撕得粉碎。謀殺所挑起的家族仇恨可以沒完沒了地持續下去。性，如果冒犯了某種禁忌，所引起的激情可以強烈到毀滅整個社群。盜竊和撒謊也是一樣的。我們可以想像人們在這幾方面都得以任意胡為的社會，但是現今人類學研究了整個地球之後，並沒有找到這樣的社會。顯然地，就算曾經嘗試過全然放任的話，其發明者也未曾生存下來可以供人類學家研究。或許在此，遠超過在別處，我們見到了人類不變的常數。巴黎人是邦哥地人(Bongolanders)的堂兄弟；二十世紀世故深的人與原住民有親屬的關係。如果歷史要繼續下去，所有的人都必須控制他們的胃口。

十誡在這些範圍中所指示的，乃是使得集體生活成為可能的最低標準。在這個意義下，十誡之於社會秩序，就如同創世紀的首章之於自然秩序一樣；沒有前者，剩下的只能是一個沒有形式的虛空。創世紀建構（因之創造）了物質世界，十誡則建構（因之可能產生）了一個社會世界。對於暴力，他們事實上說：你可以爭吵打鬥，但是不可以在同一族群之內殺人，因為它所引起的族群仇恨會粉碎社會。因此「你不可殺人」。對性也是同樣的。你可以是個累犯，到處拈花惹草，甚至於亂交，雖然我們並不推許這樣的行為，也不以法律來追究你。但是到了一個地步就得劃上一條界線：結了婚的人，在婚姻盟約之外從事性上的放縱行為是不許可的，因為它所挑起的激情是不見容於社會的。因此「你不可通姦」。至於說財富，你可以隨你高興累積很多的財富而且精於此道。不過，有一件事你不可以做，就是把別人的直接奪為己有，因為這違反了公平競爭的意義，所造成的敵視將變成不可控制。因此「你不可盜竊」。最後，關於語言，你可以掩飾以及含糊，但是在某種時刻，我們要求你講真話，全部真話，只可以是真話，不可以講任何別的。如果紛爭到了一個地步要到法庭上來裁決的時候，這時法官必須知道真相。如果你那時發了誓要講真話卻說了謊，懲罰將是嚴厲的。「你不可作偽證」。

十誡在其倫理層面的重要性，不在於其特殊性而在於其普遍性，不在於其終極性而在於其基礎上的優先性。它們在所接觸的題目上之發言並非是最後的；它們所說的話是必須要說的，其他的話才會隨之而來。這就是何以，自西奈山之後三千多年，它們仍然是「道德的世界語（esperanto）」。這使得海涅驚嘆那接受十誡的人：「當摩西站在上面，西奈山顯得多麼渺小啊，」而聖經的書寫者明確地斷言，「在以色列再沒有產生另一個像摩西那樣的先知。」（申命記34：10）

公正的意義

西方文明有兩個信念要歸功於一群我們稱之為先知的傑出人物，遠超過歸功於任何其他人。這兩個信念是：(1)任何人民的未來大都有賴於其社會秩序的公正，以及(2)個人要對其社會的結構以及個人直接的行為負責任。

今天如果有人被指為先知或預言者，我們就想到占卜家——某人可以預知未來。這可不是這個字的原初意思。「先知」出自希臘字*prophetes*，其中*pro*的意思是for（為了）而*phetes*的意思是to speak（說）。因此，在原初的希臘語，一個先知乃是某人為另一人「說話」。這個意思是忠於原來希伯來字意的。當神委託摩西要求埃及法老釋放他的人民的時候，摩西

抗議說他說不出來，**神**說：「你的兄弟亞倫將是你的先知。」（出埃及記7：1）

假如對希伯來人，先知的一般意思是「根據另外一個人的權威而說話的人」，它的特殊意思（慣常指在聖經時期特殊的一群人）是「為**神**說話的人」。一位先知不同於其他人之處，在於他的心靈、他的語言甚至有時候他的身體，可以成為**神**對當下歷史情況發言的管道。

回顧以色列的先知運動，顯示它並不是一項單一的現象。摩西本人自成一格，但是先知運動卻經過了三個階段，在每一階段中，**神**以不同方式運作著。

第一期是先知行會（Prophetic Guilds，或公會、協會），撒母耳記上的第九、第十兩章對它提供了最好的一瞥。在這個階段，預言是一種群體現象。先知在此階段中不被指認為個人，因為他們的才能不是個人所有。在成群結隊的行旅中，預言對於他們乃是一種需要一群關鍵性的大眾才能產生的田野現象。當代心理學家會把它當作是一種集體的、自我引發的狂喜形式。佐之以音樂和舞蹈，一個先知隊伍可以把自己造成一種瘋狂狀態。其各成員會喪失掉他們的自我意識而進入一種神性沉醉的集體海洋中。

在此一行會階段（guild stage）中，預言是沒有倫理向度的。先知假定他們被**神**附上了身，只是因為那種經驗帶來了一股狂喜的力量。在第二個階段中，倫理進來了。這乃是前書寫時期個別先知（Individual Pre-writing Prophets）的階段。活躍而有作用，預言開始像發射火箭般，從構成他們基地的團隊中放射出個別人物來。他們的名字留傳了下來：以利亞（Elijah）、以利沙（Elisha）、拿單（Nathan）、米該雅（Micaiah）、亞希亞（Ahijah）。以及其他的——不過由於他們仍然是在前書寫階段，當時還沒有聖經，所以未記載他們的名字。狂喜仍然在他們的預言經驗及力量中甚為突出，因為當「神的手」降臨在這些人身上，他們比戰車還快了三十哩，在平原上被抓起，而被拋到山頂上。⑤不過有兩件事情是不同的。雖然這些先知也有一個行會基地，但他們都能夠在孤獨一人時接受神的降臨。其次，神通過他們來說話更為清楚明白。神已經不再只是把自己作為一種強大的情緒來表現了。情緒支持了神對公正的要求。

聖經中有兩個故事可以從許多故事中抽出來說明這一點。一個故事是拿伯，因為他拒絕把他家族的葡萄園交給亞哈王，就被誣陷為褻瀆和叛變神而被石塊打死；由於褻瀆是死罪，他的財產就被轉給了國王。當這樁醜聞傳到以利亞那裡，神就向他說，「你去見以色列王亞哈，對他說：『主如此說。你殺了人還得了他的產業。狗在何處䑛拿伯的血，也必會在何處䑛你的血。』」(列王紀上21：18—19)

這個故事對人類歷史富有革命性的意義，因為它是講一個沒有官位的人，站在被誣陷的人那一邊，以不公正為理由當面聲討一個國王。吾人要在歷史年鑑中找類同的事是徒勞的。以利亞不是一位教士。對於他所發表出的可怕判決，他自己是沒有正式權威的。以當時常規的模式他會就地被護衛打死。可是因為他是代表一個不是他自己的權威來「說話」，這事實是如此的明顯，使得國王也接受以利亞的判決為公正。

同樣驚人的事件也發生在大衛和拔示巴的事件上。大衛在他家屋頂上瞥見了拔示巴洗澡而想要她。可是卻有一個障礙：她是結了婚的。對當時的王室來說這只是一樁小事；大衛只須把她的丈夫除去就行了。把烏利亞派到前線，隨身攜帶著命令，要他到戰鬥最激烈之處，並且撤回支援，好讓他被殺。事情依計而行，的確，這種手續似乎只是例行公事罷了，直到先知拿單聽到了風聲，即刻意識到「大衛所做的事已經使神不悅」。他就逕直到國王那裡，國王是對他的生命有絕對權力的，他對國王說：

主，以色列的神如此說：「你用刀把烏利亞殺死了，又娶了他的妻子做你的妻子，『因此』我會在你自己的家中興起禍患來對付你；我會在你眼前把你的妃嬪賜給你的鄰人，他就在這同樣的日光下與你的妃嬪們同寢。你暗中做了這件事；而我卻要在全以色列面前做這件事。因為你徹底藐視了主，你生的孩子必死。」（撒母耳記下，12：7，9，11—12，14）

在這兩樁事件中令人吃驚之處不是在於國王的作為，因為他們只不過行使著當時普遍被接受的皇家特權罷了。其革命性的前所未有的事實，是先知們挑戰他們行為的方式。

我們已經說過了先知行會以及個別前書寫期的先知們。先知運動的第三個高潮階段隨著偉大的書寫先知而到來：阿摩司(Amos)、何西阿(Hosea)、米加(Micah)、耶利米(Jeremiah)、以賽亞(Isaiah)以及其他。在這個階段中，狂喜也並非絕緣於先知的經驗中；以斯帖記1—3，耶利米哀歌1，以及以賽亞書6（先知「看到主，高高在上」），是其中最令人印象深刻的神顯現的記錄。前書寫期先知對倫理的強調也繼續著，不過此一階段有一項重要的發展。有鑒於一個拿單或一個以利亞，覺察到了神對個人公然不公正的行為的不悅，一個阿摩司或一個以賽亞能夠意識到神對較不明顯的不公正的不滿，因為它們並非由個人通過特殊行為所犯下的，而是隱藏在社會的脈絡中。前書寫期的先知挑戰個人，而書寫的先知則挑戰社會秩序中的腐敗和壓迫人的制度。

書寫先知們發現，他們所處身的時代到處都是不公平、特權以及最惡劣不堪的不義。財富集中在有錢的大公之手，貧民被烙上印記像牛般當奴隸來賣，欠債者被用來換一雙鞋。那是一個主人任意懲罰奴隸，女人屈服於男人，不要的小孩就被遺棄在荒地任其死亡的世界。

在當時，這種道德罪行對於國家(body politic)社會健康的威脅，乃是猶太人政治生活的一項重要事實，不過還有另外一項。外在的危機並不下於內在的危機；由於位置處在東面的亞述和巴比倫的龐大帝國、南邊的埃及以及北方的腓尼基和敘利亞之間，以色列和猶太人處在被毀滅的危險之中。處在類似的情況下，該地區的其他民族假定最後結果是基於所牽涉到的民族神祇相對的力量上——換句話說，基於簡單的民族神祇的力量計算，道德問題是不相干的。可是，這樣一種解釋卻任由機會從這樣的情況中流失，同時意義亦流失了。如果可能發生的事件完全由力量來決定的話，弱小民族所能做的就很有限了。猶太人抗拒了這種看法，乃是出於我們標明的他們對意義的不懈的熱情。就算在似乎是毫無可能另有選擇的情況下，他們仍然拒絕承認任何事件是無意義的，當牽涉道德選擇時，要留下創造性的因應空間。因此，當其他民族會解釋為只是力量的壓迫時，他們卻認為是神的警告，要清洗他們民族的生命：在地上建立公正，否則就被滅亡。

抽象地說，先知的原則可以如下地表述出來：政治安定的先決條件是社會正義，因為就事物的本性而言，不公正是不會持久的。用神學的話來說：神有崇高的標準。神是不會永遠容忍剝削、腐敗與平庸的。這項原則並不違反早先有關雅威是愛的說法。整體而言，先知與讚美詩的作者一樣多講愛而不那麼講正義。後來，一位猶太教士描述兩者的關係如下：

一位國王有幾個空杯。他說：「如果我把滾水倒進去它們就會破裂；如果我把冰水倒進去它們也會破裂！」國王怎麼做？他把滾水與冰水混在一起再倒進去，杯子就不裂了。甚至聖主也是這樣做，讚美主，他說：「如果我創造世界全然是根據仁慈的屬性基礎，世界的罪惡就會大大地增加。如果我創造世界全然是根據公正的屬性基礎，世界如何得以持久呢？因此我將以仁慈和公正兩者的屬性來創造它！希望它得以持久！」⑥

以色列和猶太人的先知乃是歷史上最驚人的群體之一。他們發現自己處身於道德的沙漠之中，而他們說的話世界從此永遠也不能忘記。阿摩司，只是個簡單的牧人，但沒有草是偶然被吹向北方的；相反，他是一個有使命的人，如同他所自來的沙漠般嚴峻而粗魯；他充滿機智和警惕，在貝塞爾(Bethel)的市場中呼喊道，「讓公正像水一般，正義像一條巨大的河流般下洩。」以賽亞，城市出生的、華貴、文雅、善辯，但也一樣燃燒著道德的激情，呼喚一位「將為整個大地帶來公正者」之來臨。何西阿、米加、耶利米——他們形成了怎麼樣的一伙呀！先知們來自各階層。有的是老練的，有的則有如他們所自來的山坡那麼樸素而自然。有的聽見神像獅子般吼叫；有的則在暴風雨之後的死寂中聽到了神的命令。

可是他們都有一個共通處：相信每一個人生來就是神的孩子，因之所擁有的權利連國王也必須尊重。先知們進入歷史的舞台像一股奇異的、根本的、爆炸性的力量。比起他們的同胞來，他們居住在一個更遼闊的世界中，在那個世界之內浮誇和儀式、財富和顯赫都不能算數，王公們似乎是渺小的，而強人的權威比起純潔、公正與仁慈就微不足道了。因此任何地方的男女要在歷史中為長期追求公正而奮鬥的去找鼓勵和啟示的時候，他們最能在先知的響亮宣告聲中找到。

受難的意義

自紀元前第八到第六世紀中，以色列和猶大國（Judah，譯註：巴勒斯坦南部古王國）在敘利亞、亞述、埃及和巴比倫的侵略勢力面前搖擺著，先知們視他們的苦境為神對正義要求的強調，而在他們的受苦中找到意義。神與他的子民之間進行著巨大的論爭，對世俗觀察者來說，是一場並不明顯的牽涉到道德問題的論爭。要糾正一個任性的孩子，一個做父母的可能對他又哄又騙，可是如果言語沒有效果，有所行動就成為必然了。同樣地，因為以色列對神的命令和要求都無動於衷，雅威就毫無選擇地只有讓以色列人領教誰是神了

——他的意志必須奏效。就是為了表明這一點，神利用以色列的敵人來對付他們。因此神說：

以色列人三番四次的犯罪，
我不會免去他們的刑罰；
因為他們為了銀子出賣義人，
為了一雙鞋子賣了窮人——
所以敵人必來圍攻這塊土地，
瓦解你的防衛；
搶掠你的家宅。

（阿摩司2：6，3：11）

耶利米為神幫腔。因為猶太人放棄了正義，神的決定是「使這城為地上萬國所詛咒的」。（耶利米書26：6）

我們能夠體會到，對那即將來臨的厄運，這樣的解釋所需要的道德勇氣。相形之下，假定神是站在我們這一邊，或者聽天由命接受失敗，豈不是要來得容易得多了。

可是，高潮還在後面呢。失敗不可避免。紀元前七二一年亞述人「像狼入羊欄般來臨」把北方的王國永遠從地圖上消除，把它的人民變成「以色列的十個失去的部落」。五八六年，南方的猶大國被征服了，不過其領導階層未被消滅，因為尼布甲尼撒(Nebuchadnezzar)把他們集體趕到巴比倫加以俘虜了。

如果說有一個時期「意義的可能性」似乎沒有什麼希望的話，那就是在此時了。猶太人弄壞了他們的機會，結果遭遇了厄運。現在先知們肯定會承認他們人民的厄運，用自得的口吻說：「我告訴過你們啦。」

這種反嘲，混合著報復和絕望，可不是先知們的詞語。猶太人追求意義中，最令人吃驚的事實，乃是在於這最黑暗的時刻，當意義在猶太人所自掘的最深地層下耗盡時，先知們卻更深地挖進去，而發掘出一條全新的命脈。如果沒有這樣的話，就會變成接受當時普遍的看法，視勝利者的神強大過戰敗者的神，這種邏輯將會終止了聖經的信仰，連帶也終止了猶太人民。拒絕了那個邏輯，就拯救了猶太人的未來。第六世紀一位先知寫道，猶太人在巴比倫帝國做俘虜時——這位先知的名字已經失傳，不過他的話在以賽亞書後面數章中流傳了下來——雅威沒有被巴比倫的神，瑪杜克(Marduk)擊敗，歷史仍然是雅威的範圍。這意味著以色列的失敗必有其意義，對以色列人的挑戰是要再看到這個意義。「第二位以賽亞(Second Isaiah)」所看到的意義在這次並非是懲罰。以色列人需要學習到他們的失敗所要教導的某種東西，而他們的經驗對世界而言也是救贖性的。

由領取教訓這一方面來看，受難所啟發的教訓和洞見，是任何其他東西所不能比的。在這個例子中，戰敗和放逐的經驗教導了猶太人自由的真實價值，雖然他們早期曾經有過在埃及被虜的經驗，卻仍然還是對它不夠重視。有一些文字留傳了下來，透露了流離失所的以色列人精神的苦況——他們多麼沉重地感覺到囚禁他們的枷鎖，如何狂熱地渴望著他們的家園。

我們在巴比倫的河邊坐下，
一追想錫安(Zion)就哭了。
我們把琴掛在那裡的柳樹上，
因為在那裡擄掠我們者要我們唱歌，
搶奪我們者要我們作樂，說：
「給我們唱一首錫安歌罷！」
我們怎能在外邦唱我主的歌呢？
耶路撒冷啊，我若忘記你，情願我的
右手乾枯掉！
情願我的舌頭貼在我嘴巴的上顎。

（詩篇137：1—6）

有的時候只需要簡單的一句話，就足以表示出他們處境的痛苦和艱難：「對你來說不算什麼，啊！過路人。」；或「還要多久，啊！主呀，還要多久？」

當波斯王居魯士(Cyrus)在紀元五三八年征服了巴比倫，而許可猶太人回到巴勒斯坦時，先知們又看到一個只有受難才能全幅傳授的教訓：這個教訓就是能夠在逆境中保持堅定信仰的人將能得到維護。最後他們的權利將得以恢復。

你們要從巴比倫出來，
以歡呼的聲音傳揚開去，
把它宣揚到大地的極端；
說：「主救贖了他的僕人雅各。」
（以賽亞書48：20—22）

不過猶太人自己從他們的被囚遭遇所學到的，並非他們受難的唯一意義。**神**乃是利用他們來把所有的人都需要、卻被安適和自滿蒙蔽而看不到的洞見引進歷史中。**神**通過猶太人的受苦，而在他們的心中燃燒起那將影響整個人類對自由和公正的熱情。

我令你作外邦人的光，
開瞎子的眼，
領被囚的出牢獄，
領坐在黑暗中的出監牢。
（以賽亞書42：6—7）

抽象地說，猶太人在他們的放逐經驗中，所找到的最深刻的意義是代人受難的意義：進入到自願承擔痛苦的生命，以使他人得以減免的意義。第二以賽亞展望有一天地上的諸國會明白，他們曾經藐視過的小國家（此處將之人格化了成為個人），事實上是為了他們在受苦，而把這一般性的原則與其人民的經驗關連起來。

他誠然承擔我們的軟弱
背負我們的病患；
我們卻以為他受罰了，
被神擊打，並且受害了。
哪知他是為了我們的過錯受害，
為了我們的罪孽壓傷。
因他受的刑罰我們得平安，
因他受到的鞭傷我們得到醫療。
我們都像走失的羊；
各人偏行己路；
而神卻把我們的不義
全都罰在他身上。

（以賽亞書53：4—6）

救世主信仰的意義

雖然猶太人能夠在他們的受苦中找到意義，意義對於他們來說並不就在這裡結束。它的頂峯乃是在救世主信仰(Messianism)。

我們可以通過一項顯著的事實進入此一概念中。進步的觀念——相信生命的情況能夠改善，歷史在這一意義下，得以前進到某種地步——乃源自於西方。至於說其他民族有這一想法，則是他們從西方得來的。

這個事實令人矚目，卻似乎是可以說明的。如果我們把自己侷限在兩個持久的文明中——南亞，以印度為中心；以及東亞，以中國為中心及其文化分支⑦——我們會發現其主要面貌是由當權的人所鑄造的；在印度是婆羅門，在中國則是士。對照起來，西方的面貌在這種事情上是決定性地由猶太人塑造，他們在整個形成時期中都是失敗者。統治階級可以滿足於其身分地位，而失敗者就不會。除非他們的精神被粉碎了，而猶太人的精神從來就沒有被粉碎過，被壓迫的人希望改進。這種希望給予聖經上的猶太人一種前進的向上心靈。他們乃是一種盼望的民族，一種在等待的民族——不是要擺脫壓迫者的控制，就是要橫跨進入到福地。

甜美，甜美開濶的延伸的田野
展示在閃亮的碧綠裡；
對猶太人來說，美麗的迦南也如此矗立在那裡，
而約旦則展延在其間。

總結上面所說：受壓迫者只能朝一個方向看，乃是猶太人力爭上游的想像力最終引導西方下結論說，生命的情況整體上來說是可以改進的。

當希望表現成具體的時候就能贏得更多的人心，因此，最後猶太人的希望就被人格化在即將來臨的救世主身上。字意上來說，救世主（來自希伯來文*mashiah*）的意思是「塗油」；不過如同國王和教士們用油塗抹，這個詞就成為一種榮譽的稱號，意指某個被推崇的或「被選中的」人。在巴比倫的放逐期間，猶太人開始希望一位救贖者，能夠令「放逐者的聚集」在他們自己的家園。猶太廟第二次被毀（紀元七〇年）之後，「救世主」的榮銜，是用來指把他們從那分散各地(diaspora)的情況中拯救出來的人。

可是，事情從來就不是那麼簡單，在時間的過程中，救世主的觀念變得複雜了。它的活潑的概念永遠是希望，而這個希望永遠有其兩面性：政治國家面（預見猶太人對敵人的勝利以及他們在世界事務上提升到重要的地位），以及精神的、普遍的一面（他們在政治上的勝利會伴隨著世界性的道德上的進步）。

他們要將刀打成犁頭、把槍打成鐮刀；
這國不舉刀攻擊那國，
他們也不再學習戰爭了。
（以賽亞2：4）

這三種救世主觀念的特徵——希望、復國和世界的提升——保持固定不變，可是在這穩定的框架之內就有了不同的方案了。

一項重大的不同，關係到救世主時代來臨的方式。有的指望救世主真的會出現——一位教士或國王，作為**神**的副手，會建立新的秩序。另一方面則有一些人，認為**神**會指派一位代理人直接來干預。後者的看法，適當地稱之為救世主的期盼，希望有「一個時代，以色列人能夠在他們自己的土地上有政治自由、道德完美以及塵世的福祉，而且全人類也能如此。」⑧第一個概念把第二個概念的一切都包括進去了，不過更加上了一個崇高而卓越的政治和精神人格，他來讓世界為**神**的國度作好準備。

第二項緊張所反應的是，在猶太教之內，一般而言有復興國和烏托邦的衝動。復興的救世主義要想把過去的情況加以重新創造，特別是現在理想化了的大衛王式的君主制。在這一點上，希望倒轉頭去重新建立事務原先的狀態，以及倒回到「與祖先生活在一起的生命」。不過救世主義也配合上猶太教向前看的衝動，因此而有預見一種前所未有的事務狀態的烏托邦的版本。

最後，救世主義者對於新秩序是否與先前的歷史連續，或者把整個世界的基礎動搖，而（在末日）代之以在類別上超自然地不同的永世，意見各有不同。當猶太人的勢力在面臨歐洲之興起而衰退時，以色列政治復興的希望似乎是愈來愈不可能的時候，盼望奇蹟的救贖之心窒息了政治上的渴望。啟示主義(Apocalypticism)，其中一些成分可以在先知自己身上見到，取代了對軍事勝利的期望。救世主的時代隨時會來臨，突發而災變地來臨。山崩海沸。自然的律法會被取消而由不能想像的神聖秩序所取代，唯一可以想像的是「救世主時代誕生的陣痛」——由恐懼而引起的可怕圖像是猶太人正在真實地經驗著的——隨之而來的就是和平。因此就連這種啟示的版本也包含有烏托邦的成分。危險和害怕由安慰和救贖平衡了過來。

在這三種對立中，本質雖然彼此相反，而選擇卻是深深地互相糾結在一起。救世主的觀念由於其組成分子的對立所產生的緊張性，而得以凝聚和保留了它的活力。我們無法找到純粹一種主張而不混雜另一種主張的；只有在成分的多寡上有所變動，而且往往是很劇烈的。鐘擺擺動的方向由歷史的事件以及宣告者個人的性格來決定，他們之中有好些「假救世主」，假冒救世主的名號，而且有好幾個還吸引了大量的追隨者。當以色列仍然在他們自己的土地上享受著獨立政治生活的時期中，所強調的是道德的完善性和塵世上的福祉；而在被征服和流放時期，渴望政治自由變得較為突顯。在民族自由的時代，重點就轉到希望之世界性與普遍主義的部分；可是在混亂和痛苦的時代，民族性的因素就上臺了。不過，整體來說，政治的成分與道德的成分，民族主義的與普遍的成分是挽臂同行的。政治的與精神的要求結合在一起，正如為他們自己的以及為廣大世界的希望也結合在一起一樣。兩種主題都包括在猶太復國主義(Zionism)中，近代猶太人的政治和精神復興運動，幫助了猶太人回到巴勒斯坦，而在一九四八年建立了以色列。

因此我們回到潛在救世主的主題，它乃是希望。進入到基督宗教中，它就變成了基督第二次來臨的形式。在十七世紀的歐洲，它表現為歷史進步的觀念，而在十九世紀，它在即將來臨的無階級的社會美景中，使用了馬克思的術語。不過無論我們在猶太人的、基督徒的、俗世的或異端的版本中所了解到的，其潛在的主題則是同樣的。「將會有美好的一天！」如實地說出了這個意思。馬丁・路德・金(Martin Luther King Jr.)從先知以賽亞那裡取得他的意象，在一九六八年華盛頓遊行的人權運動中，對二十萬人的演講詞優美地表達了這個意思。

今天，我有一個夢。

我夢見有一天每一個山谷都將被高揚，每一個山丘和高山都將被壓低，崎嶇不平的地方會被理平了，彎曲的地方會被弄直了，主的榮耀將會展示出來，而所有一切眾生都將一同看到。

到目前為止，在我們進入猶太人觀點的努力中，所處理的觀念，都是在猶太人掙扎著想從生命中找到意義時出現的。作為猶太教的入門來說已達到了目的，因為觀念有一種普遍性，使得它們甚至可令局外人了解。不過，如果我們想要更深刻地了解此一信仰的話，我們已經到了必須放下進一步考察猶太人的觀念，而要來看看猶太人實踐的時候了。我們必須考察猶太人的儀式和戒律，因為一般都同意猶太教比較起來，不是一個正統(orthodoxy)，而是一個正行(orthopraxis)；猶太人得以結合起來，是通過他們的所作所為，遠勝於通過他們的所思。一個證明是，猶太人從來沒有頒布任何信教者必須接受的官方教條。另一方面，戒律例如男性的閹割禮，卻是明確的。這種對實踐的重視給予猶太教某種東方的味道；在西方，受到希臘對抽象理性愛好的影響，則重視神學和教條。在東方，則通過儀式和敘事來探討宗教。差異是在抽象與具體之間。到底是柏拉圖或是杜斯妥也夫斯基更接近真實呢？愛到底是通過語言還是通過擁抱能夠表達得更好呢？

在我們要談猶太人的儀式之前，先簡短地談談一般的儀式會比較好，因為雖然它在每一種宗教中都有其地位，而我們到目前為止並沒有直接談到它。從狹隘理性的或功利的觀點來看，儀式是無聊的，從任何角度來看它都覺得是浪費。那麼多錢花在蠟燭、教堂、祈禱書以及香上；花那麼多時間在崇拜和聖禮上；花那麼多力氣站起來坐下來、跪下去和匍匐在地上，巡行以及唱頌。為了什麼？一點都不划算，我們說。而且，它的霸道專橫使其從外面來看幾乎是不可理解的。一本流行雜誌刊載了一張一國首長與一位愛斯基摩人互相擦觸鼻子的相片。對愛斯基摩人來說，擦觸鼻子是一種友誼的儀式。對我們則只是滑稽好笑。

但是，雖然它有極大的專橫性以及看似浪費，儀式在生命中所扮演的角色卻不是任何別的東西可以填補的，這個角色並不只侷限在宗教之內。比方，它可以舒緩我們來度過緊張的局面和焦慮的時刻。有時候焦慮是溫和的——在與人見面的時候，比方，我被介紹給一位陌生人，不知道他或她會如何反應，我不知道怎麼做。我該說什麼呢？我該怎麼做呢？儀式掩蓋了我的不安和彆扭。它告訴我把手伸出去說「你好？」或「很高興見到你。」這樣做的結果就在混亂中帶來了形式。它應付了我需要了解如何舉止的時刻。彆扭過去了。我已恢復了我的平衡，而且準備嘗試作比較自由的舉止了。

如果我們在無關緊要的事，比如非正式的引見中，都需要儀式來幫助我們度過那個不知所措的情況，那麼當我們發現自己真的不知怎麼辦的時候就更需要它了。死亡是尖銳的例子。被悲劇性的喪失親友之痛所打擊，如果我們只靠自己來想辦法度過這個考驗，我們會完全崩潰。這就是何以死亡要有葬禮和紀念儀式、守靈和坐濕婆(sitting shiva)，乃是最儀式化的跨越禮。儀式——以準備好了的歌譜來安排這一場合，在一個孤獨令人不能忍受的時候，來疏導我們的行為和感受。在這過程中就柔化了受到的打擊。「塵歸塵，土歸土」——這些字沒有說是誰的塵，因為這乃是每一個人的；我們所有的人。**儀式也喚起了勇氣：**

「主給予的，主拿回去；以主的名祝福！」最後，令人們正確地看待「把這一特殊的死亡與其普遍的原型連接起來。逝世的人在人類的伙伴中找到了他或她的位置，在無盡的生命行程中一步一步邁進了死亡，以及又從死亡邁入生命中，兩者形成連續體，由兩個方向朝永恆走去。

從引見這樣的小事到死亡引發的心靈創傷，**儀式能安撫生命的轉變**，也許沒有其他的方法可以做到。不過它還有另外一個功能。在快樂的時候它能夠加強快樂的經驗，而把歡樂提升成為喜慶。這方面的例子是生日、結婚之喜，**以及最簡單的一頓家庭晚餐。在這一日最好的一餐飯中，或許這是一家人在一日中第一次輕鬆地聚在一起**，飯前的禱告可以比賽跑的起點更重要。它能使這個場合神聖化。與沉重的負擔相反，**它神聖化了日常的歡樂。**

有了對生命中儀式地位的一般觀察做背景，我們現在就轉過來看它在猶太教中的地位，它在其中的目標是要神聖化生命——理想地來說，神聖化所有的生命。利未記第十九章中簡略說明了這個意思，當神向摩西說：「你們要聖潔，因為我，你們的神，是聖潔的！」聖潔包含了什麼？對許多現代的人來說這個字是空洞的；可是對於那些感到神奇的鼓動，並意識到那從各方面向他們生命作出不可言說的進逼的人，就會知道當柏拉圖寫出下面的話時是在說什麼了，「起初是一陣戰慄通過你全身，跟著就是那古老敬畏之情偷偷襲擊著你。」那些曾經有過這種經驗的人會認識這種奧祕、狂喜和神聖者（numinous）的混合體；關於神聖者，在奧圖（Rudolph Otto）的《聖潔觀念》（*The Idea of the Holy*）一書中有經典性的描述。

要談猶太教對生命的神聖化，就是指它對生命的信念，認為所有的生命一直到它最小的元素，如果正確地對待它，都可以視之為是神聖的無盡源頭的一種反映，也就是神的反映。這種正確對待生命和世界的進路的名稱就是虔敬(piety)，必須與其冒牌貨的虛擬(piosity)小心地分別開來。在猶太教虔敬為神的國度降臨世上做準備：那時萬物都將被救贖和淨化，而神一切創造物的神聖性將會十分透徹明白。

虔敬的祕密在於視整個世界為屬於神，且反映著神的榮耀。晨起看見新的一天的光亮，吃一餐簡單的飯，看見溪水奔流在長了青苔的石頭之間，望著白晝慢慢地轉變成夜晚——像這般的小事也都反映了神的莊嚴。「對於信宗教的人，」黑歇爾(Abraham Heschel)寫道，「好像萬物都背對著他，而臉則朝向神。」生命中美好的事物，大多不是靠我們自己的努力而成就的，因此在接受它們時以為理當如此而沒有關連到神，那是十分錯誤的。在猶太聖法經傳(Talmud)中，吃喝之前不先謝恩，就如同搶劫神的財富一樣。在整個猶太教中都有這雙層主題：**我們應該享受生命的美好，同時我們與神共享以增加它的樂趣，正如我們感受到的任何歡樂，都會因為與朋友分享而增加一樣**。猶太法律認可生命中一切美好的事物——吃、婚姻、孩子、自然，而把它們全部提升到神聖領域。它教導人們應該吃，應該在神的面前佈置餐桌。它教導人們應該喝，用酒來祭獻安息日。它教導人們快活，應該圍著猶太經典(Torah)跳舞。

如果我們要問在世界常規的逆流背景下，如何能夠保存這種一切事物都是神聖的意識，猶太人主要的回答是：通過傳統。不去注意它的話，人對神奇和神聖的意識偶然間會鼓盪，但是要它成為穩定的火焰就需要去照顧它。要做到這樣的最佳方法之一，就是令自己專注在每一世代都大聲呼告著神的天祐作為和恩惠的歷史中。與那些為了更能抓緊現在而全力把過去拋棄的人相反，**猶太教把過去的記憶當成是無價之寶。一切宗教中，最富歷史心靈的猶太教，發現神性和歷史是分不開的**。把他們生命的根深入到過去之中，猶太人從神的舉動清楚可見的各種事件中吸收滋養。安息日夜晚的蠟燭和奉獻杯、踰越節(Passover)餐宴以及其多樣的象徵、贖罪日的素樸莊嚴、吹奏公平號角迎接新年、裝飾著胸甲和皇冠的猶太經典書卷——猶太人在這些事物中，找到的正是那不下於生命的意義，也就是多少世紀以來都肯定著神對其子民的偉大美意。甚至於當猶太人回想起他們的災難，以及他們得以生存下去所付出的代價時，他們也活生生地覺察到神支撐的手。「**依照律法來生活，**」晚近一位猶太哲學家寫道，「**就是在時間之內過永恆的生活。**」⑨

神聖化生命的基本手冊就是這個律法，聖經的前五部書，舊約(Torah)。在傳統猶太教堂禮拜中，到了要把舊約放回約櫃的時候，人們就頌唱著箴言書中的一句話：「對於抓住它的那些人，它乃是生命之樹。」這個比喻是有意思的，因為樹乃是生命自身的象徵，是太陽、雨水和土壤的無生命元素被吸收而進入成長奧祕的奇蹟。如此，它也是一種創造力量，能夠在人的生命中啟發和支撐神性，沒有了它，這些人的如花一般的世界就會變成乾枯的石頭。「對於抓住它的那些人，它乃是生命之樹。」

啟示

我們追蹤了猶太人對人類經驗主要區域的闡釋，發現他們比他們地中海任何鄰人更能深刻地掌握意義；的確，猶太人對意義的掌握在本質上還沒有被超過。這使得我們提出問題：是什麼產生了這樣的成就？是不是個意外呢？是不是猶太人只是在偶然間發現了這種見識的密藏呢？如果他們只是在一兩個範圍中發現到深奧，這樣的論旨或有可能；但是因為他們在每一項基本問題上都到達天才的地步，就難以解釋了。那麼另一說法是，猶太人天生就比其他人聰明嗎？猶太人的教旨說的是人屬同一族類——這在亞當和夏娃的故事中已象徵性地宣佈了的——明白地排除了猶太人比其他人聰明的想法。猶太人自己的回答是，他們不是靠自己達到這些見識的。是見識被啟示給了他們。

啟示(Revelation)的意思就是透露。當有人說：「它對於我乃是一個啟示。」意思是說一些事情到目前為止都是模糊不清的卻變得清楚明白了。一層幕紗給掀起來了，先前被掩蓋的現在給展露了出來。作為一個神學概念，啟示包含了這項基本意思，同時集中在某種特殊的顯露：**神**的本性以及其對人類的意願。

由於這種公開的記錄是在一部書中，因此一直以來對待啟示，都傾向於把它當成好像是口傳的現象：把它想成是**神**對先知或其他聖經作者的說話。不過，這樣做其實是把馬車放到馬的前面去了。對於猶太人來說**神**最先也是最重要的，是在行動上顯露了祂自己——不是語言而是作為。這在摩西對其人民的指示上清楚地表明了出來。「日後你的兒子問你說，『主，我們的**神**吩咐你們的這些法度、律例、典章是什麼意思呢？』你就告訴你的兒子說，『我們在埃及作過法老的奴隸，但主用大力之手，將我們從埃及領出來。』」（申命記6：21—22）。出埃及記，在那樁難以令人置信的事件中，**神**把一群沒有組織的、被奴役的人民，從當時最大的強權手中解放了出來，並不單是令以色列自此成為一個國家的事件，這也是讓他們了解到雅威性格的第一項明白的行動。

不錯，創世紀在出埃及記之前就描述了好幾項**神**的啟示，不過有關的報導，卻是後來在決定性的出埃及記這件事的眼光下寫成的。**神**乃是他們逃離法老事件的直接參與者，猶太人絲毫沒有懷疑。「從所知道的任何社會學的律則來看，」，梅耶(Carl Mayer)寫道，「猶太人應該老早就被消滅了。」聖經書寫者會更進一步說，從任何所知的社會學律則來看，猶太人首先就不應該成為獨特的民族。可是事實卻是：一羣人數不多、關係鬆散的人，沒有真正的集體身分而又奴役在當時的強權之下，卻成功地逃走，避開了追逐者的戰車。由於十分清楚他們自己的弱小和埃及的強大，對於猶太人來說，他們的解放不可能是他們自己能夠做到的。這乃是一個奇蹟。「因為**神**的恩典，以色列從死亡中得救並從埃及的勢力下解放出來。」（出埃及記12：50）

猶太人在出埃及記中，活生生地體驗出**神**的拯救力量，因此就以這次**神**介入的眼光來省察他們早期的歷史。由於他們的解放顯然是由**神**發動的，是什麼樣的連串事件引發到這一步的呢？難道只是偶然發生的嗎？猶太人在他們共同生存的每一步中，都看到**神**的主動性在作用著。使亞伯拉罕離開他在烏爾的家，向迦南踏上那漫長、未知的旅途的，並非出自浪遊的衝動。雅威召喚他如父親般保護一個有特殊命運的人民。通篇歷史都是如此：以撒和雅各靠天祐而受到了保護，以及約瑟在埃及為了維護**神**的子民免於飢荒的清晰目的而地位被抬高。從出埃及記的觀點來看，一切都十分明白。從一開始**神**就在領導、保護，以及為了那使以色列人立國的決定性的出埃及記事件而塑造著祂的人民。

我們說的是，出埃及記還不僅僅是令一個人民建立了國家的歷史分野。它乃是一個事件，令身處其中的人分外察覺到了**神**的真實和特徵。不過，這樣去說猶太人看到了**神**的特性，則又把事情倒過來了。由於是**神**在採取主動，是**神**顯示給猶太人看他的本性。**神**應該是斷述(assertion)的主體，而不是斷述的對象。

那麼，在出埃及記所顯露的**神**的本性是什麼呢？首先，雅威是強大的——能夠勝過當時最大的強權，以及支持這些強權的任何其他神祇。可是同時，雅威是善和愛的神。雖然這對於外人來說並不那麼明顯，對於其直接的領受者的猶太人來說卻是明顯不過的。一而再地，他們的感激爆發成詩歌：「以色列啊，你是有福的，誰像你——這蒙雅威所拯救的人民呢？」（申命記33：29）。他們究竟做了什麼，才配得到這奇蹟性的解救呢？遠非他們所能見的，他們得到的，全然是一項他們不該得到的**神**恩，是雅威對他們出其不意的、令人吃驚的愛的明證。猶太人是否即刻就認識到這種愛乃是對整個人類而不單單是對他們，是不重要的。一旦體現到**神**的愛已經生了根，猶太人很快就明白了，並將之引伸給了每一個人。到了紀元前八世紀，猶太人就聽到**神**說，「你們對於我來說不是像衣索匹亞人（Ethiopians)一樣嗎？」不過**神**的愛的事實必須要先掌握住，才能進一步探測其幅度範圍，也就是在出埃及事件中，這一事實才令他們完全明白了。

除了**神**的威力和愛之外，出埃及記展現出一位極端關懷人類事務的**神**。四周的神祇們主要是自然神，是把人們對自然的偉大現象所感到的神聖敬畏實體化；相形之下，以色列人的**神**並非通過太陽或風暴或豐饒，卻是在一歷史事件中降臨到他們身上。這種在宗教意義上的差異是有決定性的。出埃及記中顯露**神**關心人的處境，因之介入其中並且對它做了一些事情。這一覺醒，把以色列的宗教議程永遠地改變過來。猶太人再也不去做哄騙自然的各種威力的人了。他們將注意力集中在辨明雅威的意志，並去努力實現它。

交代了出埃及記中的三項基本顯露——**神**的威力、善以及對歷史的關切——猶太人對**神**本性的其他見識也就隨之而來了。**神**的本性既是善的，因而祂也要求人們同樣成為善的；接著就有西奈山，十誡在該處被建立為出埃及的直接系論(corollary)。先知對公正的要求，是把**神**對品德的要求引伸到社會範圍——機構性的組織也要負責任。最後，受難必須具有意義，因為一個奇蹟似的拯救了祂子民的**神**，會完全放棄祂的子民，是不可思議的。

這整個加在猶太人身上的完形(gestalt)，是環繞著誓約(covenant)的觀念而成形的。一個誓約就是一項契約，不過還不只於此。契約（比方造一所房子）只關涉到參加契約中人的部分生命，而誓約（如婚姻）則牽涉到整個的自我。另一個不同點是，一項契約通常有一個終止的日子，而誓約卻是持續到死。對於猶太人而言，**神**在出埃及記中的自我顯露乃是一項誓約的邀請。雅威會繼續祝福以色列人，如果他們盡其本分——遵守交給他們的律法。

我在埃及人所行的事你們都看見了，且看見我如鷹般將你們背在翅膀上將你們帶來歸我。如今你們若實在聽從我的話、遵守我的誓約，就會在萬民中作為我寶愛的子民。因為整個地都是我的。你們要歸我作祭司的國度和聖潔的國民。

（出埃及記19：4—6）

一旦誓約的關係清楚地在西奈山表白之後，那些書寫聖經的人也以這種眼光來看亞伯拉罕的史詩。在蘇米(Sumerian)普世王國的最後一段日子中，從幼發拉底區所有的人民中，**神**召喚亞伯拉罕與祂締結誓約。如果亞伯拉罕忠於**神**的意志，**神**不僅給他一塊美好的土地作為遺產，而且會令他的後代繁衍如海中之沙那麼多。

我們通過猶太人對意義的渴求而進入本章。不過，當我們對宗教的了解加深了之後，我們就明白還要重新再加以解釋。意義是掌握住了，但是從猶太人的觀點來看，並非因為他們特殊懇求才有的。意義乃是向他們顯露的——不是告訴給他們，是通過雅威的驚人舉動展示給他們的。順序是始於出埃及中顯露了雅威的威力、善性和關心。由之我們才能了解到接下來的一切。

但是何以這種顯露是給了猶太人呢？他們自己的答案一直都是：因為我們被選拔了出來。這聽起來是那麼簡單，以致顯得很天真。顯然地，這個回答需要仔細加以省察。

選民

有一首熟悉的四行詩是這樣的：

多奇怪
神會
選拔
猶太人。

的確，一個普遍的神，卻決定神性應該單獨地、無比地對一種人民顯露，這確實是整個宗教研究上要人認真看待的最困難的觀念之一了。它顯得不太合理，因為看來不單觸犯了無私和公平的原則，也因為許多早期的人民認為他們自己是特殊的：我們想到日本人，他們創造神話，把自己當作是天照女神（Amaterasu）的直接後代。當摩西告訴猶太人，從地上萬民中，「主——神揀選了你們作為祂自己的子民」（申命記7：6），有沒有任何理由以為我們面對著的只不過是一般的宗教沙文主義呢？

不錯，猶太的選民教義是以通俗的方式開始的，不過幾乎是即刻就有了驚人的轉向。因為不同於其他人的是，猶太人並不認為他們自己被挑選出來是為了特權。他們是被選出來服務的，並且要去承受那服務所帶來的考驗。要求他們「去奉行和服從主所說的話」，由於他們被選，**神**對他們所要求的德行遠比對他們的同儕為嚴格。一位猶太教士的理論說，**神**起初是把猶太教全部經典提供給整個世界的，但是只有猶太人願意接受其嚴格的執行。連他們（該論文異想天開地作結論說）都是在一時衝動之下接受下來，根本沒有搞清楚自己陷入什麼情況中。因為「在地上萬族中我只認識你們；因此我必追討你們的一切罪孽」（阿摩司書3：2）。這還不算呢。我們看到了第二以賽亞「代人受難」的教義，意思是猶太人被選來承受苦難，才使苦難不至於更廣泛地波及其他人民。

這套猶太人的選民教義，是多麼不同於平常的選民教義呀！它的要求是那麼多；對於正常人的心態是多麼不具吸引力。可是，問題還是沒有得到解決。因為就算**神**召喚猶太人接受的是壯烈的折磨，而不是掛名的閒差；在有關世界的救贖上，他們被選出來擔任特別的角色仍然還像是偏袒的。聖經並不企圖迴避這項懷疑。「並非因為你們的人數多於別的人民……只因主愛你們，〔祂〕才選你們出來做祂的子民。」（申命記7：6—8）

這引起了怨恨。面對著民主的情緒，選民教義挑起了一個特別的神學用語來因應此一情況：「特殊性的醜聞。」這個學說指出**神**的作為會像一個燒杯一樣地集中在特殊時間、地點和人身上——當然是要為了普遍人類的利益來著想。

我們無法證實這個學說，不過我們可以做兩件事。我們能夠了解何以猶太人採取了這個概念，以及這個概念為他們做了什麼。

我們在探究是什麼令猶太人相信他們被選中時，不採取民族自大狂這一明顯的可能說法，而要把握前面已經講述過的歷史事實。以色列之成為一國，是經歷了非凡的事故的，一群飽受折磨的奴隸粉碎了他們當時暴君的枷鎖，而被提升到一個自由、自尊的人民身分。此後他們幾乎是即刻就了解了**神**，遠超過他們鄰人所了解的，並由之引伸出道德和公正的標準，到現在仍然挑戰著世界。經過隨後的三千年，他們在面對不可信的遭遇和逆境中繼續生存，其對文明的貢獻之大與他們人數之少簡直是不成比例。

從頭到尾——這就是事情的中心要點——猶太人的故事是獨特的。按照預期，他們首先就不可能逃離法老的。何以他們的**神**，雅威，在他們的眼中是正義之神，而祁莫詩(Chemosh)，莫阿布人(Moabites)的神，以及其他當地的神祇卻不是，這一點就連維豪生(Wellhausen)這樣一個力主自然解釋的人，都承認「是一個吾人無法給予滿意答案的問題。」先知反對社會不公正的抗議，被普遍地認為是「古代世界沒有其他能夠相與比肩的。」⑩在我們已經援引過的論斷「根據每一項社會學的律則，猶太人都應該老早就被消滅了，」我們現在再加上哲學家貝加也夫(Nicholas Berdyaev)的判斷：「猶太民族經過那麼多世紀，能繼續生存下去，是理性上無法解釋的。」

如果這些事實和論斷證實為真，以致猶太人的歷史是個例外的話，那麼只有兩個可能的原因。要不歸功於猶太人自己，就應歸功於**神**。作這樣的選擇時，猶太人本能地把功勞歸之於**神**。這一民族的驚人特點，是他們一直認為作為一個民族來說，他們毫無特別之處。按照midrash（譯註：從猶太人被巴比倫俘虜奴役時期開始到紀元一千二百年間，猶太法學博士所作的聖經註釋）的傳說，當**神**拿上造亞當時，祂從世界各地收集各種顏色的泥土，以確保人類的普遍性和基本的同質性。因此猶太人經驗的特殊性，必然出自**神**選中他們。一個起初似乎是自大的概念，卻變成猶太人對他們出身和倖存的事實，所能給予的最謙卑的闡釋。

當然，就連這樣，也可能會令人憎恨其特殊主義，不過我們必須要問，如果這樣做是不是就連對我們的世界也憎恨。因為不論喜歡與否，世界乃是由特殊構成，人的心靈對此也調適配合了。任何事情除非從其背景中冒出來，是不會引起人注意的。把這個論點應用到神學上會是什麼結果呢？**神**可能通過我們呼吸的空氣，如同通過其他禮物一樣，來祝福我們，不過如果必須要等到人們由得到氧氣來推斷**神**的善，才會對**神**有虔敬的話，要等到那一天就還早得很了。從歷史來說也是一樣。如果從壓迫中解救出來只是常規等閒事——猶太人就會視他們的解放為應該的。**神**的寵愛事實上能夠包容人類如同海水包容魚兒一樣；由於人的愚鈍，寵愛如果是當然的，就會被認為是平淡無奇。因為如此，或者只有個體的、獨特的、特殊的才能夠把**神**帶到人的注意力前。

今天猶太人對選民教義，其意見是分歧的。有的猶太人相信它在聖經時代所具有的有用性和客觀有效性已經失去了。另有猶太人則相信除非世界的救贖已經完成，在作為**神**在歷史中的工作部隊的意義上，**神**繼續需要選出來特殊的人群。對於有第二種想法的人，以賽亞說的話，不單是有關過去而且繼續有著當代的意義。

眾海島啊，當聽我言，

遠方的眾民哪，留心細聽！
自我出世，主就選召我，
還在母親的子宮內祂就題我的名。
祂使我的口如快刀，
將我藏在祂箭袋之中。
對我說，「你是我的僕人，
以色列，我必因你得榮耀。」
（以賽亞書49：1—3）

以色列

本章將要結束了，而我們所談的一切都發生在聖經時期。這是有理由的。第一，乃是在聖經時代，猶太教最偉大的造形觀念成型了；第二，這些觀念構成了最可以為外人所知的猶太教的那一面，而本書也主要是為這些人而寫。不過，如果本章造成一種印象，說猶太人的創造力已隨著希伯來經典的結束而終止了的話，那將是最嚴重的化約主義了。猶太教不可以化約到其聖經時期。事情是這樣的，在紀元七十年，羅馬人摧毀了猶太人從巴比倫放逐回來之後所重建的耶路撒冷聖殿（Temple），猶太教的焦點就從聖殿中的奉獻儀式，轉移到對整個經典，以及其所伴隨的在學院中和教堂中的口述傳統的研究。因此不是祭司(priests)——他們已經不再運作了，而是教士（rabbi，或直譯為拉比，字意是教師）把猶太教維繫在一起，他們的教堂不僅變成研究中心，而且也是一般崇拜和祝慶生活之處。教士的猶太教建基於戒律之上，而以研究經典為其一生的職志，猶太教因之得到了獨特的、知性上的層面和性格。通過在猶太聖法經傳(Talmud)中發展出來的經典研究傳統，心靈成為宗教生活的主要部分，而把心智的活力引進到虔敬之中。研究包括那種瀰漫在猶太聖法經傳中的經常的、不斷的質疑和嚴格的邏輯意義，成為一種崇拜的方式。在這種複合體中，聖經成為一種啟示性的文本，邀請並要求闡釋，而闡釋被提升到啟示自身的地位。

教士使散居各地的猶太人(diaspora)的猶太教得以維持二千年而不墜，這項成就是歷史上的一項奇蹟，不過為了我們上面所說的理由，就不在這裡追蹤下去了。由於我們對教士的猶太教已做了一些簡略的報告，就讓我們跳過兩千年的共同時代(Common Era)來看二十世紀以結束本章。

猶太教乃是一個民族的信仰。作為其特徵之一的，就是它本身包含了對一個民族的信念，相信猶太人在歷史上已經扮演以及將要扮演的角色的意義。這種信念要求保存以作為一個獨特民族的猶太人身分。在過去猶太人的自我身分並不會構成政策上的問題。在聖經時期猶太人需要把自己隔離開來，以保持他們獨特的觀點，而不被周遭的多神教所折衷（譯註：指猶太人不願與周圍的多神教觀念妥協、和解）。這就是先知一再重複要求猶太人保持為一個「奇特的」民族的基礎。日後，特別是中世紀後的歐洲一直到法國大革命，猶太人被迫隔離，要住在四周是圍牆，晚上大門會上鎖的猶太區，他們沒有選擇，只能過著一種大部分是內向的生活。

自法國大革命以來，猶太人身分的爭論就變成了某種問題。由於猶太人的解放，他們參與了他們所居住的國家的政治的、專業的以及文化的生活中，世界已經不再要求他們維持他們的身分。曾經強迫猶太人在道德立場上與其鄰人保持距離的清楚的道德差異也已不存在。今天，如果猶太人的獨特性要繼續下去的話，就必須加以論辯才行了。

在猶太教內部，論辯就有不同。有的猶太人堅持上節所說的宗教主題：既然**神**選中以色列人作為特別工具，那個工具的形態和優勢應該要保持。另外的猶太人則站在文化多元化的立場而主張特殊性。一個健康的個體身分，有賴於一種對個人的血統、根源的意識。一個社會中如果包括了多樣的傳統就是一種優勢，因為一致性就會滋生同一性以致削減了創造性。馬克思、愛因斯坦和弗洛依德對現代思想貢獻巨大。說他們的猶太性與他們的偉大有某種關連，似乎是合理的。

如果到目前為止，我們所提出的論點還算有分量，並且得以掌握到一點猶太人要維持他們身分的重要性，這種身分包括了些什麼呢？

不是教條，因為一個人並沒有什麼東西一定要相信才能成為猶太人。從相信全套猶太經典每一字每一個標點都由**神**制定，到完全不信**神**，什麼樣的猶太人都有。的確，要指出任何一項事務本身就足以使一個人成為猶太人，是不可能的。猶太教是個複合體。它像是一個圓圈，是一整體，卻可分成匯合在同一中心的各部分。並沒有權威說，一個猶太人必須肯定這些部分（或任何一個部分）的全部，否則就要面臨開除教籍的命運。當然，如果一個人愈能包含愈多的部分，就顯示了愈多的猶太性。

一般說來，構成猶太教精神組織的四個偉大部分是信仰、儀式、文化以及民族。它的信仰已經描述過了。猶太人所採取的知性角度，其幅度從原教旨主義(fundamentalism，或稱基本教義派)到極端的自由主義，但是他們的信仰所注視的方向則大多是相同的。對於猶太人的儀式也是一樣的。不同團體的猶太人在他們對諸如安息日、飲食律法、每日的祈禱等基本儀式的解釋和執行都有所不同。不過無論其遵行的程度有多大的不同，其意圖都是一樣的——把生命神聖化，正如我們已經描述過的。剩下來的是有關猶太教的另外兩個成分：文化和民族。

文化指謂生活的整個方式，很難加以徹底的描述。它包括風俗、藝術形式、幽默的風格、哲學、一套文獻以及許多其他別的。它的成分是那麼多，我們將只限制在三項來討論。猶太文化包括語言、口頭傳說以及對一片土地的密切關係。

它的口頭傳說是很清楚的，因為其中的極大部分已經普遍地滲透進西方文化中。環繞著希伯來經典中的人物和事件，有一個光環連奧林匹斯山都被比下去了，但是對於猶太教來說這只是開始呢。猶太教經典之後跟著的是猶太聖法經傳，一大套作為後聖經猶太教基礎的有關歷史、法典、民間故事以及評註的概要。這又跟著輔之以猶太法學博士的聖經註釋(midrashim)，是一個包括了幾乎有相同分量的傳統、註釋，和佈道的集子，在中世紀後期，聖經的正典(biblical canon)訂定、完成之前開始發展的。它為學術、掌故和文化認同提供了無盡的寶藏。

除了它的口頭傳說之外，每一個民族還有它的語言和土地。對於猶太人它們分別是希伯來語和以色列⑪。兩者都因為它們對神聖的聯繫而成為神聖的。因為乃是在那片神聖的土地上，通過希伯來語，啟示降臨到猶太人身上，對於那項啟示的關懷就延伸到語言和土地上。猶太人祈禱時全部或部分用希伯來語，而聖地的意識使他們在閱讀經典以及研究猶太教士文獻時顯得生動有力。二千年來猶太教傳到了每一個國家，浪跡天涯卻心繫故土，對他們的發源地保持一份熱誠，這真是猶太教的一個弔詭。在每一公眾禮拜的每一私人崇拜，包括就寢之後的晚禱都會禱告要求回到錫安(Zion)去。祝酒時他們說：「明年——」「明年在耶路撒冷，」盛載著那麼多的希望和感受，有時候非猶太人也會這樣說。

我們在本章開始的時候，引述了威爾遜描寫巴勒斯坦是「溫柔而單調」的話。對猶太人來說，這樣的描寫似乎是不可思議的，因為就算在實質上來說，它也確是一塊美妙的土地，其大部分的領域是壯觀的：從耶路撒冷到死海，在三十五哩的路程中下降了三千四百八十一呎，約旦河從黑蒙山(Mount Hermon)蜿蜒向南深深穿過岩山，那多刺的山脊從卡梅兒山(Mount Carmel)向南來到海邊，德柯阿(Tekoah)的蠻荒一直向南進入尼格夫(Negev)的荒涼中，與南約旦河岸的富饒青葱構成強烈的對比。絲柏樹的尖端像黑色的塔尖般向上伸去，「大山跳躍如公羊、小山跳躍如羊羔。」(詩篇114：4)，愛斯德拉龍(Esdraelon)田野向上朝加利利傾斜在寬廣的黃色和綠色的棋盤中，而深海港帶著地中海的藍色，一切都沐浴在那提升起期盼的精神的燦爛陽光和透明大氣中。歷史從每一個城市和山腰大聲呼喊著，貯存在過去中。到處瀰漫著一種湮遠年代的沉思意識，正如古希伯來先知們所見，現在坐在王位上的，正是那「日子中的古老者(Ancient of Days，譯註：由人格化的觀點看日子)」。

但是說到這片土地，就進入到整個猶太教的第四個部分，它的民族。因為我們是生活在巴勒斯坦第一次回歸給了猶太人的世紀中，而猶太人自從紀元七十年就被迫四處分散了。

造成一九四八年建立了以色列現代國家的原因是複雜的。除了強大的宗教推動回歸之外，主要的動機有四。

⑴從安全考慮的論點。一九三八到一九四五年之間，納粹發動的大屠殺有六百萬猶太人——總數的三分之一——被殺，使得許多人確信自一八八一年在俄國的集體屠殺之後所一直增長的信念：猶太人在歐洲生活和文化中是沒有安全的希望的。他們需要有一個地方能讓那些受到創傷和恐嚇，卻有幸存活的人可以聚在一起呼吸自由和安全的空氣。

⑵心理上的論點。有的人認為，讓猶太人以少數人的身分散處各地，在心理上是不健康的；這樣的境遇會在他們生命中滋生出一種從屬性和自我排斥，只有建立他們自己的國家才得以糾正。

⑶文化上的論點。猶太教的內容愈見稀薄，它的傳統正在流血至死。世界上總得有個地方讓猶太教是主要的民族精神之所在。

⑷社會的、理想國的論點。世界上應該有個國家致力於先知的理想和倫理歷史的實現——包括經濟結構，在整體上有一個歷史上前所未有的更好生活方式。遠在大屠殺之前，

一小部分堅決的猶太夢想家，他們多數是在東歐，渴望有個機會能夠以較健康的方式來重新塑造社會。這開始於十九世紀末期，好幾代的拓荒者成功地抵達巴勒斯坦，來打造一種他們得以在各方面自由規定其存在的生活。在他們離開的土地上他們是被禁止從事農業的，現在他們希望通過身體勞動和在土地上生活的基礎方式，來產生一種新的人性。他們所成立的集居區(Kibbutzim)，集體農業集居區，就是那類理想主義的一種表現。

無論令他們創立以色列的理由是什麼，她是被建立起來了。而其成就是令人印象深刻的。土地開墾、接待猶太人移民（真正是放逐者的聚集）、為勞工階級提供資助、群居生活的新模式、知性和文化的活力——這一切合起來，使以色列成為一個令人興奮的社會試驗。

不過二十世紀也為猶太人產生了兩個煩惱的問題。第一個跟集體屠殺有關。他們懷疑，面對一個允許這樣的暴行發生的**神**，選民的概念會有什麼意義。有的人甚至會疑問他們正義之**神**之基設(postulate)是否能繼續有意義。

另一個麻煩的問題與我們提到的以色列建國理想論點有關。猶太人幾乎為西方文明——如果不是整個世界，寫下有關自由、公正理想的原稿，現在卻發現他們自己在抑制這些權利——許多猶太人相信是為了安全的理由而被迫這樣做——抑制巴勒斯坦人這些權利，以色列是因為一九六七年的戰爭勝利而佔領了巴勒斯坦的土地。巴勒斯坦國家的權利和以色列安全之間的緊張，是尖銳而尚未解決的問題。

我們並不以為能夠回答這些問題，卻能夠了解放在這樣一個特別有責任心的民族的良心上的重擔。面對其嚴重性，事實上，至少他們現在在政治上是可以去鼓起勇氣自由地正視它們。大衛之星飄揚在他們精神的家園之上，這是幾乎二十世紀以來他們自己的第一面國旗。此時猶太人心中的主要思想是：*Am Yisrael chai*，以色列人民活著！當這一切都在發生的時候，能夠活著是多麼美妙啊。

進一步的閱讀建議

Robert M. Seltzer's *Jewish People, Jewish Thought* (New York: Macmillan, 1980)以相當多的篇幅講後聖經時代而對本章有所補充。Barry W. Holz (ed.), *Back to the Sources* (New York: Simon and Schuster, 1986)介紹讀者多種不同的猶太經文。*Jewish Worship* by Abraham Millgram (Philadelphia: Jewish Publication Society, 1971)描述和解釋了此一宗教的崇拜面向。

有關猶太教的神祕面，請閱 David Ariel, *The Mystic Quest: An Introduction to Jewish Mysticism* (Northvale, NJ: Jason Aronson, 1988); Daniel Chanan Matt (trans.), *The Zohar* (New York: Paulist Press, 1983), and Adin Steinsaltz, *The Thirteen Petalled Rose* (New York: Basic Books 1980)。

論集體屠殺以及對猶太人的思維的衝擊，Michael R. Marrus's *The Holocaust in History*

(New York: New American Library, 1989)一方面就此題目對讀者提供了可信的介紹，另一方面又對專家作出了權威性的摘要。比較簡單而精簡的是 Nora Levin's *The Holocaust* (New York: Schocken, 1973)。

註釋

①*The New Yorker* (December 4, 1954): 204-5。

②Henri Frankfort, *The Intellectual Adventure of Ancient Man* (Chicago: University of Chicago Press, 1946), 363。

③Bernard Anderson, *Rediscovering the Bible* (New York: Haddam House, 1957), 26-28。

④W.F. Albright, in *Approaches to World Peace* (New York: Harper Bros. 1943), 9。

⑤See 1 Kings 18:46 and 2 Kings 2:16。

⑥Quoted by Aba Hillel Silver, *Where Judaism Differed*, 1956, Reprint. (Northvale, NJ: Jason Aronson, 1987), 109。

⑦我在這裡所想到的文明(civilization)是擁有大城市和累積的書寫記錄。在這樣的定義下世界其他地區擁有豐富的文化(Cultures)——在第九章「原初宗教」中將考慮到——嚴格地說都不是文明。我的定義是描述性的，不是規範性的。

⑧Joseph Klausner, *The Messianic Idea in Israel* (New York: Macmillan, 1955), 9。

⑨Abraham Heschel。

⑩G. Ernest Wright, *The Old Testament Against Its Environment*, (Chicago: Alex R. Allenson, 1950), 60。

⑪希伯來語方面，除了正經的祈禱要用希伯來語的事實外，我的說法把事情過分簡單化了，因為還有其他的猶太語。兩種猶太聖法經傳是用阿拉姆語(Aramaic)寫的，有一大堆的語言出現(Yiddish, Ladino, Judeo-Arabic, Judeo-Persian等等) 在猶太人居住的地方，他們採用當地的語言書寫，但使用的是希伯來字母。在許多情形下發展成了豐富的文化和文學，其中特別的語言是主要的因素。

8 THE WORLD'S RELIGIONS

基督宗教
Christianity

在所有的偉大宗教當中，基督宗教流傳得最廣，並且擁有最大數量的信徒。數字可能有些誇大，不過根據記錄每三個人就有一個是基督徒，為數大約有十億到十五億之譜。①

近兩千年的歷史為這一宗教帶來了驚人的多樣性。從聖彼得教堂教皇主持的莊嚴大彌撒到貴格（Quaker）聚會中安靜的純樸；從聖多瑪斯（Saint Thomas Aquinas）知性上的錯綜複雜到黑人聖歌如「主，我要做一個基督徒」中動人的純樸；從倫敦的聖保羅，大不列顛的教區教堂，到加爾各答貧民區的德蕾莎修女（Mother Teresa）——這些全都是基督宗教。從這一令人頭昏，令人不知所措的複雜體中，我們的工作是，首先指出聯結此一宗教的中心組成部分，然後就是它的三個主要分派：羅馬天主教、東正教以及新教。

歷史的耶穌

基督宗教基本上是一種歷史的宗教。這是說，它不是建築在抽象的原則上，而是建築在具體的事件、真實的歷史發生上。這些事件中最重要的事是一個猶太木匠的生命，正如常常被指出的，他出生在馬廄中，三十三歲就被當作犯人處死了，從來沒有離開他出生地九十哩之外，一無所有，沒有上過學，沒有帶領什麼軍隊，沒有出版什麼書，只在沙土上寫過一次。可是他的生日全世界在慶祝，在他的忌日，幾乎每一地平線上都豎起了那處死他的絞架（譯註：十字架）。他是誰呢？

耶穌一生傳記材料之貧乏，使本世紀初有些研究者甚至說他可能根本就沒有存在過。

這個可能性馬上就被反駁了，不過由於史懷哲（Albert Schweitzer）支配本世紀的名著《探求歷史的耶穌》（*Quest for the Historical Jesus*）的衝擊，把世人從聖經學者們所聽到有關耶穌的資料化約成兩點：我們幾乎對他一無所知；而對於我們所知的一點點來說，最確定的是耶穌錯了——錯的是指他推斷性的信念，認為世界末日很快就要到了。有關耶穌的這一些資料實在不足以建立起教會，幸而，「本世紀大多數耶穌研究所具有的極端懷疑主義色彩，已在減退之中。」②古典主義者曾經說，如果為聖經所樹立的歷史可靠性準則，也要在古典研究上加以要求的話，我們對希臘—羅馬世界的觀點（似乎是並沒有問題）就會垮掉了。

那麼，新約學者開始回轉過來考察的這個耶穌是誰呢？他可能在紀元前四年左右，出生於希律（Herod）王朝統治下的巴勒斯坦——我們由他出生開始所作的年代推算，幾乎可以確定有數年的差距。他在拿撒勒（Nazareth）附近長大，大概是按照當時其他正常猶太人的方式。他受洗於約翰，一位宣告**神**即將來臨的審判而震驚該地區的熱誠先知。在他三十歲出頭時，從事教導兼治療的專業，維持了一到三年的時間，大部分集中在加利利。不久就招致自己一些同胞的敵意和羅馬方面的疑心，將他在耶路撒冷郊外釘上了十字架。從確定耶穌生命框架的這些事實，我們轉過來看生活在這個框架之內的生活。

就最低限度來說，耶穌是一位有魅力的奇蹟施行者，他固守在一直可以回溯到希伯來歷史開端的傳統內。構成該傳統的先知和預言家，擔任日常世界與聖靈世界的中介人。他們從後者獲取力量，用來幫助人們及挑戰他們的作風。我們將擴大這簡略的性格描寫，而繼續思考下列幾點：⑴聖靈世界，耶穌特別以之為旨歸，並推動了他的職務；⑵他運用由聖靈引導出來的力量，以減輕人的痛苦；以及(3)他尋求實施的新社會秩序。

「主的聖靈在我身上」，根據路加的說法，耶穌引以賽亞這項聲明開始了他的神職，並且說，「今天這一經文已經實現了。」我們必須留意耶穌所經驗到的那給予他力量的聖靈，因為如果忽略了這一點，對於他的生命和工作就不會有所了解。

在本世紀已經證明是最耐久的宗教書之一，《宗教經驗之種種》(*The Varieties of Religious Experience*)中，詹姆士(William James)告訴我們說，「在最廣義的說法下，宗教認為有一個看不見的秩序，而我們最高的善就在於跟它的正當關係。」直到最近，現代科技似乎在懷疑那看不見的存在(entities)的真實性；但是依愛丁頓(Eddington)的觀察，世界更像是一個心靈而不是一部機器，並且天文物理學家的報告說，宇宙中百分之九十的「物質」都是看不見的，意即它對他們的儀器沒有任何衝擊，然後科學上的懷疑論才開始平息下來。③不過，在此處的論點是，耶穌所屬的聖經傳統，只能被視為希伯來民族與詹姆士所強調的看不見的秩序之間，一種不斷的、持續的而又費神的對話。他們稱這個秩序為聖靈(正如聖經開始的章節中，聖靈運行在原初的水上來創造世界)，覺察到它是極度地活躍，他們就讓諸如天使、大天使(archangels)、有翅小天使和六翅天使居住其中。可是，聖靈的中心乃是雅威(Yahweh)；他們是通過人格來看祂；視祂為牧人、國王、主、父親(視之為母比較不常見)和情人。雖然聖靈典型地被認為是在地之上——到天堂的梯子的形象乃是慣例——不過這只是強調其不同於、優越於世俗世界。**兩者並非空間地隔離，而是在不斷地相互作用中。**

神行走在伊甸園中，「整個大地充滿了神的光輝，」祂燦爛的顯現。

不僅聖靈不是空間地隔開的；並且，它雖然看不見，卻可以被知。往往是它採取主動而作自我宣告。它莊嚴無比地在西奈山上對摩西宣告，可是它也低聲細語向以利亞說話，用獅子的吼聲向其他先知們示意，以及在像出埃及這樣戲劇性的事件中顯露。同時，**人類也可以採取主動與它接觸**。**禁食和獨處是這樣做的方法**，感到受召喚的猶太人會定期地離開世界的紛擾，通過這些助力與神聖溝通。在這些守夜儀式中，把他們想成是把自己沉浸在聖靈之中是不會錯到哪裡去的，因為當回到世界中來的時候，他們往往會拿出證據，他們幾乎是明顯地吸收了什麼東西——聖靈以及其伴隨的力量。

耶穌所處的猶太傳統向來就有許多充滿聖靈的中介者，這是了解他歷史事業的最重要事實。他在這個傳統中最接近的先驅就是施洗者約翰；他在為耶穌施洗時，見證了耶穌的精神力量，使他張開了第三隻眼（或者如亞洲人所說的精神之眼）看到「諸天打開了，聖靈像一隻鴿子(dove)般降臨在他身上。」既降臨下來了，那聖靈「驅策」耶穌進入荒野之中，在那裡經過四十天祈禱和禁食，他把進入他生命的聖靈體證了。完成之後，他重新進入這個世界，充滿了力量。

「用神的聖靈我驅走魔鬼（demons）。」如果科學不再忽視那些看不見的真實，那麼它也會發現那些真實可以是強而有力的，因為實驗結果提示：「一立方公分的空間中所固有的能量，要比所知宇宙中一切物質的能量為大。」④無論這特定假設的命運如何，猶太人毫無疑問地接受了聖靈的優越性超過自然。聖經中充滿聖靈的人物擁有力量。說他們有魅力是說他們有吸引人注意的力量，但是這只不過是事情的開始而已。他們吸引注意的理由，乃是因為他們擁有的特殊力量。他們「有某種東西」正如我們說的——某種一般世人沒有的東西。那某種東西乃是聖靈。聖經常常把他們描述為「充滿了聖靈的力量」，一種力量，使他們有時影響了事件的自然進程。他們治療疾病、驅趕魔鬼、偶然會平息風暴、分隔水流、令死者復生。福音書詳盡地把這些力量歸之於耶穌。一而再地報導說人們朝他聚集，被他施行奇蹟的聲譽所吸引。「他們給他帶來所有的病人或魔鬼附身的人，」我們讀到「全城的人都聚集在他門前。」一位新約學者評述說：「儘管奇蹟對於現代心靈構成困難，但在歷史的基礎上，耶穌是個治療人和驅魔人，實質上是無可爭辯的。」⑤

的確——如同這位新約學者所說的，他原本可以是「那有魅力的猶太治療人系列中最特殊的人物」，不會吸引當地以外更多的注意。使他超越其時空的乃是，他用那由他而顯的聖靈的方式，不只要治療個人，並且——這乃是他的渴望——更要從他自己的人民開始治療人類。

「你的國度將在世上來臨。」在政治上，耶穌時代猶太人的地位是絕望的。他們在整個世紀的大部分時期都被羅馬奴役，除了喪失自由之外，還被徵收令人無法忍受的重稅。對於他們的困境，當時的反應有四種。撒都該人（Sadducees）一般較為富裕，主張儘量利用不利的情況，使自己去適應希臘化文化和羅馬的統治。另外三者的立場則是希望改變。三者全部都承認改變只能通過雅威才能實現，大家都假定猶太人需要做出些什麼來激起祂的干預。三者中的兩個是復興運動。愛森尼斯人（Essenes）認為世界太腐敗了，無法讓猶太教在其中復興自己，因此就脫離出來，退居於財產公有的社區中，專心致力於嚴格的虔敬生活。而另一方面，法利賽人繼續留在社會中，尋求通過嚴格遵守摩西律法，特別是其神聖法典，以恢復猶太教的活力。第四個立場的代表者是指狂熱份子（Zealots），不過值得懷疑的是，他們根本沒有什麼組織足以擔當這個名稱。他們感到若沒有強大的武力，而想有任何改變是無望的，他們發動了局部性的反抗，而終結於紀元六六—七〇年的災難性的反抗行動，結果是耶路撒冷的聖殿第二次遭到了毀滅。

在這樣的政治大鍋中耶穌引進了第五種選擇。不同於撒都該人的，他要改變。不同於愛森尼斯人的，他留在世界之中。不像那些主張選擇武力的人，他讚揚調停人的角色，並且極力主張連敵人也要去愛。與耶穌最接近的是法利賽人，彼此的差別只在強調之不同。法利賽人強調雅威的神聖性，而耶穌則強調雅威的同情心；不過法利賽人或許在起初曾堅持雅威是富於同情心的，而耶穌也堅持雅威是神聖的，最初兩者的差異看來是很小的，而現實上要一個單一的宗教來遷就這樣的差異性，卻證明是太得不能克服了。我們必須了解何以情形是如此。

以理解雅威是莊嚴的神聖為其基礎，法利賽人進一步肯定猶太人對自我理解一般接受的版本。由於雅威本身是神聖的，祂也要神聖化這個世界，為了要完成這個目標，祂選了猶太人為祂播種，因此而成為人類歷史中神聖的灘頭堡。在西奈山上祂訂定了一個神聖法典，希伯來人忠實地遵守它，就能成為「教士之國」。雅威給他們的箴言是，「你們將是神聖的，因為我，主！你們的**神**是神聖的，」變成了法利賽人的口號。乃是由於對遵守神聖法典的疏忽，才把猶太人降低到墮落的境地，唯有全心回到法典上才能把情況轉變過來。

這一切耶穌大多是同意的，但神聖綱領中有一項重要的特點他卻不能接受：在人民之間所畫的分界線。首先是把行為和事物以潔或不潔來分類（比方食物及製作），神聖法典接下來按照他們是否尊重這些不同，而把人分類。結果就是一個被界線分割的社會組織：潔的與不潔的、純潔的和汚損的、神聖的和粗俗的、猶太人和非猶太人（Gentile）、義人和罪人。由於已經斷定雅威的中心屬性是同情，耶穌視社會的分界線乃是對雅威同情的屬性的侮辱。因此他與收稅者談判，與被逐的人和罪人共餐，與妓女談話交往，被同情心驅使的時候在安息日為人治療。這一切使得他成為一位社會的先知，挑戰著現存秩序的分界，而提倡一種人類社群遠景的另一選擇。

耶穌乃是根深蒂固的猶太人；同時他卻與猶太教處於尖銳的緊張關係中。(吾人會認為這是他猶太性重要的一面，因為再沒有一個宗教像猶太教那樣地展現出，也大體上鼓勵著如此程度的內在批評了)。耶穌看到神聖法典以及其特性，是要用來把猶太人的純淨性提升到遠超過他們的鄰人之上。不過，他自己與**神**的面對令他相信，當時實行的那套純淨系統所造成的社會分化，損害了**神**的憐憫心，而這項憐憫心，法利賽人在原則上也一樣是同意的。

要強調問題不是在**神**的憐憫心這一點上是重要的；問題乃是在神聖法典外圍工作所建

構的社會制度是否為憐憫的。耶穌認為社會制度並非憐憫的論點，使他與法利賽人不和，可是他的抗議沒有成功。但所引起的注意卻足以驚動了羅馬當權者，使得耶穌被捕而以叛亂罪名處死。

因此「耶穌的子民」的未來就置放在這廣大的世界中。基督徒就會及時正面地來看待這個發展了。在他們看來，**神**對猶太人的啟示是太重要了，而不能只限制在單一的民族團體中。耶穌的使命乃是把包裹著猶太教啟示的外殼打破，而將那啟示向一個預備好了的，以及在等待中的世界釋放出來。這樣說並非是要取消猶太人繼續參與的需要。除非世界重生了，一個教士之國的見證仍然是有重大意義的。

信仰的基督

吾人如何從前面所說的歷史的「耶穌」之生命和工作，轉移到他的追隨者所信的以人形現身的神那位「基督」身上？耶穌的門徒在他死之前並沒有作出那個結論，不過就算他在世的時候，我們已經能見證到向形成耶穌是**神**成人這個結論的動力了。在前面的段落中，我們已嘗試描寫了耶穌生命中的一些事實，現在我們要看他的門徒覺得他是怎樣的。在這一方面我們立足於比較踏實的基礎上，因為如果福音書在報導歷史事實上很少的話，耶穌對他同伴的影響卻是顯而易見的。我們的陳述將分成三部分：他們看見耶穌做了什麼，他們聽到他說了什麼，以及他們感覺到他是什麼。

「他到處在行善事。」我們先以耶穌所做的來開始。由早期教會份子書寫的福音記載，以驚嘆的筆調描述他的作為。在他們書寫的篇頁中，特別是馬可的，充滿了奇蹟。我們看到這些事件給許多人留下了深刻的印象，不過我們如果把重點放在這裡那就錯了。因為首先，耶穌並不強調他的奇蹟。他從來就不用之作為強迫人們相信他的方法。他曾被引誘要這樣做，但是在他施行神職之前，在荒野中的靈魂省察之後，他拒絕了這樣的誘惑。幾乎所有他的特殊行為，都是遠離人群、靜靜執行並且作為一種信仰力量的證明。而且，當時其他文字也多的是奇蹟的記載，但卻沒有使見證的人把行奇蹟者奉為**神**。他們只承認奇蹟施行者有不平常的力量。

如果我們把重點放在耶穌的一個門徒所強調的，我們就會對他的行為有較清楚的看法。有一次，在對一群人演說時，彼得覺得有必要把耶穌一生的行為濃縮成簡短的範圍。他的總結是什麼？「他到處在行善事。」（使徒行傳10：38）一個簡單的墓誌銘，卻是動人的一個。在平常人和不能適應社會的人中間，輕鬆而毫無矯飾地穿梭著，治療他們，勸告他們，幫助他們從絕望的深淵中解脫出來，耶穌周遊四方行善事。他以那般專一的態度和靈驗性來行善事，令耶穌身邊的人們經常要重新調高對他的估計。他們發現自己在想：如果神聖的善是要以人身來顯現其自己的話，就應該是這樣的。

「從來沒有人像這樣說話的。」不過，使耶穌同時代的人以新的尺度來看他的理由，並不單是他的作為，還有他所說的話。

關於耶穌的教義的原創性一直有極大的爭論。最持平的看法，可能是卓越的猶太學者克勞斯納（Joseph Klausner）的。他寫道，如果分開來看耶穌的教義，你會發現它們每一項都與舊約及其評註或猶太聖法類似。不過如果你把它整體地來看，它們有一種迫切感，一種熾熱的、活潑的品質，一種棄絕的態度，最重要的是，完全沒有二流的貨色，使得它們令人耳目一新。

耶穌的語言證明了其本身是一樁令人入迷的研究，與其內容可以完全分開。如果偉大宗教文獻的標誌就是簡明、扼要以及能分辨什麼是緊要的見識，光只這些品質就足以使耶穌的話不朽了。但這還只是開端呢。耶穌的語言是那些看重平衡論斷的聰明人所不能說出的。它們那激情的品質，令一位詩人給耶穌的語言想出一個特別的字，叫做「巨人似的龐大（gigantesque）。」如果你的手冒犯了你，把它砍掉。如果你的眼睛阻擋在你和那最好的之間，把它挖出來。耶穌說駱駝穿針眼，說人們專心注意地把蚊蚋由飲料中挑出來，卻不在意駱駝隊開進了咽喉要道。他描寫的人物，眼睛裡橫著木樑到處走著，卻在別人的眼睛裡找小木屑。他講到人們外在生活是堂皇的王陵，而內在生活卻散發出腐屍的臭氣。這可不是為了修飾效果所用的語言。這語言乃是其信息的一部分，是被迫切感的驅策引發出來的。

耶穌語言第二個吸引人的特徵是其邀請性的風格。他並不告訴人們去做什麼或去信什麼，他邀請人們以不同的角度去「看」事物，相信人們只要這樣做，行為也會因之改變。其所要打動的是人們的想像力，而不是他們的理性和意志。如果聽眾接受了邀請，那麼他們所被請去的地方，對於他們來說就必定是看似真的了。因此，由於耶穌的聽眾最為熟悉的真實，是包含了具體的特殊細節，耶穌就以那些特殊細節來開始。他說到芥子和岩區的土壤、僕人和主人、婚宴和酒。這些細節給予他的教誨一種通向真實世界的韻味；他所談到的乃是他聽眾世界的一部分。帶領他們到那麼遠之後，成功地在他們心中引發出一種贊同的動力，耶穌就藉著那股動力的躍動而將之作震驚的、破壞性的扭轉。「同意的動力」(momentum of assent)這個詞語是重要的，因為其深意是，耶穌並不把他教訓的權威設在他本人或遠處的神那裡，而是設在他聽眾的心中。我的教訓是真實的，他說，並非因為它們出自我，甚或通過我來自神，而是因為（與整個慣例不同）你們自己的心，證實了它們的真理。

那麼耶穌使用他那邀請性的、巨人似的龐大語言說了些什麼呢？從數量上來說，根據記錄的報導並不太多；新約記錄的一切在兩個小時之內就可以說完。然而他的教訓在歷史上是被重複得最多次的。「愛你的鄰人如愛你自己一般。」「你要人對你做什麼，你也要對他們做什麼。」「到我這裡來，所有勞苦的人和擔重擔的人，我會給你們休息。」「你該知道真理，而真理必使你自由。」不過，他大多講一些我們稱之為寓言的故事：講埋藏的寶藏，講播種者出去播種，講珍珠商人，講為善好施的人（Samaritan），講一個青年把遺產在一次歡鬧中花光，而淪落到在豬群中討生活，講一個人有兩個兒子的故事。整個世界都對這些知之甚詳。人們聽到這些故事被感動得驚嘆道，「這個人說話有權威⋯⋯從來沒有人像這樣說話的！」

他們有理由大為驚訝。如果我們不吃驚，乃是因為我們太常聽到耶穌的教訓，其鋒刃被磨平了，其顛覆性減輕了。如果我們能恢復其原有的衝擊的話，我們也會被驚動的。耶穌的語言是美麗的，而表達的卻是與世俗相反的價值，說的是「硬性的話」，像地震般地震撼著我們。

他要我們不要對抗邪惡，卻把另外一邊臉轉過來讓它打，而世界則斷定邪惡是我們必須盡其所能來加以對抗的。他告訴我們要愛我們的敵人，並祝福那些詛咒我們的人，而世界則斷定朋友是要去愛而敵人是要去恨的。他告訴我們說太陽同樣地照耀在義人和不義的人身上；而世界則認為這是不分青紅皂白的，它會喜歡看到烏雲籠罩著惡人，不高興惡人沒有受到懲罰。他告訴我們，被逐的人和娼妓，會在許多看似正直的人之前進入天國。再次的不公平，世界認為；令人尊敬的人應該走在前面。他告訴我們，得救的門是狹窄的，世界則寧可它寬濶一點。他告訴我們要像鳥兒和花一般地無憂無慮。世界則勸告我們要審慎。他告訴我們，有錢人要想進天堂比駱駝穿針眼還難，世界則是愛慕財富的。他告訴我們謙卑的、哭泣的、仁慈的和心中純潔的人是快樂的人，世界則假定有錢的、有勢的和出身好的才是快樂的人。偉大的俄國哲學家貝加也夫（Nikolai Berdyaev）說，一陣自由之風通過這些教訓吹來，驚駭著世界，而令我們想要用拖延來令它偏斜轉向——還不要，還不要！威爾斯（H. G. Wells）顯然是對的：要不就是這個人有點瘋狂，要不就是我們的心還太小裝不下他的信息。

我們必須再回過頭來看那些教訓是講些什麼。從他口中說出來的一切，形成了燃燒著的聚光玻璃面，把人的覺識聚集在生命中兩個最重要的事實上：**神**對人勢不可擋的愛，以及需要人接受那個愛並藉著他們向別人流去。在體驗到**神**對人那無限的愛上，耶穌乃是猶太教真正的孩子；我們所看到他的不同之處，只是在不讓放逐後期的神聖法典阻撓了**神**的慈愛。正如牧羊人不顧九十九隻羊，而去追回那一隻走失的羊的故事，耶穌一而再地想要傳達**神**對每一個人絕對的愛。要了解這個愛並讓它滲透入人的骨髓，就必要以唯一可能的方式來回應——對**神**恩典的奇妙，作深刻而完全的感激。

要想明白耶穌對人應該如何生活的非凡訓誡，唯一方法就是要視它們是出自於了解一個信念，就是：**神**絕對的愛人，而從不去考慮人值不值得。如果人們有需要，我們就把斗蓬和大衣給他們。何以呢？因為**神**給了我們所需的。我們要陪同別人走下一哩路。又為什麼呢？因為我們知道，深刻地、不可擋地，**神**要我們生下來就得走更長遠的路。何以我們應該不單是要愛我們的朋友還要愛我們的敵人，並且還要為迫害我們的人祈禱呢？「這樣就可以做你們天父的兒子；因為祂叫日頭照好人，也照歹人，降雨給義人，也給不義的人……所以你們要完美，像你們的天父是完美的一樣。」（馬太福音5：45，48）我們說祂的倫理是完美主義的——這是給「不切實際」的一個禮貌的字眼——因為它要求我們毫無保留地去愛。**但是耶穌回答，我們之所以認為那樣做不切實際的原因，是因為我們沒有體驗到，從神那裡流到我們這裡來的永恆而無限的愛。**如果我們的確體驗到的話，問題仍然會出現。有限數量的斗篷和大衣要如何分配給數不清的有需要的人呢？如果罪行的對象是別人而不是我自己，我還是不去抗拒任由罪行去施虐別人嗎？耶穌並沒有提供一定的規則來避免困難的選擇。他所爭辯的是對倫理問題所應該採取的立場。我們能在事前說明的是，當我們面對一個紛亂世界的要求時，我們應該對我們的鄰人有所回應——在我們能夠預見行為的結果範圍內，向所有的鄰人回應——不是按照我們判斷他們應得多少的比例，而是要按照他們需要的比例。對我們個人的損失則應該毫不計較。

我們已經談到耶穌做了什麼以及他說了什麼。如果不是因為這第三個因素：他是什麼？光是做了什麼、說了什麼都還不足以使他的門徒下結論說他是神。

「我們見過他的榮光。」「在世界上，」杜斯妥也夫斯基寫道，「只有一個絕對美麗的人物：基督。那個無限可愛的人是……一個無限的奇人。」

當然，耶穌的教訓最令人印象深刻的，不是他教導了這些教訓，而是他看來真的在實行。從我們所有的報導看來，他的整個生命表現是謙卑、自我給予和不為自己的愛。他謙卑的最高證明在於，我們找不到耶穌究竟如何想他自己。他關心的是人們如何想**神**——**神**的本性以及**神**對他們生命的意願。不錯，我們從其中也可以間接得知一些有關耶穌的自我形象；不過，明顯的是，他把自己定為次於**神**。「為什麼你們稱我是善的，難道你們不知道只有**神**才是善的嗎？」讀了耶穌有關無我的說話，是不可能不感受到耶穌自己是多麼地不自傲。誠意也是一樣。他在這個題目上所說的，只能出自一個生命不被欺騙蒙蔽的人之口。真理對他就好似空氣一樣。

福音篇章中的耶穌脫穎而出，是一位有力量和正直的人，正如某人說的，只除了他是完美的這一點奇特之外，完全沒有什麼奇特之處。他喜歡人，人也因而喜歡他。他們愛他；熱烈地愛他，並且眾多人愛他。不僅是因為他夠魅力而被他吸引，也同時因為他們感受到他內在的慈愛而受到吸引，他們圍著他，成群聚集在他周圍，跟隨著他。他站立在加利利海邊，他們靠得好近，最後他只好從船上向他們說話。他白天出去，好幾千人聚集著，誤了午飯，直到突然間發現他們沒有吃東西。人們回應著耶穌，他也同樣地回應他們。耶穌感覺到他們的呼籲，不論他們是富的或是窮的、年輕的或年老的、聖人或罪人。我們已經看到他不顧社會習俗樹立於人與人之間的界線。耶穌愛孩子。他恨不公正，因為它會傷害他溫柔地稱之為「我這兄弟中最小的一個」（馬太福音25：40）。他最恨偽善，因為它把人自己隱藏起來，而隔斷了耶穌想建立的關係的真實性。最終似乎對那些最知道他的人來說，這兒是一位已經消失了自我（human ego）的人，讓他的生命那麼完全置放於**神**的意志之下，使耶穌與**神**的意志合一。到了一個地步，他們覺得當看著耶穌時，他們是在看著類似**神**以人形現身的某種東西。這就是早期教會那抒情的呼聲背後的東西：「我們見過他的榮光……充充滿滿的有恩典有真理。」（約翰福音1：14）多少世紀之後，莎士比亞用這樣的話說：

有人說從來沒有一個季節
像慶祝我們的救世主的誕生那般，
破曉的鳥兒整夜不停地唱著；
接著，他們說，沒有精靈能走出國門；

夜晚是整全的，沒有行星碰撞，
沒有童話，也沒有女巫能施魔法，
如此神聖、恩典的時刻。

終結與開始

耶穌在地上的神職終止的方式，是每個人都知道的。經過幾個月與他的人民相處在一起並教導他們之後，他就被釘上了十字架。

那很可能就此結束了整個故事。歷史上有好多夢想家提出了各種方案，後來過世了，就此消聲匿跡了。可是，在耶穌這一事例上，卻還只是開始。在極短的時間之內，他的門徒就在宣揚他們那復活的主（Risen Lord）之福音了。

我們對於耶穌釘死十字架上之後所知的細節太少，而很難正確地知道究竟發生了什麼；能確定的是，他的門徒相信死亡不能擁有他。他們傳話說，在復活節星期日他「向他們現身」，正如他們在他神職期間所認識的那樣，不過卻是以一種新的方式。但又無法決定那新的方式到底是什麼：有些記錄暗示了肉身存在——吃東西，以及多默觸摸他側邊的傷口——而其他的記錄則比較是視覺所見的，有人說他穿過關上了的門。各樣的報導一五一十地全數都被那些相信耶穌復活的門徒記錄了下來，明白指出耶穌並非只是恢復了原先的肉身；復活並不是回生。反之，是進入另一種模式的存在，一種有時看得見，但通常看不見的模式。很清楚的是，耶穌的跟隨者開始以一種新的方式經驗到他，即是經驗到他具有神的品質。他現在在任何地方都為人所知，而不只是在他現身時才為人所知。

信仰耶穌的復活就產生了教會以及基督神學。要掌握此一信仰的力量，我們必須了解它不單只關注一個有價值的人的命運。其主張最終延伸到善在宇宙中的地位，堅持善是最強大的。如果哥爾哥地（Golgotha）的十字架就是終結，耶穌所體現的善將會是美麗的，但是有多少意義呢？一朵柔弱的花朵飄浮在急流的河水中，很快就要被撞擊得粉碎——如果真實無法掙得，沒有力量供其使用，善會有多大意義？復活讓十字架安置了耶穌的善，而倒轉了宇宙的位置。不再是柔弱的，門徒在他那裡所經驗到的慈愛是強大的；耶穌的善戰勝了一切，甚至於戰勝了那似乎是萬物終結的死亡自身。**「墳墓，你的勝利在哪裡？死亡，你的刺在哪裡？」**

這個信息進入地中海世界，最後並接管了它；這其中的過程乃是我們接著要討論的。

佳音

由於相信耶穌這位被人釘死而名譽掃地的領袖繼續活著，十二個左右倉皇失措的門徒轉變成為人類歷史上最有活力的一個團體。我們讀到火舌降落在他們身上的說法。那正是注定了要燃燒地中海世界的一把火。原先不會說話的人卻能滔滔不絕起來。他們在整個希臘及羅馬世界中爆發開來，宣揚以後稱之為福音（Gospel）的，不過如果按字義翻譯，應該稱之為佳音（The Good News）。開始於耶路撒冷的一個頂樓，他們憑著無比的熱情傳播著他們的信息，使得在耶穌同時的那一代，它就已在該地區的每一主要城市中生了根。

這將西方歷史像枯枝般折斷的佳音到底是什麼呢？——它進入紀元前及紀元後，並在整個基督教會中留下影響。是不是耶穌的倫理教訓呢——黃金律？登山寶訓？完全不是。我們已經指明，耶穌的每一教訓都已出現在當時已有的文獻中。保羅的書信扼要說明了早期教會所關心的事務，他知道耶穌所教的是什麼，但是幾乎從來都不引述它。顯然地，使保羅歸化的佳音，並不是耶穌的倫理戒律，甚至也不是耶穌如何在生命中體現這些戒律的方式。那是一種非常不同的東西。

這另外的一種東西可以通過一個象徵來加以探討。如果我們生活在基督紀元早期的東部地中海附近，我們可能會留意到塗在牆邊和房子上，或塗在地上的一條魚的粗糙外形。不過就算我們在幾處地方看到了，我們或許也會把它當作是無關痛癢的塗鴉或胡寫亂畫，因為這一帶主要是海港城市，漁業是日常生活的一部分。不過，如果我們是基督徒的話，就會視這些繪畫是佳音的圖徽。魚頭向我們指出當地基督團體召開祕密集會的地點。因為在那些充滿地下墓窟和鬥獸場的年代裡，基督徒如果被認出來，就是可能被擲給獅子咬死或被火燒死，因此基督徒被迫使用比十字架更隱蔽的符號。魚是他們喜愛的符號之一，因為魚的希臘字也是希臘語「耶穌基督，神之子，救世主」這三個字的頭一個字母所合成的。這就是佳音，扼要地展現在一條普通魚的粗糙輪廓上。

但是這個詞語：「耶穌基督，**神**之子，救世主」本身的意思是什麼？那些伴著它長大的人可能對答案知之甚詳。不過，對那些最先說出這個詞語的人，它的意義是什麼，我們的工作就是走到這一詞語巨大的歷史背後去嘗試說明。因為整個隨後的基督宗教之歷史，就從那些人對其意義的了解上產生出來。

在這樣做時，我們很容易立即投入觀念、定義和神學中，不過用另一種方法比較聰明。觀念在生命中是重要的，但是就其本身而言，它們很少提供出發點。它們是出自事實和經驗，脫離了這個土壤，就會像連根拔起的樹那樣失去了生命。除非我們能清楚看到它試圖說明的經驗，否則會發現十分難以了解基督宗教的神學。

最先聽到耶穌門徒宣揚佳音的人，對他們所見到的正如對他們所聽到的同樣留下了深刻的印象。他們看到生命被轉化了——男男女女除了似乎找到了生活的祕密之外，在每一方面他們都是平常人。他們表現出一種平靜、單純和歡樂，是聽者在別處所沒見過的。這些人似乎成功地創造了一樁每個人都想成就的事業——那生命自身的事業。

特別說來，他們的生命中似乎充滿了兩項品質。其中之一是相互的關切。留傳至今最早一份教外人對基督徒的觀察是，「看這些基督徒如何彼此相愛。」與這種相互的關切結合在一起的乃是完全沒有社會界線；正如一位新約學者的說法，是一種「平等的門徒情誼」。⑥這是一群男男女女，他們不僅說在**神**的面前人人平等，而且也如他們所認真相信地那樣生活。習俗上的種族、性別和身分的界線對他們來說不算一回事，因為在基督那裡是沒有猶太人或非猶太人、男或女、奴隸或自由人的。結果，儘管在功能和社會地位上有所不同，他們的團契卻標誌著一種真正平等的意識。

席勒必克斯（E. Schillebeeckx）告訴我們，「在耶穌面前覺得悲哀是實存上的不可能，」⑦這把我們帶到早期基督徒表現的第一項品質上。耶穌有一次告訴他的跟隨者說，他的教誨最終「是要叫我的喜樂存在你們心裡，並叫你們的喜樂可以滿足」（約翰福音15：11），而且在相當程度上那個目標看起來已經實現了。外人覺得這是難以理解的。這些散處在各地的基督徒人數並不多。他們既不富裕也沒有權勢。如果要說的話，他們面對的困難遠較一般的男女為多。然而，在他們的考驗當中，他們已經掌握了一種內在的寧靜，表現於那看來是洋溢的喜樂中。或者發光（radiant）是個比較適當的字眼。發光幾乎不是用來描述一般宗教生命的字眼，但是再也沒有比之更適當的字眼，可以用在這些早期的基督徒身上了。保羅是一個例子。他是一個被人取笑的人，從一個鎮被驅趕到另一個鎮，船沉掉了、被關進牢裡、背被鞭子打得滿是傷痕。然而卻是一個經常在嘴上發出歡樂頌讚的生命：「說不出的喜樂和充滿了榮耀。」「感謝那賜給我們勝利的神。」「在所有事物上，我們更勝過征服者。」「令光亮從黑暗中照射出來的神已照進了我們的心中。」「為了神賜與無法描述的禮物感謝祂。」這些早期基督徒的喜樂是說不出的。正如以弗所書第五章所指出的，他們歌頌並非出自習慣，而是出自他們直接經驗到那壓抑不住的滿溢。生命對他們來說已經不再是一件要應付的事了。它乃是辨認清楚了的榮耀。

在這些早期基督徒身上，是什麼使其產生出這樣的愛和喜樂出來呢？這些素質本身是普遍地為人所欲的，問題是如何得到它們。就我們從新約的記錄中所能夠收集的資料看來，其解釋是，有三項令人不可忍受的重擔，突然間戲劇性地從他們肩膀上移走了。其中第一項是恐懼，包括恐懼死亡。我們以榮格（Carl Jung）的話說，他還從來沒有遇到過一個四十歲以上的病人，其問題不是根源於懼怕死亡趨近的。基督徒之所以不受獅子的恐嚇，甚至在進入鬥獸場還歌唱著的原因，乃是因為耶穌的勸導，「不必怕，因為我與你們同在。」對他們產生了作用。

他們得到解除的第二項重擔是內疚（guilt）。理性主義者認為內疚是一件正在消去的現象，但是心理學家不同意。不論是公認的或是被壓制的，某種程度的內疚，看來是建構在人的情況中，因為沒有人能夠完全無愧於他或她的理想。不僅是我們不能完全按照良心來對待別人；我們也讓自己的才能未曾發揮出來，任由機會溜走而辜負了自己。在白天我們還能控制那悔恨之情，但是在夜晚不能安枕的時刻裡，它就來造訪：

……那重新上演的割裂的劇痛
你所有做過，和曾經是的一切；
那恥辱
最近所揭露出來的動機，以及覺察到的
做糟了的事以及傷害別人的事，你一度將之當作是德行的實踐。

（艾略特T.S. Eliot, "Little Gidding"）

未經解脫的內疚降低創造力。在其最尖銳的狀態下，能變成一股結束生命的自責的憤怒。保羅在他沒有解除內疚之前就曾感到它的力量：「我真是苦啊！誰能救我脫離這取死的身體呢？」（羅馬人書7：24）

基督徒所經驗到的第三項解除乃是從自我局限的約束中解脫出來。沒有理由推測說，這些男女在獲得新生命之前，比旁人更為自我中心，但是這對他們來說已足以知道自己的愛是十分地狹窄。他們知道「人類的詛咒就是去愛，而且有時候愛得很好，但是卻永遠也不夠好。」⑧現在這個詛咒戲劇性地被解除了。

不難看出從內疚、恐懼和自我解脫出來會感覺像是重生一樣。如果有人能把我們從這些令人喪失鬥志的障礙中解放出來，我們也會叫那個人救世主的。不過這只是把我們的問題推後一步。基督徒如何從這些重擔解脫出來的？而這樣一個現在已經死去名叫耶穌的人，與這樣的解脫過程有什麼關係，能使得他們將之歸功於他的所為呢？

唯一能造成轉化我們所描述狀態的力量就是愛。一直要到二十世紀才發現，封鎖在原子之內的乃是太陽自身的能量。但是，要解放這股力量，必須從外面將原子爆破。因此，封鎖在每一個人裡面的是那分享了神的愛的貯藏——有時候稱之為 *the imago dei*，神的形象。也只有通過爆破才能加以啟動它，在這一情況下就是愛的爆破。過程開始於嬰兒期，母親主動的單方面愛的微笑喚醒了嬰兒的愛，當協調能力發展出來之後，就引生了回應的微笑。過程持續到兒童時期。一個可愛的人不是通過告誡、規則和威脅產生的。只有在愛向兒童施予時，才能使愛在他們身上生根——開始於也最重要地來自生養的父母。從個體發生學上來說，愛是一種回應的現象。字義上來說是一種反應。

一件真實的事件可以幫助說明這一點：

他是美國一所中西部小學院一名缺乏自信的大學新生，一天早晨他崇拜的一位講師上課時說，「昨天晚上我讀到記憶中最有意義的句子。」當他開始唸給學生聽的時候，那男孩的心跳到喉頭上來了，因為他所聽到的正是前一星期他交出去的論文中的話。他講述這件事：「在那一個鐘點裡我不記得其他的事了，可是當鐘聲喚回了我的意識時，我永遠也不會忘記那感覺。那是正午，而十月從來就沒有那麼美麗過。我簡直心喜若狂。如果當時有人向我要任何東西，我都會高興地給他，因為我什麼都不要。我只渴望向那已經給了我那麼多的世界付出。」

如果一個年輕人只不過因為一個人對他表示了興趣，就會發現自己改變到這種地步，那就不難想像，早期基督徒如果知道他們為**神**所愛，會給他們帶來多大的改變了。在此想像力可能會不靈光，不過推理卻未必沒有用。因為如果我們也感覺到被愛，不是抽象地或原則上地，而是活生生地親身地，被一位結合一切力量和完美的**神**所愛，那經驗可以永久地溶解了我們的恐懼、內疚和自我關切。正如齊克果說的，如果現在或未來的任何時刻，我都確定未曾發生或不會發生任何事情，來將我們與「無限者」無限的愛分離，那就會是喜樂的原因了。

神的愛恰正是最初的基督徒所感覺到的。他們經驗到了耶穌的愛，而且相信耶穌是**神**的化身。那愛一旦到達了他們那裡就不能停止。溶化了那恐懼、內疚和自我的障礙，它朝基督徒湧來有如他們是水閘一般，把他們到目前為止所感受到的愛擴大到他人身上，直到那在程度上不同的愛變成了不同類別愛的一項新品質，世界後來就稱之為基督的愛誕生了。習俗上的愛是由被愛者的可愛品質所引發出來的，但是人們從基督那裡所遭遇到的愛卻包括了罪人和被遺棄的人、樂善好施的人和敵人。它施予，並非考慮要得到回報，而是因為施予是其本性。保羅在哥林多前書第十三章中著名的有關基督之愛的描寫，我們不應將之理解為保羅好像是在評論我們已經熟悉的一種態度。他的話是指耶穌基督這個特別的人的屬性。它以古典的美麗的詞語描述了那種神聖的愛，**保羅相信基督徒一旦經驗到了基督對他們的愛，就會對他人反應出來**。讀者應該把保羅的話，當作是在定義一種新的能耐，這種能耐唯有基督以「肉身」全幅實現了，而保羅第一次描述到它。

> 愛是恆久忍耐；愛是恩慈；愛是不嫉妒不自誇不張狂。不堅持己見；不輕易發怒；不喜歡不義，只喜歡真理。凡事包容、凡事相信、凡事盼望、凡事忍耐。愛是永不止息。
>
> （哥林多前書・13：4—8）

最早的基督徒發現了這愛，也看到它真正進入他們生命中的事實，感到如此驚奇，使得他們必須在描述它時求助於別人說的話。保羅在結束最早記錄的一篇論「佳音」的講道時，他描述這個愛，是借用了一個先知代替神說的話：「你們這輕慢的人要觀看、要驚奇

忘了自己；因為在你們的時代，我行一件事，雖有人告訴你們，你們總是不信。」（使徒行傳13：41）

基督的奧體(The Mystical Body of Christ)

最早的基督徒把佳音傳遍了整個地中海世界，他們並不感覺自己是孤獨的。他們即使聚在一起也不是孤單的，因為他們相信耶穌作為一種具體的、活動的力量存在於他們之間。他們記得他說過，「有兩三個人奉我的名聚會，那裡就有我在他們中間。」（馬太18：20）因此，當他們同時代的人用渾名稱呼他們為基督徒（Christ-ians文字上的意思是彌賽亞人們，因為他們相信耶穌是先知們預告的救世主），他們開始稱呼自己是*ekklesia*，一個希臘語，字義是「大聲喊叫」或「喚醒」。選擇這樣的名稱，指出了早期基督徒團體並非他們自以為是的一個自助社會。它並非是一個一群好意的人聚集在一起互相鼓勵做善事，通過集體的力量來提升自己的人的團體。由人類份子組成，但卻是通過基督的力量——也就是說**神**的現身在其中來推動，雖然基督的現身現在是精神的而肉眼不再能看到。

門徒完全信服了這一點，他們走出去佔有一個他們相信**神**已經為他們佔有了的世界。因為他們所感受到的強烈共同身分而令腦海中有形象出現。其中的一個來自基督本人：「我是藤，你們是枝。」這顯然是一個隱喻，除非我們能看到早期教會所解讀的正確意思，我們就會忽略它的力量。正如一種物質的東西通過藤，流進枝、葉和果實把生命帶給它們，一種精神的東西，亦即聖靈，也從復活了的基督流進他的信徒，用愛的力量使他們產生善行的果實。（早期的基督徒認為聖靈是基督／**神**在世上力量的呈現〔presence〕。到了第四世紀，那個呈現就有了它自己在精神上的身分，而被認定是三位一體的**神**中的第三位，與聖父和聖子基督共實體與共永恆。）這就是耶穌的信徒，解讀基督自己關於這件事的說明的方式：「我是真藤〔葡萄樹〕……〔你們〕要常在我裡面，我也常在你們裡面。枝子若不常在葡萄樹上，自己就不能結果子。你們若不常在我裡面，也是這樣。」（約翰福音15：1，4）

聖保羅把基督的形象拿過來，用人的身體而不用葡萄樹來象徵教會。這保留了葡萄樹是提供生命到各部分的主要生命體形象，而同時容許枝葉之間有頗大的差異性。雖然個別基督徒在任務和才能上，可能會如眼睛和腳那樣地不同，但保羅辯說，大家都由同一源泉提供了生命。「正如我們一個身子上有好些肢體，我們這許多人，在基督裡成為一身，也是如此。」——基督和教會在此是同義詞（羅馬人書12：4—5）。

這對於早期的基督徒來說，似乎是他們共同生命完全適當的形象。教會乃是基督的**奧體**（神祕之身）。此處神祕的意思是超自然和不可思議的，但卻並非不真實。基督的人形離開了塵世，但是他通過一個新的身體——他的教會，來繼續他未完成的使命，他仍然是頭。這個**奧體**通過聖靈的活潑力量在耶路撒冷五旬節（Pentecost，又譯聖靈降臨節，是耶穌復活後的第五十日）的「頂樓」（Upper room）內產生的。因為「靈魂之對於人之身，」聖奧古斯丁寫道，「如同聖靈之對於基督之身，而基督之身就是教會。」

如果基督是這身體的頭而聖靈是其靈魂，個別的基督徒就是其細胞，起初只有少數，在身體成長時會增加。一個有機體的細胞不是孤立的；它們從其主人周身的活力中吸取生命，而同時對那份活力有所貢獻。這個類比是準確的。基督徒崇拜的目的是說那些話，做那些事，來保持**奧體**的生氣活潑，而同時把個別的細胞，亦即靈魂，向流入**奧體**的活力打開。這種交流簡直是把基督徒合併到基督之人身中，因為在一種重要意義下，現在基督就是教會。在任何一位基督徒身上，神聖生命可能完全或部分通暢，或完全不通暢，那要按照他或她的信仰是否充滿活力的、敷衍塞責的或叛教的而定，而後者的情況則與癱瘓差不多。有的細胞甚至可能變成癌細胞而轉過來為害它們的主人——這些就是保羅提到的落入醜行中，給教會招來惡名的基督徒。按照成員的基督式健康狀態程度，聖靈的脈搏就會在他們週身循環。這就把基督徒彼此結合在一起，而同時把他們放在與基督本人最親近的可想像的關係中。「豈不知你們的身子是基督的肢體嗎？」（哥林多前書6：15）「現在活著的，不再是我，乃是基督在我裡面活著。」（加拉太書2：20）

建立在這早期教會的概念上，基督徒把教會想成有雙層的面向。就它包含了那寓於人們之中，並為他們充滿了恩典和愛的基督和聖靈而言，它是完美的。就它包含了可能墮落的人的成員而言，它永遠無法是完美的。⑨教會的塵世面目永遠是要遭受批評的。但是它的錯誤，基督徒認為，乃是因為教會是通過人的素材來為它工作的緣故。

除了基督之身以外，在什麼意義下可以得救的問題，基督徒有不同的意見。有些新教的自由派完全不接受基督宗教的歷史主張說「教會之外沒有得救」，而認為那是宗教帝國主義的表示。另一個極端是，堅持只有那些有意和正式成為基督徒的人才會得救的原教旨主義者。不過，其他的基督徒，在看得見的教會和看不見的教會之間作出區分，來回答這個問題。看得見的教會是由那些正式作為塵世機構的教會份子組成。教皇庇護九世(Pope Pius IX)反對以看得見的教會之教徒為得救的必要條件，說出了大多數基督徒的意見。「關於我們神聖的宗教，有些人受制於無法克服的無知，這些人，」他說：

遵守自然法以及神寫在每人心中的指令，隨時準備好服從祂，以可敬而正直的方式過活，以神的光和恩典幫助他們，最後也能夠得到永生。因為神，祂清楚地看得到，尋找出，並且認識一切人的心智、感情、思想和氣質，以他的偉大的善和憐憫，無論如何不會令任何不是有意犯錯的人，受到永恆痛苦的處罰。

此項聲明，明顯地許可那些不可見的教會份子之得救。⑩在可見的教會之外，是那不可見的教會，這個不可見的教會，包括了各種信仰的人，他們盡力追隨的是他們具有的靈光。大多數的基督徒繼續肯定，在教會這第二種意義下，離開了它就沒有得救。他們大多數更會增加他們的信念，認為通過可見到的教會之神聖生命脈搏，比通過任何其他機構為強。因為他們與鄧尼 (John Donne)在他有關耶穌復活的十四行詩中，用詩歌所表達的思想是一致的，他說基督：

當他躺下整個是金，但是起立時全是色澤……

鄧尼所指的乃是煉金術士，其最終希望不是要找到一種製金的方法，而是一種色澤，一碰到它，所有的賤金屬都能變成金子。一個基督徒乃是找不到任何色澤可與基督相比的人。

教會的心靈

首先受到耶穌吸引的並不是門徒的心靈。我們已經看到，毋寧是他們的經驗——生活在一個人面前的經驗，他無私的愛、透明的喜樂以及超自然的力量一齊同時來的方式，令他的門徒覺得有如神聖的奧祕。不過，要基督徒會感到有需要了解這個奧祕，好對自己與他人解釋，只不過是時間問題而已。基督宗教的神學誕生了，自此之後教會是頭也同時是心。

被迫要在這簡短的概述中有所取捨，我們將討論限制在基督宗教的三個最有特色的教義：道成肉身、贖罪和三位一體。單單這些教義的名字就預告了，我們的討論將會是神學的，因此在進一步討論之前，我們應該對這一門學問說幾句話。現代心靈對心理學和倫理學的興趣遠大於神學和形上學。這意思是，人們，包括基督徒在內，傾向於比較欣賞耶穌的道德教誨，而不是聖保羅的神學論辯。即使他們可能根本不在乎去遵守登山寶訓來生活，但至少還是尊重它。可是像我們即將討論的那些學說，就算可信，也似乎是單調沉悶到時而令人厭煩。甚至新約學者，有時也掉進這樣的情緒中，企圖在「耶穌的宗教」和「關於耶穌的宗教」之間、在耶穌直率的倫理學和保羅盤旋的神學之間、在作為人的耶穌和宇宙的基督之間，畫上清楚的界線，可以說在每一情況下都強烈的暗示，認為前者是比較高貴的。

儘管事實上連學者都可能屈從於上張宗教的本質是倫理學的看法，但這個看法卻是錯誤的。高級的宗教永遠包括了去實現正直生命的召喚，但是它的眼光主要並不放在那召喚上。信仰的注意力，是集中在那推動道德前進的某種對實在的視象上，道德幾乎常常是一種副產品。**宗教起始於經驗**；「信仰、儀式以及精神上的經驗，而最偉大的乃是最後一項。」⑪因為所經驗的事物是看不見的，當心靈試圖去想像看不見的事物時，它就產生象徵符號。可是符號是含糊不確的，因此最後心靈就引進思想來解決符號的含糊性，而把他們的直覺加以系統化。把這一系列倒轉過來閱讀，我們就可以把神學定義成：系統化有關宗教經驗所產生的符號的意義。基督宗教信條是基督宗教神學的基礎，是基督徒要系統性地了解那改變了他們生命的事件，所作出最早的努力。

我們可以從道成肉身的教義來開始，它是經過了好幾個世紀才得以適當地加以定位的。它主張**神**在基督那裡以人身出現，它確認基督是神／人；同時是全神和全人。說這樣的論點是弔詭似乎是太厚道了，它看起來倒像是一個露骨的矛盾。如果教旨主張基督是半人半神，或說他在某些方面是神而在其他方面是人，我們的心靈還不會受挫折。但是這樣的讓步卻正是教條所拒絕答應的。「用卡爾西唐的教條（Creed of Chalcedon）的話來說，耶穌基督是「同時在神性（Godhead）上是完全的，也在人性（manhood）上是完全的，真正的神和真正的人……就其神性而言其本質與**父**為一，而同時就其人性而言，其本質與我們為一，各方面來說，除了罪以外，都與我們一樣。」

教會一直都承認這樣的主張是含糊的；問題在，這是否為這個問題的定論。其實，我們可以對科學問同樣的問題。尖端物理學的反常現象使得何丹（Haldane）發出他有名的抱怨說，「宇宙不僅比我們所猜測的怪異，而且還比我們所能猜測的怪異。」似乎不只在一個領域上，真實對邏輯來說可以是太奇怪了而不能理解。而在邏輯與證據互相衝突的地方，似乎堅持證據的處理法是穩健的，因為這樣做有通向更廣的邏輯的前景，而相反的處理，就關閉了新發現的大門。

至於基督徒說基督同時是人和神這種邏輯上有麻煩的斷定是根據證據的說法，這種證據我們當然是指宗教經驗——也就是靈魂對有關終極存在的直覺。那種證據是無法明白表達出來去強迫人承認的。因為它不是建立在感官報導上。不過如果我們嘗試，至少能夠找到基督徒所追隨經驗的線索的提示。當康斯坦丁大帝在公元三二五年召開了尼西亞會議（Council of Nicea）來決定基督究竟是與神同體或只是類似體，三百名主教和他們的隨員從帝國各處，興奮到發狂地趕來。那必是一幅奇怪的景象，因為他們曾遭受到戴奧克里先（Diocletian）的宗教迫害，以致其中許多人沒有了眼球、臉孔變形了、雙腿扭曲了、癱瘓了。顯然地，他們的討論所牽涉到的應該不止是辯論而已。

尼西亞的決定是基督「與天父是同體」，這對於耶穌和**神**兩者都有所主張。首先注意其有關耶穌的初步主張。在「神」這個字所具有的許多可能意義中，再也沒有比「把自己毫無保留地給予」更為重要了。說耶穌是神，教會在說的事情之一，是指用耶穌完美的生命作為人安排自己生命的模範。不過一味盲目模仿耶穌生命的細節卻永遠都不是創造性的，但是就基督的愛、他的自由以及他生命日常的美而言，我們都能夠在自己生命內找到其真實的對應，由此把自己朝向神提升，因為基督生命的那些品質是真正神聖的。

這一切都非常明顯。但是當我們更深地進入道成肉身的教義時，我們必須準備好面對意外。

首先，雖然基督宗教宣佈的道成肉身——一個神人——在當時正如對現在的我們一樣是令人震驚的，但原因卻各有不同。因為我們發現「一個人能夠是神」這種想法令人困擾，我們發現道成肉身之所以令人震驚，是它說耶穌是神。但是在當時，人與神之間的分界線不是絕對的，連皇帝也經常聲稱自己是神聖的，一個在掙扎中的教派，聲稱其肇始人是神聖的並不令人詫異。還有什麼新奇的呢？那才是大家共同要反駁的。

在基督宗教的信息中，聲稱耶穌道成肉身是有新聞價值的。即是說，它宣告**神**願意以人的生命形式出現在世上，亦即以耶穌生命所示範的樣子。這種神性有別於地中海區一直以來所知的理解。基督宗教的看法是**神**關心人類，願意代替人類受苦。這是前所未聞的，以致於反而產生了不信，繼之以驚慌。在受到威脅的保守者的眼光中，這是對**神**的褻瀆。再加上基督宗教極端平等主義的社會觀點，更使人們有理由要迫害這一新支派並予以剷除。基督徒覺察到他們神學的新穎處，在於每當提及**神**，他們便必須指出「我主耶穌基督的神和父」這一個事實。

至於說，道成肉身對基督的意義是什麼？在這裡我們又驚訝地發現，基督宗教的教條並不浪費口舌在耶穌的神性上，反而假定最主要的工作是辯護耶穌的全幅人性。這一點就要把原因聯繫到我們方才所說的宗教背景，就是在希臘羅馬有關神人偶然的重疊的理解——有許多奧林匹克諸神，半人、半神。基督宗教的耶穌並不適應於此一框架中。我們已經看到在他的神／人重疊並不是一種妥協——有點人性、有點神性。它乃是兩種全然相反的結合：絕對的神性重疊於完全的人性。教會的經驗是，耶穌的神性非常快速地被移到他的人性之前。教會擔心，耶穌完全的人性反而有危險會從他們的掌握中溜走，於是教會首要的信條就是表示確定耶穌的人性。

我信仰神萬能的父，創造天地；信仰我主耶穌基督，由聖靈懷胎，處女瑪利所生，在彼拉多 (Pontius Pilate) 治下受苦，被釘上十字架，死了，被埋葬……

這一使徒信條多麼不在意地觸及基督的神性呀！早在公元第二世紀，這一點就已經是沒有爭議的了；它是大家接受的。使徒信條的負擔在於，我們已經用羅馬拼音寫出來的，堅持基督同樣是人。他真的被生出來，它說；他真的受苦，他真的死了並且被埋葬了。這些事件並不只是假裝的，說神只是通過這一順序假意地與人的情況有所接觸；這一看法日後被批判為基督幻影說的異端邪說 (Docetic Heresy)。基督正如我們一樣充分地忍受了做為人的經驗。他是「真正的人」。

是不是真的呢？是真的，
這一切故事中最為驚人的故事……
說神是在巴勒斯坦的那個人
今天，就活在麵包和酒裡面。

（John Betjeman, *Christman*）

不難看出何以（寧可招致重大的邏輯困擾）教會感到需要保持基督的人性。一座橋樑必須接觸兩岸，**基督乃是把人連結到神的橋樑**。「**神變成人，使得人可以成為神，**」是依雷納斯（Irenaeus）的說法。說基督是人而不是神，就會否定了他的生命是完美的模範，同時也承認有另外的模式可能一樣好。說他是神而不是人，就會否定他的榜樣是有充分相干性；對神可能是一個合理的標準而對人就不是了。基督徒本可放鬆其中一項主張使之合乎邏輯，而代價卻是背叛了他們核心的經驗。

轉過來看贖罪的教義，我們知道其字根的意思是和解，恢復完整或一如（at-one-ment）。基督徒相信，基督的生死在神和人之間造成了前所未有的接近。用聖保羅的話來說，「這就是**神**在基督裡，叫世人與自己和好。」（哥林多後書5：19）兩個暗喻主宰著教會對這一事件的了解。其一、法律上的：由於自願地不守**神**的命令，吃了伊甸園的禁果，亞當犯了罪。

由於他的罪是違背了**神**，在比例上它乃是無限大的。罪必須得到補償，否則**神**的公正就受到了損害。一件無限大的罪要求無限大的補償，而這只能通過**神**來代替承認我們的罪，並付出它所要求的最終處罰——死亡。**神**通過基督的人身作出補償，債務就被消解了。

當心靈有一種不同的傾向——特別是在中世紀——這種對贖罪的了解就有分量，但是基督王國（Christendom）對此一題旨的主要暗喻，是指從枷鎖中釋放出來。基督把人由之釋放出來的枷鎖是罪，意思就是說我們沒有選擇，只有去應付這討厭的問題。

我們一開始就注意「罪」這個字雖然通常是用複數，因此是指一連串的罪行和規則被破壞了的特別行為，或許是十誡所指的那些事，而基督徒卻在其單數的「罪」上找到某種更深刻的東西：從**神**那裡斷開或疏遠了。這乃是心的錯置；我們的愛心失調。奧古斯丁以一種正面的情懷說出這一點，「愛〔**神**〕並做你所意欲的。」當對那全體（All）或對那普遍的善有著全心全意的愛時，意志自然就要那善而無須規則。而大多數的事情卻不是如此；只考慮我們自己，就會破壞了我們對他人的愛。然而我們並不真的十分喜歡我們自己。我們的心受到某種更大的東西所吸引，超出自我的狹窄局限。

因此那把我們囚禁的枷鎖乃是對我們自己的執著；在醒時尾隨著恐懼和內疚。換句話說，我們的枷鎖乃是我們的疏遠、我們的罪或分離，乃是不全幅參與在神聖生命的結果。排除在這樣的參與之外的感覺並不好。保羅首先坦率誠實的看到這一點並承認，他說：我感到悲慘。囚犯常常如此。他們的悲慘大部分是出於自身的無助；在定義上他們無法釋放自己。因此保羅繼續道：「我不做我要做的，卻去做我恨的事情」（羅馬人書14：15）他承認他被誘陷了，這一覺悟令他發出我們已經引過的絕望的呼聲，「誰會將我從這死亡的身體中解救出來？」（羅馬人書14：24）無論用什麼話，這乃是每一個酗酒的人一再重複的呼聲。如果是有解救的話，它必來自外面，或更好，是來自上面——一個更高的力量。基督宗教的見證是作出解救的力量，把自我恢復到其存在基礎上的，是基督。吾人可以同樣地說是**神**，不過基督徒補充說在這個例子中**神**的目的是由基督來完成的。

第三項我們所要考慮的基督宗教基本教義，是三位一體。它主張**神**是充足圓滿的；同時**神**也是三。後一半的主張令猶太人和回教徒懷疑基督宗教是不是真正的一神論者，不過基督徒自信他們是的。正如水、冰和蒸氣只是 H_2O 處於液體、固體和氣體狀態，卻保留著其化學的同一性。

是什麼使基督徒持這種神是「三—在—一之中」的非典型的觀點呢？正如基督宗教總是建築在經驗基礎上，這種想法也是一樣的。三位一體的神學學說要到第四世紀才定下來，但是它所抓牢的經驗卻是早期教會的；的確，它們產生了那教會。作為完全成長了的猶太人，耶穌的門徒毫無疑問地肯認了雅威。但是正如我們所看到的，他們漸漸視耶穌為雅威在世上的延伸，而當他的生命和使命愈見生動的時候，他們開始在神聖的範圍之內給予他的人格一個特殊的領域。這意思是說在他們的宗教形象中，他們現在能直接或通過聖子來理解**神**，雖然事實上兩者是那麼緊密地連結在一起，其結果是一樣的。接著就是五旬節帶來第三次的降臨。當他們聚在一處時，忽然從天上有響聲下來好像一陣大風吹過，充滿了他們所坐的房子。又有舌頭如火焰顯現出來，分開落在他們各人頭上。他們就聖靈充滿。

（使徒行傳2：1—4）

世俗的心靈會說門徒最先實體化這種經驗，把它轉變成一件事物——聖靈，然後將那實體人格化，因之產生了三位一體的第三位，但是信徒們會反對這種解釋的。耶穌可能沒有說過「父就另外賜給你們一位保惠師，叫他永遠與你們同在，就是真理的聖靈」；這項確認是在最後完成的約翰福音中記載的，因此是有爭議性的。可是如果這些歸之於耶穌之口說出，是因為它們反應出了門徒對五旬節經驗的理解。他們被說服在那兒所見證到的，乃是這戲劇性到來加入了這神聖集會的聖靈第三位。

這就是門徒如何被帶到他們對**神**在三位人稱中的理解上來；不過一旦那個理解得到定位，他們就將之投射回到最初始。如果神聖的「三角」現在有三「邊」了，它必然永遠都是有三邊的。子與聖靈的確在本原上，並非時間性地是從父那裡來的。三者從一開始就是在一起的；因為他們認識了神性中的多重性之後，基督徒就不能再把神想成是完全沒有多重性的了。我們已經留意到其他兩種亞伯拉罕的宗教，猶太教和伊斯蘭教，就反對這樣的神學，可是基督徒卻喜歡它。因為他們說，**愛是一種關係，而愛如果沒有他者來愛是不完全的**。那麼，如果愛並非只是**神**的屬性之一而是**神**的本質——可能基督宗教在歷史中的使命就正是去主張這一點——**神**沒有了關係就不會真正地是**神**，在「**神**從創立世界以前」（以弗所書1：4）通過三位一體的神的三個「人稱」彼此相愛而達到要求。「神（Godhead）是三個神人的團體，是那麼完全地相知相愛，不僅互相間缺其一即無法存在，且在某種奧祕之下亦互為彼此。」一位神學家曾經寫道。⑫尼斯教條是這樣說的：

我們信仰一神全能的父……
和一個主耶穌基督，神唯一的兒子……
和聖靈，主，生命的施予者……
它與父與子一齊
受到崇拜和榮耀。

羅馬天主教

我們一直把基督宗教作為一個整體在談。這並不是說每一個基督徒都會對我們所說的一切同意。基督宗教是那麼一個複雜的現象，有關它任何重要性的說法，都是很難得到所有基督徒的同意的。然而，至少在實質上，是要尋求對基督徒共同主張的觀點作出一番解釋。

當我們從迄今仍被提及的早期基督宗教，轉到今天的基督王國中來的時候，我們發現教會分成了三大支派。羅馬天主教集中在羅馬梵帝岡並由之傳播出去，一般而言，它支配了中歐和南歐、愛爾蘭以及南美洲。東正教在希臘、斯拉夫國家、蘇聯皆有其主要影響力。新教則支配著北歐、英格蘭、蘇格蘭和北美洲。

直到公元三一三年，教會都在面對羅馬官方宗教迫害中掙扎求存。在那一年它得到合法的承認，而與帝國中的其他宗教享受相同的權利。在世紀結束之前，三八〇年，它變成了羅馬帝國的國教。除了幾次次要的分裂，諸如景教之外，它繼續保持為一個統一的團體直到一〇五四年。這意思是說教會大約有一半的歷史都在實質上維持了一個機構。不過，**一〇五四年，它的第一次大分裂發生了**，是在東部的東正教會與西部的羅馬天主教會之間。分裂的原因很複雜——地理、文化、語言和政治以及宗教都牽涉到——不過我們無意在此詳述。我們所關切的，是下一個大分裂，發生在西方教會第十六世紀的新教改革。新教主義順著四個主要的路線走——浸信教徒、路德教徒、喀爾文教徒和聖公會教徒——他們自己最近的統計數字顯示，單在美國就再分成超過九百個派別（denominations）之多。目前，泛基督宗教運動（movement）把這些派別中的某些派別又結合了起來。以這些極少的事實我們就著手我們真正的關注，即是試圖去了解基督王國三大宗派的中心觀點。先從羅馬天主教會開始，我們必須限定在可能是了解此一宗派最重要的兩個概念：教會作為宣教的權威，以及教會作為聖禮的媒介。

教會作為宣教的權威。首先，教會作為宣教的權威。此一概念由下列前提開始，**神**以耶穌基督之人身來到地上教導人們得救之道——教他們要如何在這個世界上生活，才能繼承下一世的永恆生命。如果這是真的，如果祂的教訓的確是得救之門，並且如果打開這道門是祂何以來到地上的主要原因之一，那麼就不太可能說，祂只為祂那一代人將門打開一半。難道祂不要祂的救世教訓繼續提供給世界嗎？

讀者們可能會同意，不過會補充說，「祂的教訓我們不是已經有了嗎——在聖經中？」可是，這就有了解釋的問題。美國的憲法是一部相當明確的文獻，但若沒有高等法院的權威來解釋它的話，社會生活就會混亂。聖經也是一樣。任由個人去解釋，結果必然會產生混亂。沒有教會作為宣教權威的指導，聖經研究必定會令不同的學生得到不同的結論，就算是最重要的題目亦然。由於對同樣的問題提供選擇性的答案，其影響是使人無法堅定地去相信任何一種，這樣的處理方法就會減弱基督宗教的信仰。

讓我們舉一個特殊的例子來說明。離婚是道德的嗎？的確，在一個如此重要的問題上，任何宗教都要給它的信徒良心的指導，都可能被期盼它會有一個一定的看法。可是如果我們試圖從聖經來直接吸取那看法的話呢？馬可福音10：11告訴我們：「凡休妻另娶的，就是犯了姦淫。」路加福音16：18同意這個看法。可是馬太福音5：32加上了一項保留：「除非是為了淫亂的緣故。」基督徒要怎樣想呢？究竟馬太經文有多少可能性曾經被竄改過了呢？沒有錯的一方可不可以再結婚呢？

如果我們的指導只是聖經和個人良心的話，上面的問題只是許多必然是永遠懸而未決的例子之一。基督是由處女所生的嗎？他的身體死後升天了嗎？第四福音是可靠的嗎？如果沒有一個確定的上訴法庭，道德和神學上的解體似乎是必然的了。正是為了避免這樣的解體，基督才建立了教會，作為他在世上持續的代表，使得有一個完全稱職的權威，在對生死攸關的事情上，在真理和錯誤之間作出裁決。唯有如此，經文上「死的字母」才能通過人格神活的本能來繼續重新恢復生氣。就是這些話的意思被認為是出於耶穌之口：「我告訴你，你是彼得，我要把我的教會建造在這磐石上。……我要把天國的鑰匙給你。凡你在地上所捆綁的，在天上也要捆綁。凡你在地上所釋放的，在天上也要釋放。」（馬太16：18—19）

最終，這種教會作為宣教權威的觀念，就形成了教皇不謬性（papal infallibility）的觀念。每一國家都有其統治者，他可以是皇帝、國王或總統。而教會地上之首是教皇，是羅馬主教管區內聖彼得的繼承者。教皇不謬性的教義，聲明當主教正式對信仰或道德這類問題發言時，**神**支持他反抗錯誤。

這項教義常常被誤解，因此我們必須強調不謬性是一種嚴格地有限制的禮物。它並不斷定教皇具有非凡的智力，並不是說神幫助他去知道每一個可能問題的答案。顯然地，它也並不是說天主教徒一定要接受教皇在政治上的觀點。教皇可以犯錯誤，可以犯罪，他所主張的科學或歷史意見可以是錯的，他可以寫出內容有誤的書來。只有在信仰和道德的領域裡，他是不謬的，就算在這兩個領域上，也只有在作為教會最高導師和施法者上正式發言，及界定一項所有成員都應遵守的教義的時候。對於信仰和道德的問題他和專家顧問謹慎研究之後，教會才帶著答案出現——在這類少有的情況下，嚴格地說不是一個答案，它就是唯一的答案。因為在這類情況下，聖靈會保護他使之免於錯誤的可能性。這些答案構成了教會的不謬教訓，且對羅馬天主教徒有約束力。

教會作為聖禮的媒介。羅馬天主教的第二個中心觀念，是教會作為聖禮的媒介觀念。這乃是教會作為宣教權威觀念的輔助。知道我們應該做什麼是一回事；能夠去做卻完全是另外一回事，這就是何以有聖禮（Sacraments）的需要。教會對這兩方面的問題都提供幫助。它指出我們應該如何生活的方式，並給予我們力量去實行。

第二項禮物正如第一項一樣的重要。基督號召他的門徒在慈愛和服務上，要遠超過一般人來生活。沒有人會說這是容易的。可是，天主教徒堅持，除非我們明白若沒有幫助這種生命根本不可能，否則就始終還沒有正視我們的情況。因為基督喚起眾人的是超自然的生命，在嚴格意義上是與人天生的本能相反的。光靠人自身的努力，人是不能超越人性而活的，正好像大象不能過理性的生活一樣。因此，需要幫助。教會，作為**神**在地上的代表，是提供幫助的代理者，而聖禮乃是執行的手段。

公元十二世紀以來，羅馬天主教會的聖禮數目被固定為七項。它們與人生命中偉大的時刻和需要，有驚人的對應。人們出生、長大、結婚或完全把自己獻身於某種生命目標，然後死亡。而同時，當他們誤入歧途時就必須重新納入社會中，而且他們必須要吃。聖禮提供了這些自然事體在精神上的對應物。由於出生把小孩帶到自然世界中，施洗（把**神**第一項特殊的恩典植於其靈魂之中）把嬰兒引進到超自然的存在秩序中。當孩子長大到理性的年紀，需要增進其成熟的反省和負責的行為時，就要受堅信禮。通常在一個成人與另一位伴侶以神聖婚姻結合時，就到了人生莊嚴的時刻。或者在加入聖職時，他或她把自己整個的生命供奉給**神**。在生命結束的時候行病人的聖禮（塗油禮），閉上塵世的眼睛，為靈魂的最後旅程作準備。

同時兩個聖禮需要經常重複地做。其一是重歸於好（告解）。由於天性，人無法不犯錯而離開了正道。這些錯失使我們有必要追隨一定的步驟，通過它們讓人回到人的社群和教會團契中來。教會教導人說，如果一個人在一個**神**的代表、一位教士面前對**神**悔罪，並且真誠懺悔，決心改過，他就會得到寬恕。**神**的寬恕要靠罪人的懺悔和真正的決心，可是教士並沒有可靠的方法來決定其真假。如果懺悔者欺騙他或她自己以及教士，其所宣佈的赦罪就不能運作。

天主教會的中心聖禮是望彌撒(Mass)，也稱為聖餐禮(Holy Eucharist, Holy Communion)，或主的晚餐（Lord's Supper）。Mass這個字出自拉丁文*missa*，乃是動詞「派遣」（to send）的一個形式。古代的禮拜儀式包含有兩次遣散（dismissals），一次是為那些對基督宗教有興趣卻沒有受洗的，受洗禮是在領聖餐禮之前的，第二次乃是為正式通過入會的基督徒。由於彌撒是在這兩次遣散之間的，這個儀式最先稱之為*missa*，後來按照音譯，就成了Mass（彌撒）了。

彌撒的中心特徵是重演基督最後的晚餐，在那次晚餐中，他給了門徒麵包和酒，他說，「這是我為你們而流的血。」對於天主教的聖禮概念來說，如果把它想成是一種紀念，教士和聖餐接受者通過它由象徵性的記憶想起了基督的榜樣而提升了他們的士氣，那麼這種想法是錯誤的。彌撒真的從**神**那裡把祂的精神力量輸送給人的靈魂。一般而言，所有的聖禮都是如此，可是對於彌撒更是如此。因為天主教會教導說，在聖餅和聖杯中，聖麵包和聖酒，基督的人身和血是真實地呈現的。他們認為祂的話：「這是我的身體……這是我的血。」明顯地是說這個意思。因此，當一個教士說出這些獻祭的話，它們在麵包和酒上所引起的變化並非只是意義而已。麵包和酒事後可能看起來沒有什麼不同，分析它們也並沒有起化學變化。用技術語言來說它們的「偶然性質」(accidents)依舊，可是它們的「實體」(substance)卻轉化(transubstantiated)了。我們可以說聖餐乘載了**神**的恩典有如船乘載了它的乘客一樣，而其他的聖禮所傳達的恩典就如同一封信所傳達的意思一樣。要信有意義，除了紙和墨跡之外，還需要智力；同樣，在聖餐禮以外的其他聖禮之中，除了聖禮的工具之外還有必要加上**神**的力量。在彌撒中，精神的滋養的確是來自聖餐的麵包和酒的。對於基督徒的精神生命而言，領聖餐吃它的麵包和酒完全是像肉體生命要吃食物一樣地重要。張開嘴來吃生命的麵包，聖弗蘭西(Saint Frarcis de Sales)寫道：

滿心的信仰、希望與愛，接受祂，在祂那裡、由祂那裡並且為了祂，你相信、希望與愛……想像自己如蜜蜂般採集花朵上天堂的露水以及地上最好的瓊漿，把它們化成蜂蜜帶進她的蜂窩中，教士也是如此，從聖壇上取之於世界的救主，神真正的兒子，他如露水般從天堂下降，又是處女所生的真正的兒子，他如花朵般從我們人性的土地上開出來，把他當作美食放進你的口中和你的體內。⑬

這種**神**在彌撒的麵包和酒中的人身之出現，使得它與其他的聖禮格外地不同，卻沒有破壞那結合全部聖禮的共同連鎖。每一項聖禮都是工具，**神**，通過基督的奧體，真實地向人的靈魂灌輸超自然的力量，使他們能在這個世界中活下去，以及在未來的世界中可以得到永生。

天主教徒視基督在他對門徒結束的任務中，明顯地把教會聖禮的代理功能與宣教權威連結在一起。「所以你們要去，使萬民作我的門徒，奉聖父聖子聖靈之名，給他們施洗。凡我所吩咐你們的，都教訓他們遵守，我就常與你們同在，直到世界的末了。」（馬太28：19—20）

東正教

東正教會，今天大約有二億五千萬名信徒，於公元一〇五四年正式脫離羅馬天主教會，彼此指摘對方應負破裂的責任。東正教包括了阿爾巴尼亞、保加利亞、喬治亞、希臘、羅馬尼亞、俄羅斯、塞爾比亞和西奈的教會。雖然這些教會每一個都是自己治理，而在不同程度上它們又是彼此溝通的，它們的成員首先視自己為屬於東正教會，其次才屬於其中的特殊分會。

在大多方面東正教會是很接近羅馬天主教的，因為他們大半部歷史都由一個教會構成。他們遵守同樣的七項聖禮，基本上完全像羅馬教會一樣地解釋它們。在宣教權威上，雖有些不同，不過縱使如此，其前提也是相同的，若由人私自解釋的話，基督宗教信仰就會分散成有爭論性的主張和大量的不確定說法。教會的職責就是要確保這種情況不至於發生，而神使它能這樣做；聖靈保住了教會的正式說法不會犯錯誤。這些都與羅馬相同。不同的有兩點。其一與程度有關。東正教會認為要全體意見一致的問題上，其數量比羅馬教會少。原則上只有在經文上提到的問題才夠得上資格，那就是說教會可以解釋教義卻不可以創始它們。

實際上，教會在實行她作為解釋者的特權只有在七次大公會議（基督宗教各地代表共同討論解釋教義的大會）上，全部都是在公元七八七年之前召開的。也就是說東正教會認定，雖然一個基督徒必須相信的條款是明確的，但它們的數目比較起來是不多的，嚴格地說，大公會議所達到的全部決議，都包含在教條本身之中；除此之外沒有需要對這類事件如煉獄、赦罪、童貞懷胎說或聖母升天等宣佈成為教條（dogma），其中最後一項聖母升天由東正教引進，在實際上卻沒有把它宣佈為教條。天主教徒則正面地看待這些教條，視之為教義的發展，而東正教徒則視它們為「創新」。把這種不同概括一下，我們可以說拉丁教會強調基督宗教教義的發展，而希臘教會則強調其延續性，主張教會在大公會議之外並不需要去運用它的宣教權威。加入了這項區別之中的，還涉及到被稱為「教誨權威」者（the magisterium of the academy），因為東方的經驗沒有像波洛納（Bologna）和巴黎傑出的大學中心這樣的特徵。當我們要找形象來體現羅馬天主教，我們就想到中世紀。對於東正教的相應形象就是教父（Church Fathers）。

在另一方面，東正教對其宣教權威角色的了解，不同於西方的是對於達致教條的手段。正如我們已經了解的，羅馬教會主張，在最後的分析下它們是通過教皇而來，乃是聖靈保住了教皇宣佈的決定不會有錯誤。東正教沒有教皇——如果我們要具體化兩個教會的區別，就在這一點上。取而代之的是——它主張**神**的真理是通過「教會的良心（the conscience of the Church）」透露出來，而用這樣的詞語來指一般基督徒的一致性。當然，這一致性是需要加以集中的，這就是基督教會的會議權責了。當教會所有的主教聚集在大公會議上，他們集體的判決就建立了神的真理於不變的碑銘上。⑭說聖靈保住了他們的決定是不錯的，但是對於東正教的精神來說，聖靈保持基督徒的心靈作為一個整體，令之不致於陷入錯誤會更為正確，因為主教們的決定所做的，只不過是把基督徒的思想集中起來罷了。

這就把我們帶到東正教的一個特殊重點上來了。因為在許多方面它是介於羅馬天主教和新教之間，很難在其中找到清楚的特徵；不過如果我們要挑出兩點（就像我們概說羅馬天主教時一樣）來的話，其中之一就是對教會特別團體（corporate）的觀點。

對全體基督徒共通的是，視教會為基督的奧體。正如同身體的各部分在共同福祉或病痛上是結合在一起的一樣，基督徒的生命也是互相關連的。所有的基督徒都接受他們是「互相的成員」的教義；但是程度如何卻是十分難以決定的，可以說東正教比羅馬天主教或新教更認真地採取這樣的看法。個別的基督徒配合著教會的其他成員做出他或她的救贖，而不是個別地去拯救一個個分離的靈魂。我國東正教支派有一個說法大意是：「**一個人可能單獨地被詛咒，但卻只能與別人一起得救。**」而東正教更進一步，它認真地看待聖保羅的論調，把整個宇宙等著贖罪說成是「在呻吟和陣痛中」。不僅個人的命運與整個教會結合在一起；它也有責任幫助把整個自然和歷史的世界奉獻給**神**。在創造中的一切事物的福祉，都在某種程度上受到每個個人的貢獻或損壞的影響。

雖然這種強烈的團體感覺最重要的結果是方才說的精神方面的——降低把一己的得救放在一切其他事物之前的那種「神聖的自私性」(holy selfishness)的重要性——這個概念在另外兩個十分實際的方面表現了出來，其一我們已經留意到了。在認同教會宣教權威與作為基督徒的整體良心上——「人們的良心就是教會的良心」——東正教堅持聖靈的真理，普遍地通過基督徒的心靈擴散，都是「基督心靈」的細胞，通過它們集體地運作著。

這個主張的另一面是有關行政的。羅馬教會的行政是公認了的有等級性的，而東正教會把它的決定基礎比較置於俗人之上。例如，教會會眾在選擇教士時有較多的發言權。羅馬教會可能會辯說這樣做會把俗世的機構與教士的混淆了；可是東正教強烈的集團感覺令她再度相信，就算下達到教會行政的實際問題上，**神**的指令一般是超過羅馬傳統所許可地更散佈在基督徒之間的。教士有其不可侵犯的領域，即聖禮的實施；但是那個領域之外分隔教士和俗人的界線是不太明顯的。教士不需要是獨身。甚至東正教會的掛名首腦，君士坦丁堡教長(Patriarch)也不過是「平等眾生之首(first among equals)」，而俗人則被稱之為「皇家教士身分(royal priesthood)」。

在講述亞洲的宗教時，有人說，比起西方來，它較重視聯合而少重視個性；印度教就是最好的例子，它把「與絕對合一」作為其首要的目標。如果這大概是不錯的話就有助於解釋：何以基督宗教最東方的支派，是最強調教會的集團性質，包括其教會成員在教會中的平等（相對於天主教），以及他們的團結一致（相對於新教）。⑮也可能因為它地處歐洲的邊緣，而較少被現代和西方鍍金，因而比較接近早期的基督宗教。不過我們將不去探討這一可能性，而去看它的地理環境可能孕育出的第二個特殊的重點——密契主義（mysticism），其與亞洲的方式是有共鳴的。

正如我們研究過的所有宗教一樣，基督宗教相信真實是由兩個領域組成，自然的和超自然的。人死了之後，人的生命就全幅地轉換到超自然的領域中。可是就算在現世中，也並不與之隔絕。舉個例說，聖禮，如我們所了解的，就是一種令超自然的恩典可以提供給人們處身現世狀態的管道。

這是所有基督宗教都會講的。當我們問：在塵世中，基督宗教計劃應該試圖參與多少超自然的生命時，差異就來了。羅馬天主教主張三位一體寓於每一位基督徒的靈魂之內，可是它的呈現通常是感覺不到的。通過祈禱和懺悔的生活，使個人可能接受一種特殊的禮物，三位一體得以展示其呈現，而追求者得以提升到一種神祕的狂喜狀態。但是因為人沒有權利進入這樣的狀態中，那種狀態的性質乃完全是**神**的恩典和禮物，羅馬教會既不鼓勵也不反對人們去培養它。東正教比較活躍地鼓勵神祕的生命。自很早時期以來，當安提俄克和亞歷山大里亞附近的沙漠滿都是追求啟明的隱士時，神祕的事業在其生命中佔據較顯著的位置。由於超自然世界與感官世界整個地相交滲透，一般來說，去發展直接經驗神呈現的榮耀的能力，應該是基督徒生命的一部分。

魚騰躍而起來，尋海洋
鷹一飛沖天，找大氣
試問運行不已的星星
有沒有你在那邊的風聲？
不在運轉系統變黯淡的地方，
而我們麻木了的想像飛翔，
翅膀的漂流，我們才會聽到，
在我們自己泥土封閉的門上的拍打聲。
天使們留在他們古老的位置上；
只須翻動一塊石頭，展動一翼；
是你，是你那些疏離的面孔
沒有看到光芒燦爛的東西。

(Francis Thompson, "The Kingdom of God")

甚至對於俗人來說，神祕主義也是一個實際的計劃。每一個生命的目的都應該是與神聯合——通過神恩、真正的神化達到共享「神聖生活」的地步，這種以共享為可能的教義在希臘字就是*theosis*。當我們的命運是創造性地進入到三位一體的生命中，愛無休止地周流在聖父、聖子和聖靈之間，朝向這個目標的活動，應該是每一個基督徒生命的一部分。因為只有在趨近越來越參與三位一體時，我們才能用我們整個的感情、靈魂和心靈去愛**神**，並且愛人如己。奧祕的神恩朝每一個人開放著，而使個人的生命成為向榮光的朝拜是義不容辭的責任。

新教

招致羅馬天主教和後來稱之為新教的基督宗教之間的分裂，其原因是複雜的，而且仍在爭論中。政治經濟問題、民族主義、文藝復興的個人主義以及日益關注教會職權濫用，都是一部分原因。但是，它們並不能掩蓋一項事實，就是其基本原因是宗教的，也就是在羅馬天主教和新教之間的基督宗教觀點的差異。由於我們此處所關注的是觀念而不是歷史，我們將不再對新教改革的原因多說什麼。相反的，我們將滿足於把十六世紀發生的一系列事件——路德、卡爾文、九十五項命題(the Ninety-five Theses)、窩姆斯的會議（the Diet of Worms)、亨利第八、奧格斯堡和平（the Peace of Augsburg，譯註：一五二一年馬丁・路德在窩姆斯為他的觀點提出辯護，結果被逐出教會。一五三〇年梅倫克敦〔Philipp Melanchthon〕在奧格斯堡為路德撰文加以聲援，未獲接納）——作為一個龐大的隧道。西方教會整全地進入那隧道，出來的時候成了兩段。更正確地說，它冒出來成為好幾段，因為新教（Protestantism）並不是一個教會而毋寧說是多個教會的運動。

今天在新教最深刻的差異並不是名稱上的，它們的重點乃是橫跨各種支派，而往往結合在同一個人身上：原教旨主義者、保守的福音派、主流派、魅力派以及社會行動派。在這簡短的概觀中我們不去討論這些出之於晚近的差異。相反地，不去重複其信仰和實踐的大部分，那是它與天主教與東正教共同的。新教（Protestantism，原意為反對派或抗議派）的立場與其說是反對的或抗議的，其實是更為基督宗教的。我們在這裡討論兩項重大而持久的主題就夠了。其一是「因信稱義」（justification by faith），其二是新教的原則（The Protestant Principle）。

信仰。信仰，在新教的概念中，並不單是指「相信」，亦即一種接受認為確定的知識卻並沒有建立在證據之上。它乃是一種整個自我的回應，以布魯納（Emil Brunner）的話來說，「整個人格的一項整合的行為（a totality-act of the whole personality）。」因此，它的確包含了心靈同意的活動——特別是堅信**神**有無限而無所不在的創造力——可是這還不是它的全部。真正的信仰必須同時包括在愛和信任的感情活動，以及意欲成為**神**救贖之愛的工具的意志活動中。當新教說，人被稱為義——意思是，與他們的存在基礎及他們的伙伴恢復正當關係——乃是要通過信仰；即是說如此的恢復，需要在心靈上、意志上和感情上，所有三方面的整個自我的活動。羅馬天主教的神學家們現在也逐漸以同樣方式來了解信仰，這乃是我們這時代泛基督宗教運動力量的標誌。

在如此定義下，信仰乃是一種私人的現象。「正確的相信」或「健全的學說」可以是第二手地或大多是機械地被接受，可是修行和愛卻不能。那原先是哲學家或神學家所假設的**神**，通過信仰回應祂，就變成了為著我的**神**，也就是我的**神**。正如路德所說：**「每一個人都必須去做他自己之所信，就如同他必須要行他自己的死亡一樣。」**這句話的意思。

要感受新教所強調，信仰是整個自我回應的力量，我們需要視它為一種對宗教例行公事的激烈駁斥。路德之抗議免罪券（indulgences）——認為可以幫助購買者縮短在煉獄中的時間——只不過是這一更廣泛抗議中的一個象徵罷了，它伸展到了多個方向上去。無論多少宗教儀式，多少善行的記錄，相信了多少教義的手冊，也不能保證個人得以到達他或她所意欲的狀態。這類的事情對於基督徒的生命不是不相干的；不過除非它們幫助轉化了信仰者的心（heart，他或她的態度以及對生命的回應），否則它們就是不夠的。這才是新教徒吶喊的意義，「只可因信稱義。」它並不是說教條或聖禮不重要。它的意思是除非這些是伴隨著**神**的愛的經驗，以及對**神**回報的愛，否則它們是不夠的。善行也是一樣。新教的立場並不是說善行不重要。它的意思是，充分去了解善行乃是信仰的相關物而不只是其前奏。如果一個人真的有信仰，善行會自然地流露出來⑯，可是反過來卻不一定；那就是說，善行並不必然導致信仰。保羅和路德之所以在很大程度上被驅策去對信仰作出強調，乃因為一連串可敬的善行被頑強地執行了，卻並沒有成功地轉化他們的心。

在這裡我們需要再度引用兒童在家中的類比，它非常直接地說到人的宗教性面向。在兒童身體的需要已經滿足或正在被滿足時，孩子更需要的是，那包圍他們的愛和雙親的接受。一般而言，保羅、路德和新教徒在一生中都說了關於人類相類似的話。由於他們始終在面對力量時容易受傷害，故其一生的需要是去認清一點，就是：他們基本的環境，亦即他們所自來以及要回去的存在基礎，是支持他們而不是反對他們的。如果他們能夠深刻明白並且真正感覺到這一點，那麼他們就不再會有求安全的根本焦慮了。這就是何以，**正如被愛的孩子是合作的孩子，神在男人或女人生命中喚醒了那信仰回應的，就是那個真正能愛他人的人**。鑰匙是在裡面的。對**神**的善有信仰，其他一切重要的東西都會隨之而來。沒有它，什麼東西也不能取代。

新教的原則。新教另一個支配性的看法後來被稱之為新教的原則（Protestant Principle，譯註：抗議原則）。以哲學的方式來說，它反對把相對的事物絕對化。以神學的方式來說，它反對偶像崇拜。

意思是這樣的。人的效忠屬於**神**——這一點一切宗教（容或有術語的差異）都會肯定的。不過，**神**是超越自然和歷史的。**神**並非要撇開這些，可是**神**不能等同於兩者之一或它們的任何部分，因為世界是有限的，**神**卻是無限的。這些真理，所有偉大的宗教都是同意的。然而，它們是很難保留在心靈中的硬性真理（hard truth）；其硬性的程度使得人們不斷讓它溜走，而把**神**與他們能見到或觸及或至少比無限更能概念化的東西等同起來。最早他們把神等同於雕像，直到先知——在這一點上可以說是第一批「新教徒」或抗議者——起來譴責他們的轉換，稱他們可憐的代替品為偶像，或「空有形式的小東西」。後來，人們不再神化木頭或石塊了，但這並不是說偶像崇拜就此結束了。正當俗世把國家、自我或人的智力絕對化之際，基督徒則墮落到把教條、聖禮、教會、聖經或個人的宗教經驗絕對化。如果以為新教貶低這些或懷疑**神**牽涉在其中，那就是嚴重地判斷錯誤了。不過，它的確堅稱它們沒有一件是**神**。它們全都牽涉在歷史中，都包含了人的一些東西，因為人永遠是不完美的，這些工具在某種程度上也是不完美的。只要它們超越自己指向**神**，它們就可以是無價的。但若任由它們其中之一去自稱是絕對的或要求人們對它毫無保留的忠順——也就是說自稱是**神**——它就變成像惡魔一般了。因為，按照傳統，這就是惡魔：至高的天使不甘於做第二，決心要做第一。

奉至高的**神**之名，祂超越了一切有限存在的限制和曲解，因此，對於凡是人所聲稱的絕對真理或終極性都必須加以拒絕。有一些例子會顯示這項原則在施行上的意義。新教徒無法接受教皇不謬性的教條，因為這牽涉到對意見永遠不能批評，而意見是通過人的心靈在引導的，是永遠（新教的看法）不能完全避免限制和部分的錯誤的。教條和宣告可以去相信；它們可以全幅地、全心地被相信，但是把它們置放在有清洗作用之交叉火網的挑戰和批評之外，就是把有限的某種東西絕對化——把「空有形式的小東西」抬高到單獨保留給**神**的位置上。

新教徒認為偶像崇拜的例子並不只限於其他派別或宗教。新教徒承認把相對性的東西絕對化是普遍的現象；如同在其他地方一樣也發生在他們之間，使新教自身需要不斷的自我批評和革新。主要的新教偶像崇拜一直是聖經崇拜。新教徒的確相信**神**通過聖經向人們說話，這與其他方式不一樣。但是把它抬高成是超越批評的一部書——堅稱其每個字都是直接出自**神**而不含有歷史的、科學的以及其他的不確定性，又是忘記了**神**的話在進入世界時必須通過人的心靈說出來。另一個在新教中普通的偶像崇拜的例子是，把個人私下的宗教經驗神化。它堅持信仰必須是活的經驗，往往令其成員假定任何生動的經驗必然是聖靈的作用。情況可能是如此，不過同樣地，經驗永遠也不會是純粹的精神。精神必須藉人為載體來表現，那意思又再度是，整體永遠是組合性的。

拒絕所有這一類的絕對物，新教企圖堅持其對第一誡的信仰，「除了我之外你不可有別的神」（出埃及記20：3）。此禁令含有一項否定，而對於很多人來說新教徒（Protestant，抗議者）這個字也帶有很明顯的否定音調。難道一個新教徒不是一個抗議某些事情的人嗎？我們已經看到的確是如此，**新教徒乃是那些真正不停地抗議，那用任何次於神的東西來篡奪神的位置的人**。不過新教的原則也可以正面地表達出來，如果要使它的全幅重要性得以發揮就應該如是地表達。它反對偶像崇拜因為要見證（Pro-testant＝one who testifies for 新教徒等同於：作見證的人）**神**在人生命中有最高主權。

但是**神**如何進入人的生命中呢？堅持**神**不能與這實質的、可見的世界中任何事物等同，令人處於**神**的海洋中不知如何是好。無疑地**神**在我們四周，但是為了得以進入人的覺識之中，神性需要濃縮和集中。

對於新教徒，這就是聖經能嶄露頭角之處了。在其記錄神通過以色列、通過基督以及通過早期教會做工作的記錄中，我們發現了神偉大善行最清楚的圖畫，以及人如何在與神的團契關係中找到了新生命。在這個意義下對於新教徒來說，聖經是終極的。但是要小心留意在什麼意義之下是如此。乃是在當人以真正開放和渴求之心來閱讀此一神恩典的記錄的意義下，神站在神性和人性之間的最高交滙點上，聖經是終極的。在那兒，比世上時空中任何其他地方，更能令人不單以他們的心靈，更以他們整個的存在，可能捕捉到有關神本身以及神與他們生命的關係的真理，沒有任何由宗教會議、人們或神學家作出的解釋能夠代替或等同它。神的話語必須直接與每個個體靈魂說話。正是這一點，解說了新教何以強調聖經是作為神有生命的話語。

難道這樣的基督宗教概念不是輸送著危險嗎？新教徒馬上就承認的確如此。首先，是有誤釋神的話的危險。如果，正如新教徒所堅持的，人的一切事物都是不完美的，那麼隨之而來的，每一個人對神的看法不單必然至少是有限的，而且可能會是十分錯誤的嗎？的確如此。新教不僅承認這一點；它還堅持這一點。不過由於事實剛好如此，承認它並且讓聖靈通過對其他心靈做工夫來改正之，是遠比讓基督王國背負那假扮成終極而事實上只是有限的東西好多了。正如耶穌自己說的：「我還有好些事要告訴你們，但你們現在擔當不了。只等真理的聖靈來了，他會引導你們進入一切的真理。」（約翰福音16：12）把最後的忠誠只獻給超越的神，還有一個非常重要的原因，就是要保持未來是開放的。

另一項危險是，基督徒會從聖經中推出不同的真理。單單在美國就有九百多個新教的派別，證明了這個危險不但存在，而且可以想像出它會趨向完全的個人主義。新教承認這一點，不過有三項補充。

第一，新教的分歧不如其數百個派別那麼大，大多數或者更應該稱之為分支。其人數少得不足道。其實，百分之八十五的新教徒都屬於十二個派別。試想新教在原則上肯定信仰自由，那麼新教徒還能在許可分歧之餘保持著相當大程度的統一，才真是奇蹟呢。

第二，新教徒的區分，反映了歐洲不同的民族根源，或美國的不同社會群體，甚於他們不同的神學主張。

不過第三點卻是最重要的。誰說分歧是壞的呢？人就是不同，歷史情況也能引起影響生命的差異，而必須認真對待；「新的情況教導人新的責任。」新教徒相信生命和歷史是太過於流動性，以致於無法只許可神的贖罪之聲被封閉在單一的形式中，無論它是教義性質的或是機構性質的。他們關注著基督「身體」的破碎性，而採取步驟去修補那些已經不再有意義的差異；這就是所謂的泛基督宗教運動，是頗具活力的。不過他們不相信大家應該彼此擁在一起，只是為了來取暖。聚在一起的舒適，不應該產生機構讓神的不斷啟示的生動性格受到限制。「聖靈隨著意思吹。」（約翰福音3：8）

那麼，新教徒承認他們的看法是充滿著危險的——當個人內向地（有時似乎是處於可怕的孤獨中）努力去決定，到底他們是否正確聽到神的意志時，這是不確定的危險；當基督徒發覺他們自己不同地理解著神的意志時，這是教會分立的危險。但是他們接受這些危險，因為危險歸危險，他們寧取這不安定的自由，而捨教義或機構的安全，並且就算後者在朝神仰望時，也仍然是可能犯錯誤的。最後，正是他們的信仰，使他們免於為這些負擔而氣餒。**有人問路德，如果教會驅逐了他，他將立於何處時，據說路德回答道：「天空底下。」**

進一步的閱讀建議

對於一般讀者，有關耶穌的生平和使命最有幫助的一本書是Marcus Borg's *Jesus: A New Vision* (San Francisco: Harper & Row, 1988)。

想要更深入地探討新約學問的人，Edward Schillebeeckx's *Jesus* (New York: Crossroad, 1981) 是很有可看性的。Elisabeth Schüssler Fiorenza's *In Memory of Her: A Feminist Theological Reconstruction of Christian Origins* (New York: Crossroad, 1984)是從女性的觀點很負責任地評論了早期的材料。Gerd Theissen's *The Shadow of the Galilean* (Philadelphia: Fortress Press, 1987)是當今第一流的德國新約學者寫的一部有關耶穌和他的運動的有效的歷史小說。

Jaroslav Pelikan, *Jesus Through the Centuries* (New York: Harper & Row, 1987)，用耶穌作為借鏡來對基督宗教思想作一概觀。Hans Kung's *On Being a Christian* 解釋了對一位有知識有思想的當代人基督宗教有什麼意義。

對於基督王國的三大主要支派，我推薦下列各書：Karl Adam, *The Spirit of Catholicism*

(New York: Doubleday, 1954)、Timothy Ware, *The Orthodox Church* (New York: Penguin Books, 1986), and George W. Forell, *The Protestant Faith* (Columbus, OH: Augsburg Fortress Publications, 1975)。

關於基督宗教神祕主義者，請看 Louis Dupré and James Wiseman(eds), *Light from Light: An Anthology of Christian Mysticism* (New York: Paulist Press, 1988)。

註釋

①數字來自1989 *Encyclopedia Britannica Book of the Year*。

②Marcus Borg, *Jesus: A New Vision* (San Francisco: Harper & Row, 1988), 15。

③See the chapters on "Excluded Knowledge" and "Beyond the Modern Western Mindset," in Huston Smith, *Beyond the Post-Modern Mind* (Wheaton, IL: Quest Books, 1989)。

④B. Alan Wallace, *Choosing Reality* (Boston: Shambhala, 1989), 11. See also Smith, *Beyond the Post-Modern Mind*, 60, and his summary of David Bohm on this point, 76。

⑤Borg, *Jesus*, 61。

⑥Elisabeth Schüssler Fiorenza, *In Memory of Her: A Feminist Theological Reconstruction of Christian Origins* (New York: Crossroad, 1983), esp. 68-159。

⑦E. Schillebeeckx, *Jesus* (New York: Crossroad, 1981), 201。

⑧Robert Penn Warren, *Brother to Dragons*, 1953. Rev. ed., (New York: Random House, 1979)。

⑨實際上說，這個區別是成立的。但是神學上來說，奧祕之身〔指教會〕的神與人的面向被認為是不可分割地結合在一起，與基督本身的雙重性類似。

⑩從1962—1965期間的會議，第二次梵帝岡泛基督宗教會議(Vatican Council)重新確定了這個立場。「那些……通過良心的指令，努力用他們的善行去行他們所知的〔神的〕意志，也能達到得救的目的。」(*Lumen Gentium,* The Church, paragraph 16)。

⑪I.M. Lewis, *Ecstatic Religion*, 1971. Reprint.(New York: Penguin, 1978), 11。

⑫Thomas Corbishley. *Roman Catholicism* (London: Hutchinson House, 1950), 40。

⑬Francis de Sales, *Introduction to the Devout Life* (New York: Harper & Row, 1966), 40-41。

⑭羅馬教會同意這一點，當然作為羅馬主教的教皇包括在這樣的基督宗教會議中。它也主張在沒有正式的定義時，主教們是不謬的，然而他們一致的教訓說某一特定的教義是神聖地啟示出來的，要一切信仰堅定的人去相信。差別是在羅馬教會在講說其教義時，清楚地劃分開教士和俗人（正如已經說明了的），以及東正教沒有單一個人的最終的權威性的聲音。

⑮思考東正教這兩項重點，其神祕主義和對生命相互相關性的敏感性，非常突出地出現在俄國小說中，特別是杜斯妥也夫斯基和托爾斯泰的，是很有趣的事。

⑯詹姆士對這一點態度是明顯的。「信仰沒有善行就死了。」(James 2:17, 20, 26)。

9 THE WORLD'S RELIGIONS

原初宗教
The Primal Religions

本書已經探討過幾種主要的歷史宗教了。歷史的宗教有神聖的經典以及一個由建構與發展累積成的傳統。中世紀的基督宗教並不完全是使徒的教會，正如新儒家不完全是其創始者所教授的儒家一樣，雖然在這兩種情況中都能看出很強的連續性。

歷史的宗教現在幾乎覆蓋了整個大地，可是以編年的角度來看，它們只是宗教冰山的一角；因為與在它們之前大約為時已有三百萬年的宗教比起來，它們只有四千年。在那麼漫長的時間裡，人們以一種十分不同的模式實行著他們的宗教，這種模式必然也明顯塑造了他們的感性。我們稱他們的宗教模式為原初的(primal)，因為它最早出現，不過有時我們又會指它是部落的(tribal)，因為它的團體都是很小的，或是稱之為口述的，因為他們還不會書寫。這種模式的宗教信仰特性目前仍然在非洲、澳洲、東南亞、太平洋島嶼、西伯利亞和北美以及南美的印第安人之間持續著。其成員在減少中，不過我們闢最後的專章來討論，部分原因是承認原初宗教的貢獻，同時也因為它們可以對我們所討論過的歷史宗教提供對照的角度。在方才提到的一些地區上，人們過去以及現在都生活在小社區中，靠自給自足的經濟方式，又不依賴文字，這些人的宗教會是怎樣的？既無法充分討論這個題目，又得跳過洲內與洲際的那些差別相，我們只想嘗試捕捉一點人類在其最早宗教模式中的宗教性。這不只是學術的作業，因為我們可以確定這種模式的殘餘，還留在我們潛意識深處的心理痕跡上。而且也有可能我們可以學習它們，因為人類的部落可以保留著一些洞見和品德，而都市化和工業化的文明卻任之棄於路邊了。

我們可以先從拒絕十九世紀的偏見，認為愈新近的就是更好的開始，那種偏見只能在技術上成立，卻不是在宗教上。歷史的確顯示出，社會愈擴大愈複雜，社會角色也愈見分化。教士與俗人之間劃上界線，宗教的和俗世的劃分也出現了；在這一方面，較晚期的社會，有點類似在演化晚期中已經生長出四肢和器官的晚期生物物種。在上述兩種情況中生命從一開始就在那裡。而在宗教情況中，預先假定較後的歷史表現比早期的要高貴，卻是錯誤的。如果神不演化，宗教人(homo relgiosus)似乎亦然，至少不是在任何重要的方面有什麼演化。伊利亞德(Mircea Eliade)於是相信古代人比其後裔更富精神性，因為他們身穿樹葉和皮毛、直接靠土地上長出的果實生存，不為外在的設計所約制。儘管如此，我們發現，在歷史的宗教中開花的一切——比如，一神主義——在原初宗教中早已顯出微弱可辨的模式了。

在原初宗教中對於差異不發一言的性格——這些差異在歷史的宗教中爆發成對立性，諸如天堂和地獄，或輪迴與涅槃——為進入我們的主題提供了一個很適當的入口，澳洲原住民的宗教正好說明了這一點。澳洲是唯一沒有經歷新石器時代的大陸，在別的地方新石器時代開始於大約公元前一萬年，而經歷了農業和技術改進的石器發明。這個例外，使澳洲原住民進而成為現存人類中最接近地球原仕民的地位，除菲律賓一個極小的部落塔沙迪

(Tassaday)是例外，而其真實性還有爭議。原住民宗教的世界是一單一的世界。我們將會看到其他原初宗教在這方面的類似性，每一個世界都包括了某種差異，不過原住民的「古老」使得他們世界中最尖銳的差異，與在其他原初宇宙論中的差異相比之下似乎是微不足道的。

我們所了解的差異，是指原住民的日常生活與人類學家開始稱之為原住民的「神話世界」(*le monde mythique*; Lévy-Bruhl)的差異，這個神話世界如今照原住民自己的話說就是「夢中世界」。後面這個詞語有利之處是它表明並沒有兩個世界，相反地，卻是一可以用不同的方式去經驗它的單一的世界。

原住民平常經驗的世界是由時間來量度的：季節週期、世代更迭。而同時，這無盡的行列的背景卻是穩定的。時間接觸不到它，因為它是「每一個時刻(everywhen)」。傳說中的人物充滿在這背景世界中。他們並不是神，他們更像我們自己，而同時又大於生命。給予他們特殊身分的是，他們創始了或制定了日常生活中所包含的示範行為。他們是塑造以及規範生命基本條件的天才——男人和女人；人、鳥、魚以及其他——還有其主要活動諸如狩獵、集會、戰爭、愛。我們往往喜歡說當阿隆達人(Arunta)去打獵時，他們模擬第一個獵人原型的偉績，但是這把他們與其獵人原型太尖銳的劃分開來了。比較好的說法是，他們完全進入原型的模子中，使每一個人都**變成**了最早的第一個獵人；沒有差異存在了。其他的活動也一樣，從編織籃子到做愛。只有在他們使行動與某些原型的英雄模式一致時，阿隆達人才感到他們是真正的活著，因為在那些角色中他們是不朽的。而他們從這種模式滑脫的時刻則是十分沒有意義的，因為時間立刻就把那段時刻吞沒了，並將之化為無。

從這裡我們可以看到，原住民宗教活動並非在於崇拜，乃在於認同(identification)，是一種「參與」(participation in)和表演出原型的典範。原住民的整個生命，就其提升於瑣事之上，成為真實的這一點來說，即是儀式的。那些神話角色是不可溝通、對話、討好或哀求的。分隔人類和神話角色的界線，在原則上是遼闊的，但卻可以輕易地被抹去，因為儀式生效的那一剎那，每一時刻就成了現在，而分隔的界線就不見了。這裡沒有教士，沒有宗教集會，沒有中介的主祭，沒有旁觀者。只有作夢和與夢一致。

與作夢主題同類的多的是，但是再也沒有比澳洲原住民原型的作夢主題，更有清晰外形的了。雖然這種差異很小，但在原初宗教的人口中卻是我們唯一要提到的一個。本章餘下的篇幅我們將談原初宗教所共有的特徵，這些特徵使它們單獨成為一個團體，而不同於本書所集中描述的歷史的宗教。下一節考慮他們的「口述性(orality)」——這個字造出來專指語言只被說出來，從未被書寫出來的生命模式——以及他們理解時空的特殊方式。當他們的世界觀描述出來之後，其他的共通性也就顯現出來了。

口述性、地點和時間

口述性。我們注意到，讀寫對於原初宗教是不存在的。不錯，現在讀寫已經出現在其中某幾個原初宗教，但這對於我們所要探討的問題並沒有多大的改變，因為當讀寫出現時，領袖們通常把他們部族神聖的知識隱藏起來，以免受到侵犯。他們認為把活的神話和傳說變成無生命的書寫文件，就是把它封閉起來，並為它響起了死亡的喪鐘。重視書寫的人們在這裡是不容易了解這些領袖們的直覺的，不過如果我們加以嘗試，或許也能一窺何以他們認為書寫不僅是獨佔性口述的競爭者，而且還威脅到口述所賦予的效力。

我們可以先從說話的多面性優於文字來開始。說詞是說話者生命的一部分，且由於如此而分享了那說話者生命的活力。這給予它一種可以按照說者以及聽者來剪裁的彈性。熟悉的話題可以通過新鮮的措詞而重新賦予生氣。節奏可以引進來，配合以抑揚、頓挫、重音，直到說話幾近乎吟誦，說故事演變成了一種高深的藝術。再加上方言和演講的方式，令所要描述的人物形象生動，等到把動物的姿態和步法加以模擬，聲音也複製了出來時，我們就進入劇院了，靜默也可以用來增強緊張或懸疑的效果，甚至於可以用來指示描述者中斷故事，以便讓人去做私人的祈禱。

這一切都是明白不過的，卻絲毫還沒有論及原初口述性的獨特性。因為如果我們不從上面所說的更進一步來看，就等於把門敞開讓主張書寫的擁護者回應說，「好吧，我們兩種方式都採用吧，」這當然就是歷史宗教的做法了；它們的經文，與佈道、歌唱、遊行和道德劇等共享著舞台。我們不能了解到原初口述性的特殊之處，直到我們面對其排他性，它視書寫不是說話的輔助而是其敵人。因為書寫一旦被引進來，就無法不影響口述性的效力，並在重要的地方削減了這些效力。

完全依賴說話，帶給人的主要貢獻之一，就是人的記憶力。書寫人的記憶力會逐漸變差。「如果我所需要的已經寫在某處，我還花力氣說它幹什麼？」這正是書寫人對記憶的態度。不難看出如果沒有圖書館事情會多麼地不同。比方，盲人的記憶是傳奇性的；我們還可以加上這樣一個來自新海勃來底斯(New Hebrides)的報導：「兒童們的教育是叫他們聽和看……沒有書寫，記憶是完美的，傳統是精確的……每一個兒童學到的一千個神話（往往一字不差，一個故事可以持續好幾個鐘點）就是整個圖書館。」他們怎麼想我們呢？「白人影響之後，原住民輕易地學會了書寫。他們認為書寫是一種奇怪而無用的表演。他們說：『難道一個人不能記憶和說話嗎？』」①

為了進一步了解沒有書寫的生命是怎樣的，我們可以嘗試想像我們的先人是一群瞎眼的荷馬，每晚在工作完成之後聚攏在營火前。他們的祖先在困難中所學的，從治病的草藥到感人的傳奇，現在都收藏在他們集體的心靈中，而且只收藏在那裡。他們難道不會愛護他們談話所支撐的遺產？不會尊崇它不停地背誦它，各人彼此補足糾正嗎？

此處對我們重要的是這種進行中的、有力量的研討會對參與者的衝擊。每一個人都向活的知識貯藏庫輸送知識，同時接受其資訊的回流，而塑造和貯備他們的生命。部落的每一份子都成為部落的活動的圖書館。為了了解口傳的確是不遜於閱讀的一個學習方式，我們可以聽聽早期在非洲一位探險家的報導，「我所信賴的朋友和同伴，是一位不會讀與寫的老人，不過卻精通過去的故事。老酋長們聽得迷住了。在現行制度（殖民地的）教育下，這一套大部分可能會有消失的嚴重危機。」②另外一位到非洲的旅行者指出「不像英國制度，亦即一個人可以不用接觸詩而度過一生，烏拉昂(Uraon)部族制度用詩來作為舞蹈、婚嫁和種植農作物不可缺少的附屬物——所有的烏拉昂人都參加這些集會，作為他們部落生活的一部分。如果我們要舉出那使得英國鄉村文化衰落的一個因素的話，我們應該說是識字。」③

假如排他性的口述保護了人類的記憶，它也防衛著另外兩種損耗。首先是通過非語言的管道，去感受到神聖者的能力。由於書寫能夠明確地抓住意義，神聖典籍就趨於移到顯著的地位，就算不是獨一無二，也是最優越的天啟管道。這就遮蔽了其他神聖顯露的方式。口述的傳統就不會掉進這種陷阱中。他們口述的內容，也就是那看不得的神話，使他們的眼睛能自由地去細察其他神聖的預兆，處女般的自然與神聖藝術乃是主要的例子。在中世紀，當歐洲比中國甚至還不會用文字的時期，「**無知的、不識字的人能夠閱讀雕刻上的意思，而現在只有受過訓練的考古學家才能釋意。**」④

最後，因為書寫沒有極限，它可以擴散激增到一個地步，人們會在其無止境的通道上迷失了。次等的資料把重要的資料弄模糊了。心靈變得浸在資訊中，更由於專業化而狹窄了。記憶則對抗了這樣的殘缺。記憶深植於生命之中，生命呼喚它，在每一次變動中都有用，對沒有用的和不相干的則很快地將之清除。

我們可以引述人類學家雷丁(Paul Radin)的話來總結排他性口述的天賦。「由於字母的發明，使我們整個心理生活以及整個對外在事物的領悟，都出現了混亂，並且字母的整個傾向是要提升思想與思考以作為一切真實的唯一證據；這些情況，從來都沒有在『部落』民族中出現過。」⑤

地點對比空間：原初宗教第二個特點是它深植於地點中。地點(place)不是空間(space)。空間是抽象的而地點是具體的。一個立方碼的空間，無論我在什麼地方來計算，它都是相同的，但是沒有兩個地點是完全一樣的，正如福斯特(Stephen Foster)的歌曲，「**沒有一個地方像家一樣**。」所證明的。

許多歷史的宗教都隸屬於地方，馬上令人聯想到的就是猶太教和神道教，兩者都始於原初宗教。不過，歷史的宗教並不是像原初宗教那樣的深植於地方上。兩個小故事，都是從Hau de no sau nee（紐約州北部的六民族）的鄂能達加(Onondaga)族那裡取得的，可以用來說明這一點。

歐雷・李昂士(Oren Lyons)是第一個上大學的鄂能達加族人。當他第一次回到保留區度假時，叔父提議他到湖上去釣魚。到了湖中心時，叔父就開始審問他。「好了，歐雷，」他說，「你上大學了，學會了他們教你的一套，現在你一定是頗聰明的了。讓我來問你一個問題。「你是誰？」被這個問題嚇了一跳，歐雷勉強想辦法回答。「什麼意思，我是誰？怎麼，我當然是你的姪子囉。」叔父拒絕了他的回答，一再重複他的問題。姪兒逐次地大膽地說他是歐雷・李昂士，一個鄂能達加族人，一個人，一個男人，一個青年，都沒有用。當叔父令他無言以對時，他就要求叔父告訴他他是誰，叔父說：「你有沒有看到那個懸崖？歐雷，你就是那個懸崖。還有對岸上那棵大松樹？歐雷，你就是那松樹。還有這支撐我們船的水？歐雷，你就是這水。」⑥

第二個故事也是出自這同一族人。本書作者也參加其中的一個戶外儀式，以一個持續了五十分鐘的祈禱開始了。沒有人閉上眼睛，相反地，每一個人似乎都在東張西望。因為禱告用的是當地土話，我什麼也聽不懂。當我事後問起禱告的內容時，才知道整個的禱告都在舉出所見的一切東西，有「生氣」和沒「生氣」的，還包括了該地區看不見的精靈，邀請他們來參與和保佑儀式的進行。

如果以為注意細節（在這第二個故事中）以及祖先傳下的天地（在第一個故事中）會令這一有關地點的看法受到了拘限，那可就錯了。當澳洲的古爾耐(Kurnai)人走動的時候，地點的具體性跟著他們一起走。他們所碰到的瀑布和大的樹木及石頭，是不可與其他同類物互換的；每一樣東西都引發出他們是其中一部分的傳奇事件的記憶。納瓦何(Navajos)人甚至於不需要離開家就能令他們對地方的感受膨脹起來。把他們的居處按照世界的形狀來製造，他們的建築就把世界引進到家中來了。支撐他們屋頂的柱子，是用支撐整個宇宙的神祇來命名，因之也與宇宙的神祇等同：把支撐他們屋頂的柱子命名為**大地、山婦人、水婦人和玉蜀黍婦人**。

在《**野蠻人的心靈**》(*The Savage Mind*)開頭數頁中，李維・史陀(Claude Lévi-Strauss)引用一位原住民思想家透闢的觀察說：「**一切神聖的事物必須有它們的地方。**」這個觀察主張的是，地點的位置——並不是任何地方，而是在個別的每一場合的嚴格而正確的地點——這正是神聖的一項特徵。「處身於它們的地點，」李維・史陀繼續道，「乃是使『物體』神聖的原因；因為如果把它們移開到其他地點，就算只是在念頭中，宇宙的整個秩序就會被毀滅。」⑦

永恆的時間。比照起西方歷史的宗教是救世主式前瞻性的，原初宗教則像在回顧過去。這樣說並不全錯，**從西方的觀點來看，時間是直線的，因此找不到其他的方式來說明這件事。但是，原初的時間不是直線的，不是一條直線從過去移動，通過現在，進入未來的。**甚至也不是亞洲宗教所認為的時間，像世界轉動、四季周而復始那樣。**原初的時間是非時間性的；是一種永恆的現在**。說到非時間性的或無時間性的時間，是弔詭的，不過如果我們明白原初時間集中在因果的而不是編年的順序的話，弔詭就會解消了。對於原初人來說，「過去」的意思，是顯著地更接近於事物發生之源。至於說那源頭在時間上是否先於現在，乃是次要的。

此處用「源」(Source)這個字是指諸神，他們並沒有真的創造世界，但卻建立了秩序和給予世界可行的結構。當然那些神祇繼續存在著，但這並不能把興趣轉移到現在來，因為過去繼續被認為是黃金時代。當神的創造沒有遭受到時間和管理不善的破壞，世界是如它所應該的那樣。情況已經不再是如此了，因為某種衰弱出現了；因此需要採取步驟來恢復世界到其原初的情況。「對於古老文化中的宗教人，」伊利亞德寫道，「世界每年都更新了；換句話說，每一個新年都恢復了它原初的神聖，亦即它從創造者手中產生時所擁有的神聖。」⑧神壇樹立起來以模擬世界原初的形狀，諸神在世界被創造出來時所發出的指令，其話語被忠實地重複著。我們可以把這種更新的儀式，比成是把下垂的電纜線撐起來的電線桿。

平地印第安人(Plains Indians)一年一度的太陽舞(Sun Dance)被稱為世界和生命更新之舞(Dance for World and Life Renewal)。個人的工作也需要更新。比方，波里尼西亞的底科比亞島(Tikopia)有一種修補船的儀式。在這個儀式中一艘船修補了，並不是因為它需要修理，而是儀式地被修補了，「按照一定的規格，」我們可以說，在這件事情上的意思，是神示範了修船的方式。儀式重新灌輸了這項重要的島上活動的意義，同時也重申了可能已經衰退的標準。

如果我們就此打住，對於原初的時間觀我們就什麼特點也沒有說到，因為歷史的宗教也有更新的儀式，這些乃是它們保留原初遺產的特徵。它們全都有某種倒轉冬天黑暗的冬至節，以及助長自然重生的「復活節」。在台灣道教節「醮」(Chiao)通過六十年一週期的儀式來施行更新，因為正如自然需要每個春天的更新，更大的宇宙也必須按照人一生的尺度來更新。每一個人都參與在這些儀式中。對於一個週期某一特定階段的準備，可以花上好幾年，而經濟上的費用是巨大的。

已經被歷史的宗教大體上放棄了的原初時間觀，還有一項特點，就是它傾向於按照萬物跟其神聖根源的遠近，來安排尊卑秩序。因此動物往往因為它們的「先出性」(anteriority)而受到尊敬，在動物之中比較愚蠢的水獺，威尼巴古人(Winnebagos)就指牠是最後創造出來的。此一原則也同樣應用在人身上；祖先要比後代受到尊敬，後代被認為是某種蹩腳的模仿者。原初人們十分尊敬他們的長者。

東亞人的孝順和祖先崇拜也是一樣的；可以順便一提的是，道教和其日本表兄弟神道教是歷史的宗教，但還與它們的原初根源保持得非常接近。不過再回到原初宗教，說它們把神多少以祖先的方式來想也是不為過的。人們的祖先，被看成是部族具有神性的最早祖先的延伸。這使他們成為當今一代與其最早的至高祖先溝通的橋樑；吾人再一次地想到神道教，皇帝是太陽神（天照女神）直接的後代，而日本人民則是她間接的後代。由於祖先比當今這一代更接近神祇們，他們就被認為是繼承了較多的神祇們的品德，而使他們成為行為的模範。排除了退化所帶來的生命混雜性，祖先被認為享有子孫所缺乏的性格的完整性。這種假定可能不是出於弗洛依德對父母角色下意識理想化的設定，而是出自更深的直覺領域；從一種本能的本體論認識；較接近源頭意即在某種意義上比較好。無論如何，所說有關祖先的一切，在某種程度上適用於當代的長者。甚至於他們老年的孩子氣和天真，都有被認為是邁向世界在衰敗之前的那種天堂似的恰當狀態。**奥格拉拉・西阿族（Oglala Sioux)的薩滿巫師黑麋(Black Elk)，在他生命的最後歲月中，往往爬在地上與蹣跚學步的孩子們玩在一起。「我們有很多共通之處，」他說。「他們剛剛才從那偉大的神祕那裡來，而我則快要回到那裡去。」**

現在讓我們轉到原初宗教深植於其世界觀內的其他特點。在速寫那觀點時，我們繼續粗筆勾勒，只談那些表現在繁多的具體宇宙論中所保持的相對穩定的特點。

原初世界

從原初人們在他們世界中的深植性來開始是頗有用的。他們一旦離開了部落，就不太能夠感受到獨立的身分。部族關係之網在心理上支撐著他們，並且賦予他們生命每一面向的活力。與部族的隔離可以令他們致死，不僅是身體上的同時也是心理上的。其他部族的人，被視為是外來人甚至於被視為是有敵意的，但是對於自己的部族，則幾乎是像生理器官與其主人的身體關係一樣。

至於說部落呢，它深植在自然中，而又是那麼堅牢，兩者之間的界線是不容易設定的。的確，在圖騰崇拜的例子上就不存在有界線。我們等一下再來繼續談圖騰崇拜，這裡且先讓我們指出我們將採取的路線。深植性的反面就是分割和隔離的世界，我們注意到原初世界中的生命是比較沒有分別和隔離的，我們將從這一方面來探討它的深植性。從圖騰崇拜來開始是適當的，因為它表示出原初人們完全不顧動物與人之間的劃分。

在圖騰崇拜下，一個人類的部落與一種動物類，結合在一種給予他們一個共同生命的社會的和儀式的整體之中。圖騰動物把崇拜該圖騰的氏族成員彼此結合在一起，而充當他們的配偶、朋友、守護和助手，因為它是他們的「親骨肉」。他們尊敬它作為回報，除非在極端危難情況下絕不加害於它。圖騰動物是氏族的標誌，而同時也象徵著成員們紀念的先人或英雄。它也象徵物種的生命力量，因為它的健康是由該圖騰的人類成員通過儀式來負責任的。這一切都是出自人類和自然屬於同一秩序的信念。增進圖騰物種的儀式，不是源自獨立於自然之外並且企圖去控制它的態度。相反的，它們乃是人類需要的表達，特別是保持自然正常秩序的需要。當某一特殊物種的增加或當落雨的季節裡，儀式乃是與自然合作的方式。不企圖產生非凡的效果，或奇蹟地去控制自然，原初儀式主要是要保持正規和正常；它們乃是合作的儀式。它們本身有經濟的和心理的面向。儀式在清楚表現經濟上的事實及需要時，也維繫了人們對自然界的信心，它是由精神所構想與決定的，另外，儀式又更新了人們對未來的希望。

圖騰崇拜本身在部族人們之間並沒有普遍性，不過有關動物和人的區分，他們卻全都抱著無動於衷的態度。動物和鳥常常被稱為「人們」，在某種情況下，動物和人還可以互換形狀而轉換成對方。動物和植物之間的區別同樣是微弱的，因為植物也像我們這些人一樣有靈。下面一個掌故可以說明這一點；這是本書作者一個學生的父親所敘述的有關該學生經歷的事。亞利桑那州立大學藝術系，一度曾決定開授一個編織籃子的課程，就到鄰近印第安人保留區去找教員。該部落就提議由編織師父，一位老婦人來擔任。整個的課程結果變成是多次遠足，去到供應她籃子材料的植物處，講述有關那植物的神話，並背誦那些輔助性歌唱的祈禱。完全沒有編織。

當我們注意到在有「生氣」與無「生氣」之間的界線都被穿透，前面這一段所述的進展，就到達其邏輯的目標。岩石是活的。在某種情況下它們被相信能說話，有時候——如在澳洲的艾耶斯岩石(Ayers Rock)的例子——它們被認為是神性的。我們可以輕易地明瞭到這種不連續性的闕如(absence of discontinuities)如何產生了深植性(embeddedness)。原初人並不是無視於自然的差異性;他們觀察的能力是有名的。問題毋寧是他們視差異為橋樑而不是障礙。生殖的周期,伴隨著慶祝和支撐它們的儀式,在人類和其環境間建立起創造性的和諧,有神話來確定每一轉換中的共生現象。男女平等地對宇宙力作出貢獻。一切存在,並沒有忽略了天體和風雨的元素,大家都是弟兄和姐妹。**樣樣東西都是活的,而每一樣東西都以各種方式依賴著其他的一切**。當我們繼續沉思這種深植性之際,到了一個地步,秩序顛倒了過來,我們開始想著不是原初人深植於自然,而是自然本身在尋求自己,將自己延伸,而深深地進入到原初人之中,滲透他們,為了尋求被他們所探測。

從世界的結構轉到人類的活動,我們再度被它們之間比較缺乏間隔化(compartmentalizalion)所吸引。比如,「**在美國印第安人的語言中沒有『藝術』這樣的字眼,因為對於印第安人而言,每一件事物都是藝術。」⑨同樣地,一切事物,以其自身的方式,都是宗教的。**這意思是說,要學習原初宗教,我們可以從任何地方開始,繪畫、舞蹈、戲劇、詩、歌唱、居處,甚至於用具和其他製作物。或者我們可以研究人民的日常作為,也不為神聖的和世俗的所分隔。比方,**一個獵人的出發並不單單是為了滿足他部族人的飢餓。他發動一連串複雜深思的舉動,它們全部——無論是預備性的祈禱和潔禮,追逐獵物,或按照聖禮的方式把動物殺了而後請客——**都灌注了神聖。一位調查者與黑麋族(Black Elk)住了兩年後報導說,**依黑麋族人的主張,認為打獵「是」**——黑麋族人沒有說「代表」,報導者強調——**生命所追求的最終真理**;這項追求需要預備性的祈禱和獻祭的潔禮。「辛勤追蹤的行蹤是所追逐的目標的信號和通知，最後與追蹤對象的接觸或認同就是真理的實現，是生命的最終目標。」⑩

到目前為止，我們所留意到的是在原初世界中尖銳區分的闕如，其實，另一項闕如更為明顯；那就是缺乏一條線把這個世界，從一個監督它和對抗它的另外一個世界分割開來。在歷史的宗教中，這種區分脫穎出來，並且發生了很大的作用。⑪

柏拉圖代表希臘宗教以哲學的角度發言，提出把身體當作墳墓的說法。希伯來經文把創造出來的世界與一個神聖的、正義的、超越的神來對比。對於印度教來說，世界是幻影(maya)，只有極有限的真實性。佛陀把世界比喻為一座著了火的房子，逃離它是絕對必要的。一項偽經文記載耶穌說，「世界是一座橋；走過去，卻不要在上面造房子。」《古蘭經》把世界比喻成很快就會被收割，或變成稻草的植物。在日本Taishi師父稱世界是謊言，只有與之相對的佛陀才是真實的。貶低世界的價值，在歷史的宗教中是很明顯的。

在原初宗教中，如此嚴格的區分從未出現過；比方，它沒有從無中生有的創造觀念。我們強調，原初的人是指向一個單一的宇宙的，這個宗宙像一個活的子宮般孕育著他們。因為他們假定其存在是為了養育他們，因此就沒有傾向去挑戰它、反抗它、重新塑造它或逃離它。世界並不是放逐之地或朝聖之地，雖然也有朝聖這麼回事。空間並不是同質的；我們可以說，一個家有許多房間，有的房間在正常情況下是看不到的。但是合起來它們構成一個單一的住所。原初的人們關心的是維持個人的、社會的、宇宙的和諧，以及獲取特殊的物品——雨、收割、孩子、健康——正如人們的日常所為。不過那宰制歷史宗教的、凌越一切的救贖目的卻全然不存在，至於死後的生命，則是朦朧陰暗的半存在著，共處於某個地點不明的單一領域中。

象徵性的心靈

到目前為止，我們簡單勾勒的原初世界的大綱，所表現出的內部差異是暫時性的，並且，另外並沒有一個超越的真實界來使這個世界淪為相對的。不過，如果我們不引進產生世界的神聖根源或者（如其他說法中的）給混沌帶來秩序的神聖安排者的話，這一切都將成一串的零，而沒有一點價值。這些神祇的出現，使人想到在原初傳統中的有神論問題，必須小心考慮，因為這是一個頗為微妙的問題。

一般習慣把原初宗教評定為多神教(Polytheistic)，如果多神教這個字象徵著神聖者可以凝結在神聖的地方，並且能下降到特殊的物體上，則這樣的說法並不完全是錯的。但是這與聖經必須與之競爭的那些明白宣示的、奧林匹克的與地中海地區的多神教，是完全無關的；它也不與許多神是其具體化或表現的單一終極者衝突。出版於一九一二和一九五五年之間的施米特(Wilhelm Schmidt)十二卷《神觀念之起源》(*Ursprung der Gottesidee*)⑫下結論說，每一為人所知的部族都有其最高的神，通過其代理人來生活和工作。比方，西非洲的約魯巴(Yoruba)從來不把他們至高存有鄂羅迪瑪夫(Olodimave)與次級的神祇奧里沙(orisa)相提並論，Edo(江戶)人也不會把Osanobuwa與*ebo*搞混了。不過，就算是施米特誇大了這種情況，也沒有什麼相干：因為問題並不在於部族人們是否明白地指認出一個協調諸神的最高存有，而在於他們是否感受到這樣一個存有，無論他們對他是否命名或加以人格化。有證據顯示，他們的確感受到其存在。正如納瓦何(Navajo)藝術家哥曼(Carl Gorman)指出，「有些納瓦何宗教的研究者說，我們沒有至高的神，因為他沒有被命名。事情並非如此，至高存有之所以沒有被命名，是因為他是不可知的。他純然只是『不可知的力量』(the Unknown Power)。我們通過他的創造來崇拜他，因為他是他創造中的一切事物。創造的各種形式都有一部分他的精神在裡面。」⑬如果你要的話可以叫這種宗教為泛一神教或多元一神教。事實是雖然原初宗教對認定神聖統一體比較缺少排他性，並且在某種情形下還令之隱蔽不彰，所以它們完全不似早期歐洲人之擬人多神教。它只是神的、聖的、如北美西阿族(Sioux)稱之為「威肯(*Wakan*)」的，無須專門附屬於或有意識地附屬於可辨認的至高存有。

與至高存有如此的附屬，甚至使一些東西可能遺失，那種遺失乃出自不附屬於神的事物喪失了它的神聖性。這把我們帶到可能是活的原初精神性的最重要的單一特徵；就是被稱為其象徵主義者的心態⑭。象徵主義者認為世界中的萬物可以直接顯現它神聖的根源。不管那根源是否特別指明了，世界萬物對神聖根源的靈光是開放的。肉眼看到的湖水是孤離的存在，因為就眼睛所見來報導，水是從其自身作為一個真實而存在的。現代思潮由之繼續推論說水由氫氧構成，如果欲求精神的解釋，它可以把寓言的意義歸之於水。不過，正常情況下，現代性並不承認物質的東西與其形上的、精神的根源有什麼本體論上的關連。在這一方面，原初人是比較好的形上學家，雖然我們已經知道他們的形上學並沒有全部明白說出來，不過，就其說出來的而言，卻天生地具有神祕的外貌。當人種學家宣稱，對於阿爾剛昆(Algonquins)人來說「在現象世界之外是沒有*manitu*（精神）的」，這只是說他們沒有覺察到對於原初人的心靈而言，外表現象從來都不是完全自己獨立存在的。就這一點來說，正如我們的黑麋朋友這樣說明：

> 對那些要從外在或通過「受教育」的心靈來看紅人傳統的人而言，了解「沒有任何物體如它所顯現的那樣，它只不過是真實之蒼白的影子」，往往是很困難的。就是因為這個原因，每一個被創造的物體都是威肯(wakan)也都是聖潔的，按照其所反映的精神真實的崇高性，而擁有一種力量。印第安人在創造的全體之前貶低他自己，是因為一切可見之物都先於他而被創造出來，因為比他年長，就應該受到尊敬。[15]

研究哥倫比亞的高安德斯(Andes)之慕西卡斯(Musicas)族人的一位專家，確定了這一觀點：「**所有的原初人都在『少』中看到『多』，對他們來說，其意思是風景反映了一種『包含』物質真實的更高真實；或者可以說，他們為物質真實加上了一個現代人看不見的『精神向度』**。」[16]

較早時我們提到過的雷丁(Paul Radin)，針對那種說原初人全是神祕主義者的「錯誤印象」，像任何一位人類學者一樣地不耐煩。他堅稱我們在他們之中所發現的，也如在我們之中發現的一樣，是「行動人和思想者，這兩種普通卻又不同的類型，行動者是一種幾乎完全憑著可以稱之為動力層次來生活的類型，而思想者卻以要求解釋，並從玄想性的思考來得到快樂的類型。」然則雷丁又說，他「什麼時候都不會否認原初人比起在今天西方歐洲人之間來說，更會經常利用神祕主義和象徵主義……只有當我們全幅把握了原初人活動中固有的神祕和象徵意義，我們才能希望了解他們。」⑰作為他所指的一個例子，我們可以列舉部族人指出蜘蛛網的圓圈是黏的，而其「中心的」半徑卻不是。這意思是說，**你一生左右遊蕩就會被困住了，可是如果你向中心移去就不會。**

在這一段落中我不能不提到薩滿「巫師」(shamam)這一獨特的人物類型——在部落社會中廣泛流傳但卻並非普及的——他可以越過象徵符號而直接見到精神實象。我們可以把薩滿想成是精神大師(savant)，所謂大師可定義為，其才能無論是在音樂（莫札特）、戲劇（莎士比亞）、數學或任何其他領域，是特殊到屬於完全不同等級的地位。他們早年受到嚴重的身體上和情緒上的創傷，薩滿能自我醫療和重新整合自己的生活，即使不能運用宇宙的力量，也能運用心靈的力量。這些力量可以令他們與各種善的和惡的精靈打交道，從前者吸取力量而在需要的時候來對抗後者。他們忙於從事治療，似乎具有不可思議的力量來預言未來和認出失去了的東西。

結論

在原初的和歷史的宗教之間，時間似乎是站在後者這一邊，因為雖然成百萬的人現在會喜歡看到原初的生命方式能夠繼續下去，事實上卻似乎不像是有這樣的可能。「文明」在不專橫時是誘人的。我們不能把少數現存的原初人隔離，保留他們供人類學者研究，讓我們其餘的人將之浪漫化，來作為我們失去的樂園的象徵。工業時代的人需如何調整自己，來面對在這星球上似乎已經時日不多的原初人，乃是本章最後的論題。

歷史宗教大多已經放棄了對他們早期曾一度輕蔑地指為是「異教徒」的傳教計劃。鐘擺反而朝反方向擺動去浪漫化原初人了。由於對科技社會毫不留情的功利主義，以及它似乎無節制的摧毀人類和地球的力量感到驚慌，城市人現在希望或許能有一個基本上不同的生活方式，他們拉上原初人來支持這個希望。作為當權者的後代，面對先人向無權者做種種輕蔑、掠奪和摧毀時，不免產生內疚之心。但是，以當時征服者的理解，以及那些有權者似乎必然會濫用權力的情況而言，事情是否可以不一樣，我們永遠也不會知道。我們所知道的是，至少我們的功勞是，現在我們承認了，的確是有全球性種族毀滅的事發生。

從正面來看，我們現在承認我們對這些人的評價是錯了。原初人並不是原始和不文明的，更不是野蠻的。他們並不落伍；他們只是不同。他們並非是不完整的；他們只是與眾不同。把對原初人的輕蔑置諸腦後，取而代之的就是這樣的了解。我們再回過頭來思考一下當前之所以喜歡把原初人浪漫化的衝動，因為此一衝動的一個面向並沒有被廣泛地了解。

我們由於工業化生活的繁雜和錯誤而不再存有幻想，對於它所造成人類和自然之間的斷裂以及那斷裂所產生的苦果都已了解，於是因為反作用而產生了部落民族是完全自然的形象。我們把他們當作是天地的兒女，是動物和植物的兄弟姐妹，他們按照自然的方式來生活，而沒有擾亂他們生態範圍的微妙平衡；溫和的獵人仍然與我們自己極端需要的魔術和神話保持著接觸。看到他們如是，我們假定我們的祖先在這些方面也類似他們，而把他們推崇為我們的英雄。這種思想的傾向是有一種深刻而不自覺的理由的。每一種民族，我們本身亦不例外，都需要善視其起源；它乃是健康的自我形象的一部分。因此現代人，不再自信自己是神創造的，而把一部分神的高貴性轉移到，他們假定自己所自來的源頭之上，即是早期的人類。這就是十八世紀所發明的「**高貴野蠻人的神話**」背後的最深的衝動。

我們希望當下能把偏見和理想化都置諸腦後。如果我們接受一位原初發言人的夢想說：「我們終於可以成為兄弟」的引導，或許我們能以相互的尊重來度過我們有數的星球伙伴的歲月。如果我們能做到這一點，那麼我們還有時間來從他們那裡學到一些東西。即使此處我們採取存而不論的態度，去肯定柯來爾(John Collier，一度曾經擔任印第安事務的美國特派員)有關他負責管理的人所說的話也並不是浪漫的：

他們具有現代世界所喪失掉的東西：對人的人格性那種古老的、失去了的崇敬和激情，再配合對土地及其生命之網那種古老的、失去了的崇敬和激情。自石器時代之前，他們就把那激情，照料成一道核心的、神聖的火。重新把它在我們全體之內點燃起來，該是我們長久的希望。⑱

進一步的閱讀建議

Robert Bellah在他的書*Beyond Belief*(Berkeley and Los Angeles: University of California Press, 1991)中有一篇文章「宗教演化」，以歷史的觀點定位原初人民，做了極好的功夫。Sam Gill的*Beyond "The Primitive"*(Englewood Cliffs, NJ: Prentice-Hall, 1982)糾正了許多困擾我們對他們根深蒂固的錯誤，而企圖發展出一個研究他們的宗教的更為自覺的方式。

關於非洲宗教請看Noel King, *African Cosmos: An Introduction to Religion in Africa* (Belmont, CA: Wadsworth Publishing Company, 1986)，以及John Mbiti, *Introduction to African Religion* (New York: Praeger, 1975)。

Joseph Epes Brown, *The Spiritual Legacy of the American Indian*(New York: Crossroad, 1989)廣泛地處理了美國原住民傳統。Frithjof Schuon's, *The Feathered Sun*(Bloomington, IN: World

Wisdom Books, 1990)用文字和圖畫探測了他們形而上的深度。

註釋

①Tom Harrisson, *Savage Civilization*(New York: Alfred Knopf, 1937), 45, 344, 353。

② R. St. Barbe Baker, *African Drums*, 145, as quoted in Ananda K. Coomaraswamy, *The Bugbear of Literacy*(Pates Manor, Bedfont, England: Perennial Books, 1949-79), 38。

③W.G. Archer, *Journal of the Bihar and Orissa Research Society*, 29:68。

④Edward Prior and Arthur Gardner, *An Account of Medieval Figure-Sculpture in England*(Cambridge: Cambridge University Press, 1912), 25。

⑤Paul Radin, *Primitve Man as Philosopher*(New York: Dover Publications, 1927/1957), 61。

⑥Related to the author by Chief Oren Lyons。

⑦Claude Levi-Strauss, *The Savage Mind*(Chicago: The University of Chicago Press, 1966), 10。

⑧Mircea Eliade, *The Sacred and the Profane,* 1957. Reprint. (New York: Harcourt Brace Jovanovich, 1959), 75。

⑨Jamake Highwater, *The Primal Mind*(New York: Harper & Row, 1981), 13。

⑩Reported by Joseph Epes Brown, *The Spiritual Legacy of the American Indian*, 1987. Reprint. (New York: Crossroad, 1989), 73-74。

⑪ This paragraph and the next owe much to Robert Bellah's article on "Religious Evolution" in his collection of essays titled *Beyond Belief*, 1970. Reprint. (Los Angeles and Berkeley: University of California Press, 1991)。

⑫ Abridged in English as Wilhelm Schmidt, *The Origin and Growth of Religion: Facts and Theories*, translated by H.J. Rose(London: Methuen & Co., 1931)。

⑬Quoted in Joseph Epes Brown, "Modes of Contemplation Through Action: North American Indians", in *Main Currents in Modern Thought* 30, no.2(November/December, 1973), 58-59。

⑭ As in Frithjof Schuon's chapter on "The Symbolist Mind" in his book *The Feathered Sun*(Bloomington, IN: World Wisdom Books, 1990)。

⑮From a letter written by Joseph Epes Brown, quoted in Schuon, *The Feathered Sun*, 47。

⑯ Francois Petitpierre, "The Symbolic Landscape of the Musicas," *Studies in Comparative Religion* (Winter 1975), 48。

⑰Radin, *Primitive Man*, 230, 212-, 208。

⑱John Collier, *Indians of the Americas*(New York: New Amenican Library, 1947), Slightly rearranged from pages 1 and 7。

10 THE WORLD'S RELIGIONS

最後的考察
A Final Examination

在此項探究結束之際，我們所要提示的最顯然的問題是：從這項探究中我們得到了什麼？究竟有沒有做出什麼貢獻呢？

如果我們一路上沒有學到一些事實那才怪呢：什麼是瑜伽，佛教對生命混亂原因的分析，孔子對君子的理想，陰陽符號的意思，「伊斯蘭」的字面意思，出埃及對猶太人的意義，「佳音」如何令早期的基督教徒振奮，等等。這些事實是不能小看的；一個儲藏豐富的心靈，對那迎面而來的世界增加了興趣。不過就只有這些嗎？

在閱讀本書時，新的問題可能會出現，老問題或者又呈現了新的迫切性。有三個這類問題浮現了出來，我們對它們的思考將作為這項研究的結束。第一，我們要如何以完形(gestalt)或模型(pattern)來安排我們所研究的各宗教？經過個別地聆聽了之後，我們現在如何來看待它們彼此之間的關係呢？第二，它們對廣大世界是否集體地有什麼話要說？即使它們彼此有差異存在，在任何重要事務上，它們是否能以一致的聲音發言呢？第三，處於一個宗教上多元化，乃至到底還是不是宗教的這樣一個世界之中，我們應該如何自處呢？

宗教之間的關係

對於如何以模型安排這些宗教的問題，有三個答案自動出現了。第一個立場，主張在世界宗教中，一個宗教優於其他宗教。現在世界的人們，彼此間的了解增加了，這樣的回答比過去少了，不過就算如此也不應該就此摒棄不談。本書第一章中曾經引述湯恩比的話說，沒有一個活著的人有足夠的知識，使他可以有信心說，一個宗教是否優於其他宗教——問題仍然是敞開著的。不錯，本書沒有找到什麼足以特許一個傳統高於其他傳統，但這可能是因為本書的類別所致：它在原則上避免作比較。即使在宗教的比較研究上，也並沒有任何要求說，各宗教要在競爭劇烈的賽跑中，一定衝過讀者關懷之終點線來決定誰勝過誰。

第二個立場則處於光譜的相反一端：它主張宗教基本上是相同的。雖然承認其差異，但是按照這第二個觀點，比起各宗教在偉大永久的真理上乃為一體上來說，差異只是偶然的。

此一立場是訴諸於我們對人類一體性的渴望，可是一經審查，卻證明了它是三個立場中最為靠不住的一個。因為一旦超出於含糊的一般性之外——像「每一宗教有某種版本的黃金律」，或「我們大家都一定相信著某種東西」，如一位國會議員在一次對英國教會的祈禱書(the Book of Common Prayer)問題中，在眾議院進行激辯之後鼓起勇氣說的那樣——這一立場就不能成立，以各個宗教對於什麼是根本的，什麼是可以商量的，意見紛歧。印度教和佛教在這個問題上分裂，正如猶太教、基督宗教和伊斯蘭教一樣。堪培爾(Alexander Campbell)在十九世紀基於新教各派共同接受聖經是信仰和組織的模範，企圖搞大團結。他吃驚地發現，各教派的領袖並沒有準備好讓步，來承認他所提出的團結原則比他們個別不同的信條更為重要；他的運動結果是增加了另一個教派——「基督的門徒」(The Disciples of Christ或Christian Church)——列入新教的名冊中。世界性規模的Baha'u'llah傳道會（又譯大同教）也是遭受到同樣的命運。Baha'i源自於希望團結那些持有共同信仰的主要宗教，結果也變成眾多教派中的另一教派。

因為這兩個立場的動力是來自希望有一天會有一個單一世界宗教，但是我們最好得再提醒自己注意在宗教方程式中人的因素。有人就是要有他們自己的信徒。他們寧可做自己那一群人的首領，不管人數多麼少，也不願在最大的宗教結社中做副手。這暗示著如果我們發現明天只有一個宗教，很可能再過一天就變成兩個了。

第三個概念，把宗教間相關連的方式比喻成染色玻璃窗，其各部分把太陽光分成不同的顏色。這種類比，容許宗教之間頗大的差異，而並不宣判它們各自相對的價值。如果世界上的人，彼此在氣質上各有不同，這些不同就很可能影響到精神(Spirit)對他們顯現的方式；好比說，可以從不同的角度來看。用啟示的語言來說，要**神**被聆聽和被了解，**神**的啟示就必須以個別聽者的方言來表述。《古蘭經》在Surah 14：4中所講的幾乎就是這個意思：「我們派出的使者都是會說他人民語言的人，這樣他就可以為他們把（信息）說清楚。」

提過了世界宗教可能成形的三種明顯方式之後，我們轉過來看他們集體地對廣大世界有什麼可說的。

智慧傳統

在本書首章中引了**艾略特**修辭性的反問：**（出發點）前面所譯的是：「在資訊中失去**

了的知識到哪兒去了?在知識中失去的智慧到哪兒去了?」甚至更早時，在本書的一條引文中，我們看到朱默切爾(E. F. Schumacher)的主張說：「**我們需要勇氣請教『人類的智慧傳統』，並從那裡得到益處。**」那個傳統正是本書的題材。它們對世界提供了什麼智慧呢？

在傳統的時代，是假定它們展現了真實之終極本性。十六世紀和十七世紀時期，科學開始對這項假定產生懷疑；因為經文只不過斷言它們的真理，而設定的實驗則可以證明科學的假設。不過對於這一點，經過三個世紀的紛擾，我們現在看到這種證明只能對經驗世界成立。真實之價值面——其價值、意義和目的——卻通過科學的設施溜走了，有如海水通過漁人的網溜走了一樣。

那麼我們能找誰來商議那有關的最為緊要的事呢？我們知道科學不能幫助我們重新打開大門，去再度認真看待智慧傳統提出的是什麼。智慧傳統所有的內容，並非都是持久性智慧的。現代科學取代了它們的宇宙論，並且它們所反映的昔日的社會習俗——性別關係、階級結構等等——也必須在時代改變以及為正義繼續奮鬥之光照下，重新加以評估。但如果我們用一個濾網，把世界各宗教對真實以及應該如何生活的結論過濾出來，那麼結論就會開始看起來像是從人類挑選出來的智慧了。

那智慧的細節是些什麼呢?**在倫理學的領域裡，十誡所說的幾乎是跨文化的。**我們應該防止兇殺、盜竊、說謊和通姦。這些乃是低限度的指導方針（講猶太教那一章稍稍將之擴大了一點）卻並非是無足輕重的，因為我們明白如果它們受到普遍地尊崇，世界將會好得太多了。

從這個倫理的基礎上，進到我們應該努力去做什麼樣的一種人，我們就碰到品德的問題，此智慧的傳統，在基本上可辨明為三種：謙遜、仁愛和誠實。**謙遜並不是自貶。它乃是一種與他人在一起的時候，把自我視為一個人卻不大於一個人的能力。仁愛則是換一個角度；把鄰人同樣視為一個人，與自己一樣的完全的人。至於說誠實，則不只是最低限度的說真話，而是要達到崇高的客觀性，完全如實地看事物之道的能力。把一己的生命順應事物之道就是真誠地做人**。

亞洲宗教同樣讚美這三種品德，而強調要得到它們必須克服一些障礙。佛教辨認出這些障礙是貪、嗔、癡，而稱之為「三毒」。一旦它們被除去了，取而代之的就是無我（謙遜）、同情（仁愛）和如實地看待萬物（誠實）。雖然品德這個字眼頗有道德的意味，智慧傳統強調的是該字眼的字根意義，而傾向於它的力量的意思：哲學的道家始終特別對這原初的意思警覺。當人們偶然說到像「藥的效力」（the virtue of a drug）一類的話時，我們就能捕捉到「品德」（virtue）一字中力量成分的回響。

當我們轉到視野(Vision)上面來時，有關智慧傳統對事物終極性格的描繪，此處只說三點就足夠了。

宗教一開始就向我們保證，如果我們能看到全幅的景象，我們就會發現它是比我們一般常態以為的要更為整合。生命沒有給我們一個整體的視野。我們所見的是這裡一點那裡一點，而自利也把我們的看法奇怪地扭曲了。最接近我們的東西其重要性被過分誇大了，而其餘的我們則以淡漠的冷靜態度視之。**生命有如一張極大的掛氈，我們卻從其反面來面**

對它。**這使它的外表看來像是線和結的迷魂陣**，其大部分看起來都是混亂不堪的。

從純粹屬於人的立場來看，**智慧傳統乃是人類最持久而認真的企圖，要從掛氈的迷魂陣這一邊去推測其正面的圖案**，來賦予整體以意義。由於圖案的美與和諧乃是出之於其各部分的相互關係，而我們只能看到圖案的碎片，故圖案所賦予那些部分的意義，在一般常態情況下就看不到了。類似一張畫的各部分所暗示的，我們幾乎可以說那歸屬於整體的正是宗教（religio, rebinding〔重新組合〕）之所以為宗教的所在，其「一如」(at-one-ment)的主題交織在它的每一表達中。佛教徒把手掌合併，象徵克服二元性，而不二吠檀多派(Advaitic vedantins)則完全否定二元性。

智慧傳統對真實所作的第二項主張則是隱含在第一項裡面。如果萬物都被一個巨大的設計所瀰漫著，它們不僅是比它們外表更為整合，也比它們的外表更好。在用藝術（透過掛氈）來象徵世界的統一性之後，我們將援用天文物理學來類比這第二點，即真實的價值；因為如果天文學的結論是它斷定宇宙比人類感官所能揭示的為大，智慧傳統的結論則是它要比我們的感性所能分辨的為好。是在類似的程度上來說要較好，也就是說我們此處所謂的價值是與光年相當。天與道，梵與涅槃，神與安拉全都富有*ens perfectissimum*——完美存有之印記。這使得智慧傳統所發出的本體上的豐富光輝，是別處找不到的。這種豐富性反映在其對人的自我的評價上，因為世界的統一意味著人的自我屬於世界，而世界的價值則意味著人的自我分享著世界崇高的地位。世界宗教所見的人的自我之廣大無限是可畏的。真我(Atman)以及佛性(Buddha-nature)即刻出現在我們腦海中，我們也想起走在人前面的猶太教士的天使喊道，「給神的形象讓路。」聖保羅報導說，「得以看見主的榮光，『就變成主的形狀』榮上加榮，如同從主的靈變成的。」（哥林多後書3：18）

在萬物一體以及其不可計量的價值之外，乃是智慧宗教傳統的第三個報告。真實被無可避免的奧祕所浸潤：**我們生來就是置身在奧祕中，我們生活在奧祕中，我們死於奧祕中。**在此我們必須再一次把我們的世界從時間的貶值中拯救出來，因為「奧祕」已經與偵探小說中謀殺的神祕聯繫起來，由於後者是可破解的，就根本不是神祕的了。對於人的心靈而言，奧祕是那類沒有解答的特別問題：**我們懂得愈多，我們就愈是覺察到有更多我們不了解的因素與之有關。對於奧祕，我們所知的，以及我們明白到我們所不知的兩者並進，知識的島嶼愈大，驚奇的海岸線就愈長。正如量子世界，我們愈是了解到它的形式結構，那個世界也就愈變得陌生。**

萬物比它們外表看起來要更為整合、更為美好也更為神祕：這種狀況所展現的，正是智慧傳統的各項報導所有的最大公約數。當我們再加上它們為倫理行為所建立的基線，以及對人類品德的說明，吾人會想，是否有一個更智慧的生命綱領被構思出來了。**在宗教生活的核心，有一種特別的喜悅，這種快樂結局的前景，是從必要的痛苦中開花結果的，帶著人類的困難將被衷心接受而克服了的允諾。**在我們日常生活中，只有這種喜悅的暗示。當它到來的時候，我們竟不知道到底我們的快樂是世上最難得的還是最普通的東西；因為在一切塵世上的事物中，我們都能找到它，將它給予人，並且接受它，卻無法保住它。當我們擁有這些提示時，似乎如此快樂一點也不奇怪，可是回想起來，我們會驚詫伊甸園中這樣的黃金有多少本該是我們的。宗教告訴我們，**人類的機會在於把偶爾瞥見的洞見轉化為長存的光明。**

不過，世界一般而言，特別是現代世界是不會相信這種對事物的看法的，它沒有如此主張的勇氣。那麼我們要怎麼辦呢？這就是我們的最後一個問題。對我們來說，宗教究竟是個好字眼或是壞字眼；究竟（如果結果是好字眼）我們要站在某一個宗教那一邊呢，或是在某種程度上對一切宗教張開我們的手臂：我們要如何在一個被某些神聖的和某些世俗的意識形態所撕裂的多元世界中自處呢？

我們聆聽。

聆聽

如果一個智慧傳統要認領我們，我們以聆聽它來開始。不是非批判性地，因為新的情況教我們新的責任，而每一有限之物在某些方面總是有瑕疵的。可是我們仍然帶著期盼聆聽它，知道它擁有的真理在人一生中是無法將之包容盡的。

不過我們也聆聽其他人的信仰，包括俗世論者。我們之所以首先要聆聽，正如本書一開始就指出的，是因為我們的時代需要如此。**今天的社群不能只是單一的傳統；它乃是星球。世界日漸縮小，了解乃是和平唯一能夠找到的家。**我們還沒有準備好接受科學所導致的消滅距離。今天有誰能站起來準備接受莊嚴的萬民平等呢？有誰能不必排除把外國的等同於次等的那種下意識傾向呢？我們當中有一些人經歷了這最血腥的世紀而活過來了；但是如果它的折磨將是出生的陣痛，而不是死亡的掙扎的話，本世紀的科學進步必須要在人類的關係上有相當的進步與之匹配。**那些聆聽的人是在為和平而努力，一種建築在了解和相互關懷上的和平，而不是宗教的或政治的霸權上的和平。因為，至少在如人類如此偉大信仰的固有高貴領域中，了解帶來尊重；而尊重為「愛」這個更高的力量，作出了準備。「愛」，這唯一能熄滅恐懼、疑心和偏見的力量，它也能提供給這渺小而珍貴的地球上的人們，可以彼此成為「一」的方法。**

那麼，「了解」能導致「愛」。反過來亦然，「愛」導致「了解」；兩者是交互為用的。因此我們必須聆聽去了解，不過我們必須也聆聽去把各個智慧傳統都囑咐的同情心付諸實行，因為沒有去聽對方是不可能彼此愛對方的。**如果我們要對這些宗教真誠，我們就必須深刻而注意地傾聽別人，就如同我們希望他們會這樣傾聽我們一樣，**默爾頓(Thomas Merton)說明這一點，**指出神在三個地方向我們說話：在經文中，在我們最深的自我中，以及在陌生人的聲音中。我們必須有接受以及給予的雅量，因為再也沒有比只說而不聽更能把他人非人化的了。**

願耶穌的名受祝福，祂說：「你希望別人如何待你，你也要這樣待人。」也願佛陀的名受祝福，祂說：「凡人立意要，就可能到達最高境界——不過他必須熱切地學習。」如果說我們沒有在這些意見上引用其他宗教，那是因為它們都是異口同聲在說這些話。

註釋

①傳統上，哲學和宗教是攜手合作的，不過現代性把兩者劃分開來了，我們應該留意到朱默切爾(Schumacher)在智慧傳統中，把一直到笛卡兒的哲學包括在裡面。請看他的 *A Guide for the Perplexed* (New York: Harper & Row, 1976)，以及我的"Western Philosophy as a Great Religion" in Alan Olson and Leroy Rouner, *Transcendence and the Sacred* (University of Notre Dame Press, 1981)。

內文簡介：

本書是為美國公共電視製作的影片而撰著的。因此，其深入淺出是必然的。作者透過個人的觀察，兼具理性與感性、傳統與現代並宏觀的態度，把世界宗教的精神性傳達給大眾。作者共介紹了世界七大宗教傳統，如印度教、儒家、道家、伊斯蘭教、猶太教、原初宗教，以及基督宗教。

作者史密士是美國宗教史權威，本書出版至今已四十年，行銷數百萬冊，至今仍是美國書店架上的暢銷書。

美國人了解宗教即以這本書為範本，本書是第一本中文版的問世。

在大家渴望宗教學知識的今天台灣社會，本書的出版正合需求。

作者：

休斯頓・史密士(Huston Smith)

出生於中國的一個傳教士家庭。曾於芝加哥大學求學於懷曼(Henry Nelson Wieman)，並受業於裴柏(Stephen C. Pepper)於加州大學柏克來分校。一九四七年進聖路易的華盛頓大學哲學系任教。一九五八年出版膾炙人口的《人的宗教》(*The Religions of Man*)一書，即本書的原版。其總銷售超過一百五十萬冊。

之後他又在麻省理工學院(MIT)與敘拉古(Syracuse)任教。晚年回母校加州大學柏克來分校擔任訪問教授。他被公認為宗教史權威，文字流暢，通情達理；也是比較宗教哲學的領銜人物，曾應邀參加一九八九年於夏威夷大學舉行之第六屆東西哲學家會議。

史密士的特點在於他嘗試以個人親身的體驗，同情理解世界各宗教傳統，而以綜合說故事、講歷史與哲學思辨的方式闡述這些傳統內涵的智慧，這便是《人的宗教》一書得以暢銷、歷久不衰的最大祕密所在。

校訂：

劉述先

現任香港中文大學哲學系講座教授。著有《文學欣賞的靈魂》、《新時代哲學的信念與方法》、《中國哲學與現代化》、《朱子哲學思想的發展與完成》、《黃宗羲心學的定位》、《當代中國哲學論：人物篇，問題篇》、《Understanding Confucian Philosophy: Classical and Sung-Ming》等書。曾參與多次東西哲學家會議，儒耶與儒回之間的對話。

譯者：

劉安雲

東海大學生物系畢業，曾隨牟宗三、劉述先兩位先生修習哲學，後赴美國南伊大修習美國文學、英國文學。曾譯《索忍尼辛選集》、《癌症病房》等名著，並以劉會友筆名譯《小矮人歷險記》。

校對：

徐慎恕

東海大學歷史系畢業，目前從事演說，推廣家庭教育，帶領小團體互助成長，推動婦女改造運動。

張淑芬

淡江大學中國文學研究所碩士，資深編輯人員。

馬興國

中興大學社會系畢，資深編輯。

國家圖書館出版品預行編目(CIP)資料

人的宗教：人類偉大的智慧傳統/休斯頓・史密士
(Huston Smith)作；劉安雲譯 -- 三版 -- 新北市新店區：立緒
文化事業有限公司, 民112.03
面；　公分. -- (新世紀叢書)
譯自：The world's religions : our great wisdom traditions

ISBN 978-986-360-206-4(平裝)

1. 宗教

200　　　　112002204

人的宗教：人類偉大的智慧傳統（2023年版）

The World's Religions: Our Great Wisdom Traditions

出版——立緒文化事業有限公司（於中華民國84年元月由郝碧蓮、鍾惠民創辦）
作者——休斯頓・史密士（Huston Smith）
校訂——劉述先
譯者——劉安雲

發行人——郝碧蓮
顧問——鍾惠民

地址——新北市新店區中央六街62號1樓
電話——(02) 2219-2173
傳真——(02) 2219-4998
E-mail Address —— service@ncp.com.tw
劃撥帳號——1839142-0號 立緒文化事業有限公司帳戶
行政院新聞局局版臺業字第6426號

總經銷——大和書報圖書股份有限公司
電話——(02) 8990-2588
傳真——(02) 2290-1658
地址——新北市新莊區五工五路2號
排版——文盛電腦排版有限公司
印刷——尖端數位印刷股份有限公司

法律顧問——敦旭法律事務所吳展旭律師

分類號碼——200
ISBN —— 978-986-360-206-4
出版日期——中華民國87年1月～99年10月初版 一～十刷（1～12,700）
中華民國102年7月～108年3月二版 一～七刷（1～4,200）
中華民國112年3月三版 一刷（1～800）

定價◎450元（平裝）

年度好書在立緒

文化與抵抗
- 2004年聯合報讀書人最佳書獎

威瑪文化
- 2003年聯合報讀書人最佳書獎

在文學徬徨的年代
- 2002年中央日報十大好書獎

上癮五百年
- 2002年中央日報十大好書獎

遮蔽的伊斯蘭
- 2002年聯合報讀書人最佳書獎
- News98張大春泡新聞2002年好書推薦

弗洛依德傳
（弗洛依德傳共三冊）
- 2002年聯合報讀書人最佳書獎

以撒・柏林傳
- 2001年中央日報十大好書獎

宗教經驗之種種
- 2001年博客來網路書店年度十大選書

文化與帝國主義
- 2001年聯合報讀書人最佳書獎

鄉關何處
- 2000年聯合報讀書人最佳書獎
- 2000年中央日報十大好書獎

東方主義
- 1999年聯合報讀書人最佳書獎

航向愛爾蘭
- 1999年聯合報讀書人最佳書獎
- 1999年中央日報十大好書獎

深河(第二版)
- 1999年中國時報開卷十大好書獎

田野圖像
- 1999年聯合報讀書人最佳書獎
- 1999年中央日報十大好書獎

西方正典(全二冊)
- 1998年聯合報讀書人最佳書獎

神話的力量
- 1995年聯合報讀書人最佳書獎

大都文化 閱讀卡

姓　名：

地　址：□□□

電　話：(　　)　　　　傳　眞：(　　)

E-mail：

您購買的書名：______________________________

購書書店：______________市（縣）______________________書店

■您習慣以何種方式購書？

□逛書店 □劃撥郵購 □電話訂購 □傳真訂購 □銷售人員推薦

□團體訂購 □網路訂購 □讀書會 □演講活動 □其他__________

■您從何處得知本書消息？

□書店 □報章雜誌 □廣播節目 □電視節目 □銷售人員推薦

□師友介紹 □廣告信函 □書訊 □網路 □其他______________

■您的基本資料：

性別：□男 □女　婚姻：□已婚 □未婚　年齡：民國________年次

職業：□製造業 □銷售業 □金融業 □資訊業 □學生

□大眾傳播 □自由業 □服務業 □軍警 □公 □教 □家管

□其他 ______________________________

教育程度：□高中以下 □專科 □大學 □研究所及以上

建議事項：

愛戀智慧 閱讀大師

廣	告	回	信
北區郵政管理局登記證 北臺字8448號			
免	貼	郵	票

立緒文化事業有限公司 收

新北市 231

新店區中央六街62號一樓

請沿虛線摺下裝訂，謝謝！

立緒文化 閱讀卡

感謝您購買立緒文化的書籍

為提供讀者更好的服務，現在填妥各項資訊，寄回閱讀卡（免貼郵票），或者歡迎上網http://www.facebook.com/ncp231即可收到最新書訊及不定期優惠訊息。